高官

罗昌平【编著】

反腐录

南方日报出版社
NANFANG DAILY PRESS
中国·广州

图书在版编目（CIP）数据

高官反腐录 / 罗昌平主编. — 广州 : 南方日报出版社, 2017.4(重印)
ISBN 978-7-5491-0376-8

Ⅰ. ①高… Ⅱ. ①罗… Ⅲ. ①反腐倡廉—中国—学习参考资料 Ⅳ. ①D630.9

中国版本图书馆 CIP 数据核字(2012)第 096773 号

GAOGUAN FANFULU

高官反腐录　　罗昌平 主编

出版发行：南方日报出版社
地　　址：广州市广州大道中 289 号
电　　话：（020）83000502
经　　销：全国新华书店
印　　刷：广东信源彩色印务有限公司
开　　本：889mm×1194mm　1/16
印　　张：20.5
字　　数：350 千字
版　　次：2013 年 3 月第 1 版
印　　次：2017 年 10 月第 5 次印刷
定　　价：38.00 元

投稿热线：（020）83000503　读者热线：（020）83000502

网址：http://www.nfdailypress.com/

目录

序一

高官高位，何以高危？

李永忠

一两个高官出事，应该是个人素质出了问题；

三五个高官出事，或许是思想教育出了问题；

十来个高官出事，可能是选人用人出了问题；

几十个高官出事，大约是监督体制出了问题；

上百个高官出事，肯定是权力结构出了问题。

《高官反腐录》一书是罗昌平所能搜集到的包括起诉书、判决书等权威司法材料，以及最高检察院、最高法院和新华社、《人民日报》等发布的官方消息的总集成。如作者所说："这是一份沉重的报告，它汇集了23年（1987—2010年）来120名省部级高官的腐败样本。"

当下中国的反腐败，已经成为多年来"依然严峻"、"依然繁重"的任务，没有相当胆识、素质和能力的一大批人，完不成这项艰巨任务。研究高官腐败问题，是党和政权建设中最为沉重的课题，没有对党和国家的赤子之心，干不了这项工作。

在反腐报道中认识昌平已有十来年，常常为他的勇气和执著所感染，每每为他的犀利和胆识所感动。他始终以赤子之心去直面反腐这一沉重的课题，去正视倡廉这一艰巨的任务，去认真思考问题形成的主要原因，去努力探索解决问题的成功路径。

2011年是执政74年的苏共亡党二十年祭。前苏联部长会议主席尼•雷日科夫，曾引用过一句名言——“权力应当成为一种负担。当它是负担时就会稳如泰山，而当权力变成一种乐趣时，那么一切也就完了。”

新中国成立五年时，陈毅元帅写的《七古·手莫伸》指出了权力的三大好处：“威严、美色、推戴”。如果置身市场经济环境，他还会加上“钱财”。

江西省原副省长胡长清，因索贿受贿544万余元、行贿8万元并有161万余元的巨额财产不能说明合法来源，于2000年3月8日成为中华人民共和国第一个被执行死刑的省部级干部。他死前说“我可以载入史册了”。此后七年间，有六名省部级腐败高官命丧黄泉。必须死刑“伺候”的官员，竟占了120名腐败高官的5%！

权力的含金量，在体制转轨、社会转型过程中，呈几何级数增长。而我们一些地方单位的政治体制改革，又严重滞后于经济体制改革。

32年的腐败与反腐败实践证明：这种“一手硬一手软”的不协调状态，这种“一腿长一腿短”的不同步状态，就是政治体制改革与经济体制改革不适应、不配套所拉开的缝隙，就是腐败行为不断滋生蔓延的土壤条件，就是腐败案件易发多发的生存空间。

32年了，我们在标本兼治中太注重查处腐败的个案、太注重拍打腐败的苍蝇了，而忽视了加快制度体制机制，特别是权力结构的改革，也即忽视了对每日每时不断滋生苍蝇的“粪坑”的填埋！于是，卷入腐败的官员级别越来越高，金额越来越大，重要岗位的官员数目也越来越多……

就这样，至少120名腐败高官中箭落马的队列中，胡长清等六人轻易地走到了他们人生的尽头。

十一届三中全会的第二年我即在军队从事纪检工作。转业地方纪委，担任查办案件的室主任多年，我深谙权钱交易中腐败官员这种外强中干、名优实劣的弱势地位。凡我经办之案，无论大小，无论难易，无不告破。我所运用的无非是破案三定律：先用“马桶定律”（通过“两规”让其“屁股”离开“马桶”）——散臭；再用“树倒猢狲散定律”（暂停或免去其职务）——去势；最后用“信息不对称定律”（停止其与外界的联系）——击虚。我的结论是：没有查不破的案件，只有下不了的决心！

近年来，安全事故频发，安全生产举国关注。改革开放33年，从反腐蚀到反腐败，透过腐败案件数字，折射出的是权力安全隐患，表现出的是权力事故的易发多发，反映出的是权力结构的不科学不合理。

腐败案件即为权力事故。加大对权力事故责任人的党纪政纪乃至法纪的追究，无疑是有用且有效的。然而，也因其事后追究使反腐的效果相当有限。于是，一方面，随着经济的跨越式高速发展，权力在市场经济中的含金量不断上升；另一方面，对权力的监督，仍停留在计划经济时期的水平；再加上文化建设的短腿，廉政文化的缺失，权力在配置失衡中晃荡，在监督失效中倾斜，在道德失节中沦丧！

从某种意义上讲，通过高官腐败案件还得出这样一个难以承认却不得不接受的结论：尽管反腐败的力度不断加大，但是形势“依然严峻”，任务“依然繁重”。在反腐败与腐败的较量中，速度是关键。要遏制腐败，不仅要通过严肃查处，加大反腐败的成本，提高其死亡率，而且要以治本为主，减少其出生率。在力度不变的情况下，腐败的出生率下降，其死亡率必然上升。

而改革党委“议行合一”的领导体制，改革纪检监察体制，就是解决速度问题的重要举措。从这个意义上讲，尽快建立政治体制改革特区，已经时不我待！因为只有建立政治体制改革特区，才能进行具体深入的综合试点，才能深刻认识现行党委领导体制和党内监督体制的利弊得失。没有经济体制、政治体制改革特区的成功，就没有中国特色社会主义理论的成熟。

高官高位，何以高危，也从另一个角度解读了“礼不下庶人，刑不上大夫”（《礼记·曲礼上》）这句话。套用孟子在《离娄上》所言：“不仁而在高位，是播其恶于众也。”亦即，不仁的人一旦处在高官高位，他就会把邪恶传播给众人。

如果权力只是一种乐趣，掌权者必将权力作为牟取一己之利的私产。胡长清们尽享权力乐趣之时，也是其激增权力风险之日！如果依靠制度的力量，让权力成为一种负担，权力将成为广大领导干部为人民服务的公器，只有如履薄冰地慎用权力，才能全心全意为民用权并长期执政！

反腐作为全党全国的重大政治任务，33年来，除了对查办案件的单位和同志有过系统内的立功受奖外，对举报重大腐败线索、揭露重大腐败报道、剖析重大腐败案件、研究重大腐败问题等，却未有过国家级的表彰奖励。甚至一些地方、单位的组织和领导还把这类批评性的作品，排除于主旋律之外，打入另册……于是，当批评与自我批评这一我党的优良作风，在这些地方和单位名存实亡之时，就是其腐败滋生蔓延、案件易发多发、高官高位高危之日！

选择反腐，就意味着选择了艰巨和沉重；选择研究高官腐败，也同样意味着选择了艰巨和沉重！反腐有风险，不反腐更危险！同样，研究腐败有风险，不认真研究并解决腐败，党肯定有危险！

我以为，反腐败既关乎政权的盛衰成败，也关乎党的生死存亡，还关乎中华民族的伟大复兴！因此，需要动员更多的力量加入反腐大军，需要鼓励更多的人才加盟反腐的研究队伍，需要以“更大的决心和勇气”推进政治体制改革！

如此，才能有效地防止高官高位高危，将腐败遏制在可能的最低限度，实现中国的和平崛起！

（作者曾任中纪委政策研究室主任，现为中纪委直属中国纪检监察学院副院长）

序二

制度反腐三十年

戴玉忠

和平建设时期，执政党的最大危险是腐败。贿赂犯罪是影响最大、危害最大的腐败犯罪之一，在腐败犯罪中占有很大的比重。2010年10月，我与中国政法大学终身教授江平、中央党校教授林喆就反腐之策合席讨论，三人访谈以《政改是反腐治本之路》为题，与《高官贪腐录》一文同时发表。

国家历来重视反腐败工作，特别是为遏制贿赂等腐败犯罪作出了一系列制度安排，30年来多次对贿赂犯罪的刑法制度进行调整。

1979年7月，中国制定颁布了新中国第一部刑法典，这是新中国刑法制度史上的里程碑。此后不久，面对严重的经济犯罪形势，全国人大常委会于1982年3月8日作出《关于严惩严重破坏经济的罪犯的决定》，对1979年刑法典关于受贿犯罪的规定作了重大修改：增加了索贿罪，将受贿罪的法定刑由最高15年增加至死刑；对受贿罪共犯作了规定，包括现任或离职的国家工作人员及其亲属，犯包庇、窝藏罪或毁证、伪证罪等罪行，或事前与受贿、索贿行为人通谋的即为共犯。

此后中国开始建设社会主义市场经济。为惩治市场经济条件下严重的贪污贿赂犯罪，全国人大常委会于1988年1月21日作出了《关于惩治贪污罪贿赂罪的补充规定》，对贿赂犯罪作出了较为全面的规定，如规定了受贿数额标准、巨额财产来源不明罪、单位索贿受贿等。此外，提高了行贿罪最高法定刑，情节特别严重的由原来的3年提高至无期徒刑。

全国人大常委会还于1995年2月28日作出《关于惩治违反公司法犯罪的决

定》，对非国家工作人员职务侵占罪、受贿罪、挪用公司资金罪作出了新规定，主要是有别于国家工作人员贪污、受贿、挪用公款罪，规定职务侵占罪、非国有单位人员受贿罪最高法定刑为15年。

1997年召开的中共十五大，提出了依法治国、建设社会主义法治国家的治国基本方略，并提出2010年形成中国特色社会主义法律体系。这年3月召开的第八届全国人民代表大会第五次会议对《刑法》作了全面修订，并于当年10月1日实施。修订《刑法》分则单设了“贪污贿赂罪”一章，对贿赂等腐败犯罪作了进一步规定。如贪污受贿犯罪数额标准定在5000元，不满5000元的处两年以下有期徒刑或者拘役，死刑数额为10万元以上。又如对斡旋受贿犯罪、向单位行贿犯罪、单位向个人行贿犯罪作了规定。

另一转折发生在2003年12月10日，即中国签署《联合国反腐败公约》。此后的2005年1月，中央颁布了《建立健全教育、制度、监督并重的惩治和预防腐败体系实施纲要》，同年10月27日全国人大常委会作出批准《联合国反腐败公约》的决定，中央随后又颁布了《建立健全惩治和预防腐败体系2008—2012年工作计划》。这些制度性安排，对新时期反腐败刑法制度的调整提出了新的要求。

在2006年6月和2009年2月，全国人大常委会分别通过的《刑法修正案（六）》和《刑法修正案（七）》，扩大了受贿犯罪主体的范围，将巨额财产来源不明罪的刑期由原来的最高5年提高至最高10年。

任何犯罪都是一定社会条件下的产物。近年来，高官腐败犯罪呈逐渐增多的趋势，犯罪数额越来越大。当今中国处于社会结构调整、社会管理转型、社会主义市场经济建设的过程中，社会结构呈现以下基本特征：经济发展结构性矛盾突出，社会主义市场经济体制不够完善，收入分配差距拉大，二元经济结构特征明显，政治体制改革亟待推进，社会结构、社会组织形式、社会利益格局发生深刻变化，社会建设和管理面临诸多新课题等等。

上述社会结构基本特征决定了社会主义初级阶段的中国，在经济发展、经济体制、经济管理、收入差距和人民生活、社会协调发展和民主政治建设、社会文化生活及社会建设和社会管理等诸多方面，同时存在机遇、挑战与风险，可能发生权力异化，存在公务性职业风险，特别是高端职位，权力越大，风险则越大。当今中国社会的腐败，特别是高级官员的腐败犯罪问题，是这个社会阶段一定社会结构状况下的产物。坚决反对和防止腐败，是执政党的一项重大政治任务。中国反腐败的任务将是长期的，预防、惩治、遏制腐败的工作任重道远。

《刑法》在反腐败、惩治贿赂犯罪中的作用，虽然不是万能的，但它很重要。一方面，从上述贿赂犯罪刑法规范的演变中可以看出，国家在不断地调整贿赂犯罪的规定，与其他犯罪规定相比，对贿赂犯罪刑法规范的调整，是最频繁的。另一方面，贿赂犯罪又是相当严重的存在，犯罪数额大，犯罪主体身份高，在一些领域常常出现“前腐后继”、窝案、串案等现象。这就需要我们思考，如何发挥《刑法》在预防、惩治、遏制贿赂犯罪方面的更大作用，使惩治贿赂犯罪《刑法》规范进一步满足反腐败犯罪斗争的需要。

（作者曾任最高检察院反贪总局常务副局长、检察委员会副部级专职委员，现为中国人民大学刑事法律科学研究中心主任）

开　卷

本书开篇是三份总计三万字的报告，分别为《高官贪腐录》、《反贪情妇门》、《亿元巨贪榜》。每个报告都依托于社会学、经济学与法学等分析工具，对近年来发生的省部级高官贪腐特征、情妇经济、过亿巨贪等案例进行了系统性分析。样本来源有两种渠道：一是官方公布的司法审判结果，二是记者亲自采访当事人、辩护律师及家属所得。

得到的启示是，一个基于民主与法治的体制才是反腐制度设计的基石。如果体制僵化不容变通，则更先进的经验也难以成功移植，反腐的道路只会更艰难，改革的成本亦会更沉重。

高官贪腐录①

这是一份沉重的报告，它汇集了23年（1987—2010年）来120名省部级高官的腐败样本。

在落马官员中，这是一个特殊的群体：他们身处权力金字塔的顶端，位高权重，占有更多体制内外资源，直接或间接拥有巨大的“话事权”。但在权力失衡与监督失效的制度背景下，他们的贪腐行为带来的破坏力更大，也更大地影响法治建设和依法治国进程，故有其典型性和代表性。

这120人（附录名单请参考原文），仍不是这23年来落马高官之全部，不完全统计盖因信息不透明。

他们因违法违纪被查时，年龄最高者83岁，早已退休；年龄低者则不过48岁，于得意之时陨落。罪名除常见的受贿罪、贪污罪、巨额财产来源不明罪之外，还有鲜见的爆炸罪、重婚罪等；其中受贿额最高者近2亿元人民币，并创下单笔受贿1.6亿元人民币的贪腐纪录（中石化原总经理陈同海案）。确凿可证的是，他们中近半数养有情妇；绝大多数出身于平常人家，仅寥寥数人为高干之后。

“让权力在阳光下运行”已成为中共十七大后的流行语，但由于制度缺陷及监管漏洞，近20多年来，虽然反腐力度有增无减，但贪腐行为与日俱增。目前的腐败形势呈现出级别越来越高、窝案越来越多、涉案金额越来越大、行业领域越来越庞杂等特征。

在较长的时间维度内观察，以每五年党政轮替的周期为计，据最高检察院年度工作报告披露的数字，2003年至2007年的五年中，进入司法程序的省部级官员有35人。而1998年至2002年，这一数字是19人；1993年至1997年则为7人。由此可见，在数量上，每过五年相关数字即翻一番。最近的2008年及2009年则分别为4人和8人，在这个五年未到中点之时，已有12名省部级官员落马并进入司法程序。

这份样本广泛分布在全国要害部门的各重要职位。除西藏、内蒙古两个少数民族自治区未有涉及外，样本涵盖了其余30个省级行政区（不含港、澳）。其中，党

①作者陈晓舒、徐凯，策划兼编辑罗昌平，原载《财经》杂志2011年第22期。

政系统官员61名，人大、政协官员35名，司法机关官员10名，国企和大型金融企业官员13名，另有解放军系统高级将领1人。

成克杰已被执行死刑

在官员序列最顶端，属于党和国家领导人的落马官员有三名。巧合的是，他们均匀分布在前三个五年周期中：1995年被查处的原中共中央政治局委员、北京市委书记陈希同，1999年被查处的全国人大常委会原副委员长成克杰，2006年被查处的原中共中央政治局委员、上海市委书记陈良宇①。此数据在2012年4月获得更新：原中共中央政治局委员、重庆市委书记薄熙来被免党内所有职务，并立案调查。

事实上，多重信息表明，我国对官员腐败的关注，以及对预防与惩治腐败体系的建设，已上升到一个前所未有的高度。

过去20多年里，历届领导人皆高度重视腐败问题。邓小平表示："要整好我们的党，实现我们的战略目标，不惩治腐败，特别是党内的高层的腐败现象，确实有失败的危险。"江泽民则称："不论是谁，不论职务多高，该受什么处分就给什么处分，该重判的坚决重判，该杀的坚决杀，决不手软。"

中共中央总书记胡锦涛连续八次在每年初的中纪委全会上发表讲话。其中2010年1月12日，胡锦涛表示要"严肃查处发生在领导机关和领导干部中滥用职权、贪污贿赂、腐化堕落、失职渎职案件"，同时继续推进"建设科学严密完备管用的反腐倡廉制度体系"。

致力于反腐倡廉制度体系的建立与完善，正是本报告创意之初衷。这份统计报告的原始资料包括起诉书、判决书等权威司法材料，此外还有最高检察院、最高法院和新华社、《人民日报》等发布的官方消息。

通过梳理1987年中共十三大以来的省部级及以上落马高官的贪腐行为，可知在不同的政治经济条件下，相关贪腐呈现怎样的时代特征；这些贪腐行为更青睐哪些领域，其进化发展具有何种内在脉络；他们在权力、行业、职位和年龄等领域分别有怎样的高发特征；省部级高官又因何东窗事发；而关于他们的司法审判，其时限、最后的罪名和刑罚有何不同；其司法通道有何现实意义。

本报告借此提供一个契机，希望有益于今后的反腐格局，为政改设计与实施者鉴。

---

①参见本书第一章《刑上陈良宇》，作者罗昌平。

主题一：贪腐的时代特征

如果说腐败源于权力的异化，那么异化的根源便是权力产生的土壤和环境。此部分报告关注各历史阶段下，贪腐产生的社会政治经济背景。

除了以五年为周期区分，将过去23年（1987—2010年）合并为三个阶段后，可知各阶段的腐败各有其明显特征：1. 1987年至1992年，表现为商品经济发展初期的流量腐败；2. 1993年至2002年，主要体现在资本存量领域腐败；3. 2003年之后，呈现复合式权力寻租，尤其是出售代理权的腐败——“买官卖官”大量出现。

对应于每个时期，体制上正好经历了“放权让利”等一系列改革，国有企业的重新定位、民间资本的躁动、资本市场的开放、房地产市场与国有土地转让的结合、中国传统文化中的“关系”等，以及政府向集管理、服务、直接参与市场资源分配于一体的“混合体”的转型，大大扩充了权钱交易的寻租空间。自21世纪以来，高级官员腐败的方式极为复杂，呈现出复合性和变异性的特征。

统计表明，高官贪腐行为契合时代经济特征，与市场经济共生共长，呈多发趋势，并在此过程中进化为复杂的高级形态。

一、商品寻租阶段（1987—1992年）

在第一个阶段之初，1987年，时任中共中央总书记赵紫阳作《沿着有中国特色的社会主义道路前进》的报告，放弃中共十二大“以计划经济为主、市场调节为辅”的提法，明确了“社会主义有计划商品经济体制，应该是计划与市场内在统一的体制”。

随着中国经济的起飞，这一阶段的高官腐败集中在流通领域，具体包括受贿、偷税漏税、擅批或擅改国家统配物资、黑市交易牟利和挪用公款等。例如，1987年2月，安徽省委原秘书长洪清源因受贿2.4万元被判处有期徒刑十年；1987年4月，江西省原省长倪献策因徇私舞弊罪被判处有期徒刑两年。

与当时的经济发展水平相对应，20世纪80年代末至90年代初期，省部级高官受贿的金额较小。按1988年全国人大常委会作出的《关于惩治贪污罪贿赂罪的补充规定》，受贿罪立案标准规定为2000元，这一数字在1997年重修《刑法》时提升至5000元。

由于当时商品经济刚起步，资源不仅稀缺而且多为行政机关掌控，对手握审批大权的高官们来说，其寻租冲动几无内外制度的约束。一个例子是，新疆自治区政府原副主席托乎提沙比尔即因利用职权支持非法倒卖车皮，收受贿赂15842元，于1989年被撤职。但因“能主动坦白交待，退清赃款赃物”而免于起诉。

无独有偶，1990年，铁道部原副部长罗云光因“以车谋私”贪污受贿共折合人民币4819元，后因“在规定的期限内自首，罪行较轻，认罪态度好”免于被起诉。该案为铁路系统最大的腐败案，从郑州铁路局副局长到铁道部官员共40多人落马。

由此可见，在这一时期，高官腐败主要形式为：操控计划经济体制下遗留的行政审批权，占有大量体制内外的稀有资源，通过改变计划分配，使其流向利益关联方并从中牟利。

随着腐败的大量出现，立法机关开始加强对贪污受贿等犯罪的处罚。最高检察院反贪总局原常务副局长、中国人民大学法学院教授戴玉忠介绍，全国人大常委会于1982年3月8日作出《关于严惩严重破坏经济的罪犯的决定》，对1979年刑法典关于受贿犯罪的规定作了重大修改：增加了索贿罪，提高了受贿罪的法定刑，并对受贿罪共犯作了规定。

1988年，全国人大常委会作出了《关于惩治贪污罪贿赂罪的补充规定》，第一次以立法方式明确贪污受贿犯罪数额标准、第一次规定单位受贿罪、第一次规定“巨额财产来源不明罪”等，是贪污贿赂刑事制度的一次全面立法。

二、资本寻租阶段（1993—2002年）

在这个阶段初始，第三代领导集体产生。随着改革开放的深入，经济进一步发展。

此前1992年底，在中共十四届一中全会上，时任北京市委书记陈希同当选为中共中央政治局委员，登上个人权力巅峰。但仅三年后，陈希同即因北京市原副市长王宝森案引咎辞职，不久身陷囹圄。1995年9月陈希同被清除出中共中央政治局和中央委员会，并于1997年8月（中共十五大前夕）被开除党籍。

该案始于江苏无锡一起非法集资案，后牵出王宝森贪污公款线索，王宝森随即畏罪自杀，但遗留的案件线索随后牵出陈希同。1998年7月，北京市高级法院一审以贪污罪、玩忽职守罪判处陈希同有期徒刑16年，一个月后的终审维持原判。陈希同被认定非法占有对外交往中接受的共计价值人民币55万余元的22件贵重礼物，并指使、纵容王宝森动用财政资金修建两座豪华别墅作为享乐之所，涉及资金近4000万元。

随后落马的另一名国家领导人成克杰，涉案事件包括1994年通过情妇李平受地产公司请托介绍并插手地产项目等。除成克杰外，在这一时期，江西省原副省长胡长清、辽宁省原副省长慕绥新、云南省原省长李嘉廷等人都涉足房地产腐败案件。

“凡是在稀有资源的分配上有利可图之处，都会看到这些贪官的身影。”中央党校教授林喆说。

同时，在这十年期间，越来越多的窝案开始出现，其中，两个影响深远的窝案——厦门远华走私案和辽宁慕马案几乎在同期被查出。

远华走私案堪称该时期政商勾结的腐败样本。该案涉及石油、汽车、房地产、文体娱乐等众多暴利行业，案件主角赖昌星在政界死党的帮助下潜逃加拿大，直至2011年7月23日被遣返回国。其身后利益关系网中的高官悉数落马，包括当时的公安部、海关总署、福建省相关领导。

同期还有四名央企、银行高管落马，分别为中国建设银行原行长王雪冰、中国光大集团原董事长朱小华、中国华能集团原副董事长查克明、神华集团原副董事长李大强。彼时，无论银行还是央企，都实行传统的政府管理体制，人事任免由组织部门循旧例进行，激励约束机制非常薄弱，以政代企的结果必然孕育出一个权钱杂交的怪胎。前车之鉴如此清晰，亦印证当今市场化改革之路不能踌躇，实应加速。

对相关贪腐案例的分析表明，20世纪90年代中后期开始，官员腐败已不光延续之前的“官倒”等行为，腐败从“商品流量领域”拓展到“资本存量领域”，即进入工业资产（如国有企业的出售、改制）、土地和房地产领域、大型的城市建设领域和金融领域。如陈良宇帮助商人张荣坤取得上海路桥发展股份有限公司股权，给国家造成了直接经济损失人民币3.206亿元；帮其弟陈良军获批和转让土地，非法获利人民币1.18亿元。

此间大量出现的经济部门腐败，与渐进式、不彻底经济体制改革相关，例如交通领域“四位一体”的投资体系，正好应合其“前腐后继”的交通官员。在这里，改革迟滞的阻力来自旧体制的受益者，也就是学界早已指出的“中间过程利益集团”。

随着社会经济水平的提高，反腐形势发生变化。为遏制官员的“图利”冲动，1995年4月，中共中央办公厅、国务院办公厅联合发布《关于党政机关县（处）级以上领导干部收入申报的规定》。随后2000年12月，中央决定在省部级现职领导干部中首先实行家庭财产报告制度，并于2001年6月15日颁布了《关于省部级现职领导干部报告家庭财产的规定（试行）》，要求相关官员报告个人和亲属的财产状况。

此外，2000年2月，中央组织部印发《关于建立干部监督工作督查员制度的办法（试行）》；随后的2003年，《中国共产党党内监督条例（试行）》、《党政领导干部选拔任用工作监督检查办法》等相继发布。

值得注意的是，这一时期，反腐制度建设的举措多限于党内监督，而建立法治渠道、加强司法机关作用的反腐建设尤显不足。这一思路延续至今，亦是将来改革的主要突破口。

三、复合寻租阶段（2003—2010年）

与中国的政治周期相同，在第三阶段中又一批领导登场。而这一时期，落马高官在地域分布上覆盖更为广泛，在34个省级行政区中有21个省的省部级高官落马。

在此阶段，权力寻租的方式十分多样，呈现复合性特征，其中官位寻租成为最主要也是最恶劣的贪腐方式之一。这表明腐败已超越低层次的“吃拿卡要”的流程腐败，逐步发展出更为高级复杂的形态，可称为“超越委托权而出售代理权的腐败”。例如，在安徽省政协原副主席王昭耀的判决书中，44笔受贿行为中有29笔涉及助人升职、调任和安排工作。

韩桂芝是黑龙江官场地震震中

这一阶段，影响最大的是黑龙江卖官窝案。这场席卷黑龙江官场的风暴历时三年，一连串卖官案被清算，其中牵扯的省部级官员六人，如黑龙江省政协原主席韩桂芝、省人大常委会原副主任范广举、原副省长付晓光、省高级法院原院长徐衍东、省委原秘书长张秋阳、省检察院原检察长徐发，此外还涉及省直机关厅局级干部30余人及该省绥化、大庆、牡丹江、鹤岗等九市不同级别官员百余人。

一般性权力腐败可一次完成，而官官之间的权钱交易必是一组连环。以经济学的眼光来看，通过行贿获得官位的人，必然在今后通过“卖官”或审批权寻租来获得回报——也就是未来的官官或是官商交易。

在一个错综复杂的卖官链条中，用新的权力去遏制已有的权力远非良策。而真要做到消除寻租、防止设租，关键在于还人民以选举权，并摆正政府在市场和社会中的位置。实际上，这一时期接二连三出现的“窝案”引发了社会对人事组织体系的质疑。

2006年8月6日，中共中央办公厅及中央组织部发布三份文件对此进行制约。其中，《党政领导干部职务任期暂行规定》对党政领导干部的职务任期、连任限制、最高任职年限、任期内保持相对稳定等问题作出规定；《党政领导干部任职回避暂行规定》则对领导干部任职回避的适用情形、操作程序等作出明确规定；《党政领导干部交流工作规定》则对干部在任期结束后加快流动，以防止产生利益结合作出硬性要求。

为了加强对党员领导干部的管理和监督，促进党员领导干部廉洁从政，2006年9月，《关于党员领导干部报告个人有关事项的规定》印发实施。

尽管这一规定要求官员报告个人及家庭的具体事项，包括出国移民等，但在当时并没有起到明显效果。许多官员的配偶、子女移居海外，“裸官”一词应运而生。这个词最早被用在陕西省政协原副主席庞家钰身上，其妻儿早在2002年就移民加拿大，而庞家钰本人于2007年案发，后因受贿罪、玩忽职守罪在2008年6月被判处有期徒刑12年。

据不完全统计，省部级“裸官”还有：公安部原副部长李纪周，其女通过投资移民美国；贵州省政协原主席黄瑶，其子移民新西兰；等等。而涉嫌故意杀人罪并已移交司法机关的薄熙来之妻薄谷开来，亦拥有外籍身份。

2007年9月13日，旨在履诺《联合国反腐败公约》而成立的国家预防腐败局，由中纪委副书记、监察部部长马馼兼任首任局长，由此传达双重信息：其一，中国政府直面国内的腐败现象，并不因“家丑”而遮遮掩掩；其二，国际携手反腐大势已成，实质性合作日益密切。

2010年7月，新修订并更名的《关于领导干部报告个人有关事项的规定》出台，与2006年相比，新规还将房产、投资、配偶子女从业情况列入报告内容，其中第三条明确规定：领导干部应当报告本人婚姻变化和配偶、子女移居国（境）外、从业等事项。

然而，由于规定所要求报告的内容并不公开，公众无从监督，因而执行力度有限，被认为是治标不治本。而法学界亦多有呼吁，治本之策在于严格执行各种涉及反腐败的法律，建立俗称“阳光法案”的官员财产申报公示制。

所谓“阳光法案”，即指在中国实行公职人员特别是高级官员的家庭财产申报、登记和公布的制度，以法律要求官员财产公开化，使公众有充分的监督机会。目前中国这一制度建设仅限于党内规章，而且无论从内容上还是执行力度上来看，都与国际通行的“阳光法案”相差甚远，其实效也微乎其微。加之“申”而不“公”，亦使贪腐不能曝于阳光之下。

主题二：贪腐高发带

《资本论》中引用了英国经济评论家邓宁格对“资本”的评论，如果把“利润”换成“利益”同样适用于“贪腐”：“一有适当的利益，贪腐就胆大起来……有50%的利益，它就铤而走险……有300%的利益，它就敢犯任何罪行，甚至冒绞首的危险。”

对权力的制衡缺失和监督不力使得贪腐的多发成为可能，在天然的逐利冲动下，商业、房地产和金融等领域以及官位买卖成为贪腐高发带，大型国有企业更是成为贪腐的温床。

大型国有企业的腐败滋生在于现有机制仍存有明显的弊端：其一是内部控制与外部监管严重不足，其二是现存分布式的管理架构约束力与制衡力太差。

这种腐败的模式，一定程度上又在地方得到复制，尤其是在分税制体制下，存在资金“活水之源”的领域，都成了重点寻租对象。

一、依权力分类

英国历史学家阿克顿在其《自由与权力》一书中有一句后世传诵的名言："权力导致腐败，绝对的权力导致绝对的腐败。"

中国社会科学院社会学研究员邵道生曾提及，中国腐败的发展、泛滥就是权力绝对化、权力失去制衡、权力失控的结果。他认为权力异化可分为四种："权力的私有化"、"权力的商品化"、"权力的特殊化"、"权力的家长化"。

在将公权力分为立法权、行政权和司法权的情况下，由于行政权"一权独大"的现实，遂可将之拆分为内部行政权和外部行政权。内部行政权包括人事任免权、监督处分权等；外部行政权则范围庞杂，包括以行政审批许可权、行政强制处罚权等在内的行政执法权为核心的权力，以及行政立法权和行政司法权。

在120名落马高官中，我们选出其中具有详细司法审判材料的50人组成第二个样本，这个样本亦涵盖了各省级党政一把手、人大政协官员、国家部委负责人、国有大型企业和金融机构高层等。

根据权力类型的不同，统计表明寻租空间最大的当属"行政审批权"腐败，达到70%；审批权之外的"其他行政执法权"占10%，"人事任免权"占32%，"司法权"占16%（其中成克杰等涉及多项权力混合腐败）。

例如，国家食品药品监督管理局原局长郑筱萸作为手握审批权的一把手，利用职务上的便利为双鸽集团有限公司、浙江康裕制药有限公司等八个单位在药品、医疗器械的审批等方面牟取利益，以权谋钱，收受贿赂649万元。这也源于国家药监局的管理体制。其时，药监系统实行集权管理，审批和监督的绝对权力控制在少数行政官员手中，权力严重"家长化"。

因犯受贿罪、玩忽职守罪，2007年7月，郑筱萸被执行死刑。一年后，国家药监局新闻发言人颜江瑛称，药监局对药品的受理、审评、审批三项职能的权力进行了分离，不会集中在一个部门。

虽然郑筱萸被判处死刑，但药监领域的腐败并未被阻断。2010年6月，国家药监局原副局长张敬礼即因涉嫌严重违纪被查。

这表明仅仅将行政权分立并不够。更重要的举措在于减少、限制各级政府的行政权力，还市场与民间以更大的自由，由此抑制寻租空间。目前，国家发改委正在进一步减少其微观管理事务和具体审批事项，而商务部亦在减少、下放外资审批权。

统计还发现，"人事任免权"的腐败，即上文提及的官位寻租，占到总数的三成以上。

此外，司法领域的腐败亦占到16%。如辽宁省高级法院原院长田凤岐利用职务便利，为他人在案件执行中牟取利益，从中收受财物76万余元。又如最高法院原副院长黄松有利用职权、地位形成的便利条件，在有关案件的审判、执行等方面为五人牟取利益，先后收受上述人员钱款共计折合人民币390万余元；另伙同他人骗取本单位公款人民币308万元，其个人从中分得120万元。2010年3月，黄松有终审被判处无期徒刑，成为新中国司法系统因贪腐被判刑的最高官员。

在清华大学法学院教授张卫平看来，所谓司法权腐败，其原因多在于法院系统高度行政化后，行政权腐败延伸至法院。因此，抑制司法领域的腐败，首要的任务是推进司法独立改革，在赋予法院依法独立审判职能的同时使之去行政化。

二、依行业分类

公权力常常被用于交换，可交换之物包括金钱、权力、荣誉、性等。在50人的样本中，权力的交换遍及商业、房地产、社保、金融、医药卫生、交通、邮政、教育等各个行业。在这其中，商业腐败中官商勾连的简单性，使得其比例高达80％。只需企业一方与官员相识，交换的利益可从偷漏税款到协助企业审批核准，甚至帮助上市等。

这类企业的负责人有覃辉，其经营过的“天上人间”夜总会，屡次被停业整顿。

2005年4月开始，覃辉及其公司相继卷入建设银行原董事长张恩照案、首都机场原董事长李培英案。据法院判决的结果，覃辉曾向张恩照行贿6万美元、20万港元、10万元人民币，换得6.5亿元贷款，截至2006年底有3亿多元转成不良贷款；在李培英2661万余元贿款中，覃辉“进贡”七成，首都机场曲线拆借的6.3亿元，至2009年初尚欠2.06亿元。张恩照领刑15年，李培英已被处死，而覃辉毫发未损，从此遁迹。

房地产业由于与政府关系密切，从卖地的官员，到融资的银行，以及审批的部门，都需要行政官员参与。与中国地产业近年来飞飙猛进一致的是，房地产业也成为钱权交易的“热土”，在统计中亦占到近四成。

山东省委原副书记、青岛市委原书记杜世成就是其中一例。经厦门市中级法院审理认定，2000年至2006年，杜世成利用职务便利，为他人牟取诸如解决企业纠纷、项目审批、开发房地产、购买别墅等方面的利益，非法收受的财务折合人民币626万余元。

杜世成在青岛任职期间鼓吹“房价不能倒”，导致官商勾结的腐败大案频发和房价疯涨。杜世成落马前，青岛发生“崂山违法批租土地大案”，青岛市规划局原局长张志光、青岛原市长助理王雁、崂山区国土资源局原局长于志军等人应声落马。2008年2月4日，杜世成因犯受贿罪被判处无期徒刑。他们之间有一名共同的地产商行贿者。

此外，安徽省原副省长何闽旭、天津市检察院原检察长李宝金等高官的落马，无不与房地产腐败案有关。媒体评论：“这些落马高官，大多与房地产商形成了一条权钱交易的利益链条。”

对于“官商勾结”的现象，中央非无所察。2010年5月7日，中纪委印发了《党员领导干部违反规定插手干预工程建设领域行为适用〈中国共产党纪律处分条例〉若干问题的解释》，其中所称的违反规定插手干预工程建设领域行为，即党员领导干部利用职权或者职务上的影响，以指定、授意、暗示等方式影响工程建设正常开展或者干扰正常监管、执法活动等。

然而，“官商勾结”的土壤之深、之厚，一大成因即在于行政权力不受制约且无法得到有效监督，而这并非重申党纪所能根治。

三、依职务结构与年龄分类

在120人的样本中，落马的党政系统官员占据了半壁江山，人大、政协官员以近30%的比例位居第二。值得注意的是，在国有大型企业和金融机构任职时落马者占一成，该领域因其固有特征——占有和使用公共资源、垄断资源较多，且监督机制不健全，亦成为腐败产生的温床。

在传统观点中，人大、政协并非实权部门，为何落马人数比例偏高？

按1982年中共中央《关于建立老干部退休制度的决定》，高官的退休年龄，省部级正职是65岁，若任期未满则可延期3年；省部级副职为60岁，他们退休后大多被安排到人大、政协任职。

在同一样本中，对年龄有据可查者共116人，其中60—69岁区间为集中区域，比例占到近一半，而正是这个退休前后的区间，使得许多省部级高官“晚节不保”。此外，小于54岁的占25.86%，大于70岁的占3.45%。

这与贪腐高官的心理因素有关，将近退休的官员往往有“清苦一辈子，最后捞一把”的念头，由此落马后，其在位的违法违纪行为也会被一一盘点而出。如2005年1月王昭耀从安徽省委副书记转任省政协副主席后，为他人职务晋升、企业经营管理事宜提供帮助，收受贿赂终被查处，并牵连出其在实权位置期间的犯罪事实。王昭耀一审被判死缓，后未上诉。

此外，“带病”提拔的官员为数众多，如最高法院原副院长黄松有、国家开发银行原副行长王益、天津市委原常委兼滨海新区工委原书记皮黔生等。上海原市委书记陈良宇最典型，腐败行为可谓“历史悠久”。据法院认定的事实，其腐败行为追溯至1988年任黄浦区区长之时，到2006年案发长达近20年，一直腐败，一路升迁。

值得注意的是，一些高官的贪腐惯性在退居人大、政协二线时未能减速，而失去了行政实权的护卫，落马可能性不免增大。

另据统计，在65岁以后与54岁之前落马的高官比例稍低。65岁以后的落马者有陈希同、成克杰等。而54岁之前的省部级官员如王益、郑少东等，均为仕途看涨的“明日之星”，孰料一朝倾覆。

主题三：案发导火索

对省部级高官案发原因的统计为反腐带来的启示是：案中案已成为发现腐败的有效方式，而重视举报亦不失为可行途径。内部反腐则不如群众和舆论监督有效，党内反腐回归法治反腐应为改革方向。

一、案中案

在120人的样本中，有据可查的案发方式有91例。在这部分人当中，比例最高的案发方式为“由他案引出”，占到60.44%；被举报的占25.27%；存在失踪、出逃等行为异常的占4.4%；另有9.89%的其他案发方式。

吉林省检察院反贪局原局长姜德志接受《检察日报》采访时称：“工作十几年，接触大大小小贪官无数，就没经历过一个收了钱打死也不说的人。”他还曾提及：“往往检举得最主动的是情人，揭发得最坚决的是小兄弟。”

2006年上海社保案发，年轻富豪张荣坤被抓后很快供出时任国家统计局局长邱晓华，而2007年中石化原总经理陈同海落马，亦源于青岛市委原书记杜世成的检举。

这类以案带案，往往形成窝案，如影响一时的厦门远华走私案、辽宁慕马案以及黑龙江卖官案。

若是从社会学角度来看所谓的“窝案”、“串案”，其实质就是“一群掌权的腐败分子组成的腐败团伙”，是“一个依靠权力非法获得利益的‘共同体’”。这个“腐败团伙”组成的基本原则，也是对腐败的“贡献”程度进行分赃的“利益共享原则”。

陈绍基情人李泳

中国渐进式的改革造就了这样一批利益团体，他们不愿退回计划经济的老路，因为计划体制不能赋予他们寻租的机会；他们也不喜欢真正的市场体制，因为市场体制剥夺了他们寻租赖以生存的权力。

正如中欧国际工商学院教授许小年所说：“半管制半市场是中国各级领导们最高兴最喜欢的了。因为管制可以设租，市场可以变现。全管制无法变现，全市场没法设租，都不爽。”

二、情妇举报

在统计中，因举报而落马的高官数量占到了1/4，其中近一半为群众自发举报，而情妇成为反腐生力军。2006年6月，主管北京城市规划建设的副市长刘志华因一盘长达60分钟的性爱录像带落马，录像的人正是其情妇。此外，陕西省政协原副主席庞家钰、海军原副司令员王守业等人均是因为情妇举报而案发。

据中国政法大学巫昌祯教授统计，被查处的贪腐官员中95%都有情妇。这些情妇原本多为官员腐败的中转站和洗钱途径，最后却成为高官落马的导火索或加速器。也正因如此，坊间曾流传“反贪靠情妇”之说。

2007年2月，中纪委副书记干以胜在新闻发布会上称：“反腐败是一个系统工程，如何铲除贪官的情人，则是这个系统工程中的一个重要工程。”还有特殊的个案，如2006年落马的国家统计局原局长邱晓华，成为高官中因犯重婚罪被追究的第一人。

在统计中，120人中可明确认定有情妇的有58人，占到近一半。她们在司法上被称为“特定关系人”，即与国家工作人员有近亲属、情妇（夫）以及其他共同利益关系的人，亦可因此获罪。其中至少十名高官情妇已被送上了审判台，如天津市检察院原检察长李宝金情妇王小毛、北京市原副市长刘志华情妇王建瑞等。另有部分情妇，包括广东卫视主播李泳（陈绍基情妇）、公安部“警花”王菲（郑少东情妇），目前司法程序尚未完结。

三、内部反腐

另一启示是，案中案已成为发现腐败的有效方式，而重视举报亦不失为一条可行的途径。由于“其他原因”（包括内部反腐）而案发者仅仅九人，占总数不过一成，表明内部反腐的效果并不如群众和外部监督。

内部反腐中最显成效的应为党内监督十项制度之一的巡视制度。从1996年开始，中纪委、中组部就曾派出十批巡视组，对20个省区和中央国家机关的六个部门开展巡视工作，重点了解省级领导干部特别是主要领导同志廉洁从政等问题，也发现了一些重大案件的线索。

陈良宇案即为中纪委会同有关部门对反映上海市劳动和社会保障局违规运营社保基金问题进行调查中发现的，中央巡视组在与天津市检察院检察长李宝金进行个人谈话时也从中发现了贪腐线索。

干以胜曾对外表示：“发现陈良宇、侯伍杰①、徐国健②、李宝金、杜世成、何闽

---

①参见《侯伍杰案前世前生》，作者王和岩、罗昌平。
http://magazine.caijing.com.cn/2005-10-17/110062517.html.

②参见《徐国健腐败关系网》，作者罗昌平。
http://www.wangjiang.gov.cn/include/web_content.php? id=2562.

旭、黄瑶、宋勇等高级领导干部严重违纪违法，便是建立和完善巡视工作的成效。”

2009年，《中国共产党巡视工作条例（试行）》颁布实施，以完善巡视制度、规范巡视工作、加强党内监督。

经过数十年探索，中国的反腐败模式已经逐步形成纪委、监察部门的党纪、行政监督，检察院系统的司法监督，以及审计系统的经济监督的“三位一体”的模式。随着中央反腐败“战略方针”的正式提出，前述三家监督主体将分工负责，又相互配合，有序开展反腐败工作。

目前的实践中，反腐尤其是高官反腐工作由中纪委主导，而其依据为一系列党内规章制度。在中纪委之外，检察院系统因为有《宪法》、《检察官法》、《检察院组织法》等明确法律规定，已经形成稳定的制度模式，在未来的变革中，能更多地开发其法律框架内的增量。

因此，以纪委为主导的党内反腐转向以司法为核心的法治反腐，应是大势所趋与改革所向。

主题四：司法审判特征

省部级及以上官员群体，因其案情复杂，司法进程相对较长；考以罪名，鲜有不受贿者；而最后的刑罚中，“生刑”高达九成以上。

一、司法进程相对漫长

高官落马后，经历的过程主要包括两个部分，先是党内纪律检查过程，主要指无期限的“双规”（在规定的时间、地点就案件所涉及的问题作出说明），其后是司法过程，包括检察院的侦查、审查、公诉，法院的一审、二审甚至再审。

以50人有司法材料的样本为计，可将他们历经的司法进程分为两部分：一为立案后至起诉的时间，二为法院受理案件后的审判时间。

对这两个时间段，《刑事诉讼法》分别有不同的要求。

根据《刑事诉讼法》第一百二十四条、一百二十六条、一百二十七条规定，对可能判处十年有期徒刑以上的犯罪嫌疑人，侦查羁押期限不得超过7个月。这还是在案情极其重大复杂，三次报请延长期限的前提下进行。

不过，《刑事诉讼法》第一百二十八条规定，在侦查期间，发现犯罪嫌疑人另有重要罪行的，自发现之日起重新计算侦查羁押期限。

案件移送起诉后，检察院对于公安机关移送起诉的案件，应当在一个月以内作出决定，重大、复杂的案件可以延长半个月。也就是说，对于重大的案件，立案后至起诉时间可长至8个半月。

案件若需要补充侦查，应当在一个月以内补充侦查完毕。补充侦查以两次为限。补充侦查完毕移送检察院后，检察院可重新计算审查起诉期限。也就是说，重大案件若历经一次补充侦查，时间一般可长至11个月；若历经两次补充侦查则一般可长至13个半月。不过这些时限在一定情况下仍可延长。

针对50人的统计表明，在8个半月内能提起诉讼的占到总数的四成，8个半月至11个月的占10%，11个月至13个月的占30%，13个月以上的占18%，这表明省部级及以上官员的案件耗时相对漫长。

针对高官的司法审判，其程序正义引人关注。对律师来说，“会见难”本是办理刑事案件的常见问题，不过京都律师事务所律师韩嘉毅以他代理的李嘉廷案为例称，办案相对顺畅：“在其他地方，从没有接到监管人员给律师电话，通知律师当事人想要会见的情况。在秦城监狱我就遇到一次。”

在司法审判过程中，根据《刑事诉讼法》第一百六十八条规定，法院审理公诉案件，应当在受理后一个月内宣判，至迟不得超过一个半月。

如果是重大复杂的案件，则可以再延长一个月。而检察院补充侦查的案件，补充侦查完毕移送法院后，法院可重新计算审理期限。检察院可以有一次补充侦查的机会，期限为一个月。也就是说，审理期限可长至半年。不过，由于律师可以无限次（每次一个月）申请延期审理，半年并非最长期限。

段义和集经济犯罪与暴力犯罪于一身

根据上述规定，按不同时间限制分类后的统计表明，大多数案件能在半年内一审完结，但仍有逾一成的案件超过这一期限。

根据对50人样本的统计，45天内审结的为14人，两个半月内的为14人，半年内的为15人，半年以上的达7人。不少刑辩律师表示，职务越高、涉及经济犯罪范围越广，审判超期情况也越严重。

但也有迅速判决的情况。济南市人大常委会原主任段义和①，因爆炸导致其情妇柳海平死亡，于2007年8月9日一审获死

①参见《段义和生死劫》，作者欧阳洪亮、罗昌平。
http://magazine.caijing.com.cn/2007-08-19/110064064.html.

刑。该案的审判速度，在中国司法史上鲜见。自2007年7月9日下午爆炸案发生，至8月9日一审宣判，历时仅一个月。从犯罪实施到死刑宣判，作为副省级高官的段义和，在短短一个月内就走完了全部过程——警方刑事侦查总计11天，检方审查起诉5天，法院从接到起诉书立案、开庭审理至作出一审宣判仅用15天。

段义和亦是120个样本中，第六名被判死刑立即执行的省部级官员。

此前，江西省原副省长胡长清、全国人大常委会原副委员长成克杰、安徽省原副省长王怀忠、国家药监局原局长郑筱萸因贪污受贿的经济犯罪被处以极刑，河南省原副省长吕德彬因买凶杀妻的暴力犯罪被正法。而段义和则集经济犯罪与暴力犯罪于一身，堪称“空前”。

二、受贿罪多，死刑较少

统计表明，这50名省部级及以上官员的罪名，涉及受贿罪、玩忽职守罪、巨额财产来源不明罪、挪用公款罪、滥用职权罪、爆炸罪和行贿罪等。

据统计数字，受贿罪最为普遍，超过九成的落马高官身戴此罪，表明“拿人钱财，替人办事”仍然是贪腐的主流；而值得注意的是，由于较易暴露，其中犯贪污罪的只有1人；犯行贿罪者仅一例，表明在位居高位后，这一群体“只进不出”，少求于人。从另一方面讲，也有高官不查行贿罪的不成文惯例。

司法审判对现实罪责的过滤，也已引起民众质疑。尤其是金融领域如王益案，即使是经新闻媒体披露的大量证据确凿的案情，即其弟妹非正常持有上市公司原始股份等情况，也均在庭审中被剔除。

而针对量刑问题，有最高法院工作经历的京都律师事务所律师宣东称，犯贪污、受贿罪，在贪腐数额的划线上，轻刑划线，重刑无线。按规定，个人贪污受贿数额在5万元至10万元间，处以五年以上有期徒刑；10万元以上，处以十年有期徒刑；10万元以上则无具体划分，且并不唯数额论，在量刑上也标准不一。

他举例说，李嘉廷受贿1810万余元，被判处死缓；陈同海受贿1.9573亿余元，也被判处死缓；郑筱萸受贿仅649万元，但仍被判处死刑。

随着经济发展，贪腐金额在1亿元以上的官员越来越多，而级别却越来越低。2010年8月，山东日照出入境检验检疫局原党组书记、局长李华森因贪腐1.6亿元受审；2008年落马的辽宁抚顺官员罗亚平，贪腐金额已达1.45亿元，其仅仅为一科级国土局长。

近年来，高官犯巨额财产来源不明罪越来越多，这一罪名在1988年首次被确立，2009年的《中华人民共和国刑法修正案（七）》将该罪的最高刑由五年有期徒刑提高至十年有期徒刑。新华社评论称，这意味着反腐力度进一步加大。

虽然2010年印发的《关于领导干部报告个人有关事项的规定》对财产申报作出严格要求，但遗憾的是，规定中并没有明确的处罚措施。相较之下，美国的法律对财产申报中的违规行为规定了严厉的处罚措施：对拒不申报、谎报、漏报、无故拖延申报者，可对当事人直接进行处罚；检察官可对当事人提起民事诉讼，法院可对其判处1万美元以下的罚款；对故意提供虚假信息的人，可提起刑事诉讼，判处最高25万美元的罚款或五年监禁。

以这50人作为统计样本，若以有期徒刑、无期徒刑、死缓及死刑分类，可以发现，被判死刑的高级官员约占10%（其中包括杀情妇致死的段义和、杀妻致死的吕德彬），死缓为26%，无期徒刑为14%，而有期徒刑则高达50%。加上无期徒刑与死缓，这意味着至少九成贪腐官员可获“生刑”。

如果将6个死刑案例置于120人样本中，其比例已降至5%。

财产刑的判决也不尽相同，除陈良宇、庞家钰分别被判处没收30万元、20万元个人财产外，其他受审官员大多被“没收个人全部财产”。

由于省部级及以上官员面对司法机构的审判时，往往“积极招供，主动回忆”，因而不少人最终被判死缓。例如韩桂芝一案中，一审判决书称：“论罪应当判处死刑，鉴于韩桂芝因涉嫌受贿被审查后，坦白了有关部门未掌握的大部分受贿犯罪事实，认罪悔罪，赃款、赃物已全部追缴，对其判处死刑，可不立即执行。”

据北京大学教授陈兴良的统计，死缓的平均执行年限为18年；无期徒刑平均执行15年；有期徒刑最高为15年，平均执行10年；数罪并罚有期徒刑平均执行13年。

此外，高级官员的上诉率并不高，大都在获得一审判决后开始服刑。亦有在调查前或调查中自杀的官员，这被视为是对司法审判的不信任。同时，不少高级官员在服刑后，均以保外就医等方式提前出狱。

不仅如此，在服刑期间，不少沦为阶下囚的省部级及以上官员仍可享受高规格的待遇。“绿树掩映、山岭叠翠，院中遍地青草和成排的果树林。”这是韩嘉毅律师对用以关押省部级以上官员的秦城监狱的第一印象。

在这所位于北京昌平小汤山的公安部唯一直属监狱内，房间大约15平方米，摆着黑色沙发和茶几，并安装有空调。律师和被押官员可在房间内随意交谈。没有隔离玻璃和铁丝网，更不需要对讲电话，被告人可以端着水杯会见自己的律师。

2010年10月18日，历时四天的中共十七届五中全会在京召开，反映民心向背的话题照例在此间汇集，而反腐仍是公众最为关心的问题之一。会后发布的公报称：“必须以更大决心和勇气全面推进各领域改革，大力推进经济体制改革，积极稳妥推进政治体制改革。”

依照惯例，在此次会议向中共十八大过渡期间，仍将查处一批大案要案。近年来一批声名显赫的高官被查处，凸显出决策层在反腐上的决心与胆识；体制改革与反腐、防腐同步推进，也体现了从源头预防腐败的思路。

溯及23年前，中共十三大报告对政改的措施至今仍具现实意义：1. 实行党政分开。2. 进一步下放权力。3. 改革政府工作机构。包括合并裁减管理部门，制定行政机关编制法和行政诉讼法等。4. 改革干部人事制度，包括建立国家公务员制度，政务类公务员实行任期制、业务类公务员实行常任制。5. 建立社会协商对话制度。要求领导机关的活动要开放，重大情况让人民知道，重大问题经人民讨论。6. 完善社会主义民主政治的若干制度。包括人大常委会委员专职化、坚持差额选举制度，改进候选人提名方式，建立人民申诉制度。7. 加强社会主义法制建设。

照应于此，中国反腐大业长路漫漫，当下或可推进几项实质性的工作：

——建立官员财产申报公示制度，使官员及其家庭暴露于“阳光”下；与此同时，解禁新闻报道，保护言论自由，以充分调动公民、社会的反腐力量。

——加强检察院在监督官员方面相对于纪委的独立性，保障法院依法审判时相对于政法委的独立性，以落实反腐相关法律，促使反腐模式从党内主导转为司法主导。

——在司法独立和新闻自由之外，即应推进政治体制改革，以阻断权力不受约束、不受制约的腐败之源。

改革开放总设计师邓小平曾预言：“我们所有的改革最终能不能成功，还是决定于政治体制的改革。”而现任国务院总理温家宝，亦多次谈及政治体制改革，“要根除腐败，我们就必须进行政治体制改革。”中国政法大学终身教授江平认为，“在现有的体制下，必须作某种重大改变，否则不可能有突破。”

反贪情妇门[①]

这是一个特殊的群体。

她们或是支付宝贵的青春资本，或是抛弃原本幸福的家庭，将自己投资给一个前途不明的政客。

近十年，这个群体开始频频曝光，她们尽管年已不惑，但风韵犹存。于公众而言，她们是千夫所指。辱骂原委，或为贪图享乐，或为利益共沾，或为肌体蛀虫。

她们，就是省部级高官的情妇。

2008年10月15日，北京市原副市长刘志华的情妇王建瑞，站上了河北省衡水市中级法院的被告席。两年前的那个夏天，两人曾因一盘举报至中央的性爱录像双双被查，隐藏多年的风流韵事渐次公之于众。根据司法调查，刘志华近700万元贿赂约八成是通过王建瑞之手而得。

上至奥运工程的寻租，下至“道德败坏”的私秘，以“部级情妇”王建瑞为中心的一场讨论席卷全国。当“公共情妇”李薇在三年后被曝光，讨论再入高潮——不止于单一个案，而是直指高官腐败的监督难题，以及由此延伸的政改期许。

本文选取了2000年以来开庭受审和新近案发的50名省部级高官样本[②]。考虑到2000年庭审案件的侦查延展期，样本的实际涵盖期应是1998年至2008年，长达十年之久。

被调查者包括位居党委、政府、人大、政协、司法、军队要职等，同时亦考虑了中央地方、中西部不同发达地区的差别，按一定比例选取不同的样本，以求完全覆盖。

样本的来源有两种渠道：一是已审判的司法机关公开的信息，二是记者近年来亲自采访当事人辩护律师、家属及办案机关所得的信息。其中后者占到样本的38%。

报告显示，50名省部级高官中，有46名被曝拥有情妇，占92%；高官平均案发年龄为63岁，其妻子平均年龄约60岁，而情妇则降至51岁。样本中，高官与结发妻子年龄相仿，均为困难年代相识，风雨中走过数十载。而与情妇平均年龄相差11岁

①作者罗昌平，原载《南方人物周刊》2008年第32期，本文样本已更新。

②《反贪情妇门》中的50个样本，全部包括在《高官贪腐录》中的120个样本之内。

成克杰的情人李平

多，最大差距超过30岁。

就学历与履历而言，50名省部级高官中，6人有高干子弟背景，享受着政治优利；有17人受过良好教育，拥有正规本科学历；其余多数为“泥腿子”，从最基层发迹，奇迹般一路攀升。

抽检的样本显示，“问题高官”早在而立之末和不惑之初，开始结识并与情妇们建立长期关系。他们多位居厅局级要津职务，极速晋升使他们与结发妻子产生多重不和。

对照50名省部级高官的40多名情妇（含一名公共者），可将其大致分为三种类型：

——享乐型。如双方因情感出轨，最后同流合污；亦有部分为情感型，如国家统计局局长邱晓华与其记者情人。

——互利型。性欲其次，金钱关系才是主要。如全国人大常委会原副委员长成克杰与李平。

——利益集团代言型。即与高官共谋，为某个利益集团寻求保护、牟取最大化利益。“公共情妇”李薇则为经典案例。

在上述“部级情妇”中，仅15人在对应高官的起诉书或判决书中被提及；其中被诉诸司法者仅8人，7人被另案处理，分别为成克杰的情妇李平，王怀忠的情妇张爱云，李宝金的情妇王小毛，刘志华的情妇王建瑞，陈绍基的情妇李泳，郑少东的情妇王菲，“公共情妇”李薇。由此可见，作为部级高官的情妇，其所付出的风险并不大。

但是，拥有特权袒护的她们，所获回报却是不可估量的。

有3名部级情妇甚至已将触角伸到了举世瞩目的奥运工程上，她们来自北京、天津、青岛，分别为北京市原副市长刘志华情妇王建瑞、天津市检察院原检察长李宝金情妇王小毛、“公共情妇”李薇。

值得一提的是，王小毛依托于李宝金，成长为津门著名的企业家，其名下的浩天集团资产更是突破70亿元，涉足房地产、高速公路、医疗教育等多个领域，为著名的“企业家情妇”。

高层权力运行与上流社会结构向来是封闭的，对大多数民众而言仅是雾里看花，一旦事发则又隔岸观火。每每情妇曝光，一些原本严肃的重大新闻多被消解成了一个桃色传奇，那些财富神话的推手也多被忽略。腐势难挡，蚀力强行。百端待举之时，有两件事再次摆在决策者面前：

一是坚决实施“阳光法案”，即以法律要求官员财产公开化，使公众有充分的监督机会；二是出台约束领导干部亲属及身边工作人员的规章制度。

另案公诉的部级情妇

在落座被告席之前，身着黄色囚服的王建瑞扫了一眼旁听席——那里看不到自己的亲人。

2008年10月15日，位于河北省东南部的衡水市，太阳始终未能撕开空中的阴霾。喜庆的礼炮声从早上7时起未曾消停，但在城区胜利西路589号的衡水市中级法院，此时却已高度戒备——几十名警察待岗于法院大门内外，荷枪实弹的武警把持着两道关卡。

上午8时30分，北京市原副市长刘志华的情妇王建瑞案在此开庭。两名执勤的警察按捺不住好奇，擅自离开岗位溜进了旁听席，目睹这名“部级情妇”的风采。照片中的王建瑞，盘着长发，脸庞清瘦，打着睫毛膏的双眼一大一小。法庭上，这名年届50的妇人头发花白，精神却相当地好，肤色亦白皙干净，“看上去就是个30多岁的少妇”，一名法警说。

法官念起诉书时，王建瑞摸了摸被告席护栏，深深地吸了口气。

此前一天，就在同一位置，她的情人刘志华，北京市政府原来排名第四、主管城建的副市长，曾权倾一时的北京奥运工程总指挥，在此一审被指控涉嫌受贿696.59万元，其中八成假手王建瑞获得。同是两鬓斑白的刘志华，当着妻子张淑兰的面承认其与王“是情人关系”。他在法庭最后陈述中，曾三度落泪，并当庭请求妻子张淑兰、儿子张伟原谅。

这一幕，王建瑞没能看到，也不可能看到。从2006年6月9日立案调查起，到此次两人一审开庭，她已与刘志华被隔离28个月之久。在最初200天的调查中，刘志华的结发妻子张淑兰“零口供”，但情妇王建瑞提供了极不利于刘志华的供词。

时年59岁的刘志华，祖籍辽宁盘锦，自幼在北京长大。他的父亲是傅作义部队的一名上校，这位“投诚”军官曾将儿子送入北航附中读书。“文革”期间，刘家屡次被抄，刘志华1968年离校，进京西煤矿当起煤矿工人。在那里，他与同在煤矿办公室工作的张淑兰认识并结婚。张淑兰因早年多次遭遇矿难受伤，中年患有严重的腰椎间盘突出症。

刘志华、张淑兰膝下有一子，随母姓，叫张伟，时年30岁。按家属的说法，刘志华喜好抽烟，但酒与高尔夫球等从不沾染。由于张氏夫妻关系冷淡，且对张伟的教育出现分歧，两人一度关系紧张。

1993年，刘志华在劳动部担任计划工资司司长，一次在风景秀丽的宜居城市珠海出差时，巧遇王建瑞。王建瑞1958年10月25日生，小刘志华整整8岁。但王建瑞向调查人员称，“两人一见钟情，并长期同居”。

王建瑞曾是一名建筑工程师，效力于国有企业北京天创公司。她为人和善，交际广泛，但行事精干，是个厉害人物。她的前夫在北京某设计院当工程师。1999年刘志华与王建瑞正式同居，2001年王建瑞为其离婚。

对于这名情妇，刘志华出手大方，两次以审批大权要挟，向国企索要住房。起诉书说，刘志华与王建瑞为方便姘居，多次向北京天创公司索要住房，于2004年11月获得复兴门北大街11-808号房间，价值52.1万元。一年后，刘志华又借为北京房产大鳄刘晓光审批项目之机，向其索要了一套价值99.61万元的房子，也就是位于北京东北方向“梵谷水郡”的D2-2-901室。

当然，“刘王配”的胃口远不止于此，他们收受的最大一笔贿款为400万元。早在1999年，两人同居不久，刘志华为中融公司盘活了价值4亿元的烂尾楼工程“三义大厦”，获得该公司董事长回铁勇现金400万元，并全部用于为王建瑞注册成立的北京鹏森工程项目管理公司。

“鹏森”二字的来历，即套用了刘志华的曾用名“易希森”，王建瑞则是公司法定代表人和实际控制人。根据刘志华庭审中的表述，成立这家公司，是为两人退休后留条退路。

在刘志华的干预下，鹏森公司获得北京市政府的重点工程的“代管权”，承揽的标志工程包括首都博物馆新馆、数字北京大厦。并将触手伸至了万人瞩目的奥林匹克公园，包下了网球中心、曲棍球场、射箭场三大工程。此时已经很难计算王建瑞获得的真正利润。

被调查之后，王建瑞通过律师与办案人员打听了其他高官情妇的下场，她认为最坏的打算也就是与刘同庭受审，同狱服刑。但事实却是，她被另案处理了，与刘同庭受审的唯一愿望化为泡影。

2008年10月18日，从调查至庭审历时28个月的刘志华案一审宣判，34页的判决书出炉只用了3天。一审宣判仅历时30分钟，刘志华被判决死缓。5天后，法院向关押于看守所的王建瑞送达了领刑8年的判决书。这其实意味着她与刘志华的关系亦被判处“死刑”，他们恐难有机会再见。

“企业家”情妇

王建瑞的起家模式，符合绝大多数高官情妇发迹的不二法门——白手起家，通过收取大笔贿赂注册成立公司，以挂靠大国企或合作运营的方式从事与高官职责相关的业务。

但在40多名高官情妇中，堪称“企业家”的，当属天津市检察院原检察长李宝金情妇王小毛。王小毛的另一身份是天津浩天集团董事长兼法定代表人。同在王建瑞获刑的金秋十月，王小毛亦因受贿罪、偷税罪被天津市二中院一审领刑6年，并处罚金700万元。

一个8年，一个6年，相对于王建瑞、王小毛的高额回报，她们付出的代价或不值一提。但颇有开拓意义的是，这是迄今为止高官情妇查办案件中，并不多见的另案处理案例。

王祖居河北沧州，生于天津南开，身高165厘米。笔者曾探访过她祖居的南开区金泉里17门增1号201室，那里烙满了北方重工业印迹，粗大的管道在十几幢红色砖楼间穿行，旧宅挤满了日益增多的家庭成员。邻居们眼里的她性格开朗、喜好玩乐，其他方面并无过人之处。

如果不是16年前弟弟的一次犯法，或许王小毛并不会经历这样的人生。1992年，王小毛弟弟涉嫌诈骗被警方抓获，王因此与时任天津市公安局党委书记的李宝金相识，从此床第同欢、利益共沾。

在1992年结识李宝金后，她获得了梦寐以求的第一桶金——李宝金为副部级的天津渤海化工集团原董事长戴成文追回欠款1100余万元，与王小毛通谋索取165万元的回扣。有此贿赂活水，王开始了实业投资。她于1995年与人合伙成立了天津泰力房地产公司，并赶上了中国大城市房改的第一拨浪潮；1999年她涉足公路投资，成为内地试水该领域的先驱者，这无不体现其先知先觉的商业头脑。

跟多数半路出家的情妇不同，王小毛终身未嫁。她曾用名王桂荣、王晓毛。两度更名，正好对应她命运及浩天集团的两次重大转折。她的浩天集团总部，设在天津寸土寸金的老租界“五大道”，占用两栋独立小洋楼。

1998年起，李宝金两度当选为天津市检察院检察长，浩天地产因而获得“黄金八年”的发展期，并扩展为浩天集团，陆续向教育医疗、高速公路等暴利行业扩张，相继控股的公司达到20家。

在常人看来，王小毛身材矮小、相貌平平，何以赢得李宝金如此青睐？办案人员介绍，这不外乎她过人的商业头脑。“高官们并不缺女人，他们最需要的是真正的利益代言人。这一点，王建瑞与王小毛有着共同之处”。

案发前的2006年，王小毛参建了2008年北京奥运会的配套工程——津汕（天津至汕头）高速公路天津段，这个项目总投资40亿元，全长52.54公里，连接北京奥运主会场与天津、青岛两个分会场。在启动这个奥运配套工程的2006年2月，王晓毛再度更名，将“拂晓”之“晓”改为“大小”之“小”，是为倍显娇嗔的“王小毛”。但仅两个月后，东窗事发。

实际上，“情妇经济”并非中国的特色。桑巴特的《奢侈与资本主义》就有关于17世纪法国“情妇经济”的描写：娼妓成为奢侈的情人，她们的沙龙甚至迎来了瑞典女王，由此而来的“情妇经济”既显奢靡之气，更有浸入贵族领地，引其财富转入工业生产。但在中国，情妇仅是权力的寄生者，只夺取财富而不创造财富。王小毛是“部级情妇”中少有的实干者。

但在审判时，律师为其辩称，王小毛在与李宝金共同实施的受贿犯罪中，始终听从李宝金的安排，没有李宝金的身份和职权是不能实现受贿目的的，所处的地位是从属的，是从犯。法院亦据此给予从轻、减轻处罚。

根据王小毛案发后的企业资产处置，以及余下不过四年的刑期，王小毛的浩天集团仍可在四年后大展宏图。只是褪却了强大权力的保护，王小毛能否在险恶商海里如鱼得水，值得观望。

“公共情妇”魅力何在

在王建瑞、王小毛之后，还站着另一个超级高官情妇——李薇。她更因“公共情妇”这一别称招致全国瞩目。

李薇，是继王建瑞、王小毛之后又一个承揽了奥运工程的高官情妇。这个越南出生的法越混血儿，拥有法国女人的风情、越南女人的坚韧。少时以越南难民身份进入云南红河，后与本地烟草官员结婚，在涉险渡过云南省原省长李嘉廷案后，经人引入北京，借力打力，床来床往，累计与十来名省部级高官有染。

李薇1963年9月24日生，年龄比王建瑞、王小毛小。她早年在云南的邻居称，李薇为人开朗，长相周正，“是个贤惠顾家的好姑娘”。不过，这些粗浅的印象只停留在昆明市青年路12号，在经历一番城市拆迁后，那里已被一排嘈杂的商铺代替。

她与王建瑞类似，有过一段并不如意的婚姻。前夫曾是云南某知名卷烟厂厂长，职权亦是显赫一时，李薇依靠这层关系接触到她的家门、云南省原省长李嘉廷。此后，李嘉廷案发，昆明卷烟厂厂长陈传柏外逃，玉溪卷烟厂厂长褚时健和云南省烟草公司副总经理魏剑相继获刑。

其间，李薇找到早年相识的一名财经大员在京避难。此后，又经此人介绍，认识了中国石化原董事长陈同海，又经陈引见与青岛市委书记杜世成相识。这个异邦女子，由此周旋于十数名省部级高官之间，并一直与各方保持暧昧的关系。

依其相貌来看，李薇并非绝色女子，但“在众人中，她还是比较显的”。更为关键的是，李薇“谈吐举止有度，话语和缓”，并传承了越南女性任劳任怨、长于陪侍的品质；但若遇大事决策，她亦可“拍案定调，雷厉风行”。

相识者称，难能可贵的是，李薇为人极其低调，不主动惹事，且从不过分依赖于某个高官，对后者所作所为言听计从。如此性格及言行，确为高官情妇中罕见。

在李薇姐妹活动频繁的青岛八大关两处别墅，时常举办私密酒会，往来多权贵，“一洞可连襟”。这种私密酒会与美国的波希米亚俱乐部机理相通。正如社会心理学者所论，肢体与物质上的亲近可能促进群体的凝聚，私密环境下的聚会更加重了这一内聚力的出现。加之参与者的“高端”特征，严格的入会资格，穷奢极侈的贵宾享受，能满足各自的虚荣心，增强彼此的吸引力，他们之间的合作与互动也顺其自然地增加。

一个半老徐娘何以能吸引那么多省部级高官？难道真是他们审美的口味太重？显然不是。李薇的润滑剂作用，正是这些分立权贵家族得以内聚的重要一环。在这样一个神秘、封闭的高端群体圈子里，李薇还能恰到好处地利用被神秘化和被夸大的口碑。在她和她的恩客们身上，可以印证“人们互动得越多，就越喜欢对方”的群体动力学原理。

跟王建瑞、王小毛不同，李薇身上已具备了“影子地产寡头”的雏形。她在境外注册离岸公司NC国际有限公司，自任法定代表人。另派表妹李云梅作为NC国际有限公司的财务经理，负责其在内地的项目运作；又以其妹妹李娴作为台面人物在深圳注册公司，并最终与李云梅共同控股境内的公司及财务，以此达成双保险。

不过，李薇的生存空间远比王建瑞、王小毛之流更残酷，她不仅要迎合高官们的意向，还要用心平衡他们其他情妇的私欲。杜世成案的司法认定是，626万余元贿款牵涉两个女人：帮其收钱者梁巧云和送钱者李薇。跟李薇不同，杜世成的另一情妇梁巧云丝毫没有经商之念。她代杜世成收受来自黄岛电厂的250万元现金贿款，以及青岛永盛集团董事长张永赠送的一套价值198万元的高档住宅。

比李薇小5岁的梁巧云是福建厦门人，她自称《人民日报》华南记者站记者，实际仅为受聘的编外经营人员。2002年她以记者身份专访过时任青岛市委书记的杜世成，从此两人形影不离。

一位知情者说，李薇与梁巧云曾多次照面，相对于后者的跋扈专行，李薇则显得内秀许多。如今，梁巧云并未被追究，李薇一度因行贿罪、受贿罪和偷税漏税罪被调查，但迟迟没有结果。

反腐生力军

网友们调侃，现在官员情妇干了反贪局的工作。

一位调查人士说，倘若没有情妇王建瑞，刘志华的案件查办要更艰难些。他仔细分析了刘志华被控受贿的696.59万元，其中有592.61万元是王建瑞代收的，扣除儿子张伟所收的礼金，真正由刘志华个人收受的贿赂并不多。据悉，刘志华、王建

王守业曾是军方建设部长

瑞的性爱录像，是安装在王建瑞家中和他们常去宾馆房间的针孔摄像头所拍。这一铁证亦是中央直接拿下刘志华的关键。

“情妇现在成了反腐阵营的生力军与突破口。”这位调查人员说。

海军原副司令员王守业①案，已成了情妇反腐的一个绝佳个案。

65岁的海军副司令员王守业，在临近退休时突然出事，他是新中国成立以来被查办的最高级别的军官之一。

2006年6月29日，全国人大常委会公告称，终止王守业全国人大代表职务。当日新华社的英文电讯报道，王守业因“道德败坏”、“利用职权索贿、受贿”，“涉嫌严重违纪违法”，被情妇揭发。报道称，一个未婚女性早前向当局告发王守业，承认她与王有“长期的不正常关系”。

“道德败坏”的由来，是身为将军的王守业与文工团情妇蒋雯（音）长达8年的私情。1996年王守业担任解放军总后基建营房部部长——俗称军中“建设部长”，与南京军区某文工团演员蒋雯同居。不久，30多岁的蒋为其生下一子。

2001年，王守业晋升为海军副司令员，在与蒋雯协议分手并索要孩子监护权时出现分歧。蒋雯在协商几年未果后，从2005年起走上了状告王守业的道路。

据相熟者介绍，导致蒋雯上告的原因，一是其索赔500万元未果，二是王、蒋之子已至入学年龄，名分之求告吹。蒋氏最偏激的做法是，联络他人在海军大院门口散发传单，此事最终引起中央军委的重视。随后，中央军委免除王守业海军副司令员职务，海军当届军人代表大会决定接受其辞去人大代表职务的请求。

笔者曾于2006年造访王守业河南老家，并获得其家人接待。在河南省叶县邓李乡庙李村，王守业双亲均健在，膝下有四子：王守业为长子；老二叫王随安，任庙李村支部书记；老三王守印，任职于县交通局；老四王新业，为邻乡派出所的一名民警。按中国传统宗族观念，同堂拥有四兄弟，加之地位显赫，王家在当地无疑属强势显贵之家。

王家小院隐蔽于一个破旧的小村落，外观不及周边邻户，但院内干净整洁，家具应有尽有。在父亲王顺谦的客厅挂有王守业家的一张全家福——在一栋别墅旁的草地上，前排端坐王顺谦夫妇，后排王守业夫妇居中，其已成年的一子两女分居两

①参见《王守业“守业”未成》、《王守业家乡随访记》，作者罗昌平。
http://magazine.caijing.com.cn/2006-07-24/110063297.html.

侧。据家人介绍，王守业的妻子自开公司，夫妻长期分居两地。其两个女儿均年逾30，现已移居海外。

王守业虽出身贫寒，但从小学习成绩甚好，1964年以河南省高考总分第六名的成绩被天津大学录取，就读于工业与民用建筑专业，毕业后应征入伍。其后40年间，工科出身的王守业演绎了从一名普通工兵奋斗到将军的故事。

王顺谦身为农民，曾专门请人为儿子取名，长子“守业”，寄托了父辈对他的期望。但“创业难，守业更难”，身为和平时代高级军官的王守业，终究未能成全父辈的心愿。

经其家属了解，情妇蒋氏终身未嫁，王未直接为她牟利，她提出的赔偿王也无法承受。蒋氏身上表现出的勇气，已非个案。情妇一时已成为反腐生力军。2008年6月28日，陕西省政协原副主席庞家钰因“受贿”和“玩忽职守”获刑20年。“道德败坏，与有夫之妇私通，性质恶劣”，这是官方通报中关于庞家钰作风问题的只言片语。而真正的事实，则是情妇联合告状扳倒庞家钰。

牢狱门抑或旋转门？

将丑闻，尤其是政治丑闻冠之以“门”的称呼，起源于美国的“水门事件”。该事件揭露了时任美国总统尼克松在竞争对手民主党的总部水门大厦内安插窃听装置，打探竞选对手备战选举情况的丑闻，并最终导致尼克松成为史上第一位辞职的美国总统。另一位美国总统克林顿因与白宫实习生莱温斯基的绯闻，又被冠以“拉链门”。

因形形色色的“门事件”落马，已成为中国官场一种有趣的现象。每一次“门事件”的发生，都会带来一场网络上的围观和狂欢。

——2010年2月20日前后，被指为广西来宾市烟草专卖局局长韩峰撰写的近300篇简短精炼的日记，开始在多家知名网络论坛爆发式流传。吸引成千上万网民眼球的，除了日记的情色意味，还有该局长活色生香的官场生活，如喝酒应酬、收受贿赂等内容。

——2011年6月中旬，广州市白云区一街道办主任刘宁身陷“艳照门”，多个网站、微博流传了他裸聊的照片。其后不久，昆明市发改委收费管理处副处长成建军、河南省汝阳县人大常委会党组成员田汉文两人“有图有真相”的“艳照”又先后引发网民的热烈围观。

——还有两起“开房门”。江苏省溧阳市卫生局局长谢志强在微博上与情人调情相约开房被发现，而湖北省襄阳市樊城区法院院长范海涛疑似与某女官员“开房”的过程经监控录像拍下，被人发到网上。

根据官方消息，以上人员均接受了调查，其中3人已经被免职，韩峰还因受贿罪获刑13年。

最极端的案例，则是济南市人大常委会原主任段义和谋杀情妇案。

2007年7月9日下午5时30分，山东省济南市建设路发生一起汽车爆炸案，一人死亡、两人受伤，现场惨不忍睹。死者为一女性，叫柳海平，时年31岁，系济南市国土资源局干部。爆炸案发生整一个月后，8月9日，山东省淄博市中级法院一审判决：用爆炸手段杀死情妇柳海平的济南市人大常委会原主任段义和获死刑。

段义和与其情妇柳海平相差整整30岁，柳海平出生于河北馆陶县，长相漂亮，身材苗条。段义和在聊城挂职时与柳海平相识，“二人长期保持不正当两性关系”。起诉书称，2007年2月以后，段义和因不满柳海平对其提出的各种要求，与其侄女婿、济南市公安局治安支队三大队副队长陈志经多次密谋，于2007年7月9日以爆炸方式将其杀死。

同年8月9日，段义和案一审在淄博市中级法院宣判，段义和因索贿、受贿折合人民币169万余元，还有110万余元的财产不能说明合法来源，且因故意杀人等三项罪名，被判处死刑。由此，段义和成为改革开放以来第六名被判死刑的省部级官员。

再提“阳光法案”

一个成功男人的背后往往有一个奉献着的女人，而一个腐败男人的背后也常常伴随着一个贪婪的女人。正如山东省供销社原主任矫智仁在法庭上所留下的那句名言：“我戴的手铐有我的一半，也有我妻子的一半。”

不过，笔者接触过多名腐败高官家属，他们的妻子直言了自己的痛楚。

来自中西部的一名高官妻子，虽年已50，但仍保持着江南女性温婉柔和的形象，身材不高，略有一点发福，白皙的脸上只有少许皱纹，常挂在脸上的微笑让她颇显气质。她说自己所在的政府大院，如同一个寡妇村，平日几乎没有男人在家，“夫人们在一起议论，发现最长的一个官员已长达8个月未回家睡觉”。

上海社保案揭盅之时，一个“夫人俱乐部”映入公众眼帘。这个以市委书记夫人为主要中心的夫人集团，形成了一个独特的圈子，并与腐败力量利益共沾。

而官方针对陈良宇的通报称，“道德败坏，利用职权玩弄女性，搞权色交易”，“曾与多名女子发生性关系，有一人曾3次堕胎”。

与高官不归家相对应的，是一些高官亲属移居海外，亦即“裸官”现象。

庞家钰获刑时，民众才发现他的妻儿已在2002年移居国外。这个全新的高官腐败样本，先因骄奢淫逸的生活被口诛笔伐，落马后又因“裸官”意外成了网络红人。庞家钰引发的“裸体做官”现象的讨论，更值得人们深思。

对照50名样本高官，他们的妻子年龄相仿，但从事的工作多为辅助性的文秘、离退办等清水单位的闲散职务。相对于高官们的学历与出身，这些妇人多数在他们“落难”时相识，还有些是农家妇女，一起走过数十年，已无分家可能。

在法庭上，一名被告的情妇对案情推脱，原配妻子在下面旁听，后来默默流泪说：“虽然爱情不在了，可亲情还在。”

另一名高官夫人说，她为人活络圆通，在年轻时拥有男人一般的刚强性格。在那些并不愉快的年代里，她在丈夫身后始终一如既往地支持着，在丈夫勾心斗角于官场的日子里，更是发挥着重要的作用，用独有的智慧和魅力出谋划策、冲锋陷阵，甚至博得了“外交夫人”的美誉。但针对丈夫的情妇，她既不能举报，又无法离婚，移居国外成了最合适的选择。

知名电视主持人杨锦麟表示：“一个李薇，就可以轻而易举地击垮这么多高官，除了我们一般认为的政治、体制、人性的因素之外，还有什么教训值得大家汲取？高官群的生活氛围，刻意营造的外部形象与真正人性之间的冲撞，高官家庭内部诸多难以启口的私隐因素等等，值得进一步深思。”

在缺乏社会监督的环境下，个别官员手中的权力仿佛有了磁性，沾亲带故者都能受到权力磁场的磁化，分享特权的实惠。倘若不能改造传统的政治体系，以容纳更多阶层的利益表达与分享，改革赖以生存的“稳定”，必将成为一条河床不断抬高的悬河。河床垒得越高，其崩溃的摧毁力也就越大。

而“阳光法案”的实施，已显得迫在眉睫。

反贪腐三令五申司空见惯，但收效甚微。如1995年的《关于党政机关县（处）级以上领导干部收入申报的规定》，2001年6月的《关于省部级现职领导干部报告家庭财产的规定（试行）》。但这些制度仅限于规章，而且无论从内容上还是执行力度上，都与国际通行的“阳光法案”差之甚远。

在中国转型期复杂的社会环境中，权力寻租极易通过裙带路径扩张，制度疏漏还相当严重。50名高官的“情妇门”案例，即是明证。这些官员一路扶摇升迁，尾随其至少10年的情妇们亦雨露均沾，足见申报规章在此形同虚设。

“阳光法案”是世界各国采用的最广泛的反腐手段之一，已在90多个国家实施。中国业已加入的《联合国反腐败公约》，明确规定“各缔约国应当考虑根据本国法律对有关公职人员确立有效的财产申报制度”。以此观之，中国尽快实施“阳光法案”，不仅是自身法治建设之急务，也是不容推卸的国际义务。

亿元巨贪榜①

2011年7月19日上午，“人间天堂”苏、杭的两名前副市长——许迈永与姜人杰，在同一天被执行死刑。

据司法判决，两人均折戟于城建领域，且犯罪金额巨大，单受贿一项，金额都超过亿元。

这不过是豹之一斑。近半年以来，亿元巨贪接二连三被揭发：4月，山东省日照市出入境检验检疫局原党组书记、局长李华森因贪污、受贿、挪用公款总额达1.6亿元，获无期徒刑；5月，中华全国供销总社财务部预算处原处长刘林祥因挪用公款3.96亿元，被判有期徒刑十年；6月，昆明市土地开发投资经营有限责任公司原董事长陆锦昌因挪用公款2亿元、受贿4750万元，被判无期徒刑。

从地方大员到科级小吏，涉案金额过亿元的落马官员越来越频繁地出现。中国贪腐是否渐入“亿元时代”？通过梳理公开的司法判决，获得48名贪腐过亿元的国家工作人员犯罪样本。当然，由于司法信息不透明，司法审判过滤犯罪金额等原因，该样本难以涵盖全部。

以审判时间为参照，2000年以前此类案件仅六起，这一数字与2001年至2005年间的案件数量相同。2006年至2010年井喷出现，平均每年发生六起，2011年上半年刚过，已有五起案例。

1997年修订通过的《刑法》，将贪污贿赂犯罪的起刑点升至5000元，这一数字保持至今。现实正在不断考验法律准绳。“亿元贪腐官员”作为落马官员的典型，其样本折射出官员腐败在领域、手段及案发后量刑上的流变与趋势，亦可为反腐者鉴。而逐年上升的官员巨额贪腐数字背后，既关乎经济的迅猛发展、通货膨胀，更有监管缺失、犯罪手段迭新等原因。

贪贿高发地

这48人的样本中，“中行开平案”主角许超凡与许国俊2009年在美国获刑，涉及

---

①作者李湘宁，策划并编辑罗昌平，原载《财经》杂志2011年第18期，兰启昌亦有贡献。

许迈永、姜人杰同时被执行死刑

洗钱罪、跨国转运盗窃钱款罪、伪造护照和签证罪等罪名。统计表明，另46名在中国接受司法审判者中，被判处挪用公款罪者有41人，受贿罪者28人，贪污罪者23人。

其中，仅贪污受贿一项即上亿元者，就有4人，分别是许迈永、姜人杰、王成明与陈同海。无独有偶，他们都是靠在房地产、城建工程等领域长袖善舞，寻租谋利。由于房地产市场持续十几年高歌猛进，房地产业由此成为权力寻租市场的一块沃土，握有相关审批权的部门、官员遂成为寻租热点。

据判决书称，1995年5月至2009年4月间，许迈永利用担任萧山市副市长，杭州市西湖区代区长、区长、区委书记，杭州市副市长等职务上的便利，在土地、工程等领域，收受、索取他人财物共计折合人民币1.45亿余元。此外，他还徇私舞弊、滥用职权，违规退还有关公司土地出让金7100余万元。

浙江坤和集团董事长李宝库是许迈永的行贿者之一。在许迈永的“运作”下，其获得西湖科技产业园项目102亩土地的使用权，因此李宝库许诺送给许迈永2000万美元，并于2007年7月至2008年7月先后八次将共计830万美元汇至许迈永的指定账户。

许氏深谙土地市场设租之道，从项目开发权竞标、土地使用权出让、拆迁、招拍挂、退税优惠到返还土地出让金，乃至变更土地用途、配套设施承建、转让股权等，几乎每个流程皆被他发掘出敛财之机。他还先后收受了汉帛（中国）有限公司原董事长高志伟贿款2000万元、浙江开氏集团原董事长项兴良贿款2500多万元。

姜人杰案情与此相类。作为苏州市副市长，姜人杰分管城建、规划、房地产开发等领域，先后非法收受他人贿赂，共计人民币10857万元、港币5万元、美元4000元，其中多笔受贿与其在批地、征地以及转移土地用途做房地产开发的职权有关。

在震惊中外的上海社保案中，上海电气（集团）总公司原董事长王成明则通过设租于地方政府工程建设，低价得手“南郊别墅”，再通过股权转换，谋取差价3亿元。

此外，中国石化原总经理陈同海受贿1.9573亿余元，截至目前亦为受贿金额之冠。作为国有垄断企业，由于占据更大资源，同时内控松散，导致一把手一言堂的局面。其通过公司向汉思能源（00554.HK）董事局主席戴伟购买混油，并与之联营收购、共建油库等方式，收取戴伟贿赂港币1.766亿元，这亦是单笔贿赂之最。

家族生意

上海市原市委书记陈良宇，是改革开放以来继陈希同之后，第二名因贪腐落马的中共中央政治局委员。2008年4月11日，天津市第二中级法院以受贿罪、滥用职权罪判处陈良宇有期徒刑18年。

根据陈良宇判决书，其除了被认定受贿239万余元外，还有三笔资金过亿元的灰色账目记入滥用职权罪。其一，帮助年轻富豪张荣坤获得上海路桥发展股份有限公司99.35%的股权，给国家造成了直接经济损失3.206亿元；其二，帮助弟弟陈良军在上海市宝山区高境镇开发土地，以转让上海境逸房地产有限公司股权的方式将获得的土地使用权变相倒卖，非法获利人民币1.18亿元；其三，帮助儿子陈维力所在公司的关联公司获得10亿元社会保险基金，用于偿还贷款和收购企业股权，使巨额社会保险基金处于重大风险之中。

在陈良宇位高权重时，父母、妻儿、胞弟皆因裙带关系获利。在其获罪一年后，2009年8月，他的儿子陈维力因同案被判处有期徒刑三年，缓刑四年。陈维力挂名上海申花足球俱乐部副总经理一职，不实际工作，获取“薪酬”总计352万元。

陈维力还倚赖“穿针引线”，使得上海市社保局在2004年12月违规批准上述10亿元贷款给所在公司的下属企业，并由此挂名年薪百万元之虚职。

在陈良宇四项受贿事实中，还有两项与家人直接相关：妻子黄毅玲挂名于上海MWB互感器有限公司，领取“工资”43万余元；上海新黄浦集团原总裁吴明烈给陈父购买一套139平方米的住房。

而在姜人杰案中，其子姜荑也成为推波助澜的重要角色。姜人杰被认定的多笔贿款，都由其儿子姜荑，以及姜荑实际控制的福海拍卖行收受。2006年姜人杰受审时，“新型受贿”尚无认定标准。2007年5月29日，中纪委下发了《关于严格禁止利用职务上的便利谋取不正当利益的若干规定》，认定家属收钱视同本人受贿；同年案发的国家药监局原局长郑筱萸案判决也有例在先。此后判决的姜人杰案不仅认定了上述巨额贿赂，还被判处极刑。

值得一提的是，自上述中纪委发布该文件后，2007年7月，最高法院、最高检察院发布《关于办理受贿刑事案件适用法律若干问题的意见》，将情妇（夫）等在“权—钱—色”腐败链中扮演枢纽角色的“特定关系人”纳入《刑法》惩治范围；2009年10月，《关于执行〈刑法〉确定罪名的补充规定（四）》公布，确定了“利用影响力受贿罪”等罪名，扩大了受贿罪主体，裙带犯罪的查处从此有法可依。

挪用公款路径

挪用公款者成为样本中的绝大多数，占到48人中的39人。相比贪污受贿者大多位高权重，这些人中不乏处级、科级甚至科级以下干部，可谓“官小而巨贪，少贪而多挪”。

他们或为地方、部门的一把手，如东莞市塘厦镇原镇长李为民；或为直接的财务管理人员，借财务管理漏洞渔利，如扬州市公路建设处财务科原科长王勇、中华全国供销总社财务部预算处原处长刘林祥等。

2011年初，中国通信建设总公司（下称中通建公司）原总经理助理董跃进刷新了北京市职务犯罪金额“新高”——他因挪用公款5.8亿元及受贿100余万元被判处无期徒刑。

据司法材料，北京中润德通讯技术有限公司老板马连龙在行贿后，要求董跃进把应当直接支付给中通建公司的货款截留到其所有的公司，再转回中通建公司，以此增加其公司银行账户的资金流量，达到增大银行授信额度的目的。董跃进默许后未经单位领导同意擅自作出决定，半年多时间内，有5.8亿余元公款进入马连龙公司账户，案发后至今尚有1300万余元未归还。

其他案例则与此案类似。在挪用公款去向上，或炒股，或放贷，其中亦不乏出境豪赌者，诸如湖北省政府驻港办事处原主任金鉴培、河南省安阳市委原副书记李为民、湖南省郴州市住房公积金管理中心原主任李树彪①等人。

此类案发，一方面，凸显出国企、行政系统等内控不力，中通建公司本有财务规定，但由于总经理李瑞在受贿后放任，使得监管失效，董跃进实际拥有了对外签订合同、开具信用证的决定权；另一方面，民企频频行贿，直接反映出民企融资艰难的现实。

在48人的样本中，金融系统内国家工作人员有16人（银行12人，信托公司4人），占到了三成多。此外政府官员14人，国企官员12人，研究院等事业单位4人。其中银行系统内工作人员挪用公款的现象较多，且动辄上亿元，案例包括中国银行开平案（涉及余振东、许超凡、许国俊三人），以及中国银行中山分行冯伟权、池维奇案等，皆因金额之大而轰动一时。

不过这12宗案件多集中于2007年以前，此后，未见到银行系统内相关个案。

司法部预防犯罪研究所司绍寒表示：“银行工作人员为牟取私利，直接挪用银行资金已经成为一种‘不入流’的犯罪手段。近年来金融管理开放，银行系统内部在制度设计、资金管理、信息技术管控等方面建设不断加强，银行工作人员坚守自盗得到有效的遏制。”

他同时解释，资金面紧张、信贷额度分配不公、金融服务低效等因素仍容易诱发金融犯罪，银行工作人员大多通过其他方式将资金转移出银行体系，其犯罪行为大多被冠以“破坏社会主义市场经济秩序罪”中的违法发放贷款、违规出具金融票证、票据诈骗、信用证诈骗等罪名。

---

①参见《递罪》一书，南方日报出版社2010年1月出版，作者罗昌平。

量刑标准与趋势

清华大学廉政与治理研究中心执行主任过勇分析认为，随着中国权力制约和监督体系的健全和完善，挪用和贪污犯罪会减少，但受贿比例会逐步增加，“这一点或与打击行贿人力度畸弱相关”。

尽管《刑法》第三百九十条规定了行贿罪的量刑标准，情节特别严重的甚至可处十年以上有期徒刑或者无期徒刑，但以陈同海案为例，其六名行贿人无一受刑事追究。

2011年7月19日，最高法院称将下发关于依法从严惩处行贿犯罪的规范性文件，对行贿犯罪的打击重点、定罪量刑标准等作出具体规定，意图“从源头上遏制、预防受贿犯罪和各种渎职犯罪的重要环节”。

对样本的统计表明，在48人中，除去许超凡、许国俊在美国被分别判处有期徒刑25年、22年外，余下46人中，17人被判处死刑，9人立即执行，8人缓期执行；无期徒刑16人；有期徒刑13人，且均在10年及10年以上。

犯了情节最为恶劣的职务犯罪、贪污腐败上亿者多被处以死刑，并不难理解。而从时间分布上来看，案件数量并未有明显的频率变化。

许迈永、姜人杰被执行死刑当日，最高法院在新闻发布会上称：“将从多个方面加大对职务犯罪的打击力度：坚决依法从严惩处严重职务犯罪，保持惩治腐败的高压态势；依法应当判处死刑的，坚决判处死刑，决不手软。”

以此可见，城建、交通、土地等领域的职务犯罪将长期处于高压打击的范围。

另一方面，统计中挪用公款罪居多，既有“贪贿上亿难，挪用上亿易”的现实原因，也存在立法缺陷的原因。根据《刑法》规定，此罪在量刑上最高刑是无期徒刑，且并不附加财产刑，法律风险趋轻。而司法实践中，常有官员辩称自己是借用公款，同时为单位创收谋利，并未造成损失。

根据最高检察院的专项统计，2005年至2009年6月，全国关于职务犯罪的判决中，判处免刑和缓刑的高达近七成，这一直受到外界诟病。

目前，最高法院正在研究制定审理职务犯罪案件适用缓刑和免刑的司法解释，生刑将趋严。同时，财产刑的处罚力度也将不断加大。

监管途径

亿元贪腐案件频发，自有其时代背景：随着1998年后国企、金融、房地产等众多领域的大转变，一方面民营企业面临融资难等困境，另一方面国有企业、政府机关缺乏制度性的监督与制约。

因受贿2661万余元、贪污8250万元而被执行死刑的首都机场原董事长李培英，仅判决书认定，其曾分六次、累计向多家民营企业提供35.7亿元用于拆借资金、贷款担保和委托理财。这家现金流充裕的大型国企如同一家失控的银行，任由当家人李培英调配资金。其先后三次私自转走理财款累计人民币8250万元，采取降低理财利率、固定收益、多列亏空等手段做平账处理，使该款项完全脱离公司，转由个人使用或者实际控制。

从国家的实际操作层面来说，经过数十年探索，中国已逐渐形成了一套自己的反腐模式，即由纪委主导的，政府的行政监察、检察院系统的司法监督、审计系统的经济监督相配合的“三位一体”模式。随着中央反腐败的“战略方针”正式提出，三家监督主体分工负责、互相配合开展反腐工作。

在这种模式下，县级部门常常成为监管的末梢和盲点。由于县级部门和下属企业不分家，会计出纳一肩挑，账、钱、权一人掌管的情形时有出现。典型案例如河南省周口市的柳鹏飞、李亚、陈金旺贪污、受贿、挪用公款、滥用职权一案。

案发前，柳鹏飞时任周口市经济技术开发区管委会党委书记，李亚时任周口市城市信用社理事长，陈金旺曾任周口市经济技术开发区管委会主任、时任太康县委书记。其中，柳与李又合伙经营周口瑞生科技有限公司，陈金旺实际控制周口市昶旭贸易有限公司，他们近水楼台，通过虚假招商、虚增工程预算等手段，三年间大肆侵吞、挪用公款上亿元。

2009年，中央五部门下发《关于加强地方县级纪检监察机关建设的若干意见》《关于县级纪检监察机关办公办案装备配置标准和实施办法的通知》，希望通过对县级纪委扩权、扩编方式，加大对基层贪腐的打击力度。

在国企中，巨额经济犯罪案亦难以查处：由于涉案者多为高层领导和重点岗位工作人员，犯罪形态上以利益均沾的窝案、串案为主；同时挪用公款的犯罪往往潜伏期较长，多要等到资金亏空缺口无法弥补时，单位自查或审计才得以发现。

中国纪检监察学院副院长李永忠提出三项预防之策：其一，时间前移，将反腐倡廉由侧重惩治前移至注重预防，变事后追究为事前防范；其二，空间前移，表现在参与构建国际反腐败合作框架体系，同时加强监督“裸官”，防止贪官外逃等；其三，手段前移，在创新预防腐败机构的同时加强社会力量参与舆论监督的力度。

而纪委监察部门之外，由检察院主导的司法监督，已形成了相对稳定的制度模式。要使反腐败取得实质成效，重构反腐的治理路径，仍须从党内反腐过渡至法治反腐。

第一章　上海社保案

一家神秘的民营投资公司“福禧”、一个管理着上海老百姓保命钱的社保局、一家优质的国企“上海电气”，一起陷入了上海自改革开放以来的最大腐败案中。包括上海市委书记陈良宇、国家统计局局长邱晓华等30余政商高层人物先后落马，彼此关系有亲有疏，并不共存于一个紧密联系、边界清楚的小集团，更像是分属数个权钱交易网络，彼此间有阡陌勾通，时常以特定关键人物为载体，实现权钱交易的利益共沾。

这些权钱交易网的背后，有数十亿元社保资金遭到挪用，有数十亿元国有资金被借用违规入市炒股，有数亿元国有资产私相授受，有重大工程招标暗箱操作。文字所及，是一个超级权贵资本的共生、勾连与延展。

张荣坤奇迹①

2007年最后一周，一场暴雪将吉林省松原市的气温压至零下10摄氏度，而上海社保案核心人物张荣坤案在此开庭，却使这个位于黑龙江、吉林、内蒙古三省交界的边陲小城骤然升温。

圣诞节刚过的12月27日上午，张荣坤案一审在松原市中级法院开庭。这是张荣坤案发500多个日夜之后，再次现身公众视线。

被告席上的张荣坤，褪却了“慈善状元”、“公路大王”等光环，神态不失沉稳。狭小的主审法庭被控辩双方占满，张荣坤始终不曾回头。参与旁听的30余人只能通过隔壁法庭的转播屏幕，看到一个孤独的背影。

松原市检察院、吉林省检察院共同组成案件公诉方，张荣坤及其控制的上海沸点投资发展有限公司（下称沸点投资）、福禧投资控股有限公司（下称福禧投资）成为本案个人和单位被告，福禧投资出资人周卫明、投资总监张军、董事兼运营总监王永德则同案被诉。

上述四名被告人和两家被告单位一共被控五宗罪：沸点投资、福禧投资、张荣坤涉嫌单位行贿共计2913.6113万元，沸点投资、张荣坤涉嫌对公司人员行贿170万元，两项行贿总金额高达3083万余元；沸点投资、张荣坤涉嫌操纵证券市场罪，福禧投资、张荣坤、王永德、张军涉嫌欺诈发行债券罪，沸点投资、张荣坤、王永德、周卫明涉嫌虚报注册资本罪。

多达11人的豪华律师团为被告提供辩护，其中张荣坤及公司聘请了五名律师。四名被告的家属各获得三张旁听证，张荣坤之妻张樱作为本案证人，并未获准入庭。

由于五项罪名的事实部分并无争议，加之张荣坤基本认罪且无立功表现，原计划至少四天的庭审两天即匆匆结束。控辩双方仅就虚报注册资本罪、操纵股票价格罪的定性程度，在最后半天展开了两轮辩论。

张荣坤受审，意味着震惊世人的上海社保案及随之而来的大审判渐近终局。

上海社保风暴降临于2006年夏。当年7月5日，中纪委会同国家审计署等有关部

①作者罗昌平、陈中小路、赵何娟，编辑李列，原载《财经》杂志2008年第1期。

门，对上海市社保局违规运营社保基金问题展开核查；7月17日，上海市社保局原局长祝均一被“双规”；次日凌晨，在位于上海西郊宾馆4号的住所里，张荣坤因涉嫌欺诈发行债券罪，被公安部证券犯罪侦查局上海分局采取监视居住的强制措施。此后，社保案波及上海政要、国企高管及民企富豪30余人被揭发，上海原市委书记陈良宇亦因此落马。

2007年国庆节前夕，上海社保案所涉的22人已分别在吉林、安徽、上海三地相继受审，部分一审或终审已获判决。继张荣坤案开庭之后，上海原市委书记陈良宇、上海市长宁区原区长陈超贤、上海房地局原副局长殷国元、申能集团原副总经理王维工，亦分别在天津、安徽和上海等地接受审查起诉。

虽然大审判未到终局，但核心人物张荣坤所面临的司法指控，以及此前对社保案受贿方的系列判决，已清晰勾勒出一个多重利益交汇的腐败联盟。

居于权钱交易网中枢的张荣坤，是人们注目的焦点。2000年之前，张荣坤不过是在苏州、南京创业的年轻商人一名，小有成功，但影响力偏于一隅。2000年后，张荣坤转战上海，转瞬间崛起为长袖善舞、乐善好施的一代青年富豪。先则撬动数十亿元国有资金，连番坐庄股市；次则依托高速公路建设，坐拥百亿元社保资金与银行贷款，大肆染指金融、地产和上市公司。一个异地年轻商人，何以在上海滩收获惊人功业？

无他，打通权贵之门，六字而已。

然而，区区六字，谈何容易。从寂寂无闻的小职员起步，张荣坤15年间步步钻营，以过人的逢迎手段渐次接近高层，织起一张上达官场显贵、下联市场作手的庞大网络，仅已诉诸司法的贿款金额就达3000万元之巨。打通权贵之门，岂是幸得！

上篇：张氏前传（1992—1999年）

小商人

张荣坤出身寒微。

苏州城内上塘街，一个石库门大宅院里，曾居住着苏州百货公司的14户职工。1973年10月3日，张荣坤便出生在这里。父亲是返城知青，家境清贫；与其同岁的妻子张樱住在不远处的义慈巷16号，她家对面就是两人的初中母校苏州市第五中学。

张荣坤的正式教育早在1992年就已结束。他从苏州市第十一中学高中毕业后，第一份工作是苏州三山期货公司的经纪人。据他向调查人员提交的简历显示，此时张荣坤只有18岁。

刚刚走入社会的年轻人张荣坤别无凭借，但其机灵已经给人们留下印象。“善于经营人脉，思路非常灵活”，一位熟人回忆道。

张荣坤、张樱夫妇

1992年，苏州市科委下属进修学院举办了一个对外经济培训班，讲课者为上海各名牌大学教授，学生则为本地三资企业、大型国企的高管。张荣坤请托多方争取到了旁听机会。对于一名还是学生的18岁年轻人来说，这确是不常有的远见。

张荣坤的期货经纪人生涯非常短暂，不晚于1993年，20岁的张荣坤已经迫不及待地开始创业。

周卫明比张荣坤大两岁有余，两人合伙在苏州当时最大的商场人民商场租下一个服装柜台。周卫明既是张荣坤的第一个合伙人，也是日后张最亲密的追随者。他出任张氏旗下多家公司法定代表人，直至2006年7月27日因涉嫌虚报注册资本罪被监视居住，最后和张荣坤一起走上被告席。

早在1993年11月，张荣坤参与组建苏州惠丹尼时装公司（下称惠丹尼），这是他实际运作的第一家企业。惠丹尼主营服装、皮具，规模很小。50万元注册资金由龙努西服厂划拨，后者是苏州市人民警察学校的校办企业。

惠丹尼实行经理负责制，20岁的张荣坤任经营经理。工商登记资料显示，惠丹尼开业不久就被注销，但此后张荣坤仍以其名在外活动。

做服装小商人辛辛苦苦挣利润，不是年轻人张荣坤志向所在。据他案发后的供述材料显示，1994年间，他已涉足期货交易。在苏州商品交易所炒期货，“赚了几百万元”。自此之后，只有来得快的钱，才能引起张荣坤的兴趣。

1995年7月，苏州恒旭企业发展有限公司（下称苏州恒旭）成立。公司注册资金150万元，其中惠丹尼出资76.5万元，占51%；张荣坤个人出资73.5万元，占49%。除服装外，新增房产装饰、建材销售等业务。

事实上，苏州恒旭是张荣坤投资的操作平台。到了1997年左右转进股市，规模已近千万元。

尽管张荣坤日后身陷囹圄时，谦称此时“规模很小”，无家世、无背景的年轻人下海四年有此收获已属不易，但张荣坤志不止此。

老同学张樱此时已经与张荣坤走到了一起。张樱在惠丹尼长期任职，并出任张荣坤多家公司股东或法定代表人。两人最终于2003年完婚。

在公司员工看来，张荣坤仪表堂堂，有年轻人少见的沉稳，张樱身高一米七，挑染短发，作风干练。夫妻两人恩爱有加，即使开会之时，张荣坤也会不经意间喊出“樱樱”这样的昵称。

张樱有亲和力，有足够的谨慎与组织能力——她精密地管理着为丈夫及公司辩护的五名律师，用不同的电话号码与其联络，并限制彼此的沟通与联系。2007年12月29日，《财经》记者与其共进早餐时有过短暂交流，略见其对公司及家族的控制力。

张荣坤受押期间亦向律师转话：“现在只有她会救我，也只有她能救我。”

“小苏州”

不止一位知情人士介绍，张荣坤日后跃出苏州一隅的关键，就在太湖边上的东山宾馆。

东山宾馆是一座五星级标准的国宾馆，位于苏州东山镇，背山面湖，风景绝佳。1994年开业时，太湖度假区获批为首批国家级旅游度假区才两年，东山宾馆人迹尚稀，一度成为上海政府官员及国企高层常去的度假和会务之所。

东山宾馆本属国有，关于张荣坤在此间的角色有多种说法。一种说法称，张荣坤承包了宾馆；一种说法称，其挂名副总经理，主要为东山宾馆推销客房和会务。不论哪种说法更接近事实，东山宾馆都成为张荣坤发挥逢迎与结交才能的第一个重要场所。

东山宾馆其后与张荣坤合资成立公司，其法定代表人尚农亦在两家相关公司中担任董事，可为张荣坤在东山宾馆如鱼得水的侧证。

沪上冠盖云集此地，张荣坤则躬逢其会，迎来送往，得以结交上档次的有力人士，渐渐地，他在上海政商界中有了“小苏州”之名。熟悉上海话的人知道，以籍贯前加“小”字命人，在上海人中，是对外地年轻人相当亲昵的褒奖之词，意谓灵活能干。有此称呼，张荣坤日后在上海的发达已有门径可窥。

韩国璋与韩方河（下文简称二韩），便是在此期间与张相识。韩国璋其时虽不居显官，但在由机电系统整合而成的上海电气（集团）总公司担任办公室主任等职，在上海人脉甚广。事实上，陈良宇等上海多名党政高层，均出身于上海机电系统。韩国璋曾在1998年间患病，张荣坤得讯后驱车数百里往探，两人从此交情深厚。韩方河当时任职于上海国际信托投资公司，正参与筹建华安基金。二韩是小学同学，彼此甚为熟悉。

十年后，两人均因上海社保案落马。其时，韩国璋任上海电气（集团）总公司副总裁，韩方河任华安基金总经理。前者因受贿600余万元，被处无期徒刑；后者因受贿400余万元，被处以18年有期徒刑。

驱车探病之外，当年二韩与张还因何交情深厚，已缈不可考。而张荣坤案发后的审讯笔录，亦未着墨于东山宾馆一节。

“二韩不仅日后协助张荣坤获得资金，而且还介绍张荣坤认识了大批上海政商两界人士。”张荣坤的一位辩护律师说。

韩国璋本人称，曾介绍韩方河、王成明〔案发前为上海电气（集团）总公司董事长，曾任原上海广电（集团）有限公司总裁〕、王国雄〔案发前已退休，曾任上海工业投资（集团）有限公司总经理〕和祝均一（案发前为上海社保局局长）相识。

数年后张荣坤得意上海滩，在政商圈中遍撒金条，其中部分金条即经韩国璋之手散出。建立、稳固并扩展这种灰色关系，正是张荣坤的长项。

1998年前后，通过韩国璋引荐，张荣坤结识了秦裕——时任上海市委副书记、副市长陈良宇的秘书。因受贿682万元，秦裕于2007年12月终审被判处无期徒刑，贿款中即有39.9万余元来自张荣坤。

1997年到1999年，张荣坤关系网初就，生意规模有所扩大。1997年11月，他以苏州恒旭与东山宾馆合资组建江苏东山实业发展有限公司（下称东山实业），注册资本3000万元，其中苏州恒旭占股55%，张荣坤自任董事长。

一位当时与他有过业务往来的苏州人士表示，在苏州生意人的圈子里，张荣坤已小有名气——“做得比较大、过手的钱比较多”。大家资金周转不灵找他借钱，他往往出手豪爽。

此时的张荣坤在上海已有布局。1997年12月，他注册成立了上海同创企业发展有限公司（下称同创企业），同期也借华东师大前教师秦裕之力，成为华东师大在职研究生。但张荣坤大举进入上海，则要到两年后的2000年。

南京插曲

介乎东山宾馆阶段与转进上海之间的，是一段原因不明且无疾而终的短暂插曲。

1999年，张荣坤转战南京，旗下东山实业与苏州吴江富豪蒋学明的东方控股集团各出资1500万元，在南京注册成立了江苏两江实业发展有限公司（下称两江实业）。

蒋学明比张荣坤大十余岁，其名下的江苏东方控股集团脱胎于当地一家大型服装企业。张荣坤与蒋学明的正式合作为时甚短，但两人此后各自的发展轨迹却相当相似：蒋学明坐庄泰山石油（000554.SZ），收购安徽省合巢芜高速公路。

先股市后公路，很难说是谁在复制谁的投资主意，抑或这正是政商关系深厚者当时不约而同的选择。

在张荣坤的南京布局中不难读出“东山宾馆模式”。两江实业选址于南京市北极阁1号。此地原为宋子文公馆，始建于1933年宋担任国民政府财政部长时期，由两幢掩映在鸡笼山深处的小别墅组成，内部中西合璧、富丽堂皇。此前，其中一幢别墅曾被作为江苏省委招待所，专门接待高官；另一幢则被两江实业租下，直到张荣坤案发后被政府收回。

名义上，两江实业经营范围横跨“国内贸易，实业投资，制造加工服装和销售，计算机网络的设计以及施工”，但其主要业务就是炒股，此外还承担各种接待业务（公司员工则经常在南京市面寻找奇珍异石）。据张荣坤供述，其在南京时炒股资金规模已经增加至约7000万元，不过其中有部分是从证券公司获得的配比资金。

张荣坤曾有意在南京有所作为。昔日的一位合作伙伴回忆，张荣坤名下有数家公司落户南京，其中包括主营软件业务的南京蓝江信息科技有限公司、南京禧福投资发展有限责任公司（与日后闻名的“福禧”公司字面正好相反）、江苏惠民堂药业有限公司等，多为投资实业的公司。

但是，在这些公司筹备落成之后，张荣坤便对打理实业投资丧失了兴趣。“慢慢地就不再回复我们的汇报了”，一位当时的下属说。

“实业来钱太慢。”这位下属转述张荣坤对南京实业投资的评价。工商登记资料亦显示，上述在南京成立的公司均惨淡经营。

张荣坤在南京的一大收获，是其后期重要助手王永德于此时加盟。

王永德生于1970年12月，毕业于清华大学，曾为上海沪中资产评估有限公司合伙人；随张再入沪后，出任福禧投资董事、运营总监兼董秘。2006年12月19日，王永德被捕。此番受审，他被控“欺诈发行债券”以及“虚报注册资本”两项罪名。

到了2000年底，张荣坤已决意全面转向上海。此时，张经营多时的上海政商关系有了突破性进展。

年轻的张荣坤此时已有了七年商人生涯，对自身长处与短处、喜好与嫌恶了然。上海滩十里洋场，不可能预想得到的大富贵在等待着他。

中篇：上海风云（2000—2006年）

大庄家

在上海虹桥开发区和古北商圈，紧邻虹桥国际机场处，坐落着沪上最大的花园别墅式国宾馆上海西郊宾馆。这里早年主要用于招待高级干部，至今仍是上海权力与地位的象征。张荣坤入沪即租住此间豪华别墅，依稀可见东山宾馆、北极阁的起家路数。

就是在这里，张荣坤六次向时任上海市主要领导秘书的王维工行贿，他在上海官场关系的飞跃亦自此起步。

通过秦裕等人的渠道，2000年间，张荣坤与时任上海市主要领导秘书的王维工结下私交。此后多年，王维工成为张荣坤政商经营最重要的恩主之一，亦是受其贿赂金额最大的官员。

张荣坤固交有术，出手豪绰，前后行贿王维工财物933.25万元，除5次行贿发生在西郊宾馆，一次发生在上海喜来登太平洋酒店，另有7次行贿都发生在2002年王维工调任北京之后。14次行贿始于2001年9月，终于2006年6月，即上海社保案案发前的一个月。

张荣坤麾下有28辆豪华轿车随时待命。司机们在此有专用的卧室，待遇不坏，但随时都要工作。张行踪不定，睡觉很晚，谈判到凌晨3点是常事。张荣坤苏州时代的朋友和下属也都荟萃此间。周卫明、沈嘉健、时文绮等心腹旧人均掌握实权。其中，“时文绮很少能见到”，一位工作人员说。

“很难见到”时文绮，是因为她操盘海欣股份坐庄。这是张荣坤入沪的第一场大阵仗，也是他到终局也未能扳回的一次大失败。

其实，2000年底坐庄海欣股份（600851.SH）时，无论是格局还是规模，张荣坤地利人和俱备，拥有此前无法想象的便利。

张与好朋友、华安基金总经理韩方河动议，相互配合、“集中操作”海欣股份。该股此时已是华安基金重仓股。韩方河与海欣股份董事长袁永林相熟，并将他引见给张荣坤，三方联手：利用华安基金重仓优势，由张吸纳华安基金的股份，同步拉升股价，再由韩安排旗下基金与张倒仓，承接张抛出的股票。其间，袁永林掌握上市公司，适时披露利好，甚至不惜在报表上炮制虚假利润，以求配合。

有关司法会计检验报告显示，张荣坤通过同创企业、沸点投资、新天财务、工业新创、高速广告、茂祥投资、两江实业、祥恒贸易、兴广实业、广泰电子、苏新发展等公司，在83个证券公司营业部开设了135个资金账户，下挂13843个账户进行操作。

此时的张荣坤，调动资金的能力已非往日可比。2000年间，经由韩国璋介绍，张与上海工业投资（集团）有限公司（下称上工投）原总经理王国雄及原上海广电（集团）有限公司总裁王成明相识，再经有力者施以关键的推动，来自两集团的资金源源不断。

以上工投为例。最初双方采用委托理财的方式，由上工投在原三峡证券（后经重组迁址并更名为亚洲证券，最终于2005年5月被华泰证券托管）上海瑞金一路营业部开户，委托张荣坤一方负责该公司账户内资金的证券买卖和资金划转。后者许诺的回报率为8%—9%，一般还款周期是八个月。2000—2001年期间，共有16笔、总计17亿元资金以此方式流向张实际控制的公司同创企业、沸点投资、新天财务。

本是“天衣无缝”的内幕交易，却难抵2001年下半年开始的大熊市。很快，张荣坤发现自己掉入了陷阱：尽管你可以随意控制价格，但你找不到买家。另一方面，循环委托理财许诺高额回报，会产生沉重的运作成本。只有吸引更多的资金注入，才能维持这个游戏。这是在熊市中击垮了以“德隆系”为代表的几乎所有“集中持股”型庄家的陷阱。年轻人张荣坤未能幸免。

2001年7月5日，大量海欣股份股票被高位抛出，原来的持有者正是各路权力裙带客户。韩方河让张荣坤“顶住”，张荣坤一日内砸入2.7亿元。“接货接到手软，负责操作的时文绮当时都哭了。”张荣坤在供述中说。

张荣坤随即从江苏找来操盘名家、斯威特总裁严晓群，亲自坐镇大户室操盘。在严氏操盘的一年间，大举震仓、分仓，但事与愿违，期末张的持仓量不减反增。数年之后，一代庄家陷入了属于自己的绝境。2005年9月开始，严晓群主持的斯威特系被曝资金危机，并深陷多宗股权纠纷。旗下上市公司*ST沪科（600608.SH）原董事长张杰涉嫌挪用资金1.7亿元已被送上法庭，严晓群则另行处理。

比几乎所有庄家都要幸运的是，张荣坤资金源源不绝。这既是因为支持者力度足够，也与张本人的行事风格不无关系。上工投早期17亿元资金，大多如期还本付息，偶有延迟亦不过数日。王国雄及上工投财务总监李易曾均参与炒作股票，在熊市中自然损手损脚。张荣坤即令手下往两人亲属的股票资金账户中分别打入500万元。两人自然心中有数。

上工投资金供给唯恐不周，到了后期，干脆与张荣坤旗下公司合资成立上工新创公司，由张持股52%。此后上工投的资金作为投资直接打入上工新创，再进入股市。

直到2006年夏案发，上工投和上广电累计给张提供的资金超过40亿元。上工投的资金主要来自于企业资金、政府拨款以及银行贷款，而上广电提供给张荣坤的资金主要来自于当年增发所得。除上工投和上广电的融资，张荣坤之后几年陆续又从海欣股份、上海社保局、上海路桥、嘉金高速等处拉来资金。

海欣股份坐庄惨败，始终未能翻身。2004—2005年间，张、韩、袁等人多方设计解套，包括找其他基金接盘、收购美国上市公司以及资产注入之类的方案，都因不具操作性而不了了之。

2003年到2004年间，张荣坤还斥资1.65亿元，入股华安基金，获20%的股份。

其时证券市场低迷，华安基金几方券商股东急于套现，复星集团和工商银行等有意进入；倘成为现实，海欣股份之事将暴露无遗。身为华安基金总经理，韩方河以辞职相抗。为求自保，他拉来了同样有资金陷入海欣股份的上工投、上广电，再加上张荣坤的老关系上海电气，与张荣坤一起各持20%华安基金股权，海欣股份之事尚未穿帮。

据起诉书所称，2000年12月8日，张荣坤所持海欣股份仅占流通股的0.17%；到2006年7月21日，已占到流通股的70.16%。其中，在2005年12月15日达到最高点，为72.44%。如果计入华安基金旗下涉及的七只基金所持仓位，至案发时，庄家方面控制海欣流通股达89.54%，2005年7月28日最高点甚至达97.85%。

“彻底陷入了海欣股份这个吸水黑洞。”张荣坤事后回忆说。不过，张荣坤炒股所拆借的资金，基本按期归还，信誉尚佳，内幕交易的合作方个人亦获厚贿。为张提供炒股资金的王国雄及上工投财务总监李易曾，因受贿罪分别被判无期徒刑和有期徒刑15年；韩方河受贿400万元及操纵证券价格，获刑18年；海欣股份袁永林受贿100万元及操纵证券交易价格，获刑8年。

以委托理财模式撬动国有资金坐庄股市，构成了张荣坤向官商过渡的重要转折，过往的人际逢迎由此转变为真实的利益联盟。张荣坤初战海欣股份虽败，但过程中表现出“忠实”、“诚信”、“可靠”的一面。有力者对他的信心与支持不仅未动摇，反而有所升级。

前后数十亿元坐庄股市，以资源动员能力计，张荣坤已可算得上是上海滩当时有数的“隐形”富豪；当此之时，高人指路，要他改换路数，高调出场，攀附另一条通向更高端政治资源的“终南捷径”——慈善捐赠。

慈善状元

“对我来说，捐个100万，不过意味着今年少换一辆车，少买一套房。”2001年初，张荣坤在上海市慈善基金会举办的捐赠活动上出手200万元，拿下上海民营企业慈善捐赠“状元”，然后以外省年轻富豪姿态出场。其时，上海私营企业尚处于财不露白的低调状态，外来者张荣坤一举确定了慈善扬名的入沪方略，可见其深谙曲径通幽的攀附要诀。

由于坐庄海欣股份，2001年张荣坤只是小试慈善牛刀。待到2002年深陷股市泥沼、不得不转换猎取目标直指沪上高速公路时，张荣坤捐赠数字如火山喷发，一举跃入千万元级别。

2004年12月，张荣坤入选中华慈善总会评选的中国最具影响力的百位慈善人士。评选公示材料称，张荣坤十多年来，累计向社会各界捐款3227万元。其实，几乎全部捐赠额均发生在张荣坤入沪以后，特别是在2002年染指上海路桥股份。

一则《解放日报》2003年初的消息则称，张荣坤“近年来”共向上海市慈善基金会捐赠了2250余万元。审计报告显示，张荣坤2002年以福禧投资名义对外捐赠额高达2706万元，以至于企业竟亏损486万元。根据胡润中国大陆慈善家排行榜，张荣坤以2003年捐赠900万元名列第31位。

到了2004和2005年，张荣坤捐赠势头有增无减，分别为2400万元和3800万元（据胡润中国慈善家排行榜）。截至2006年夏天案发前，张荣坤出现在媒体聚光灯前的时机，无一例外地与慈善捐赠及公益活动有关。

与出手凌厉的捐赠相随的，是这名外来商人沪上社会地位的节节高升。早在2001年，张荣坤就成为上海长宁区工商联常委。同年7月，上海市人大、市工商联负责人到长宁区民营企业调研，“重点探访沸点投资的融资问题”。2002年5月，张荣坤成为上海市慈善基金会名誉副会长；7月，再任上海市工商业联合会副会长；8月，又任上海公共关系协会名誉会长。此外，张荣坤还曾荣获上海市“慈善之星”、民政部先进个人等多项政府嘉奖。

需得提及的是，上海市慈善基金会由一帮高官夫人把持，其中包括时任市委书记陈良宇夫人。张荣坤的夫人路线，亦由此入门。

起诉书称，2004年，在秦裕的帮助下，张荣坤获得“全国优秀中国特色社会主义事业建设者”荣誉称号。这是中央统战部、发改委、人事部、国家工商总局、全国工商联设立的一个针对非公有制经济人士的国家级奖项。与张荣坤同批获奖的，还有王均瑶、郭广昌等沪上知名企业家。

张荣坤所获最显赫地位，当属2002年间以29岁之身当选全国政协委员、全国青联常委等职务。有意思的是，因为要掩盖资望太浅而蹿升太快的事实，张荣坤将自己在全国政协委员简历上的出生时间改到了1968年，比自己身份证上的实际年龄大了足足五岁！

以全国政协委员之身往来京沪，张荣坤自然将关系网织到了北京，行贿王维工就有八次发生在这里。其他布局亦已启动。

2004—2005年间，张荣坤投资约4亿元参与中国再保险集团重组。包括投资1.968亿元拥有中国财产再保险公司11.03%的股权，投资1.68亿元持有中国人寿再保险公司10%的股权，投资2000万元持有中再资产管理公司9.9%的股权，投资1545万元持有中国保险报业公司15%的股权。

在此期间，张荣坤就读北大光华管理学院EMBA项目，再现当年入沪先入学的一幕。2006年3月，福禧投资还在银行间市场发行10亿元短期融资券，成为第一家发行短券的民营企业。

与张荣坤同为全国政协委员、全国青联常委的国家统计局原局长邱晓华，亦在任内获张赠送10余万元现金，并因此落马，最终因重婚罪受刑。这一款项虽以礼金而非贿金论处，但张氏在政协、青联平台上“广结善缘”，可见一斑。

不过，张荣坤在北京的发展并未充分展开。与2000年底决心入沪不同，此次他并未决心北上。直至垮台，他的重心始终在上海。

"公路大王"

早期动用国有资金炒股，张荣坤虽然长袖善舞却也一直低调。至2001年熊市难起，他于次年春天又以上海"公路大王"身份横空出世，格外高调起来。

此前半年，张荣坤经韩国璋结识时任上海城投总公司（下称上海城投）高层，了解到上海城投有一条公路要"处理"。城投方面称已与浙江方面谈判，但也欢迎有实力的江苏企业加入竞争。

这条要"处理"的公路，即指上海城投下属上海路桥发展公司所持的沪杭高速上海段经营权。

张荣坤志在必得，并动用了竞争者无法企及的高层关系。

"2002年1月，福禧投资（为）收购上海路桥，请王维工帮助。王维工邀请了时任上海市市长陈良宇与张荣坤一起用餐，张荣坤请陈良宇关照，陈良宇当即表示支持。"

起诉书中的这段细节，为张荣坤上海发展的最大转折"画龙点睛"。由于张此前在人脉和慈善两方面的充分铺垫，陈良宇此时的表态亦显得"水到渠成"。这顿饭之后，其他各路竞争者纷纷铩羽而归，其中就包括来自北京的华闻控股；其当家人王政由此决心与上海本地势力结盟，最终亦于上海社保案中折戟。

同年2月，张荣坤成立福禧投资，由沸点投资，南京禧福，自然人时文绮、沈嘉健为股东，注册资本5亿元（后增资至10亿元）。

2002年3月26日，在上海市政府一号贵宾厅，市政府秘书长姜斯宪主持了上海路桥发展公司股权转让协议的签字仪式，陈良宇出席，相关委办局领导也悉数到场，场面极为盛大。

《股权转让协议》确认，上海城市投资建设开发总公司将所持有的99.35%路桥公司的股权，以人民币32.07亿元转让给福禧投资。后者支付现金10.15亿元，承担原上海城投对上海路桥21.92亿元的长期借款担保责任，并负责借款本息偿还。有关收购款项，则可于2002年分三次支付。

消息震动业界，此前默默无名的张荣坤和成立方才一月的福禧投资，自此成为公众视野中的"公路大王"。

根据上海市技术产权交易相关指标，上海路桥转让前评估总资产37亿元，负债总额为23.3亿元，所有者权益（净资产）为13.7亿元，按照福禧投资股权计算，对应资产价值也在13.6亿元。

案件起诉书称："此笔交易实际支付10.15亿元，获得了最低价值13.36亿元的上海路桥股权。陈良宇违反决策程序，在没有充分论证和评估的情况下，擅自决定将上海城投总公司持有的上海路桥公司99.35%股权转让给福禧投资。"

张荣坤在这宗交易上的获利，绝不仅限于价格上的些许优惠。福禧投资实际上用杠杆收购方式，将沪杭高速上海段30年经营权纳入囊中。

公路项目还有一层重要的意义，就是链接张荣坤在股市黑洞中几乎断裂的资金链。

2002年8月，福禧投资再从中国工商银行上海市分行获得100亿元本外币融资额度，用于基础设施建设。资料显示，福禧投资当年即从工行获得短贷6亿元。

张荣坤10亿元收购款的另一来源，则正是上海社保资金。起诉书称，2002年夏，经韩国璋、韩方河介绍，张荣坤认识了时任上海社保局局长的祝均一。当年10月，张荣坤就从上海社保局处拿到了第一笔2亿元的借款，并“按约定给予祝均一、韩国璋、韩方河回报”。

2003年3月20日，上述所贷2亿元被存入亚洲证券上海常德路营业部，随后以张樱、周卫明、时文绮的名义开出三张本票，共计1.7亿元，以股东增资名义转入沸点投资验资账户，欺骗工商行政部门使公司注资达到2亿元。在此过程中，王永德负责资金调度，周卫明负责办理具体的验资、增资手续。由此案涉虚报注册资本罪。

此后，张荣坤以高速公路为融资工具，又累计拆借34.5亿元的社保资金，并引发社保大案。此为后话，但他获地方高层支持得手路桥股权在前，谋取社保资金在后，当属无疑。

下篇：超级权贵资本

两条融资渠道

知情人士称，2002年张荣坤收购上海路桥，确有基础设施建设领域向民营资本开放的政策背景——“王维工、秦裕等人根据高层的意思，让张荣坤等人首批运作，并在政策和资金上予以协助。因为当时先知先觉者已领会到有关政策，可以在这个领域做些尝试。”

起诉书提到，时任上海市长陈良宇秘书的秦裕，对福禧投资取得沪杭高速经营权、嘉金高速BOT项目提供了帮助。

上述政策信息，在2001年12月原国家计委颁布的《关于促进和引导民间投资的若干意见》中已然透露。文件首次提出：“逐步放宽投资领域。除国家有特殊规定的以外，凡是鼓励和允许外商投资进入的领域，均鼓励和允许民间投资进入。”

在实行优惠政策的投资领域，其优惠政策对民间投资同样适用；鼓励和引导民间投资以独资、合作、联营、参股、特许经营等方式，参与经营性的基础设施和公益事业项目建设。鼓励和引导民间投资参与供水、污水和垃圾处理、道路、桥梁等城市基础设施建设。

同期，上海市政府发布《关于进一步服务全国扩大对内开放若干政策的意见》，明确规定，来沪投资企业参与“一城九镇”城镇基础设施与公共设施的建设和经营，享受有关优惠政策。

开放政策之前，国内公路历来以国营主体“贷款修路，收费还贷”的模式建设，在引进外资和民资的背景下，便发展出相应的BOT和TOT模式。

BOT是英文Build-Operate-Transfer的缩写，即建设—经营—转让方式，是指政府将一个基础设施项目的特许权授予承包商，承包商在特许期内负责项目设计、融资、建设和运营，并回收成本、偿还债务、赚取利润，特许期结束后将项目所有权移交政府。

TOT方式则是将现有已建成的设施转让给投资者，国营主体收回资金投入新的建设。这一模式一般不涉及项目的建设过程，避开了BOT方式在建设过程中面临的各种风险和矛盾，如建设成本超支、工程停建或者不能正常运营、现金流量不足以偿还债务等。有些项目可能需要进行技术改造，不过同新建项目相比，风险和矛盾有所降低。

但事与愿违。在高速公路“允许民间资本进入”政策的实施过程中，由于地方政府强势干预，暗箱操作，公开公平竞争环境难以形成，“民营化”实验迅即成为官商勾结的场所，高速公路或同类大型公共基建项目演变为权贵资本的融资工具，案例频发，教训深刻。

本世纪以来，各地公路经营权转让频现内幕交易。贱卖问题之外，一些民营业者挪用建设资金，虚增建设成本，最终收买政府官员延长公路收费年限。2006年11月，交通部下文，要求各地政府在国家新的《收费公路权益转让办法》颁布实施之前，暂停还贷公路收费权益转让，而新的《办法》迁延一年也未出台。

上述政策的现实困境，在张荣坤握有的两条上海高速公路上体现得甚为典型。收购上海路桥，实为TOT模式。由于沪杭高速公路上海段为已建成公路，资产负债比例也达到了70％的银行政策线，因此张荣坤只能以改扩双向四车道为由，每年向工行申请约五六亿元规模的短贷。

作为上海市重点工程的嘉金高速，实为BOT项目。就在上海路桥转让当年，张荣坤借道上工投，实际控制了新建项目嘉金高速。按2002年9月18日上海市政工程管理局对嘉金高速公路发展有限公司成立的批文，公司注册资本为12亿元，其中上工投、上工新创、南京禧福的出资为4∶3∶3。其貌似国有控股民营参股，但上工新创为张氏控股，嘉金高速从开始便掌握在张荣坤手中。

截至2006年2月9日（最后一次工商变更），嘉金高速注册资本增至14.72亿元，其中，南京禧福维持6000万元，占4.08％；福禧投资续增至14.12亿元，占95.92％。

BOT模式的嘉金高速一旦到手，张荣坤就能迅速打开大规模银行贷款的通道。2003年，嘉金高速获工行17亿元短贷，次年转为27亿元长贷，张氏对外投资的大幕就此拉开。

对深谙此道者而言，新建高速公路项目非但可以获得承建利润，更关键的则是撬动巨额银行贷款。在多达数年的建设周期中，操盘者可巨额虚增在建工程及库存，套出建设资金实现对外投资。

相比其他权贵资本，张荣坤更有银行贷款和社保资金一明一暗两条融资渠道，杠杆率大为提高。收购上海路桥之初，由于公路经营权已抵押于工行，张荣坤只能以公司股权抵押拆借上海社保资金。据上海社保局当时一份风险报告认为，这种股权抵押模式存在权益不被认定、保证责任无法落实的风险，但祝均一仍为张荣坤大开绿灯。

经法院认定判决，祝均一收受的166万余元贿赂中，有131万元余元来自张荣坤，其中多数是通过妻女以财物方式获得。

通过上海社保资金隐形融资，张荣坤还得以隐瞒公司负债水平，此次其被指控欺诈发行债券罪，便肇因于此。

2003年之后，张荣坤从两条高速公路项目挪出短期资金，购买资产后再向社保抵押，资产规模如雪球般滚大。公司总资产由2002年的40.2亿元增至2006年6月底的136.22亿元，净资产也由12.47亿元增至53.13亿元。

至案发时，“福禧系”公司对工行上海分行的贷款余额为61.34亿元，分别源自嘉金高速的27亿元长贷、路桥转让时承接的20亿元长贷，以及多年累增的10多亿元短贷。对上海社保的贷款，也累积至34.5亿元。

三年间的高速扩张中，“福禧系”对外投资分布于金融、地产、基础设施及上市公司私募投资。其中包括：投资约4亿元持有中国财产再保险股份有限公司和中国人寿再保险股份有限公司等四家关联机构的股权；购入华安基金20%股权；对家乡苏州投资近9亿元，购买沪嘉杭高速20%股权和城区两幅土地；此外，还在北京、上海各买了价值约1亿元的房产。

张荣坤收益最大的一笔对外投资，当数上海电气赴港上市前的私募入股。在这场交易中，密友韩国璋再次发挥了重大作用。

老朋友，新交易

上海电气（集团）总公司（下称电气集团），是国内最大的装备制造业企业集团，也是上海最大的市属国资企业，2005年销售收入达到604.9亿元。2004年改制香港上市的上海电气（集团）股份有限公司（即上海电气，2727.HK），则集中了电气集团的核心资产，2005年销售收入为344亿元。

2004年上海电气改制时，张荣坤早年密友韩国璋已出任电气集团副总裁。集团董事长王成明也是张的老相识。2000年，张荣坤曾以旗下同创企业公司，代上海广电（集团）有限公司从旗下上市公司广电信息（600637.SH）买入持有800万股浦发银行法人股，此时，王成明即任广电信息董事长。

2004年9月，福禧投资出资10亿元，持股10.54%，成为上海电气第二大股东，上市后股份摊薄至8.15%，张荣坤亦出任上海电气副董事长。据韩国璋事后交代，张荣坤所出资金，有9.1亿元来自上海电气方面的借款。自己提供借款让对方来收购自己所在的公司，也许只有在处理公产并肥私时才会行好此有悖常识的举动，正是“内部人”控制交易的实证。

2005年4月28日，上海电气登陆香港H股市场。以上市时股价计算，张荣坤手上股权已升值至15.8亿—16.7亿元人民币，至社保案发时，这笔股权的市值更高达25亿元。

针对张荣坤的起诉书还透露，2005年间，电气集团旗下上海集优机械股份有限公司（下称上海集优，2345.SH）赴港上市时，张荣坤通过下属蒋位、张军注册东英集团有限公司、贝克科技有限公司、新诚国际有限公司，参与上海集优IPO配售获利。张荣坤还从上海电气拆借资金数千万元，在香港炒股赚得1.38亿港元。

检方指控，就借款炒作上海集优事宜，张荣坤向王成明、韩国璋、上海电气原财务总监徐伟、上海电气资产管理有限公司投资管理部原副部长程彦敏共计行贿27.52万元。

在张荣坤高达3000万元的贿金中，区区27万元较之其10亿余元盈利几乎微不足道。据知情人士透露，在此过程中，王成明、韩国璋等人，因知晓以“公路大王”身份亮相商场的张荣坤早已今非昔比，背景不简单，遂主动逢迎，故在当时既有伙同张荣坤入股华安基金股份之举，亦有安排张从上海电气上市中获利之行。在对华安基金的收购中，王成明和上工投的王国雄，均成为张荣坤和沸点投资的一致行动人。

王成明最终以贪污罪和受贿罪被判死缓，不过他被认定受贿总额21万元，仅6万元来自张荣坤；而韩国璋所得610万余元贿款，有375万元来自张荣坤。

罪与罚

经历2003年到2005年的高速扩张后，社保、银行双向融资已近百亿元的“福禧系”仍感资金压力。

2006年3月6日，福禧投资在银行间市场发行10亿元一年期短融券，发行利率为

3.6%。这是国内首只由民营企业发行的短融券，一度受到基金追捧。

一种分析认为，此时的嘉金高速因建设资金失血过多，工程进展缓慢，原本预计2005年底竣工已无法实现。张荣坤因此筹划了第三种融资模式。亦有人士称，张氏坐庄海欣股份数年，2005年随资本市场进入最低谷，已有10亿元账面亏损需要填补。

无论如何，上海社保案在2006年7月案发，直接导致福禧投资短融券风险剧增。当年8月21日，该债券的信用评级被上海远东资信评估公司由A-1降为C级，成为中国第一只“垃圾债券”。

彼时，“福禧系”主要资产已遭法院冻结，10亿元短融券投资者面对偿付风险。这也被业内人士普遍看作是中国债券市场有史以来的第一次信用危机。

据此次检方指控，张荣坤及福禧投资投资总监张军、董事兼运营总监王永德等“向中介提供了虚拟的2002—2004年三个年度的审计报告，虚增9亿元资本公积金和2005年上半年的报告，隐瞒了福禧投资向上海年金中心借贷30多亿元和上海禧天酒店向上海工业投资实业公司借贷4.5亿元股权质押的情况”，由此涉嫌欺诈发行债券罪。

2007年3月7日，在各方配合下，主承销商工商银行公告称，福禧融资券如期足额兑付了全部本息，其资金来源则未公开披露。

早在2006年12月，配合调查的张樱恢复自由，由其主导出售了公司名下苏州的高速公路股权以及其他资产，偿还了10亿元短融券本息。资产售价较原购入价格均无甚溢价。

社保案发至今，各方消息显示，张荣坤名下资产已近乎清理完毕，但交易细节如司法审判一般秘而不宣。比如，上海路桥和嘉金高速两条公路股权据称已折抵社保基金借款，上海电气和中再子公司股权已由电气集团和中再集团各自平价回购。

在百亿元权贵资本的光环倏尔褪色之后，本是一介草民的张荣坤正在等待他的罪罚。上海社保案审判接近终局，已产生一个死缓判决、三个无期徒刑判决，被处十年以上有期徒刑的权贵十余人。不过，接近案件的法律人士称，张氏被控的五宗罪名均非重罪，其最终量刑与一干受贿官员动辄无期、死缓的重典，或不可等量齐观。

2006年夏上海社保案发，一朝而成的百亿元“福禧帝国”一夜倾覆。纵是身经百战的刑辩律师许兰亭亦感叹，这名年仅34岁的资本新贵，从18岁出道直至身陷囹圄，15年间过山车般的人生体验，非常人所能体会。在这场官商勾结的大戏中扮演枢纽角色，对原本太湖之滨寻常出身的“小苏州”而言，究竟是幸运还是不幸？张荣坤现在一定已经有了答案。

冒险的投资①

成立八年的上海市劳动和社会保障局（下称上海社保局）正陷于有史以来最大的漩涡中。

主政多年的局长祝均一在2006年7月中旬被中纪委“双规”，8月9日再被上海市人大常委会免职。官方消息称，祝涉嫌违规操作社保基金及受贿。

与祝均一案发同时，上海民营企业福禧投资控股有限公司董事长张荣坤也被监视居住。这名32岁的亿万富翁是华东多条高速公路的控股人，也是上海市政府间接控股的H股上市公司上海电气集团股份有限公司（下称上海电气）副董事长，近年来在多个产业投资逾百亿元。

初步证实，张荣坤于2002年初从上海市政府下辖公司购得沪杭高速公路上海段99.35%的股权，曾从上海社保局借贷约32亿元。张将其中的11亿元支付沪杭高速股权款，余款转作他用，令社保资金蒙受巨大风险。

相关官员及国企领导“落马”的消息接踵传出，分别是上海社保局社保基金监管处处长陆祺伟、上海电气执行董事韩国璋；最近的一名则是8月15日被上市公司公告“接受调查”的上海电气董事长王成明。被传唤接受纪检机关谈话询问的当地官员亦不乏其人。

短短一月内，政府官员与民企富豪相继被查，在多年来甚少负面新闻的上海引起极大震荡。尽管司法程序尚未展开，外界难明就里，但上海社保局历年来违规乃至违法操作的内幕，已被揭开一角。

上海社保资金早在20世纪90年代前期就曾因进入房地产等行业出现投资亏损。为止损，更为“增值”，政府一度将全市社保资金委托浦东发展银行（下称浦发行）社保部经营，市值一度超过100亿元。浦发行1999年上市后，社保部脱钩，经过一段过渡期，至2002年转回社保。其时，部分资金仍在房地产业中沉淀；而转回上海社保局的自营部分，又再度被归入“长期项目”。

①作者胡润峰、杨海鹏、付涛、季敏华、罗昌平、历志钢，编辑张进，原载《财经》杂志2006年第11期。

这是中国社会保障机制从草创至摸索，又在无序中不断走向规范的15年。其间，上海社保进行了规模浩大的投资，虽有制度滞后于实践的历史背景，却仍凸显了决策人与执行者的冒险，以及交织着权力寻租的“灰幕”。上海社保收缴在全国名列前茅，向以高效、足额发放养老金闻名，但近年也已收不抵支，加上对外投资所埋下的隐患，未来支付风险不可小视。

长期以来，上海政府部门集社保资金行政主管与投资运营人于一身，即便在社保资金法制监管、市场运营呼声日高的今天，也未有实质性改变。这一超强垄断的现实，既构成上海社保之于全国社保的案例意义，在很大程度上也是今日乱象之源。

祝均一被免职后，上海社保局长一职由上海杨浦区原区长蒋卓庆接任。此时48岁的蒋卓庆是“老财政”，曾任上海财政局副局长，曾有名言“工作好不好，评价权在老百姓”。

如今新社保局长所面临的，既有过往之乱，更有现实之困。上海社保何去何从，今后当引起持续关注。

祝均一与早年上海社保

此次卷入上海社保案的核心人物祝均一，案发时55岁，凭借青年企业家的名声而入仕途。

祝均一祖籍浙江海宁，生长于上海。15岁初中毕业后赴黑龙江当知青，十年后返城，在街道生产组做工，因才具脱颖而出，他将生产组改制为上海卢湾区春雷电讯厂；之后，祝均一以春雷厂联合十家街道工厂组建多灵有限公司，任经理。公司多有盈利，成上海街道企业典范。祝一跃而为上海经济改革先锋，屡作演讲，广为报道，是当年官方媒体报告文学的主角。

1985年，34岁的祝均一被破格提拔为卢湾区集体事业管理局副局长，从此入仕。之后十年，祝历任上海市集体事业办副主任，上海市经委副秘书长、副主任等职。1996年，祝均一以上海市经委副主任之职兼任上海市劳动局局长，从此与劳动社保打了整整十年交道。

祝均一曾以青年企业家入仕

祝均一履新劳动局长当年，上海申宝房地产开发经营公司（下称申宝公司）已运营四载。申宝公司由上海市退休费统筹管理所划拨1亿元资金创立，后者正是早年上海市统管职工养老保险基金缴交、发放的全权机构，隶属上海市劳动局。申宝的使命，则是利用养老金“部分结余”投资房地产，以“保值增值”。申宝公司之于上海市劳动局，其实是政企不分，相关人员既是劳动局干部，又是申宝公司高管。

知情人士透露，申宝早年亦涉足房地产，也买卖当时紧俏的钢材，因操作水平低下，造成逾2亿元亏损，曾遭中央审计部门调查。

1993年初，上海市社会保险管理局成立，下设上海市养老保险事业管理中心，统一经办全市社保基金，同样是集行政管理与商业运营于一体。原上海市退休费统筹管理所就此退出历史舞台，申宝公司也相应划转上海市社会保险管理局。

鉴于申宝公司经营社保基金严重亏损，上海市政府意欲将全市社保基金转予专业金融机构运营投资，1992年方始成立、本身亟需业务的浦发行遂成首选。

约在1994年，浦发行成立社保基金部，专司接口社保基金。建设银行上海分行原人事处长张洛敏调入浦发行，任社保部主任，从此在前台主掌社保基金运营大权。

随后，上海社会保险管理局将超过40亿元社保基金划入浦发行社保基金专户，后者对政府曾作过保底收益的承诺。

社保基金这一托管运营模式，曾报中国人民银行批准，也曾写进1994年颁行的《上海市城镇职工养老保险办法》。《办法》第四十一条称：“养老保险基金的增值运营委托上海浦东发展银行进行”。

然而，相关制度的“正名”，还不能确保早年社保基金走上合法和理性的投资轨道。浦发行社保部在受托巨额社保基金后，面临巨大的投资增值压力。此时，上海房地产市场开始升温，巨额社保基金遂大举投向楼市。

“1996年前后，是社保基金投资房地产的高峰期，投入资金在60亿元左右。但社保投资性质不清，产权不明，非常危险。”一位了解早期浦发行社保基金部的知情人说。

投资乱象

20世纪90年代中期，上海社保基金投入的五大房地产项目均已动工，分别是如今的明天广场、永银大厦、东银大厦、东海广场和来福士广场。

然而，社保基金选择投入上述房地产项目，并非全部由受托机构浦发行社保部主导，当时的上海社会保险管理局也不是最终拍板人。其中主要项目系指令项目，有些项目所有人根本没有资金开发，只是拥有一块地皮，甚至连地价也未支付，全靠社保基金启动开发。而在最初，大笔社保基金投入，只获得“参建”的身份。

这是一种严重不规范的投资行为。由于有关房地产项目未成立项目公司，社保基金的巨额投入无法构成产权投资，只能采取借款参建形式。当时的合作方式，是由社保基金与项目所有人签约，后者承诺先还本付息，待项目建成后再予分红。

当年社保基金借款与浦发行社保部商定的利息，是在同期银行贷款利率和物价指数之间取高者，再加两个百分点，由此最初确定的年息约在15%—20%；分红比例则一般定为四六开，项目合作方得四成，社保基金获六成。这是一个如意算盘——假设房地产项目开发完毕，全部售出，则社保基金既能收回本息，又能获得丰厚分红。但是，如果项目开发失败，合作方并没有一分钱投入，完全可以一走了之。约定的借款利息高达20%，形同高利贷，即便打起官司来，也不会获得法院认可。这样一来，所有的风险都落到社保基金头上。

很快，上海社保基金就遭遇了第一次重大风险，“我们之前所担心的所有问题，全部集中爆发了。”知情人说。

这个骤然爆发危机的房地产项目，就是东海广场。

惨败东海

东海广场项目位于上海南京西路1688号，最初由上海天怡房地产开发有限公司（下称天怡）拥有。天怡名为民营企业，但背景相当复杂，其中一度包含不明“干股”。天怡在获得东海广场项目后，因手头没有资金，迟迟未能开发。

1994年，浦发行社保部受有关指令向东海广场投资4.8亿元，项目由此动工。然而天怡公司一直拒绝就东海广场设立项目公司。浦发行社保部虽有巨额投资，但不能体现为项目产权，只能采取借款名义。

东海广场启动开工后，天怡将建设用地许可证等全部办理到自身名下，而非与浦发行社保部共同持有，理由是浦发行作为银行，不能投资房地产项目。此时，浦发行背后的社保基金的投资权益，已被完全虚置。

至1998年，因中央清理整顿社保基金投资，上海社保基金后续投资受阻，东海广场就此停工，合作双方矛盾激化。天怡公司铤而走险，擅自成立了上海天堡房地产投资有限公司。天堡公司为中德合资企业，天怡在其中的投资，正是来自东海广场的相应资产。天怡此举，意在抛开浦发行社保部，转向外方融资。

1999年1月，浦发行社保部将天怡公司告上法院，要求中止后者侵权行为，并明确自身在东海广场的投资。由于东海广场自始至终未能成立项目公司，法院判定浦发行社保部的投资无法律效力，东海广场项目所有人仍是天怡。

法院判决天怡公司偿还4.8亿元借款本息，由于当初浦发社保部与天怡约定的将近20%的借款年息过高，明显违反信贷政策，得不到法律保障。最终，法院判决天怡按正常贷款利息还本付息，总计约5.48亿元。

然而此时，东海广场仍然“烂尾”，天怡公司根本无法还本付息。之后，经上海政府有关部门安排，由当地一家国有企业接盘东海广场，社保基金方始收回5.48亿元本息。

“社保基金投资东海广场，最终什么也没得到，简直是一场闹剧。”当年参与诉讼的一位人士说。

危险的“安联模式”

从1996年起，上海社保基金经营高层意识到“借款参建”的巨大风险，开始要求与合作方成立项目公司，将社保基金的投入规范为产权投资。

于是，浦发行下属上海东展有限公司（下称东展公司）走上前台，成为社保基金的投资主体。东展公司虽名为浦发行全资公司，实际注资悉数来自社保基金。

1996年起，明天广场等房地产项目相继成立了项目公司，体现社保基金投资的东展公司在项目公司中持股60%，另外40%股权则为合作方所有。

“这又形成了一个悖论：合作方事实上没有一分钱投入，为何能白白在项目公司中持股四成？他们顶多是把社保基金投向项目的资金，拿出一部分作为自己在项目公司中的注资。”浦发行一位前中层说，“我们决定有步骤地将产权全部收归己有。”

以上海明天广场有限公司为例，1996年公司成立时，注资2000万元。工商资料体现为东展公司注资1200万元，合作方注资800万元。至1998年，上海安联投资发展公司（下称安联）增资8000万元，持股明天广场80%，原有两大股东的持股被摊薄为12%和8%。至2000年，持股8%的原合作方彻底退出，明天广场成为安联和东展各自持股95%和5%的公司。

1998年现身社保基金投资前台的安联公司，实际上是由原申宝公司在1998年更名而来。也正是从1998年以后，安联公司取代之前的东展公司，成为上海社保基金投资房地产的企业法人主体。原先的三层投资架构——社保基金注资东展，东展再投资房地产项目公司，因安联的介入，转为更为复杂的四层架构。在股权上，安联公司由东展公司全资所有。

“这种架构，其实是将社保基金投资置于更为杂乱而尴尬的境地。”早年参与上海社保基金运作的一位资深经理人说。

一方面，社保基金借东展公司曲折进入安联，在安联公司资产负债表上体现为巨额借款；另一方面，社保基金对外需要显示“增值收益”之绩效，每年在账上获得不菲的“投资收益”。这一投资收益，又体现为安联公司每年的巨额资金成本，进一步放大了负债规模。

事实上，除了东海项目投资失败，1998年后以安联名义投入的明天广场等四个房地产项目，有的长期“烂尾”，有的不能保证正常收息，安联公司投资收益并不显著。所谓“安联模式”，突出反映了上海社保基金集基金管理人、投资人和经营者于一身的种种弊端。无论是社保基金的增值收益，还是安联公司的资金负债，已经形同一场往来平账的纸上游戏。

1999年浦发行上市前夕，这一危险的游戏已经难以为继。

真假脱钩

浦发行于1999年末上市。上市前夕，自1994年以来受托账外运营的逾百亿元社保基金，成为必须解决的问题。

“要么将这100多亿元社保基金放进表内，体现为社保基金在浦发行的存款，而之前的社保基金投资，则表现为浦发行的贷款；要么将社保基金全部划出，还归上海社保局自己经营。”一位参与上市的浦发行人士说。

此时的上海市，已于1998年将原劳动局和社会保险管理局合二为一，并为上海市劳动和社会保障局。由原劳动局局长祝均一出任合并后的上海社保局局长。当年47岁的祝均一，从此掌管上海全市社保基金大权。

同样在这一时期，中央有关禁止社保基金乱投资的文件接连出台。最早是在1997年，国务院发布《关于建立统一的企业职工基本养老保险制度的决定》（“26号文”），明确规定社保基金结余额除预留相当于两个月支付费用，应全部购买国家债券和存入专户，严禁投入其他金融和经营性事业；1999年，又由国家劳动和社会保障部、财政部联合发布《社会保险基金财务制度》，就上述社保基金投资原则进一步制定实施细则。

从1998年起，中央有关部门连番调查社保基金投资问题，各地社保部门纷纷整饬门庭。当此情势之下，由祝均一主政的上海社保局也开始大力清收以往投资。

1999年，浦发行最终与上海社保局达成协议，将受托社保资金悉数划转社保局。双方同时约定三年过渡期，过渡期内，由浦发行和社保局共同清理以往投资项目，收回资金。

此时的浦发行社保部依然保留，张洛敏依然担任主任，主要任务变成了变现资产，清收贷款。“我是在1999年初认识张洛敏的，他是一个非常有头脑的人。和他谈事，感觉就是在和高人交手。”早年接触过张洛敏的一位知情人说。

就是在各地社保基金全力清收早年投资的1999年，已是形同“看守内阁”的浦发行社保部，作出了一个继续投资房地产项目的大胆决定。“张洛敏当时告诉我，社保基金在万都中心有5.5亿元的投资，现在万都烂尾，钱眼看收不回来。他考虑继续投资，把大楼盖完。”前述知情人回忆说。

身陷万都

万都中心由上海万都中心大厦有限公司全资持有，公司最终权益人，系湖南籍港商钟建国。

这栋位于上海虹桥经济开发区兴义路8号的建筑，早于1995年即获得上海社保基金的投资。投资方式同样是早年含混不清的“借款参建”，至1999年初，社保投入万都累计已达5.5亿元本金。

“钟建国当时没什么钱，他在拿到社保的投资后，迅速抽走去开发其他项目，再将万都的地块向银行作抵押贷款，用贷款来建房子。”了解钟建国的一位法律界人士说。

至1999年初，因后续资金投资受阻，工程业已过半的万都中心停工。“张洛敏对我说，设计规模54层的万都中心是上海浦西第一高楼，有领导指示一定要建成。如果资金不够，就让社保基金继续投入，否则钟建国就死定了。”上述法律界人士透露。

约在1999年底，张洛敏主管的浦发行社保部与钟建国签约，以预付房款名义向万都再投7亿元，即万都中心竣工后，向浦发行交付价值7亿元的房产。而实际操作方式是，一旦万都中心竣工发售，则钟建国向浦发行社保部还本付息，“卖一套房子，就还一套房子的钱”。

如今看来，上海社保基金早年投资或可诿过于无法可依；但在1999年各地在中央三令五申下大力清收投资之际，仍继续投入风险极大的房地产，明显属于违法违规之举。

在获得社保基金巨额后续投入后，万都中心终于2002年竣工。2006年8月中旬，记者来到位于上海虹桥经济开发区兴义路8号的万都中心，只见这栋54层的大厦周身以豪华玻璃幕墙包裹，气势恢弘，各楼层几乎全部出租，据称出租率高达93%。

而在上海长宁区房地产交易中心的房产资料中，显示万都中心除五层楼宇业已出售，其余楼层全部于2006年5月被上海市第一中院查封，查封原因是“诉讼保全”。此案申请查封人正是安联公司，案由是追讨委托贷款，诉讼标额为4.5亿元。

浦发行2005年年报显示，上海万都中心大厦有限公司是浦发行最大贷款客户，贷款余额为12.05亿元。这笔巨额贷款，系早前社保基金投向万都的12.5亿元借款，经重组辗转变更而来。万都巨额银行贷款以及房产被悉数查封的事实，似乎表明今日的万都并未完全“解套”；而上海社保基金对万都超过十年的巨额投资能否最终收回，至今仍是未知数。

“这几年因为上海房地产飙升，社保基金当年的投资才有可能解套。张洛敏很能忍，他终于等到了这一天。”浦发行一位资深人士评价说，“这好比一场原本必输的赌博，万幸地挺过来了。”

据悉，目前仍担任着安联公司董事长的张洛敏已在2002年前后正式离开浦发行，其全家也早已在澳大利亚置业。

重回“申宝时代”

正是在张洛敏离职的2002年，浦发行最终将受托社保基金与上海市社保局交割完毕。

同年，祝均一主持下的上海社保局相继登记成立了两个事业单位：上海市社会保险事业基金结算中心（下称社保中心）和上海企业年金发展中心（下称年金中心）。

基本养老保险与企业年金，是中国自20世纪90年代初倡导养老保险制度“三支柱”模式中，除个人自愿储蓄性保险之外的两大支柱。

基本养老保险基金由社会统筹账户和个人缴交账户构成，统筹账户由企业缴交，用于当期退休金支付，“现收现付”；个人账户主要由个人缴交，用于实名制积累，在职工退休后一次性或分期全额支付。但在之后的实践中，由于统筹账户存在巨大支付缺口，各地社保部门均调用个人账户资金用于当期支付，个人账户长期有名无实，常年处于空转之中。国家自1997年以来严格限制社保基金投资渠道，只许购买国债及存入银行，即是出于保障资金流动性，满足当期支付的考虑。

相比社保基金，企业年金为企业补充养老保险金，为积累式基金，并不用于当期支付，因此更具有借多元化投资增值的需求。国家自1995年推进企业年金缴交以来，对这部分资金的投资渠道，尚无明确规定，亦无相应限制，一般理解将之视同社保基金。

正是在2002年，彻底收回了社保资金运营权的上海社保局，仿佛重回十年前独自运营社保资金的“申宝时代”。此时，非但全市社保基金的运营大权仍旧掌控于政府之手，原本可自主选择投资经营主体的数十亿元企业年金，也牢牢握在社保局手中。

然而这一次，祝均一执掌下的“两大中心”，似乎也并未能显现出超越以往的财技，反而暴露出更多的混乱。

社保中心成立于2月。同年3月，宛如平地拔起的年轻富豪张荣坤以32.07亿元的价格，收购政府所持上海路桥发展股份有限公司（下称上海路桥公司）99.35%的股权，从而获得沪杭高速公路上海段30年的收益权。后来披露的事实表明，张氏收购资金正是来自社保基金。工商银行上海分行一位人士证实，这笔资金总计约32亿元，以社保基金通过工商银行上海分行委托贷款的形式，放给了张荣坤旗下的福禧投资。

可能因为社保基金贷款的违规性质，这笔巨款不仅无可靠抵押，而且在后来福禧投资为发短期融资券而发布的审计报告中亦未提及，其风险之高可想而知。

这一年的4月及6月，“上海社保基金结算管理中心”的名称，分别出现在金丰投资（600606.SH）、东方热电（000958.SZ）两家上市公司流通大股东之列。投资股市不比暗中放贷，社保身份一旦暴露，立即遭到外界强烈质疑——早在1997年投资渠道即被严格限制于债权及银行存款的社保基金，居然在2002年仍投资股票，好比明火执仗。

敏感的上海社保中心迅即从上市公司抽身，国内A股流通股股东中不复见其踪影。正是在此后的2002年12月，上海年金中心正式注册成立。以后的上海社保局，对二级市场屡有投资，但所用名义皆为年金中心，盖因积累制的企业年金投资渠道，并无明确的政策限制。

年金中心的掩护作用不仅仅在股市。2006年8月10日，有关公告显示，福禧投资已收到上海市第一中院送达的民事裁定书，宣称因“借款合同纠纷”，法院已应上海年金中心提出的诉前财产保全申请，依法查封、冻结福禧投资相应资产。8月17日，上海年金中心已于当天——即诉前保全有效期的最后一天，正式向福禧投资提起诉讼，诉讼标的约为32亿元。法院当天立案。

稍梳理时间即可明了，上海年金中心之成立，远在福禧投资获得上海社保中心借款数月之后。个中明显的时间差，又该如何解释？

政府之手

多位知情人透露，上海社保长期将社保基金和企业年金混用。早在20世纪90年代委托浦发行社保部运营时，高达100余亿元的社保资金中，既包含社保基金，亦包括企业年金。

2004年5月，劳动和社会保障部同时颁行《企业年金试行办法》、《企业年金基金管理试行办法》，明确规定企业年金运营采用信托模式的基本框架，并首次提出年金受托人、账户管理人、投资管理人和托管人的多元化主体概念。两大《试行办法》，打破企业年金由政府长期一手包揽的积弊，欲以市场化运作取而代之。

2004年，全国共有37家企业获得企业年金托管资格，年金市场化运作迈出了第一步。由此，各家企业可自主选择合格的年金托管人，以市场化方式运营，增值本企业的年金。

这一年，公开资料显示上海年金积累结余84亿元。托管权和运营权全部掌控于上海社保局之手。

2003年至2004年，上海年金中心频频现身股市，最高峰时还曾经成为19家上市公司的前十大流通股股东。其间，上海年金中心在二级市场的操盘手法投机性强，多与券商庄股同进退，曾受到市场不少讥评。

2005年末，面对外界日益高涨的年金市场化运作的呼声，上海社保局副局长鲍淡如曾回应："谁的投资回报高，投保人自然愿意把钱交给他。"据鲍淡如彼时公开透露，上海年金中心所掌握的年金已高达110亿元。这是一个巨额的数字，国内第二大地方官办年金中心——深圳年金中心，仅掌握资金13亿元。

直至此时，外界仍未发现上海年金运作走向市场化的明显迹象。

除了进入股市，上海年金中心还频频将巨额资金用于委托理财以及委托贷款，其中一部分资金委贷给沪上房地产商。一位中介金融机构负责人确认，上海年金中心于2004年曾通过该机构，向华东某市一房地产公司发放8亿元委托贷款。贷款期限三年，年息约7%。

这家房地产公司原本计划向当地银行贷款，但银行贷款审批耗时较长。在通过中介找到上海社保局后，后者仅在两个月内即将8亿元现金一次性打入。

"2004年后，银行对房地产项目的贷款审批日益严格，而且需要采取近乎苛刻的抵押方式。相比之下，上海社保发放委托贷款，几乎不需要经过什么贷款审核。"该金融机构负责人说，"签署委托贷款协议的是上海年金中心，但他们的钱究竟从哪里来，我们就不知道了。"

与上海基本养老保险覆盖1200万人、收缴率在99.9%以上的规模不同，作为补充养老保险的企业年金，在上海仅110万人享受。这部分钱由企业和个人自愿缴纳，在企业工资总额4%之内则可列入成本，积累之后用于保障个人未来较好的养老生活。

目前上海年金中心掌握了企业年金之大部，其运行外界无从知晓。仅在每年1月，人们可以在上海社保局官方网站上，看到一份关于"结算本市补充保险基金收益分配的通知"，其内容包括对各参保单位和个人上年补充养老保险账户储存额的收益分配率。2006年初，这个数字是4%，较往年略低。

年金受益人无从知道，自己未来的这部分补充养老金投在何方？究竟是赚还是赔？

两个"中心"

上海年金中心与上海社保中心，均注册于上海市中山南路685号。这是一幢外表灰暗、略显陈旧的大楼，仅在楼内的一块楼层指示牌上，才能看到有三个楼层标注着"上海社会保障基金结算与管理中心"的字样。

楼内工作人员称，这里至少有五个楼层属于社保中心。社保中心法定代表人、主任徐爱平的办公室位于907室，笔者赶到后，工作人员称徐主任有事出门了。

然而在685号大楼内，笔者遍寻不到上海年金中心的办公场所。多方询问，均被告知年金中心并不在此挂牌办公。再问年金中心法人代表、主任张强林在何处办公，有工作人员回答："张处长和福保处早就搬到天山路去了。"

根据上海事业单位登记资料，社保中心的宗旨和业务范围是“承办养老、医疗保险基金征集、支付、管理，按政策拟定操作办法与管理”，而年金中心则负责“承办企业年金的收缴、个人账户管理和发放，负责企业年金基金的管理、运营和收益分配”。

但在社保局的官方网站上，却只有社保中心，并无年金中心。该网站上“管理运营企业年金”的职能属于福利保险处，处长正是被登记为年金中心法人代表的张强林。

笔者来到位于天山路1800号的上海市社保局大楼，在六楼一间标记“福利保险处”的办公室内，找到了张强林本人。

这名40余岁的处长似乎对自己“年金中心法人代表”之名并不熟悉，一听记者问及企业年金，立即有些激动，手抬得很高说：“外面的人不知道，乱说的！我不管年金。”接着，他明确告诉记者：“我们这个部门管的只是企业年金的政策制定，年金的具体运作是基金处在管。”

张强林所称的“基金处”，全称即“社保基金监督管理处”，处长陆祺伟现因祝均一案正在接受调查。没有人能够解释，何以专司基金监管的处室，却成了参与运营的部门；监管和运营的合一，又意味着什么。

地方社保安危

多年来屡禁不止的违规违法投资，以及因投资造成的巨大损失和潜在风险，还仅是上海社保如今面临困境的一个方面。困境的另一方面，则是日益扩大的地方养老保险金缺口。

据《中国劳动和社会保障年鉴》统计，上海用于基本养老的社保基金（含社会统筹账户与个人账户）余额在2000年为93.1亿元。然而，2001年、2002年两年均是收不抵支，收支缺口分别为19.5亿元、23.5亿元；2003年至2004年，社保基金收支出现盈余，分别为4.6亿元、6.2亿元。至2004年末，上海社保基金历年积累结余为80.5亿元。

这只是上海市社保局上报的公开数据。上海市发改委曾于2004年委托有关人员对上海市企业年金作专项研究，最终整理成一份名为“上海市企业年金发展模式研究”的正式报告。报告获得上海市社保局大量一手统计数据，显示上海社保基金从2000年开始，出现当年收支赤字7亿元，2001年至2002年，收支赤字骤升至30亿元和40亿元。

对此，报告特别指出：“如果没有大的制度改革，原有的一点积累将在数年内用完。”

报告还称，上海即将进入老年人口加速增长期，“老龄化高峰期将出现在2020—2030年间，届时60岁以上老年人口将占到户籍人口的1/3以上，养老保险制度将经受最严峻的冲击。”

对此，北京有关社保监管专家表示，地方社保资金的保值增值确实是一个两难问题。但在目前年金账户与社保基金账户业已分开运营，未来个人账户和社会统筹账户也将分开运营的情况下，有关投资增值行为已经得到分类规范。

“无论如何，社保基金目前主要用于当代现收现付，绝对不允许挤占、挪用、违规投资，以往的违规投资必须严肃查出，予以追回。”前述专家说。

据国家劳动和社会保障部统计，1998年以来，全国清理回收往年被挤占、挪用的社保基金达160多亿元；至2005年底，还有10亿元没有收回入账。

这个数字，显然还不包括上海可见的大批违规资金。上海社保早年典型的违规投资主体安联公司，如今也仍在继续承担早年投资的巨额亏损。最新财务报表显示，截至2006年3月底，安联公司借款总额高达52.72亿元。

这些巨额借款，全部体现为对上海社保基金的负债。

安联公司旗下曾有东海广场等五大房地产项目，后经陆续处置，目前主要资产仅剩位于上海市黄陂路上的明天广场这一处资产，除此之外还有一些零星投资。

明天广场早年亦曾长期“烂尾”，至2002年方才竣工开业，如今由国际酒店物业巨头万豪集团进行管理。2005年末以来，上海市社保局曾与多家中外投资方接洽，意欲抛售明天广场物业，将投资收回社保基金账户。卖方一度开价32亿元，但买卖双方未曾进入实质性谈判，上海社保局即单方面宣布停止出售。

知情人透露，上海市政府已安排市国资委全盘接受安联公司资产负债，未来再计划由国资委出面寻求买家，整体出售明天广场资产。“除非明天广场能卖出超过50亿元的价格，否则，最终可能还要求助于用财政资金填缺口。”

社保大审判①

很久没有看到如此大规模的审判行动了。

以涉案人数之多而计，近来的经济罪案审判中，2005年间在全国依次展开的德隆案系列审判也许与此相仿佛；但无论是对政经情势的影响，还是对民心舆情的关心程度，又或是对获罪者制裁的判决，德隆案审判又焉能与此番上海社保案大审判相比！

此次上海社保案大审判，涉及28名政府官员、企业高管，于2007年6月1日在上海低调启幕，次第在安徽和吉林铺开；四个月来前松后紧，国庆节前夕骤然提速。截至2007年9月28日已开庭20案，涉及22人，其中18人已一审获刑。除核心人物张荣坤及上海原市委书记陈良宇开庭时间未知，上海社保案审判格局大定。

已经产生的一审判决结果令人感受到了法律的威严：原陈良宇秘书、上海市宝山区区长秦裕，上海电气集团总公司常务副总裁韩国璋，上海新黄浦集团董事长吴明烈，上海工业投资集团总裁王国雄四人一审被判处无期徒刑。

上海市劳动和社会保障局原局长祝均一、上海市委原副秘书长兼市委办公厅主任孙路一、上海市国资委原副主任吴鸿玫、华安基金原总经理韩方河、上海市房地产管理局土地利用管理处原处长朱文锦、上海工业投资集团原财务总监李易曾六人刑期都在10年以上，祝均一更长达18年。

其余被告人：上海市国资委原主任凌宝亨、海欣股份原副总裁沈岩、上海电气资产管理有限公司投资管理部原副部长程彦敏、上海电气资产管理公司原副总裁徐伟、上海社保局基金监督管理处原处长及资金托管机构管理处原处长陆祺伟、海欣股份原总裁袁永林、华闻控股原常务副总裁王政、明园集团原董事长李松坚，分别获刑一年半至八年不等。

严厉的判决背后是沉重的案情。四名被判无期徒刑的被告人，受贿金额都在500万元以上；其他案犯中亦不乏情节恶劣、金额巨大者。从2000元的例行“红包”到1000万元的单位行贿，从辗转托送的金条到精心调换的房产，从打进股票账户的巨款到价值百万元的名人字画，司法材料勾勒出一幕幕鲜活的权力寻租图景。

---

①作者赵何娟、陈中小路、罗昌平、杨海鹏，编辑张进，原载《财经》杂志2007年第20期。

虽然统称为上海社保案，但28人所涉罪案有别，受控罪名亦不尽相同。从起诉书披露的内容看，28人彼此关系有亲有疏，并不共存于一个紧密联系、边界清楚的小集团，更像是分属数个权钱交易网络，彼此间有阡陌勾通，时常以特定关键人物为载体实现权钱交易的利益共沾。

这些权钱交易网的背后，有数十亿元社保资金遭到挪用，有数十亿元国有资金被借用违规入市炒股，有数亿元国有资产私相授受，有重大工程招标暗箱操作。如果不是2006年夏上海社保风暴降临，这种权钱交易寻租网的共生、勾连与延展恐怕还将继续。

法网恢恢。煊赫一时的官场显贵、国企高管、资本玩家，曾经身居高位，曾经当路要津，曾经长袖善舞，终究难逃穷途末路、案结人判的结局。被告中的大多数均表示接受判决，无意上诉。而被告人当庭忏悔的话语，家属旁听席上滴落的泪水，足为后来者戒。

不过，更值得反思的仍是制度性缺失。上海社保案发以来，各界对中国推进了15年的社会保险体制改革已多有反省；随着案情的次第披露，公众更多聚焦于权钱交易的制度性根源。限制权力的使用，加强对权力的监督，促使政府转型公共服务，从体制上减少寻租空间，方为治本之策。

在上海社保案审判于2007年9月下旬骤然提速之前，中央有关部门组织吉林、安徽、上海三地的司法部门开协调会，就审判做专门部署，要求加快审判进程。上海社保案的庭审将在10月7日前告一段落。中纪委正在最后准备中共十六大以来的反腐败工作报告，这份报告将在10月9日的十六届七中全会上，由中纪委书记吴官正向中共中央政治局提交。毫无疑问，上海社保案的查处与审判，应属其中最具分量的章节。

9月末的北京秋意正浓。上海社保案核心人物张荣坤及上海原市委书记陈良宇的开庭审理时间仍未明确，上海社保案大审判尚有最后的悬念。

上篇：吉林主审地

长春市中级法院坐落在当地有名的“政法一条街”——景阳大街。这条街上几乎齐聚了当地所有主要政法部门。在景阳大路与正阳街交界处，中院的一个平时可以自由进出的侧门又被碗口粗的铁链牢牢锁住。熟悉的人知道，中院又审大案了。

吉林司法系统对查办来自上海的大案并不陌生。继三年前查办中国银行上海分行原行长刘金宝案获上级肯定，吉林省检察院此番又成为查办上海社保系列案的主力。

2006年社保案爆发后数月，吉林省检察院一度派驻数十位工作人员在上海办案，内部番号称为“705”专案组。2006年7月5日，这是中纪委正式会同有关部门对上海社保资金违规运营问题进行调查的时间。

此次吉林省检察院查办的上海社保案件中，大部分就在长春市中级法院开庭审理，但张荣坤及其下属周卫明、张军、王永德则在松原市中级法院接受审判。

在上海、吉林、安徽三地中，吉林不是第一个启动上海社保案审判的——上海社保庭审第一案早在2007年6月1日就已在上海开庭，受审者为上海工投集团原财务总监李易曾。但是，与上海长达四个月的开庭审判期形成鲜明对比，长春中院在两周内火速完成了九宗案件的开庭，其中八宗作出了一审宣判，连周末都在加紧开庭和宣判。

在深色肃穆的审判厅大楼里，包括祝均一、秦裕和王成明等在内的11名上海社保案主要涉案人员，一一走上法庭。

无论庭审还是宣判，大部分案件只有家属才能获准旁听，多名外地赶来的涉案人员单位代表都拿不到旁听证，只好在外等候。开庭过程中，亦是戒备森严，出现在法院周围的“可疑”人员，还会有工作人员上前盘查。由于一开始就有“纪律要求”，各位律师对其代理的案子都三缄其口。

祝均一／陆祺伟：挪用社保资金案

2006年7月，上海市劳动和社会保障局原局长祝均一被“双规”，正式揭开了上海社保系列案的序幕。作为上海社保案核心人物，56岁的祝均一也是第一个被宣判者。

2007年9月23日上午，长春市中院宣判，祝均一因受贿罪、挪用公款罪、滥用职权罪，数罪并罚，决定执行有期徒刑18年，没收个人财产人民币30万元。

长春市中院认为，案发后，祝均一坦白部分受贿事实，并提供线索致侦破其他重大案件，构成重大立功，且赃款赃物已退缴，获从轻处罚。

经长春市中院认定，1999年至2006年，祝均一利用职务便利，将上海市社保局的巨额资金借贷给张荣坤控制的上海沸点投资发展有限公司使用，并为其他单位和个人牟取利益，从中收受贿赂总计折合人民币166万余元。

接近此案的人士透露，祝均一受贿大多数来自张荣坤，其余则来自于祝身边人员。

其中，张荣坤的行贿金额主要被认定为两笔：一是祝妻黄华在张荣坤控制的上海路桥发展股份有限公司（下称上海路桥）任职三年，总计获得约120万元的薪金；二是祝均一曾收受张荣坤赠送的一根金条。案发前，张荣坤曾向多名政府官员赠送金条，祝只是其中之一。

工商资料显示，2002年3月，张荣坤旗下上海福禧投资控股有限公司，以32.07亿元价格受让上海路桥99.35%的股权，后者拥有沪杭高速公路上海段30年经营权。

上海路桥转手之后，祝均一妻子黄华曾担任公司工会主席和监事长等职。2006年7月黄华随祝均一接受调查，但目前未被起诉，她在上海路桥的收入被认定为祝均一的受贿款。

社保案发之后的2006年8月，上海年金中心起诉福禧投资追讨借款。该案起诉书显示，上海年金中心和福禧投资一共签署了八份协议，其中七份为资金委托运营协议，涉及资金共计32亿元；一份是资金委托贷款协议，涉及资金4.5亿元。八份协议资金总额高达36.5亿元，年利息在6.8%左右。

张荣坤从上海市社保局获得资金计30余亿元资金，前后分三次获得，其中两笔约20亿元经会议集体讨论通过，另一笔13亿元则因“张荣坤要得比较急”，祝均一直接指派下属为其办理手续，没有开会讨论。此次祝均一被指控“挪用公款”，案由即此13亿元贷款。

作为总额300亿元的上海社保资金的掌管人，祝均一还被认定“有违规运营社保资金、擅自决定违规收取保费回扣等滥用职权行为，致使国家和人民利益遭受重大损失”。

滥用职权罪，是指国家机关工作人员故意逾越职权或者不履行职责，致使公共财产、国家和人民利益遭受重大损失的行为。在法庭上，祝均一的行为是否造成上海社保资金“重大损失”，成为控辩双方争论的焦点。

据透露，控方并没有在法庭上列举祝均一任内上海社保资金是否存在营运亏损以及亏损的具体金额。但祝均一担任上海社保局长十年间，上海社保资金使用无疑乱象环生。

20世纪90年代后期，上海社保投资东海广场、万都中心和明天广场等项目，接连陷入困境；21世纪初，上海社保资金又大肆进入股市，也一度遭人诟病。

2004年以后，伴随着房地产行业宏观调控，银行贷款收紧，上海社保资金成为上海乃至华东地区某些房地产公司重要融资来源之一。公开报道显示，除了张荣坤的福禧投资，华闻控股、瑞安地产、正大以及百联等多家大型企业亦曾拆借上海社保资金，总计金额超过70亿元。

在上海有关部门组织拍摄的内部教育片《贪欲之害》中，祝均一交代说：“我已经50多岁，结构性封顶了，现在就想两条腿走路，一条腿做好工作，维护好自己的形象，一条腿做自己的事情，为后半生着想。事实上两条腿都没走好，反而害了自己。”

祝均一案于9月14日在长春市中院开庭审理。十天之后，其下属上海社保局基金监督管理处原处长、资金托管机构管理处原处长陆祺伟受贿案开庭。

在祝均一治下，上海市社保局下设上海市社会保险事业基金结算中心（下称社保中心）和上海企业年金发展中心（下称年金中心），均注册于上海市中山南路685号。上海事业单位登记资料显示，年金中心负责“承办企业年金的收缴、个人账户管理和发放；负责企业年金基金的管理、运营和收益分配”。向张荣坤所贷30余亿元巨资，正是来自年金中心。

然而，社保局的官方网站上，总计18个处室与15个政务执行单位中，却只有社保中心，并无年金中心。事实上，年金中心只管企业年金政策制定，具体运作则由基金监管处主管。这应该就是陆祺伟2006年8月涉案被调查的起因。

2007年3月，中共上海市纪委、上海市监察委员会决定开除陆祺伟党籍和公职。当时的有关决定称：“陆祺伟利用职务上的便利，为他人牟取利益，非法收受他人现金、名贵手表等财物。陆祺伟道德败坏，生活腐化。”

此次陆祺伟被控受贿，控方所列行贿人名单里虽无张荣坤及其关联人物、公司，但不乏向上海社保局借贷社保资金的企业和个人。

9月23日，陆祺伟案宣判，他被认定受贿100万元，一审判处八年有期徒刑。

在祝均一主政下，上海社保局还曾向中国华闻控股集团贷款8亿元，用于收购新黄浦集团股权，涉及此事的华闻控股常务副总裁王政及新黄浦集团董事长吴明烈此次均被起诉。不过，由于华闻归还了8亿元，此事未列入罪行之列。

王成明／韩国璋／徐伟／程彦敏／李松坚：上海电气案

上海电气窝案，是上海社保系列案一个重要分支。上海电气（集团）总公司原董事长王成明、原常务副总裁韩国璋、原财务总监徐伟、上海电气资产管理有限公司投资管理部原副部长程彦敏等四人身陷其中，上海电气（集团）股份有限公司（下称上海电气，2727.HK）原非执行董事、明园集团原董事长李松坚亦牵扯涉案。

上述涉案人员被安排在长春、上海两地分开审理，王成明、韩国璋、李松坚在长春市中院接受审判，徐伟、程彦敏在上海一中院接受审判。

以上数人卷入上海社保案，还是因为张荣坤的牵连。2004年，上海电气集团总公司将旗下核心资产重组为上海电气，张荣坤旗下公司福禧投资以民营企业身份获持近11%的股份。李松坚旗下明园集团亦参与此事，并获得4.44%的股权。上海电气随即赴港上市，两人均录得数亿元溢价收益。在2006年夏上海电气案发之时，此宗改制之隐情是众人瞩目之处。

不过，此次审判并未提及上述交易是否违法。数人受审另有案由。

根据检方的指控，王成明涉嫌受贿21万元，韩国璋受贿600余万元。

起诉书透露，2005年间，上海电气集团总公司旗下上海集优机械股份有限公司（下称上海集优）赴港上市。在2004年上海电气赴港上市一役中颇多斩获后，张荣坤食髓知味，向上海电气资产管理公司借款5000万元，由其实际控制的两家离岸公司“东英公司”和“贝克公司”参与上海集优IPO配售获利3000万港元，其中实际出资的上海电气仅获得1000万港元。

事后，张荣坤在香港交给韩国璋20万港元，由韩国璋带回上海后与参与其事的王成明、徐伟、程彦敏平分，每人各分得5万港元。

除此之外，王成明、韩国璋等人还有多次共同瓜分贿款的记录。起诉书还显示，王成明、韩国璋、徐伟还各分得上海尔迪集团有限公司董事长郑树昌行贿款数万元以及上海明园集团董事长李松坚行贿款2万元等。

王成明、韩国璋和张荣坤关系匪浅，亦跟一般民企老板与国企大佬关系性质显著不同。无论是上海电气改制上市还是上海集优上市配售，多方做局，向张输送利益唯恐不周。

知情人士称，王成明结识张荣坤，乃出自大人物秘书疏通，知道张荣坤背景不浅，主动逢迎。种种线索亦表明，王氏与张荣坤交往“合作”甚早，可追溯自2000年其担任上海广电总裁之时。

韩国璋则在其后，意识到张荣坤等“黄浦帮”（韩本人语）的势力，有意附身效力，并协助疏通关系。在纪录片《贪欲之害》中，韩将此解释为“为了退休留后路”。

韩所收受610万余元贿款，除来自张荣坤外，还有李松坚、郑树昌等人。韩为人贪鄙，不弃涓滴。一次张荣坤在关系网中散发金条以示好，经韩国璋之手送给一众官员，结果韩悉数将其换成分量较轻的金条。

2007年9月23日，韩国璋被一审判决无期徒刑，剥夺政治权利终身，没收个人全部财产。此时，韩国璋59岁，当年一意“留后路”的结果，是余生在监狱中度过的下场。

王成明与韩国璋同龄。他虽与张荣坤一干人交往匪浅，先有伙同张收购华安基金股份之举，后有安排张从上海电气上市中获利之行，但被查获从张荣坤本人处所获好处相对有限。其最终被认定受贿总额21万元，其中6万元来自张荣坤。知情人分析，王、张之间表面交易如此“不对等”，当有不为人道之诉求。

与此同时，在王成明身上，又隐伏着早年间的惊人巨案。此次控方起诉书中还指控其共同贪污3亿余元。此事发生在21世纪初王担任上海广电（集团）有限公司总裁期间，由王主要策划，伙同上海雅苑房地产开发公司董事长严金宝、上广电房地产公司总裁陆天明，在上海闵行区莘庄工业区一块600亩“南郊别墅”土地的转让中，大肆牟利，总额在3亿元之上。

此案多年来一直被举报不断，最终在此次社保案查处中一并查清。既可谓“天网恢恢，疏而不漏”的实例，亦显示社保案之“案中案”年深日久，盘根错节，受益者亦超出目前在案人数。

王成明案在定性上存在一定争议：辩护律师均称王所犯罪名应属挪用资金罪，而不是贪污罪。而检方坚称王案系贪污罪，亦被认为于法有据。此案如果认定为3亿元贪污罪，将成为1949年以来中国罕见的贪污案，目前在最终受益人环节仍有些扑朔迷离，故各方均谨慎处之。

李松坚被法庭一审认定单位行贿，有关起诉材料显示，这名46岁的广东商人曾向上海电气集团人力资源公司借款5000万元，并向上海电气涉案管理人员行贿70万元，由是获刑一年半。

上海电气的另两名高管徐伟、程彦敏案，此前被安排在上海市一中院审判。徐伟被控受贿39.2万元，被判有期徒刑七年。程彦敏被控收受贿赂港币5万元和人民币13.2万元，被判有期徒刑三年，缓期五年执行。

参与开庭旁听的人士透露，徐伟受贿金额达39.2万元，其中约16.2万元是徐伟单独从上海康润投资管理有限公司、上海赛清实业发展有限公司等两家中介公司的负责人陈胜林处获得。

起诉书显示，徐伟在康润公司、赛清公司承接上海电气所属上菱电器、上柴股份、电器股份等国有股权转让，集优股份香港上市项目中，为康润公司、赛清公司提供帮助，先后六次收受陈胜林贿款16.2万元。

另外近23万元，则是徐伟与王成明、韩国璋分得。如前所述，其中包括从张荣坤处分得5万港元，从李松坚处分得2万元人民币，从郑树昌处分得3万元。

程彦敏为涉案者中收受贿赂数额最低者，同时年龄也是最轻，现年35岁。除了张荣坤送的5万港币，另13.2万元均来自陈胜林。根据上海电气上市期间的工作职责分配，程彦敏主管对中介机构的监督、协调工作，与陈胜林有工作交往。从2003年5月起至2006年，陈胜林多次向程彦敏行贿。

根据程彦敏的交代，第一次于2003年5月收到的2000元，是此人公开发的“红包”，当时多人在场，每人都拿了，他回去看才知道是2000元现金。2004年5月，作为日常联系和疏通，此人又私下给了程彦敏3万元。

有法律界人士认为，犯罪中决策者作为主犯一般重判，具体执行人往往判得较轻。此番无论陆祺伟还是徐伟、程彦敏，于此均有所体现。

王政／吴明烈：华闻收购新黄浦案

作为上海社保案的又一重要关联案件，中国华闻投资控股有限公司（下称华闻控股）收购上海新黄浦（集团）有限责任公司（下称新黄浦集团）一事，将两家公司的主要负责人双双拖落下马。

新黄浦集团原董事长吴明烈被控受贿总计1000万元，被判处无期徒刑。华闻控股及其常务副总裁王政单位行贿，王政作为行贿单位的直接责任人，被判处有期徒刑三年。华闻控股被判处罚金1000万元。

2005年2月，上海市黄浦区国资委与华闻控股签约，将所持新黄浦集团75%股权转予后者。当时，新黄浦集团是上市公司新黄浦置业（600638.SH）的控股大股东。

2005年底，华闻控股旗下子公司上海新华闻投资有限公司（下称上海新华闻），再与黄浦区国资委签约，以4.25亿元受让后者所持新黄浦置业18.18%股份。

经过上述两次股权转让，“华闻系”最终成为“新黄浦系”的控股股东。值得注意的是，这桩收购的双方主事者，正是王政和吴明烈。王政虽名为常务副总裁，实则是华闻控股的创始者与掌门人。吴明烈则身兼新黄浦集团、新黄浦置业董事长。交易完成后，吴的上述两大职务由王政出任，吴则出任华闻控股副总裁。

所有收购资金合计8亿元，由华闻控股向上海社保局贷款8亿元社保资金。出面向主政社保局的祝均一游说此宗贷款的，正是新黄浦集团董事长吴明烈。据了解，在“帮助”华闻收购“新黄浦系”过程中，吴明烈从华闻控股处获得了1000万元的“好处”。此宗贿赂案被认定为单位行贿。

华闻控股的大股东为人民日报社下属的事业发展局，“新黄浦系”则是上海黄浦区区属地产企业，在上海中心城区持有大量土地资源的“新黄浦系”由此成为华闻控股的收购目标。这桩突然的收购案，当年一度让上海地产业内充满了猜测和不解。

知情人士透露，由记者而从商的王政系上海籍人，胸有大志，期待华闻控股在上海大展宏图。他亦将陈良宇独子陈维力延揽至华闻控股，担任旗下中体传媒总经理和华闻在香港一公司的总经理。

可惜华闻控股在上海参与高速公路竞标几度失手，其中包括与张荣坤竞争嘉金公路未果。后经反复运筹思考，王政最终决定出手收购新黄浦集团以获发展基地。此举亦被视为陈良宇等抚慰华闻控股在上海失意的一个“补偿”。另一方面，据称吴明烈主持新黄浦集团多年，与区政府有关方面关系趋于紧张，故此次转让除收受千万元“好处费”推动之外，也有意通过“新黄浦系”的股权转让而另创局面。

这宗交易看上去突然，其实设计周到，实有“多赢”之效。而直到揭晓时分，事主黄浦区国资委方才知悉，也只有认可交易了事。

交易完成年余，社保案事发。吴明烈于2006年9月被“双规”。两个月后，王政也被司法机关带走。

2006年9月23日，59岁的吴明烈因收受巨贿被判无期徒刑。其妻由两人搀扶到庭旁听，事后一路大哭离去。而王政的一帮兄弟同事，亦悉数集体飞来旁听。

秦裕／孙路一：利益网络枢纽

上海社保案中，尚有一些穿针引线长袖善舞者，虽未直接参与操作其事，却是官场与商界间不可或缺的人物。上海市宝山区原区长秦裕、上海市委原副秘书长兼市委办公厅主任孙路一，均以高官近侍之身，扮演权钱交易枢纽角色。

在已开庭各案中，秦裕案开庭过程最为神秘。9月25日，长春市中院提前至早8点庭审此案，且为此将其他庭审都取消，当天下午即一审判处其无期徒刑。

秦裕案如此神秘，或许因其另一个身份。他曾长期担任上海原市委书记陈良宇的秘书，只是在社保案发后才火线调任宝山区。

长春市中院判决称，1998年4月至2006年6月，秦裕在担任上海市委办公厅秘书、市政府办公厅副主任、市委办公厅副主任期间，利用职务便利，为韩国璋、吴明烈、张荣坤等人牟取利益，从中索取、收受贿赂款物折合人民币682万余元。

案发后，秦裕坦白大部分受贿事实，并提供线索侦破其他重大案件，构成重大立功。兼之有赃款赃物已全部追缴等情节，对其从轻处罚。秦裕被判处无期徒刑，剥夺政治权利终身，没收个人全部财产。

在秦裕所收682万余元贿款中，主要为其位于上海市中心的三处房产，包括了上海定西路上的一套别墅，以及位于上海古北的一套顶层复式住宅。这三处房产都是秦裕通过以差换好、以小换大等方式从行贿人处获得，而张荣坤为主要行贿人。

秦裕与张荣坤关系紧密，早在20世纪90年代就已相识，也是张在上海官场的引路人之一。张荣坤在上海电气予取予求，王成明、韩国璋等人刻意逢迎，秦裕的引见居功至伟。

秦裕现年43岁，1981年考入华东师范大学政治教育系哲学专业。本科毕业后被保送研究生，1988年获伦理学硕士学位，随后留校任教。1995年1月起，秦裕以副处级干部身份正式进入上海市委办公厅，担任时任上海市委副书记陈良宇的秘书。2002年11月，秦裕升职为上海市委办公厅副主任、上海市政府办公厅副主任，人称“上海一秘”。

在2006年夏上海社保案刚爆发之时，秦裕被火线调往宝山区。2006年7月6日，他前往宝山区报到，7月25日正式就任宝山区区长。不到一个月后，新华社就播发了秦裕“接受调查”的消息，称“有关部门在对上海市劳动和社会保障局违规使用社保资金问题进行核查中”发现了秦裕的问题。8月29日，上海市委对秦作出了免职决定。此后秦裕被正式逮捕，直至2007年9月25日被处无期徒刑。

与秦裕案开庭同一天，长春市中院还判决了另一名上海市委官员、被外媒称为“陈良宇大管家”的孙路一。孙路一因受贿罪被判处有期徒刑15年，没收个人财产人民币50万元。

长春市中院认定，1998年2月至2006年5月，孙路一利用担任上海市委组织部副部长兼上海市人事局局长、上海市委副秘书长、上海市委办公厅主任的职务便利，为李松坚、韩国璋等人牟取利益，从中收受贿赂款物折合人民币472万余元。案发后，孙路一坦白司法机关未掌握的大部分犯罪事实，赃款、赃物已全部退缴，因此对其从轻处罚。

从此判决结果看，孙路一卷入上海电气案的程度应属不浅。

孙路一现年54岁，学者出身，相貌儒雅。他于1992年出任上海工业大学副校长，1997年出任上海行政学院副院长，1998年1月转进政界。在中央发布决定对陈良宇严重违纪问题立案检查后的第三天，2006年9月28日，上海市政府新闻办公室证实，孙路一因涉嫌严重违纪，正在协助调查。

与其他受贿官员略有不同的是，孙路一所受价值500万余元的贿赂中，包含四幅字画，价值430万元。据称，贿赂大都来自一些企业及其下属，与之前传言的张荣坤巨额行贿没有直接关系。

在纪录片《贪欲之害》中，孙路一追忆了自己从学者到领导再到阶下囚的过程，追悔莫及。

中篇：安徽小枝节

在上海社保案的侦办过程中，安徽省检察院也有参与。

安徽方面最后获分派的审理任务较轻，上海市长宁区原区长陈超贤和上海国际赛车场有限公司原副总经理郁知非案，分别被安排在宣城市中级法院和芜湖市中级法院受审。

陈超贤与郁知非两人未闻直接卷入张荣坤案或上海社保资金挪用案。他们应属同一权钱生态中另一圈子的人物。

两人均与上海原市委书记陈良宇往来甚密。陈超贤早在陈良宇20世纪90年代初任职黄浦区时期就追随其左右，以“小兄弟”自居。体育界名人郁知非以申花足球俱乐部总经理之身横行足坛多年，近年又摇身一变为“中国F1教父”，其间长期是陈良宇独子陈维力多年上级。

郁知非购买的房产恰在陈良宇父亲处所楼下，也许并不是巧合。

郁知非：被控职务侵占105万

交由安徽省芜湖市中级法院审理的郁知非案，经历了一番延期开庭风波。

郁知非案原定于2007年8月16日在芜湖开庭，安徽方面起初对此案的态度较为公开。

开庭前数日，安徽省多家官媒都预告了案件开庭信息。开庭前两日内，数十位媒体记者陆续从全国各地赶赴芜湖，并获得了芜湖中院的热情接待——办公室派出专人接待媒体并给记者发放采访证，甚至把该案基本内容写成了新闻素材准备提供给媒体。开庭当日，数家提前赶至的媒体记者已刊发了此案的相关报道。

开庭前两小时，芜湖中院在接到有关方面的指令后，突然对外宣布延期开庭，并给出“辩方律师申请传唤新证人”的理由，等候在此的众媒体哗然离去。

有消息称，芜湖开庭延期事件后，有关部门曾专门召集了上海、北京、吉林和安徽四地司法部门，强调在上海社保案审判过程中注意保密以及注意“政治敏感性”。

一个月后，案件低调开庭，有关各方仅仅提前一两天获知开庭时间，除了郁知非家属和当地司法系统人士，再无他人获准旁听。一位此前没有预约、临时赶往芜湖的家属，都未能获特批进入旁听。

郁知非因旗下申花足球俱尔部而全国知名。他于31岁时创办三灵电机厂，即申花集团和申花股份有限公司的前身。1994年就任上海申花足球俱乐部的董事长、总经理。

1994年后，刚从财经大学毕业不久的陈良宇之子陈维力，成为郁知非的副手、申花足球俱乐部的副总经理。2001年12月，郁知非离开申花。新申花的董事长即为后来主掌上海电气的王成明。2002年5月，郁知非重新出山担任“上赛场”的副总经理，直至此番案发。

检方指控郁知非犯有职务侵占罪，涉案金额105万元。1997年前后，郁知非看中一套上海文汇房地产开发公司开发的172平方米的房子，因为面积超过了其所能享受的福利分房标准，所以约定由申花集团与文汇房产签订了价格为118.7835万元的商品房预售合同，比实际约定的售价要少125万元；而其被诉的105万元正是出自这部分差额，是在购房合同签署后两年内分几次补交。

这105万元款项包括两笔：一是1997年郁知非虚拟了一笔上海夏普电器有限公司的广告中介费，从上海申花俱乐部转账用于交付购房款；二是1999年郁知非以虚拟的“99上海菊花展社会公益性活动”赞助费为由，从其担任法定代表人的上海申花国际贸易有限公司支取了25万元。

此前情绪比较低落的郁知非，在法庭上神情态度还算平静。他对当初买房时的一些处理方式表示了忏悔。

辩护律师在法庭上为其做了无罪辩护，称郁知非的涉案行为“有错无罪”；并辩称，郁知非支付这笔105万元的购房款时，该房产的权属仍属于申花集团而非其个人，他是代表公司在付款，不应当被认定为职务侵占罪。

检方则认为，虽然当时买房的主体是单位，但是这套住房是定向为郁知非购买，仍然属于个人买房，单位给予补贴；关于单位的分房标准，有几个员工的证词可以反映确有80平方米的面积限制；最关键的是，最终郁知非确实取得了这处房产的产权。

不过，检方表示，郁知非有自首情节，“可以从轻处罚”。郁知非后来一审领刑4年，并处罚款30万元。此后，他获减刑并提前两年出狱。

陈超贤：“小兄弟”待审

陈超贤案也是目前尚未开庭的少数案件之一。

陈超贤追随陈良宇近20年。1998年起开始担任黄浦区常务副区长，自2003年起才转任长宁区区长。与秦裕并称为陈良宇“左右手”，有“小兄弟”之称。

直到2008年7月9日，安徽省宣城市中级法院公开开庭就陈超贤受贿案作出一审判决，以受贿罪依法判处其有期徒刑13年。

判决书显示，陈超贤自1991年至2006年期间，为香港世博公司董事长杨菘才、上海银荔投资实业有限公司董事长陈永庆、香港新世界集团副主席杜惠恺、上海长宁房地产经营有限公司总经理蔡志刚、上海海直公司经理陶宏、上海景亿利房地产开发公司法人代表曹富春，在改变土地用途和性质、买卖房产、土地开发等方面牟取利益，先后非法收受上述六人所送的117万元人民币、7.7万美元、82万元港币、3.4万加拿大元、0.2万欧元、0.5万英镑以及达路牌汽车一辆，共计折合人民币312万余元。

宣判在宣城市中级法院第二法庭进行，整个法庭不大，仅能容纳30来人，旁听人员须凭旁听证方能参加旁听。上午10点30分，庭审正式开始，中等身材、头发有些花白的陈超贤被法警带进法庭。戴着眼镜的陈精神状态较好，所穿的白色短袖衬衫、深色长裤干净而整洁。

判决书长达30余页，宣读过程中，陈超贤一直在认真地倾听，偶尔用手扶一下眼镜，表情显得比较平静。“我不服，但我不上诉。”陈超贤在判决书宣读后说。

下篇：上海大本营

作为上海社保案案发地，上海经办的案件相对吉林来说分量要轻。知情人士介绍，交由上海当地审理的案件，主要是查办社保案期间由上海纪委督办的案件。

上海在三地中开庭最早。2007年6月1日，上海工业投资集团原财务总监李易曾案，在上海一中院第一法庭内悄然开庭，李易曾成为上海社保案受审第一人，但该案外界几无关注。直至两周后的6月14日，李易曾的顶头上司、上海工投原总裁王国雄亦因受贿500万元，走入同一间法庭，才见相关报道。

彼时，上海社保案的“公开审理”已形成惯例：只有事先指定的部分司法纪检部门人士、家属以及单位代表获准旁听，旁听人士须提供身份证号码，经核准后才能拿到一张粉红色的旁听证，而上海一中院普通案件发放的旁听证均为黄色。此外，参与有关案件的律师均被有关司法部门打过招呼，建议其“不要向社会公众传播案件信息”。

上海一中院位于中山西路虹桥路路口，第一法庭几乎成了社保案的“专用法庭”。第一法庭能容纳三四十人，虽然法院人员经常以“旁听证发完”为理由拒绝媒体旁听，但由于参加者控制严格，旁听席常常稀稀拉拉，坐得并不满。

有心者如果能听完这一系列庭审，就能发现2002年以“横空出世”形象夺得上海路桥绝对控股权的张荣坤，绝非“石头缝里蹦出来的孙悟空”。五年前的张荣坤也许还不怎么为外界所知，但他潜在的能量是惊人的。

早在2000年前后，张荣坤已经由有力者牵引，在上海工投、上海电气等大型国企间如鱼得水，予取予求。坐庄上海海欣集团股份有限公司（600851.SH，下称海欣股份），即其早期一大手笔。正是这一手笔，使得华安基金管理有限公司原总经理韩方河，海欣股份原总裁袁永林、原董秘沈岩，上海工投原总裁王国雄、原财务总监李易曾等人，集体沦陷。

王国雄／李易曾：一人500万

2000年，年轻人张荣坤手持一纸，找到了上海工业投资集团原总裁王国雄。这次会面为张荣坤打开了方便之门。上工投财务总监李易曾迅速卷入其中。从此，张荣坤从上工投获得了源源不断的资金支持。

张荣坤从上工投拿钱，最初是用委托理财的方式，许诺的回报率为8%—9%，一般还款周期是八个月。2000—2001年期间，共有16笔17亿元资金以此方式流向张荣坤实际控制的公司同创企业、沸点投资、新天财务。

后期，张荣坤干脆与上工投合资成立上工新创公司，自己持股52%。此后上工投的资金改为以投资形式从上工新创出去，而不是之前的借款。

张荣坤当时的主业，是炒股。

上工投在原三峡证券上海瑞金一路营业部开户，并签署了授权书，委托张荣坤一方负责该公司账户内资金的证券买卖和资金划转。再后来，张荣坤坐庄海欣股份，也用的是这家营业部。

张荣坤基本都做到按时还款，为数不多的几次拖欠也都在十天之内。直到2006年夏案发，上工投给张累计提供的资金超过40亿元。

王国雄与张荣坤关系深厚。王国雄不仅是张荣坤最早经人引见结识的上海国企“大佬”，也是其随后在上海官商两界纵横的引路人之一。上工投一度在张荣坤私人控股企业沸点投资中持有股权，在张后来多宗战略行动中亦扮演“同盟者”角色。

双方关系深厚，正有金钱做纽带。张给王国雄和李易曾行贿的方式，正是通过股票账户。2001年下半年，以委托张为其炒股为名，王、李二人把各自家属的股票账户提供给张。数月之后，张归还了账户，两人的账户各多了500万元。

王国雄现年60岁，其担任上海工投集团总裁前，曾任上海经委副主任，于2005年底任上退休。47岁的李易曾后来离开上海工投，担任上海宁夏投资发展有限公司副总经理。

2006年10月底，社保案发后三月余，王国雄被“双规”；2007年1月31日被移交司法，3月2日因“利用职权帮助他人融资，非法收受他人巨额资金”被“双开”。

2007年6月14日，上海一中院开庭审理王国雄受贿案。检方指控，2000年10月，王国雄曾利用其担任上海工业投资集团总裁的身份和便利，给予张荣坤10亿元融资，受贿500万元。

9月26日，王国雄一审被判无期徒刑，剥夺政治权利终身，没收个人全部财产。同案的李易曾因“认罪态度好，归还赃款积极”，被判有期徒刑15年。

韩方河／袁永林／沈岩：操纵海欣股价案

从2000年开始，张荣坤开始建仓购买海欣股份。彼时，属于张下属公司名下的户头有1万多个。调查组在海欣股份的交割单中，查到张荣坤等人账户频繁交易的成交记录。

从上工投获取的资金，只是年轻人张荣坤其时在上海多家公司募集重金的一部分。到2004年，张荣坤从多家公司借款总计40余亿元，重仓持有海欣股份。不仅王国雄主事的上工投前后为其提供40亿元融资，在海欣股份原总裁袁永林主持下，海欣股份也曾经提供给张荣坤6亿借款。待张荣坤完成建仓之后，袁永林及海欣股份原董秘沈岩给予消息面配合，联手炒高股价。其间亦有华安基金管理公司旗下基金大举建仓，引为奥援。

即使有此地利人和，但大市节节向下，张荣坤坐庄海欣股份之举以亏损10亿元告终。经此一役，张荣坤对基金业萌生兴趣，旗下沸点投资与王成明、王国雄联手行动，策划进入上海第一大基金公司华安基金管理公司，由王成明控制之上海广电、上海电气及王国雄控制之上工投，四家分别持股20%，全面控制了该基金。

据接近中国证监会的知情人透露，此项交易初报证监会，因张荣坤来历不明，未获批准。但上海方面锲而不舍，“屡退屡报”，证监会于2004年底批准交易。此后，王成明成为华安基金董事长，张荣坤亦进入该基金董事会。

此时的华安基金，自然是张荣坤圈子的天下。张的目的不是分红获利，而是希望通过控制华安基金，间接大规模操控对上市公司股票的炒作，并以股票抵押获得更多贷款。

华安基金管理公司是内地最早成立的基金公司之一，也是第一只开放式基金、第一只QDII基金的出品人，在海欣股份上重仓持股近七年，收益却极小。华安基金早在2000年即大举建仓海欣股份，至上海社保案案发前，华安旗下三只基金合计持股海欣股份已近9000万股。

9月19日当天，受台风“韦帕”影响，上海各学校放假一天，上海一中院对韩方河、袁永林案件等人的审理则如期进行。

根据9月26日的宣判，韩方河因受贿、操纵证券交易价格，袁永林因公司人员受贿、操纵证券交易价格双双获判，两罪并罚。韩方河被认定受贿超过400万元，获刑18年；袁永林被认定受贿超过100万元，获刑8年；沈岩被认定受贿70万元，获刑3年。据旁听宣判的人士透露，沈岩认罪态度好，而且有自首情节，所以在量刑时得以从轻处罚。

韩方河从张荣坤处获得一套价值208万元的房子及其他贿赂。袁永林从张处受贿近百万元，沈岩则受贿70万元。

56岁的韩方河，有学者背景，原为上海物价研究所所长，后在上海国投执掌证券投资部。1998年创建华安基金，被称为“中国开放式基金第一人”，亦有“儒商”之称。华安基金一位高管人员透露，韩方河在知悉张荣坤“出事”以后，于2006年8月将华安基金所持海欣股份在低价位尽数抛出，宁可公司损失数千万元，也想借此“摆脱张荣坤牵连”，但仍未逃此劫。亦有分析认为，韩方河配合张荣坤等进入华安基金，意在最终便于实现管理层持股。

凌宝亨／吴鸿玫：劳务费、金条与房产

作为上海电气的国资监管部门主管，上海市国资委原正副主任凌宝亨、吴鸿玫也被牵连进来，他们均在在上海电气高管事发后被纪委调查。

上海一中院认定，上海市国资委原主任凌宝亨被控受贿50万元，被判有期徒刑8年。上海市国资委原副主任吴鸿玫被控多次接受下属国企和张荣坤贿赂，总价值人民币近196万元，被判有期徒刑11年。

有关起诉材料提及，凌宝亨在2005年与2006年赴港参加上海电气和上海集优的开锣仪式期间，曾收受了韩国璋各1.5万元港币的“劳务费”；吴鸿玫也曾“笑纳”张荣坤的金条馈赠。

2006年上海社保系列案案发后，10月21日，凌宝亨与上海市国资委副主任吴鸿玫被分别从家中带走。

2007年6月28日上午，凌宝亨在上海一中院出庭受审。检方指控凌宝亨受贿50万元人民币。8月10日上午，上海市国资委原副主任吴鸿玫涉嫌受贿一案在该法院审理。检方指控吴鸿玫在担任上海市国资委副主任期间，多次接受下属国企和张荣坤贿赂，总价值人民币近196万元。

参与庭审的人员称，吴鸿玫受贿情节有二：一是通过上海建工集团下属企业安排，用两套旧房换取了位于市中心的一套新房，但后者面积比前者多出百余平方米，折算差价为195万元左右，检方认为吴鸿玫的行为构成受贿；二是吴曾收取张荣坤所送金条一根，价值约人民币9000元。

2007年9月25日，凌宝亨一审被处有期徒刑8年，吴鸿玫被处有期徒刑11年。

殷国元／朱文锦："土地爷"受贿

在上海社保案发后的调查中，亦牵连出与主案无关的其他一些违法犯罪案件。上海市房屋土地资源管理局（下称上海房地局）原副局长殷国元案、土地利用管理处原处长朱文锦案，均属此列。

朱文锦长期任职上海房地局土地利用管理处，负责全上海土地使用权出让、租赁和交易等工作。上海各区县的土地批租数据、文件均由该处负责汇总，权力极大。朱被业内称为"上海第一处"。

2006年11月3日，朱文锦被有关部门"双规"。据上海房地局人士介绍，朱文锦案发的缘起是上海社保案爆发后，有关部门发现他暗自转移名下巨额财产。在接受调查时，朱主动交代了自己的受贿事实。

朱文锦受贿、非法批准征用土地案于9月17日开庭。据参与旁听的人士透露，朱文锦涉嫌收受多家上海房地产开发商的多项贿赂，包括房产、礼品、现金等，折合人民币总计400余万元。受贿后，朱文锦往往加快土地项目的审批时间，为企业获批土地频开"快车道"。据透露，行贿的上海房地产开发商中不乏知名企业。9月26日，上海一中院一审判决朱文锦15年有期徒刑。

上海房地局副局长殷国元一案影响较大。殷国元1995—2005年间任上海房地局副局长，分管土地工作，恰是朱文锦的直接领导。2005年离任后出任上海土地学会会长。

根据判决，殷国元受贿数额达人民币3555万余元，且同时犯有巨额财产来源不明罪、滥用职权罪、私藏弹药罪，判死缓。

最后悬念

至2007年9月28日，上海社保案系列案中最关键人物张荣坤案尚未开庭。

2006年8月，张因涉嫌在挪用巨额社保资金案中有非法行为接受调查，并于10月正式被批捕。有关方面已明确由吉林省松原市中级法院负责开庭审理张荣坤案。

张荣坤案共有四名同案被告，除了他本人，还有其公司下属三名核心高管——周卫明、张军和王永德。周卫明为退役武警，20世纪90年代早期即结识张荣坤，并成为他创业至今的紧密追随者，张荣坤旗下多家公司均以他作为法人代表。王永德毕业于清华大学，担任福禧投资董事兼运营总监及董秘，投奔张荣坤前曾担任山东投资咨询公司副总经理、上海沪中资产评估有限公司合伙人。张军拥有中国注册会计师、中国注册税务师身份，案发前担任福禧投资监事兼投资总监，此前曾担任过湘财证券上海管理总部、营业部财务负责人。在福禧投资任职期间，张军还被张荣坤派任华安基金董事、苏州苏嘉杭高速公路有限公司董事、上海电气（集团）股份有限公司监事、中国人寿再保险股份有限公司监事、中再资产管理股份有限公司监事等职。

张荣坤等人被诉罪名将包含如下几项：行贿罪、虚报注册资金罪、操纵股价罪、欺诈发行企业债罪以及集资诈骗罪等。但由于该案尚未进入审理阶段，起诉罪名的最终认定仍有变数。

2007年7月间方被捕的上海申能（集团）有限公司（下称申能集团）副总经理王维工，其涉案情节以及司法进程，至今仍无官方消息披露。在申能集团内部，王维工任职副总经理，并配有专职秘书，系“副厅职正厅待遇”。

消息人士称，王维工此番被捕，系因涉入上海社保案。在中纪委调查上海社保案件早期，王维工曾在北京接受过谈话调查。

此外，上海市委原书记陈良宇案主要也是由吉林省检察院查办，陈良宇本人亦被羁押在吉林省境内，但可能移交异地审理。

2006年9月24日，中共中央政治局召开会议，审议了中纪委《关于陈良宇同志有关问题初核情况的报告》，决定免去其上海市委书记、常委、委员职务，停止其担任的中央政治局委员、中央委员职务并立案调查。2007年8月2日，中纪委副书记、秘书长干以胜在新闻发布会上称，陈良宇案件已经进入司法程序。

陈良宇因在上海社保案中严重违纪，涉嫌收受贿赂、滥用职权两项罪名，将由最高法院、最高检察院指定公诉及公审机构。

一般认为，由于此数人案情复杂，事涉重大，相关司法程序的推进，可能要视上海社保案其余涉案人等的一审宣判结果产生之后而定行止。应当说，上海社保大审判的良好进展，为此三人尽快走上被告席创造了条件。

代言人清盘①

2008年4月7日，清明节后的首个工作日。位于吉林北端的松原市由晴转阴，一些地方还飘起小雨夹雪。

松原中级法院位处宁江区松江街725号。当日早晨7时许，经警车引导的四辆囚车，迎着料峭春寒鱼贯而入。囚车中分乘着上海社保案中枢人物张荣坤及其昔日搭档周卫明、王永德、张军。四人西装革履，手着铐链，神色凝重。

一个多小时后，在松原最好的酒店之一昊原大酒店的门外，一行十余人乘车直奔松原中院。他们是张荣坤之妻张樱率领的律师及家属团队。

在案发21个月之后，36岁的张荣坤最终面临一审判决。整个宣判过程从当日上午9时持续至11时30分，多数时间用于法官宣读20多页的判决书。

根据法院一审判决，张荣坤五罪并罚，被判处有期徒刑19年；对其控制的两家被告单位——上海沸点投资发展有限公司（下称沸点投资）处罚金2.32亿元，对福禧投资控股有限公司（下称福禧投资）处罚金5000万元，没收扣押在案的13亿多元非法所得资金。两笔资金累计高达16亿元。

在签收判决书时，张荣坤当庭表示要上诉。庭后，几名同案犯也提出上诉请求。张荣坤上诉内容将主要围绕三项经济犯罪罪名展开，另两项行贿罪名可能不再多辩。

张荣坤18岁出道，35岁获刑，经历了由无名小贩到福布斯富豪再到阶下囚的大起大落。作为一个利益集团的代言人，如今，权贵资本的光环褪去，张荣坤将重回本来面目。

五罪并罚获刑19年

2007年12月27日，张荣坤案一审在松原中院开庭。原计划为期四天的庭审两天即告结束。

开庭之初，未能进入法庭的张樱神情严肃，但庭审提前结束后，她与律师们大

①作者罗昌平、陈中小路，编辑张进，原载《财经》杂志2008年第8期。

办庆功宴。辩护律师们亦风趣地称，宣判时间“大约在冬季”。

然而，在102天的等待之后，张荣坤及其家属迎来的却是令他们沮丧的判决：被控五项罪名——单位行贿罪、对公司人员行贿罪、操纵证券市场罪、欺诈发行债券罪和抽逃出资罪（起诉时为虚报注册资本罪）——全部被法院认定。

根据法院一审判决，沸点投资、福禧投资、张荣坤为牟取本单位不正当利益，先后多次给予多名国家工作人员财物，折合人民币共计2900余万元，犯单位行贿罪；2000年末至2006年7月，沸点投资、张荣坤与海欣集团总裁袁永林、董秘沈岩等人操纵海欣股份股票，应袁、沈要求共行贿170万元，犯对公司人员行贿罪。上两项行贿总额高达3080余万元。

张荣坤的行贿链条，串起了上海社保局原局长祝均一、上海电气原董事长王成明、上海宝山区原区长秦裕、上海申能集团原副总经理王维工等十多名上海政要及国企高管，由此拿下多条公路经营权、参与上海电气集团旗下公司香港上市、坐庄海欣股份等举动，无不彰显其在上海滩呼风唤雨的能耐。

其中，行贿王维工的930余万元，不仅是法庭上控辩双方的辩论焦点，亦是外界关注的热点。

张荣坤的律师辩称，向王维工行贿，目的是为与陈良宇吃饭，并没有具体的牟取不正当利益的请托；而与陈用餐本身不违反法律法规、有关部门规章以及国家政策。而且吃饭时，收购路桥股权已经完成谈判，股权价格也已确定，并不存在请陈良宇给予关照；饭间也只谈及请陈良宇出席股权转让签字仪式。张荣坤自称，多次给王维工送钱是为了“联络感情”。不过，法院判决最终认定行贿成立。

与行贿罪名相呼应，在与海欣集团高管的交易中，沸点投资、张荣坤还犯有操纵证券市场罪。欺诈发行企业债券罪，则是源于2005年福禧投资发行10亿元短期融资券，公司高管王永德、张军皆有参与，张荣坤作为公司法人代表，与二人共同犯有欺诈发行债券罪；抽逃出资罪则指向2003年张荣坤拆借上海社保资金2亿元注入沸点投资，随后实施抽逃，由公司高管王永德、周卫明具体运作。

因此松原中院判决：张荣坤犯单位行贿罪判处有期徒刑四年半，对公司人员行贿罪判处两年半，操纵证券市场罪判处六年，欺诈发行债券罪判处四年，抽逃资金罪判处四年，五罪并罚，合计执行19年。

检察机关起诉时指控的虚报注册资本罪，由于庭审中控辩双方争论较大，法院最终将罪名定为抽逃出资罪。所述内容，仍然指向2003年张荣坤从上海社保局拆借2亿元资金注入沸点投资一事。

同案受审的福禧投资三名高管，原财务总监王永德因欺诈发行债券罪、抽逃出资罪，被判有期徒刑两年；原投资总监张军因欺诈发行债券罪，原财务经理周卫明因虚报注册资本罪，分别被判有期徒刑一年半，缓期两年执行。

14次行贿王维工933万元

张荣坤判决显示，王维工在2001年6月至2006年6月间，14次收受张荣坤共计933余万元贿赂款。

王维工原系上海市委办公厅秘书，并于1994年出任市委主要领导秘书。此后，他曾任职上海市委办公厅副主任及上海市委副秘书长。2002年秋中共十六大之后，王上调北京，进入国务院办公厅，担任一位领导的秘书，直到2007年初返回上海后直接进入申能集团。因卷入上海社保案，王维工已经从2007年7月起接受司法调查至今。

以2002年秋王维工调任北京为界，张荣坤的上述贿赂可分为两个阶段。第一阶段主要发生在上海，其中六次行贿都选在张荣坤租住的上海市西郊宾馆四号楼，另一次发生在上海喜来登太平洋酒店。

西郊宾馆位于上海虹桥开发区和古北商圈，紧邻虹桥国际机场。这家沪上最大的花园别墅式国宾馆，向来用于招待高级干部，并成为上海权力与财富地位的象征。

2001年至2002年间，正是张荣坤运作收购上海路桥前后。2001年国庆之前，路桥收购酝酿之际，张送给王维工5万元美金。2002年初，收购项目启动，张以王的母亲病重为由，送给其两根500克的金条，价值10.3万元；同年二三月间，再赠美金5万元和人民币10万元；5月路桥股权到手，张再送美金10万元和人民币10万元；至8月一系列融资安排展开，张又送美金10万元和人民币10万元。

2002年秋后某一天，张在上海喜来登太平洋酒店宴请王维工夫妇，庆祝其调任北京。饭后，张送其钻石项链一条和钻石耳钉一对，价值11万余元。

第二阶段的七次行贿则全部发生在北京。2003年三四月间，张荣坤在北京饭店贵宾楼送其美金5万和人民币20多万元。2004年四五月间，张约王到北京好世界酒店用餐，送上10万美金。同年八九月间，送王美金10万元和人民币10万元。12月，再次送王美金10万元和人民币10万元。2005年，张约王在中国大饭店见面并送上10万美元。

即使是在上海社保案曝光前夕的2006年上半年，张荣坤仍两次在东方君悦大酒店向王维工行贿。其中，2006年元旦送王5万美元和10万元人民币；案发前的一个月，即2006年6月，又送王10万元美金。

对应于第二阶段的行贿过程，张荣坤以全国政协委员身份往来于京沪两地，一度计划将关系网扩展到北京。

仅在2004年至2005年间，张荣坤投资约4亿元参与中国再保险集团重组。其中包括投资1.968亿元获得中国财产再保险公司11.03%的股权，投资1.68亿元持有中国人寿再保险公司10%的股权，投资2000万元持有中再资产管理公司9.9%的股权，投资1545万元持有中国保险报业公司15%的股权。

16亿罚没款由来

一审判决做出的16亿元巨额罚款，显然是张荣坤始料未及的。如此高额处罚，在国内经济案件中亦属罕见。

其中，法院对两家被告单位——沸点投资、福禧投资分别开出了2.32亿元和5000万元的罚金，累计达2.82亿元。

判决显示，沸点投资因单位行贿罪名被罚2000万元，因公司人员行贿罪名被罚200万元，因操纵股价罪名被罚2亿元，因抽逃出资罪名被罚1000万元；而福禧投资因单位行贿罪名被罚2000万元，因欺诈发行债券罪名被罚3000万元。

罚金固然可观，但真正对张荣坤造成致命性打击的，是以“非法所得”之名全部没收张已被司法机关冻结的13亿余元资产。

司法材料显示，这13亿余元被冻结的资产包括两笔。

第一笔为张荣坤2000年起坐庄海欣股份（600851.SH）所得。

有关司法会计检验报告显示，张荣坤通过同创企业、沸点投资、新天财务等12家公司，在83个证券公司营业部开设了135个资金账户，下挂13843个账户进行操作。

张荣坤所持海欣股份最高点为72.44%。如果计入华安基金旗下涉及的七只基金所持仓位，最高点达97.85%。不过，由于其间历经一个完整熊市，海欣股份坐庄惨败，直至案发，张荣坤均未翻身。

根据侦查机关出具的《司法鉴定咨询意见书》，张荣坤案发后的2006年7月21日，其名下所涉海欣股份的股票全部被查封。当日持仓量为34021.96万股，如卖出账面亏损高达3.71亿元。

但随后，股市迎来又一轮牛市。2006年12月28日，经司法机关许可，由张樱经手海欣股份的股票单向卖出，当日其持仓股票已上扬升值，浮盈1.11亿元。截至2007年9月28日《司法鉴定咨询意见书》的委托鉴定时点，张氏证券账户上的持仓量为3541.15万股，累计卖出盈余11.89亿元。

在此案一审中，为沸点投资提供辩护的徐平律师，就此三个时点的认定进行了辩论。徐平认为，在2006年12月28日警方解除查封后的任何时点上，出售海欣股份的股票行为已不具任何违法性；如果产生收益，不能作为“非法所得予以没收”。

实际上，张荣坤坐庄海欣股份还获得上海广电集团、上海工业投资集团和海欣集团的资金支持。徐平同时辩称，至少上述11.89亿元盈余资金，应扣除已经支付给上海广电集团、上海工业投资集团以及融资账户的利息等资金至少约10亿元，这些钱之前已从张荣坤公司的“合法所得”收入中先行支付出去。

另一笔被扣押资金，则是张荣坤在香港炒股所得。

据司法材料，2005年至2006年间，上海电气集团总公司旗下上海集优机械股份有限公司（2345.HK，下称上海集优）赴港上市时，张荣坤通过下属蒋位、张军注册东英集团有限公司、贝克科技有限公司、新诚国际有限公司，参与上海集优IPO配售获利。

有关司法资料显示，张荣坤从上海电气集团内各下属公司总计拆借资金12.57亿元，用于购买上海集优的股票，在香港炒股赚得1.388亿港元。主要出资方包括上海电气、香港电气、上海集优，其中还有2亿元是香港电气从香港工商银行（亚洲）分行借款所得。这笔资金亦全被司法机关扣押。

蹊跷的是，在张荣坤案的判决书上，这1.388亿现金港元已被修改为1.263亿港元，并简单注明为“起诉数额有误，应予纠正”。但该案件审查起诉阶段所涉及的有关审计报告和票据、文书，仍然是1.388亿港元，其中差价的流向不得而知。法院亦未就此重新开庭，仅仅私下解释为计算错误。

庭审中，有关这两笔资产的定性，亦为控辩双方最大争论点，但从法院的判决来看，辩方观点并未被采纳。

2007年12月28日，一审开庭结束后，张荣坤获得与妻子张樱短暂面谈的机会。旁听者注意到，张樱开口即向张荣坤表示，“沸点、福禧的资产都处理完了”。而张荣坤淡淡地回应，“这是应该的”。

自2006年12月以来，张樱从吉林省检察院获得张荣坤亲笔签名的授权委托书，对其名下三条公路、国企股权、多个上市公司股票、土地、房产以及巨额现金等资产进行处置，以偿还包括38亿元社保资金本息、10亿元短期融资券、至少18亿元国有企业借款，以及资产处置产生的数亿元税费等。

社保案发至今，各方消息显示，张荣坤名下资产已清理完毕，但交易细节如司法审判一般秘而不宣。

从完成的资产处置情况及巨额罚没看，张荣坤的资本已经所剩无几。因而张氏夫妇重金聘请十余人的律师团，希望通过上诉减少罚没，但未能如愿。

刑上陈良宇①

陈良宇曾经的入京目标，在60岁那年实现了。只可惜他进的不是梦寐以求的新华门，而是距此权力核心60公里外的秦城监狱。

启幕于2006年之夏的上海社保风暴，以当年9月24日陈良宇被带至北京调查为标志，波及政要、商贾30余人，并直接影响来年的中央人事格局。

历经近两年的侦查和审理，要案定谳之际，陈良宇从秦城监狱被押往天津，于2008年3月25日接受审判。

呈于法庭之上的239万余元直接贿赂并非大数，但助弟陈良军倒卖土地获益1.18亿元、滥用职权外借40余亿元社保资金，以及由此庇护的超级权贵资本，正是陈良宇罪责所致。这些出局者构成了上海社保案核心寻租链，上达官场显贵，下联市场作手，中间活跃着特殊的秘书群体。多条利益链彼此交织，互通利害。

2008年4月11日，陈良宇因受贿罪、滥用职权罪一审被判处18年、罚金30万元。他放弃了上诉，由此开始了在秦城监狱的服刑生活。

这名出局者的身影，隐藏着最近30年来官商突进的逻辑与规则。

发迹于老干部局

仅一年内的三场新闻发布会，陈良宇有如火箭般三连晋升。有两次是国新办的会议，一次是全国“两会”。陈良宇2001年12月从上海副市长升任代市长，2002年2月转正为市长，同年10月兼任市委书记、市长，11月便集中共中央政治局委员、上海市委书记与市长于一身。

若非指定式的接班人物，有官员能获如此密集的提拔很罕见。而在35岁入党、39岁踏入官场之时，陈良宇还仅是上海市委老干部局副局长。

陈良宇祖籍浙江宁波，1946年10月在上海出生。除去解放军后勤工程学院建筑系的五年学习和解放军6716部队的两年兵役，以及2006年以后在北京的审查与服刑，陈良宇人生中50多个春秋全在上海度过。

---

①作者罗昌平，参见《财经》杂志发表的《陈良宇案梳理》，《凤凰周刊》发表的《陈希同陈良宇狱中近况》，《南方人物周刊》发表的《王维工死缓》。

他1970年9月进入上海彭浦机器厂，担任过工人、设计员、基建科副科长。其间从1979年开始，还用了两年时间在同济大学完成了进修。

这一时期的上海官场，“机电系”拥有广泛的人脉与资源，在此后数十年间亦成为一支主导官场的重要力量。陈良宇35岁才加入中国共产党，在市机电一局党校干部轮训班学习后不久，出任上海电器公司党委书记，开始独当一面。

1985年1月，陈良宇调任新成立的上海市委老干部局，以副局长身份正式踏入官场。这个看似闲差的岗位却成为陈良宇仕途的起步与人生的拐点。比如，他依托于自己分管的基建工作，尽最大努力满足了一批老干部的住房问题，这不仅使他坐上了老干部局局长一职，还在1987年2月被平调至“上海门面”——黄浦区任区长。

无论是老干部局，还是黄浦区，他都在最大限度地发挥自己的专业所长——解放军后勤工程学院建筑系结构专业、同济大学工程结构系。等到了黄浦区，他的强腕新政更是被大力推行，一方面，他显露出用才大胆、任人唯亲的官场性格，并由此促成了日后在上海政坛上呼风唤雨的“黄浦帮”；另一方面，他借势于20世纪90年代初的城市建设新潮，对十里外滩及旧城实施改造，以充分展现政绩。

陈良宇四项受贿的第一款，即是发生在他担任黄浦区区长之时——接受港商杨崧才五次行贿，共23万港元、10万元人民币。为此，陈良宇利用职权，帮助杨崧才的香港财捷投资有限公司在投资上海闽江饭店的项目上获得利益。杨崧才是20世纪90年代初到上海发展的港商之一。当时陈良宇任黄浦区区长，进行旧城改造，许多房屋被拆迁，其中包括闽江饭店。正因得到陈良宇帮助，杨崧才得以合作经营闽江饭店，并在后来的拆迁补偿中获得2100万元的利益。

上海门面的巨变，成为陈良宇重要的政治资本，在仕途上他也由此扶摇直上。而与此呼应，他的下属亦获得大力提携。如干将吴明烈和陈超贤仕途均始自黄浦区，吴出身街道环卫干部，被破格提拔为黄浦区房地管理局局长，在区内旧城改造及外滩照明工程中扮演了非常重要的角色，与企业谈判的任务基本由其完成。陈出身饭店经理，1998年后历任黄浦区委常委、常务副区长，直至2003年间升至长宁区区长，杨崧才也是其行贿人。陈良宇案另一行贿人郁知非，当时是黄浦区一个小街道成立的集体制企业三灵电器厂负责人。这家企业经过集体改制后成为日后著名的上海申花集团。

陈良宇认罪

随着陈良宇在上海市地位高升，这些“圈中人”都得到擢升，俗称“黄浦帮”。实际上，这一精英集团（仅占所在城市中的极小部分）完全垄断了从政治权力、经济权力到文化权力的社会总体性资源，这些资源都在这个狭小的圈子里被私相授受。

三人超级饭局

在陆家嘴一栋标志建筑的顶楼，一家中式观景餐厅呈圆弧排布，窗外黄浦江美景尽收眼底，江风徐徐，烛光摇曳。

这是2002年1月20日，一个普通的周日，传统腊八节。29岁的张荣坤早早订下最好的两间包房，提前到此静候改变他命运的两名贵人——时任上海“第一秘书”王维工及其代邀的上海代市长陈良宇。

张荣坤半年前得知，上海路桥公司要“处理”名下的沪杭高速上海段经营权。闻风而动者有来自浙江、江苏、北京等地的实力企业，但名不见经传的张荣坤志在必得，他自认为拥有竞争者无可企及的关系。

身为“大秘”的王维工，正是这一腐败关系网的核心纽带。经王联络，三名主角相继入席，价值数万元的晚宴次第呈现。他们的司机、助手则被隔在另一包间。

日后，张荣坤、陈良宇、王维工分别站在被告席时，司法审判再次重提当年的那顿盛宴。只是不同的是，离开权位的高官陈良宇与“大秘”王维工，均风光不再，两鬓斑白。

司法材料这样记载：“张荣坤为使其实际控制的福禧公司收购沪杭高速股权得以成功，请求王维工给予帮助。王维工邀请上海市原市长陈良宇与张荣坤一起用餐，并请陈予以关照，陈当即表示支持。”

司法认定的这段细节，成就了张荣坤日后名震上海滩的“公路大王”称号。其他实力本来更强的各路竞争者，却因为这顿饭纷纷铩羽而归。

饭局实际仅仅持续一个多小时，陈良宇席间一诺，却何止千金。同年3月26日，在上海市政府一号贵宾厅，张荣坤成功获得上海路桥公司股权。此时已转正为市长的陈良宇，主持了这次签字协议，前来捧场的政商各界要人，无不瞠目。

司法材料进一步认定：“陈良宇违反决策程序，在没有充分论证和评估的情况下，擅自决定将上海路桥股权转让给福禧公司，致使福禧公司实际支付了人民币10.15亿元获得了最低价值为人民币13.36亿元的上海路桥公司股份。”

陈良宇领得18年刑期的重判，主要源于与上海社保案关联的滥用职权罪。

可资佐证的是，陈良宇行政干预上海社保局为张荣坤获取10亿余元社保贷款，由此以现金10.15亿元加承债21.92亿元的代价，接手沪杭高速公路上海段路权，其现金部分正是上述社保资金。张氏转以高速公路为融资工具，累计向上海社保借款34.5亿元。

违反有关重大事项集体决策的规定，成为日后检方指控陈良宇的又一铁证。陈良宇罪责难逃的正是，这样行政干预审批程序、转让价格和经营年限等，致使国有资产损失3.21亿元。

陈良宇另一项滥用职权犯罪，则源于中国华闻控股有限公司（下称华闻控股）所获上海社保的10亿元委托贷款，这也与张荣坤间接相关。

2004年初，因与张荣坤竞争收购上海路桥失败，华闻控股着意寻求上海滩的政商门径，邀请陈良宇之子陈维力到该公司任职，得到陈良宇同意。无论是出于对直接利益的交割还是竞争失意的安抚，同年下半年，经陈良宇大笔一挥，10亿元贷款即归于华闻控股所属企业。

由此可见，既得利益者已在推动社会向权贵资本主义蜕变，路径已在不自觉中被锁定，除非经过大的震荡，否则很难改向。

家族生意

除前述在任黄浦区区长期间收受的港商杨崧才的贿赂，陈良宇另外三项均与家人有关：

——利用职权通过上海市财政支持申花集团4238万元，让郁知非安排其子陈维力担任申花足球俱乐部副总经理，其子不工作却领薪；另主动索要郁知非替儿子办理公司信用卡，两项总计35.2万元。后一项被控为索贿，系从重情节。

——同意妻子黄毅玲在上海互感器厂、上海MWB互感器有限公司挂名，不实际工作却从1996年至2006年领取"工资"43万余元。前提是接受该公司负责人邱长清请托，免交人民币252890元住宅建设配套费和解决310平方米公建配套房。

——同意上海新黄浦集团总裁吴明烈为父亲陈更华换房，两房差价达93万余元。此外还接受34.2万元公款用于家属出国旅游。

与其弟陈良军的生意相比，这些都是小钱。陈良宇兄弟三人，陈良宇为长兄，陈良军则是差九岁的小弟，自小最受父母疼爱。在相识者印象中，陈良军与其大哥性格、相貌不似，亦不善于与外人交道。他早年曾为警察，因猥亵妇女于而立之年被劳教。彼时正值陈良宇担任黄浦区区长，在其部下帮助下陈良军以食肆为业，后追随"上海首富"周正毅[①]，逐步熟悉了炒地炒股。

据判决书，陈良军早在2002年即相中上海市宝山区一块土地，并直接要求宝山区领导特批。后者请示陈良宇，陈同意并表示"按规定办，把好关"。后来，此地未经评估便轻率出手，经手人正是日后被查的上海市房地局副局长殷国元、土地利

①参见《周正毅案悬念未解》，作者罗昌平、陈中小路。
http://magazine.caijing.com.cn/2007-11-10/110064169.html.

用管理处长朱文锦等。陈良军借此获得600亩土地使用权，并违规享受旧城改造项目100多亩，由此造成的国家损失即达3400多万元。

陈良军在宝山区拿到的这块地，位于高镜镇。宝山区是上海东北边新兴起的一个城区，以大型聚居区域为主，目前已有三条轨道交通与市区相连。作为宝山区最南的镇，这里距离市区最近。2002年至2003年间，该镇的土地尚未大量开发，很多地产商正是看中这里的开发潜力，选择在此处屯地，以至一直默默无闻的高镜镇在进入2004年后大热。借此房产开发高潮，陈良军将手中土地经转手获利1.18亿元。

在陈良宇案的庭审中，控辩双方就陈良宇在此节中是否构成玩忽职守罪，争执不下。陈良宇主动对律师说："你们别争了，在这个问题上我是有责任的。"

据已生效的一审判决，陈良宇因受贿罪判处有期徒刑14年，因滥用职权罪判处有期徒刑7年，合并执行18年，没收个人财产30万元人民币。

狱中生活

在中国，将所有省部级腐败官员"集中到秦城监狱执行刑罚"，虽没有明文规定，但已经形成惯例，具有制度性效力。"不是谁都可以到秦城监狱去服刑的"，这也许是省部级贪官的最后"特权"。

判决生效后，时年62岁的陈良宇开始其在秦城监狱的生活，他的编号为"0702"，07即年份，02即当年移送至该监狱的重要嫌犯编号。

他之前也被辗转多处关押，2006年9月24日"双规"时，他被扣押在北京市西郊一家招待所。11月被转送密云某部疗养院审查。12月下旬他被迁到北京西郊一所由空军雷达基地改建的军方拘留所第五号院拘押。正式逮捕之时他就进了秦城监狱。实际上，对于高官等重要罪犯，这个监狱发挥了看守所和监狱的双重职能。

陈良宇被关押在监狱的一个大套间里，接近20平方米。

秦城监狱的楼房一律三层，砖结构，坡顶。每幢楼房单独成一个院落，楼前有一大片用墙围起来，专供犯人放风的空地。重要犯人的单间监室有20平方米，内有单独的洗手间，其中设有坐式马桶和脚踏式冲水，并配有洗衣机。

牢门是铁皮包着的木门，房门上方与厕所马桶齐腰部有"窥孔"，供哨兵24小时监视之用。

室内所有永久性设施都被去掉棱角，打磨成圆形。房内的长置设施只有一张距地面一尺左右的矮床，需要写材料时，看守会送进一张小学生式的单人课桌临时使用，没有凳子，床铺就是犯人平日坐的地方，墙壁也经过特殊处理，以防止自杀。监室中装有探头，每名犯人都有两名看守贴身跟着。

这些重要犯人的监所基本都在第一层，这样便于防止火灾等突发情况。

陈良宇的监所设有三道岗哨，有一个独立分队负责贴身看守陈良宇。除了没有自由，他可以看报纸、看内容受限的电视，还可以读书写作，也会写些材料。

他在监狱的伙食费，每天接近200元，一日四餐（包括晚9点半的宵夜）。服刑后，陈良宇曾提出用个人的资金改善伙食，并开列所需食品单，如红酒、桃仁等，但遭拒绝。据称被拒绝的理由有两条：一是个人钱物的使用受到限制，二是所列食品清单的部分内容不符合规定。从2009年起，陈良宇的家属获准每月探监，给他带些生活必需品。服刑期间，陈良宇可以不着囚服，他多数时间还是身穿西装，不打领带。陈良宇的辩护律师曾随家属探视过陈良宇，他称63岁的陈良宇虽然两鬓斑白，但精神比"双规"之时要好很多。

知情人士描述，他仍然在有规律的生活中打发光阴。比如，每天9点到10点是放风时间，放风是单独的。陈良宇放风时，一般会从门口开始打太极拳，打到放风门口再回去，或者散步。

陈良宇的刑期为其逮捕之日即2007年7月26日起，至2025年7月25日。根据《刑法》及《刑事诉讼法》相关规定，即使陈良宇在服刑期间表现良好，获得减刑或者假释，也至少要服刑九年，即最早于2016年7月25日才能走出监狱。

但保外就医的模糊通道，为受刑者提供一条"越狱"捷径。如同为中共中央政治局委员的北京市委原书记陈希同，虽然被判刑16年，但在服刑8年后即在76岁之时获得保外就医。

《罪犯保外就医执行办法》规定，被判处无期徒刑、有期徒刑或者拘役的罪犯，如确有严重疾病，必须保外就医的，由省级人民政府指定的医院开具证明文件，依照法律规定的程序审批。实际上，经上海方面的努力，陈良宇在2010年获得保外就医，已返回沪杭，并与家人度过了一个春节，但他仍然只是有限自由。

破碎的荣誉

在那年庭审中，陈良宇脱稿完成了两分钟的最后陈述。"我对不起党，对不起上海人民，对不起我的家人。"

《财经》记者曾两次造访其年迈的父母，可见双老怊怅若失，年迈无主。

一次是2007年8月2日上午，上海市卢湾区经纬公寓，陈更华关切地向记者询问陈良宇案的案情。与他同岁的老伴李谋真神色忧郁，不时长吁短叹。他们手里捏着一份翻得很旧的《新民晚报》，上面刊登着《中纪委负责人就查处陈良宇严重违纪案件答记者问》的全文。出版日期是2007年7月27日。

"除了报纸上的通报，我们确实什么都不知道。"陈更华说。

出于保密要求，陈良宇被调查和羁押期间没有开放家属探视。宣判当天，陈妻黄毅玲和陈的二弟被获准进入法庭旁听，这是陈良宇落马后第一次与家属会面。而他的儿子陈维力和另一弟弟陈良军，则被分地审判。

就在陈良宇案开审次日，2008年3月26日下午3时，经纬公寓18楼的两个电铃都没能按响。轻敲防盗门，良久后传出一个苍老的声音。防盗门之内，陈更华老人面色如墨，佝偻难行。但他倒是思绪清晰，能准确地记得上一拨《财经》记者的名字。

陈更华是20世纪40年代的留美硕士，研究金属疲劳的高级工程师，李谋真退休前是医生。两人膝下三子，长子即为陈良宇。他们的旧友回忆，李谋真精于医道，已离休多年；陈更华是国内能修理医院X光机的极少数专业工程师之一。如今，当年的那个身高一米八零的英俊海归，已壮态不复。

作为陈家曾经的荣耀，如今的陈良宇反倒成为家族的心结，两个老人与同辈甚至年轻一代，至今仍未走出这一阴影。

返回沪杭的陈良宇，从未在公众视线露面。其保外就医期间，受到诸多限制，一如处于无形的“监狱”中。在2011年6月，同被保外就医的陈良军，因病去世。他与前妻已离异，孤身生活于虹口公寓，倍觉凄凉。而陈良宇的独子陈维力，在2008年8月作为从犯被判处刑三缓四后，亦已遁迹。

陈良宇的妻子黄毅玲曾是他的中学同学，两人家庭背景相似，从小就关系密切，可算青梅竹马。黄毅玲的养母出身于福建的大户人家，是个虔诚的基督徒。黄毅玲早年就读于上海基督教会的女子学校，不仅有英文功底，还有极高的音乐修养。但她比陈良宇大两岁，长相也不出众，据说当年陈母对这个儿媳妇并不十分满意。但黄毅玲为人温婉可亲。在陈良宇任上海高层领导后，黄毅玲极少公开露面，仅有数次在上海市慈善基金会的晚会上演奏，并促成多宗募捐。

一贯以和谐夫妻形象出现的陈氏夫妇，却在2007年7月26日发布的中纪委《关于陈良宇严重违纪问题的审查报告》中呈现另一版本。报告列数的六宗罪的第五条是“道德败坏，利用职权玩弄女性，搞权色交易”，并指出：1991年初至2006年案发前，陈良宇利用职权玩弄女性，先后与两名女性长期保持不正当性关系，致其中一人三次怀孕，并要求对方做人工流产。在此期间，陈良宇又与其他多名女性发生不正当性关系。陈良宇还利用职权之便为这些女性及其家人安排工作、获取利益等提供帮助。

数年之后，以病痛为由保外并出狱就医的陈良宇，回归平淡，接受妻子的全心照料。

群像：铁窗外的女人们

“张姐好，用完餐了吧？”问她前我考虑了各种称谓，如张总、张樱、樱姐。

圆桌对面的张樱笑而不语。我递过手以示礼貌：“这两天你辛苦了，开庭一定事情特别多。”

“你们要采访也一样辛苦。你是哪个媒体的？”

“罗昌平，我是《财经》杂志的。”

“哦，你发的稿子很多呀。”

“职责所在。”顿了顿，我又说，“大家都看在眼里，你这一年很不容易，处理那么多事情很累，真是辛苦了。”

张樱有些意外，她握了一下我未收回的手，说：“谢谢你这么说。这也是我应该做的，为公司、为我丈夫、为我家人，这都是应该的。”

“这次庭审只进行了两天，看起来很顺利，你还觉得满意吧？”

“是比较顺利，律师们的工作做得好，法院也安排得好。”

“你一直呆在法院的接待室，为何不进去旁听？”

“我是案子的证人，不能去参加的。”

“目前公司的债务和资产处置得如何？公司的下一步有什么打算？”

“这个时候，我不方便也不能解释这方面的情况，请谅解。你的那些报道很详细。”

“我们希望专访你。”

“你很厉害。”她避而不答。

“不是我厉害，都是我那个厉害的女老板逼出来的。我们都希望能对你做一个采访。”我再次要求。

张樱只是笑，笑得很好看，眼角上美丽的鱼尾纹，证明那里笑容常在。她又说：“希望你能比较公正地报道这个案子。你们还有一个女记者呢？”

这时《21世纪经济报道》的陈欢从张樱的侧面走了过来，我作了介绍，打算再提问，同桌一个貌似张荣坤的年轻人安排一名女秘书过来让张樱接电话。手机并未在线，张樱反应过来，中断了我们的谈话。

那是2007年12月29日早餐时刻。张荣坤案的庭审原计划要五天，但最终历时两天就提前结束。前来采访并试图旁听的记者，仅我与陈欢。这段日子，张樱指挥着13名分别来自北京和上海的知名律师，以及16名亲朋好友和公司员工，为此包下了松原最好的酒店之一——昊原大酒店的一层楼。

当这个近30人的队伍在法院门口一字排开后，为首的少妇张樱如鹤立鸡群。她身高约一米七，容貌秀丽，一头干练挑染短发。当旁听人员鱼贯而入时，她被法警安排在休息室，与我们一道被隔离在法庭之外。她那幽浮的眼神略有迷沉，仿佛思维遁入另一个维度空间。

后来的两次碰面发生在酒店，我们在楼梯口围堵她，她不躲闪，任由追问，若无其事地挺着身子、和步而行。像是军营里的女兵，或走秀台上的模特，鲜见她低头，与之对视时她亦会报以微笑。

等到庭审结束的那个晚上，张樱绷紧的心似乎突然松弛下来。对于我们的接近，也不像前两天那样排斥了。她看起来很精神，眼睛很大，很漂亮，转睛之间可见亮光。

对于社保案中人的一个评价是："男的个个浦志高，女的个个似江姐。"大意正是失去自由招供的男犯，不如女子坚强。张樱被查的半年里，据说供述"如挤牙膏"。她解释，不知道自己会在里头呆多久，所以一次说一点，既耗时间，又不至于失口。"现在只有她会救我，也只有她能救我。"得知妻子张樱自由后，张荣坤在监所如此慨叹。也确实，她迅速扮演起丈夫代言人的角色，在善后事宜中四处斡旋。

后来的故事，大抵能逆向判断张氏夫妇的人脉逻辑与行事风格——张樱给人的普遍印象是老练、谦和，更关键的是比老公张荣坤更大方果断、气场十足。当年风流外滩的那个"小苏州"，可曾想过，妻子才是他此生最大的财富？

在社保案中不同主角的法庭内外，多数当事者的家属神色黯淡，有的大哭而出，有的被搀扶而出，也有故作镇定者，如：上海电气的徐伟一审获刑七年，他的妻子从法庭出来后低头哭泣；新黄浦的吴明烈被判无期，其妻子由两人搀扶出庭，大哭离去；上海房地局朱文锦一审时，他的女儿神情委顿，呕吐不断，她对身边人说，"如果可以重新选择，我宁可不住大房子，不要父亲当官，不要虚名，我只想平平凡凡在一起生活"。

男主人被控金额动辄数以千万计，与之形成对照的是，多数女主人却是衣着朴素，毫无富贵阔绰的痕迹。

而身居高位的陈良宇，因绝对权力而拥有绝对的性权力。官方曾以"生活腐化"、"生活糜烂"来区分高官的私生活，我在《递罪》一书中引述中纪委人士的话称，三个以下的情妇称之"生活腐化"，而"生活糜烂"与"道德败坏"相近，就意味着有三个以上的情人。如陈氏长期与两名女性有染，致一人三次怀孕；另与多名女性保持不正当性关系。

权力是停不了的春药。陈氏的从政历史，都有不少权力与性纠缠的秘事，那些过去被隐蔽的真相，直到他的权力消失之后才逐渐暴露于阳光下。

在社保案中，还有两名“记者情人”引人注目，且都与张荣坤有关，一是行贿对象邱晓华的婚外女伴姜映吟，一是恩主王维工的红颜知己康燕。

邱晓华因犯有重婚罪而获刑，他本来婚姻美满，其经历颇具滑稽意义。他的爱人叫聂春荣，两人是初中和高中同学，下乡插队时也在同一个公社。邱晓华进入国家统计局后娶了聂春荣，并在四年后将她调入同一单位。邱晓华曾坦言，他一生最对不起两个人：一是外婆，二是妻子——“她不因我由于学业紧张而未能在她分娩时守护在她的身边而斥责过我；她不因四年多牛郎织女的生活而记恨过我；她不因我常常不能享受家庭欢乐、少理家务而埋怨过我。她支持我的事业，理解我的工作，默默地承担着管理家务、照顾丈夫、哺育孩子的重任。”

这种恩爱却因病痛出现裂痕——20世纪90年代末，聂春荣患上了免疫系统疾病红斑狼疮，一定程度上影响形体与容貌。后来，邱晓华与多次采访他的记者姜映吟来往密切。这名上海第一财经频道的电视记者，承担驻京重任。她在获得财经奖学金项目于北大学习时，即已怀孕，并与邱晓华小范围亮相，在女儿出生时还向友人发布消息：“祝福我吧。”

张荣坤的恩主王维工，当时是上海主要领导秘书，两人的老乡关系促使张荣坤在上海官商两场立足。“王维工很温和，做人做事都很周密、低调，始终只是领导的影子。”

除了张荣坤，受到王维工提携的还大有人在，比如女记者康燕。这个东北女子军旅出身，散文诗歌写得极好。1999年前后，一本关于上海的书获得官方立项，康燕胜出，并得以主笔出版《解读上海》。在王维工的帮助下，康燕的老公也从北京调到上海，但不久夫妻关系变僵。

康燕一度因为王维工而卷入漫长的调查，成为社保案中一个细微的分支，但她的重要性没有在大案中彰显，或许仅仅体现在王维工的隐秘内心。

张樱为方便探望在吉林服刑的张荣坤，于监狱不远的地方购置了一套别墅，此举足令观者惊叹。同在这里服刑的王维工，是否也引来当年的红颜筑巢，却仍是一个大大的问号。

第二章　京城地产案

这年头，大家都在愁房事。男人愁私房，女人愁乳房，老人愁心房，大学生愁开房，打工的愁租房，住院的愁病房，分娩的愁产房，结婚的愁新房，小市民愁拆房，老百姓愁住房，制片人愁票房，富人愁二房，坏人愁班房……

在皇城根下，天子脚边，围绕房事展开的一系列逐鹿，映照着法治现状——“三个基本法”：领导的看法，领导的想法，领导的说法；“三个诉讼原则”：大案讲政治，中案讲影响，小案讲法律；“三个效力原则”：宪法服从国外看法，法律服从内部规定，内部规定服从领导决定；法治基本状况：严格立法，普遍违法，选择执法。

刘志华底裤①

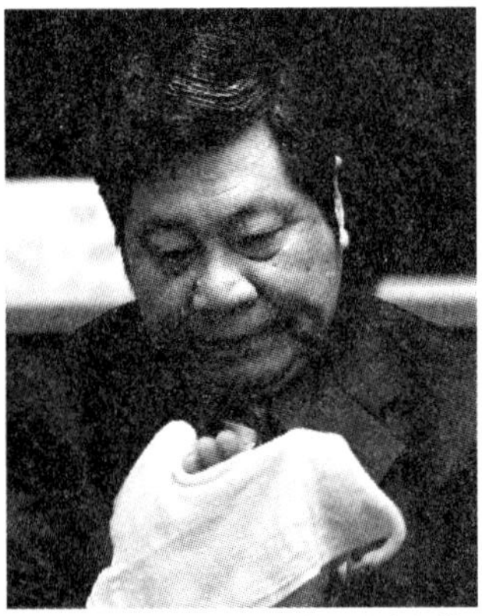
北京曾经的“土地爷”刘志华

被羁押28个月后，北京市原副市长刘志华终于走上了被告席。

2008年10月14日清晨，河北衡水市中级法院附近高度戒备。30余名交警、特警、法警在法院大门执勤。是日，刘志华受贿案在衡水中院大法庭一审开庭。

上午7时30分，参与旁听的百余人经过两道安检，散坐于可容400人的法庭内。旁听人员包括中纪委、中组部、“两高”及河北政法系统的工作人员，还有刘志华的妻子张淑兰、儿子张伟。

公诉方共四人，领衔者为衡水市检察院副检察长崔金波，辩护团队则由来自北京的律师莫少平、冯晓玲夫妇担纲。

上午8时整，57岁的刘志华出现在被告席上。他穿着一身蓝色西服，白色衬衫，领口敞开。“脸黑了很多，显得有些苍老。”刘志华儿子张伟庭审后说。

刘志华被控罪名仅受贿一项。公诉方指控，刘志华在担任北京市政府秘书长、副市长期间，利用职务之便为他人牟取利益，先后索取、收受他人财物折合人民币696.59万元。

据旁听人士介绍，两鬓斑白的刘志华在庭审结束前的最后陈述中三次落泪。他回忆起自己从一个煤矿工人起步、一路升至分管北京城建大权的副省级官员的历程，并认为自己随着职务的升迁，在意志等方面发生了变化。

根据公诉方的指控，刘志华的巨额受贿中大部款项，是伙同情妇王建瑞（另案处理）共同收受。庭审中，刘志华亦承认与王建瑞“是情人关系”；在最后陈述中，也因此向妻儿表达了歉意。

四天后的10月18日，衡水中院一审宣判，全部认定检方指控，以受贿罪判处刘志华死刑，缓期两年执行，剥夺政治权利终身，并处没收个人全部财产。

①作者罗昌平、张映光，编辑张进，原载《财经》杂志2008年第22期。

对一审结果，刘志华表示不服，于10月22日决定提请上诉，并委托律师处理相关事宜。据辩护律师莫少平介绍，刘志华在与其面谈后提供了一份书面上诉材料，列举了三点上诉理由：一是判决认定的主要事实与客观实际不符；二是判决量刑畸重，未考虑其自首情节及立功表现；三是没收个人全部财产，将导致其妻子张淑兰、儿子张伟今后生活艰难，应酌情减轻刑罚。

刘志华庭审后的次日，即10月15日，其情妇王建瑞亦在衡水中院第一审判庭接受公开审理。23日，王建瑞因伙同刘志华收受折合人民币592.61万元的贿赂，被以受贿罪一审判决有期徒期八年。

刘志华其人

2006年6月9日，刘志华被中纪委、监察部"双规"。当日，中央成立"609专案组"。两天后的6月11日，北京市第十二届人大常委会第二十八次会议审议决定，免去刘志华北京市政府副市长职务。官方通报称："（刘志华）生活腐化堕落，包养情妇并滥用职权为其情妇承揽工程牟取巨额非法利益。"

这是继1995年陈希同、王宝森案之后，北京市又一次官场地震。

刘志华1949年4月生人，祖籍辽宁省盘锦。据家属介绍，刘志华父亲原为傅作义部队的一名上校，在"文革"期间被多次抄家，后搬回东北老家。1968年8月，刘志华从北航附中毕业，进入北京京西煤矿当煤矿工人。后与在该煤矿办公室任职的张淑兰相识并结婚。

1977年中国恢复高考，时年28岁的刘志华考取北京经济学院（现首都经贸大学）劳动经济系。刘当年的老师李福田告诉记者："刘志华字写得差，但口才好，做事很得体。"

1981年，刘大学毕业分配至北京市劳动局，自此仕途起步。1989年10月，刘从北京市劳动局副局长任上调到国家劳动部，历任劳动工资研究所所长、综合计划司副司长、计划与工资司司长。

刘志华案卷宗资料显示，1993年刘志华任劳动部司长期间，在一次去珠海出差时认识了小他八岁的王建瑞，"两人一见钟情"。王建瑞于2001年与丈夫离婚，从此与刘形影不离。一位接近刘志华案调查组的人士透露，王建瑞夫妇离婚的主要原因，缘于刘与王的不正当关系。

据庭审时的观察，王虽已年近50岁，头发花白，身着囚服，但肤色白皙，身材苗条，精神尚好。

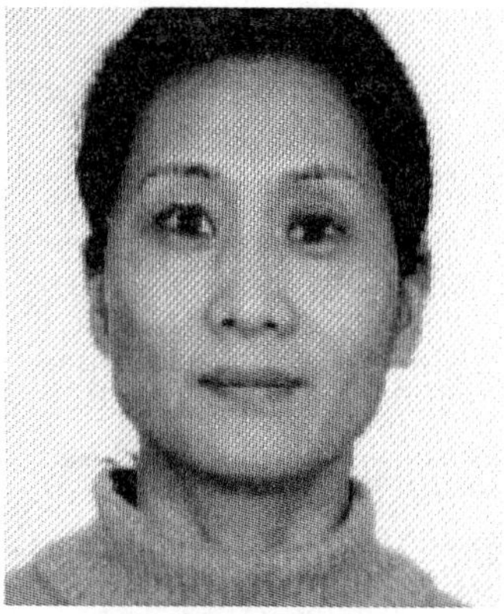
刘志华的情人王建瑞

1994年以后，刘志华离开劳动部，先后担任北京市劳动局局长、西城区区委书记、市政府秘书长。至1999年7月，50岁的刘志华晋升为北京市副市长。

“他的内心是那种直线型的思维，逻辑判断和价值观念也不复杂。你看他的批示，如同小学生字体。”北京市政府办公厅一位前秘书说。另一位下属则评价，刘志华行事效率高，“讲义气，不怕得罪人”。

2001年5月起，刘志华除担任北京市副市长，还兼任中关村科技园区管委会主任。至案发时，在北京市九名副市长中排名第四，主管城市建设规划，负责建设、国土房管、体育、轨道交通建设方面的工作。同时还是北京市住房制度改革领导小组组长、北京市2008工程建设指挥部总指挥，成为京城政商两界位高权重的人物。

庭审材料显示，刘作为主管城建的副市长，一直在北京市委中担负着“一线救火队员”的职责。他在SARS时期担任小汤山传染医院的总指挥，亦曾紧急处理造成30多人死亡的密云灯会踩踏事件。他将此视为减刑的资本。

最大一笔贿款

据衡水市中级法院认定，刘志华与王建瑞的最大一笔贿款，来自首都博物馆工程。

起诉书显示，1999年至2005年9月，时任副市长刘志华为北京中融物产有限责任公司（下称中融公司）的“三义大厦”资产置换等提供帮助，分两次向中融公司董事长回铁勇索要别克轿车一辆（价值40.90万元）、现金400万元。另外三次收受回铁勇给予的出国用零花钱6000美元和2000欧元。

三义大厦项目源于首都博物馆新馆的建设，后者于2001年12月25日动工，总投资7.8亿元，是国务院批准建设的北京市重点工程项目，也是1949年以来北京市投资规模最大的文化公益设施。

经北京市政府办公会议确定，首博工程由刘志华直接分管。彼时，刘的情妇王建瑞任职于国企北京市天创房地产开发公司，该公司专门为此成立了“首博项目部”，由王任负责人。

据介绍，首博新馆工程征用了邻近的国家机械工业局一块地，北京市政府为此支付4亿元购得宣武区烂尾楼“三义大厦”，以此资产置换给国家机械工业局。三义大厦此前正是由中融公司投建，因资产不足被迫停工，成为宣武区一栋著名的烂尾楼。

这本是刘志华的正常职务行为，却作为招商引资功绩算在其情妇王建瑞身上。根据宣武区政府《关于深化改革扩大开放若干意见奖励办法的实施细则》（“宣经贸〔1999〕19号”）规定，“引进投资实际到位5000万元以上，给予1%的一次性奖励”。

检方指控的400万元现金贿赂，即是按4亿元置换价格的1%回扣计提。起诉书称，2005年初，在刘志华授意下，王建瑞多次找中融公司董事长回铁勇索要人民币400万元，以“入资资金”名义，从中融公司及其下属的北京兴融拆迁服务有限责任公司，转了人民币400万元到北京鹏森工程项目管理有限责任公司（下称鹏森公司）。工商资料显示，鹏森公司的法定代表人是王建瑞。

有限自由的陈希同现在热衷书法

另据王建瑞2006年9月24日的供述，因宣武区区长曾表示，“三义大厦一天的消耗费用等于一个汽车轱辘”，王建瑞便提出，她能帮助三义大厦提前完成资产置换，应该获得一辆轿车的奖励。最终由此获得一辆价值40余万元的别克轿车。

“绿化隔离带工程”漏洞

起诉书显示，2004年9月，刘志华为北京永泰房地产开发有限公司（下称永泰地产）将其拥有的剩余农民回迁房转为商品房上市销售事宜提供帮助。为此，刘志华在其办公室收受该公司总经理戴迪给予的翡翠雕一件，价格14万元。

永泰地产成立于1998年，公司主要发起人及高管均为黑龙江人，实际控制者为戴浩、戴迪两兄弟。其中戴浩任董事长，戴迪任总经理兼法定代表人。

永泰地产作为行贿人，亦曾出现在此前被判死缓的北京市海淀区原区长周良洛案中，引人注目。

刘志华、周良洛两案材料显示，永泰地产行贿所获帮助的项目，地处海淀区四季青镇，为北京奥运环境计划的“绿隔工程”重要组成部分。

“绿隔工程”全称北京市城市绿化隔离地区建设工程，源自2000年《北京城市总规划》提出的“用三至四年时间完成绿化面积60平方公里”，即在京郊构建城市周边绿化隔离地区、平原防护林体系和山区生态屏障三道绿色走廊。

北京市政府2000年《关于加快本市绿化隔离地区建设暂行办法》规定，区级政府为实施绿化隔离地区建设的责任主体，同时规定农民回迁房和商品房的用地比例为1∶0.5。市政府另成立了绿隔建设领导小组及总指挥部，刘志华即为领导小组负责人。

工商资料显示，永泰地产依托海淀区的“绿隔工程”，先后开发了常青新村、通泰小区和郦城小区。公司的总资产亦由2003年度的4.5亿元（净资产1.19亿元），攀升至2006年的20亿元（净资产2亿元）。

以郦城小区为例，由四季青镇、永泰地产双方共同开发。截至2007年8月13日，四季青镇在郦城项目中亏损5.42亿元，若将剩余部分拆完大约还需0.91亿元；并且，四季青镇只分到4300平方米的公建，仅占总公建面积的8.8%。报告称："项目偏离了绿隔政策的规定，甚至将规划批准的相当数量的回迁房指标转给了合作方变成商品房，使回迁安置房的缺口增大，预定安置的村民无法全部上楼。"

刘志华案显示，永泰地产总经理戴迪行贿副市长刘志华，正是为了"将其拥有的剩余农民回迁房转为商品房上市销售"。

北京市园林绿化局的一份调研报告表明，截至2006年6月5日，绿隔工程已开工建设的1314万平方米中，农民自住房584万平方米，商品房466万平方米，这显然已违反了1∶0.5的规定。

寻租"土地一级开发"

自刘志华"落马"后即涉案被查的北京泰跃房地产开发有限公司董事长刘军，亦出现在此案司法材料中。

起诉书显示，刘军绝对控股的北京科技园文化教育建设有限公司（下称北科教公司），在2001年11月至2002年9月的土地一级开发，以及获得国家开发银行贷款等事宜上，曾获得刘志华的帮助。该公司回报刘志华3000美元、人民币5万元，并为刘志华购买价值11万元的文物佛像一尊。

所谓"土地一级开发"，是指按规划由政府统一组织征地补偿、拆迁安置、土地平整、制定土地用途及规划设计、进行地上及地下市政基础设施和社会公共配套设施建设，从而按期达到土地出让标准的土地开发行为。通常情况下，获得土地一级开发的均为国有大型企业。

在土地"招拍挂"施行后，获得土地一级开发权的开发商，在公开市场招标中，往往能够获得一定优先权。并能够以较为优惠的价格取得土地的二级开发权，即建成房屋，上市销售。在北京城市核心区域供地越来越少的背景下，这一"特权"尤显珍贵。

北科教公司成立于2001年10月18日，由刘军绝对控股，经市、区两级政府授权承担中关村文化教育园的一级土地开发，建设项目包括中关村文化教育基地、稻香湖国际教育园两部分。其中，稻香园规划占地97.19公顷，建筑面积为39.03万平方米；另一子项目亚洲教育北京论坛（二期）规划占地44.8公顷，建筑面积为5万平方米。

2005年2月16日，"海政发〔2005〕10号"文件批复，上述区域"土地开发资金由公司负责筹措，一级开发管理费用按北京市统一政策执行，土地开发工作完成后在土地出让收入中支付”。

刘军1966年8月出生，比刘志华小17岁。两人为北京经济学院（现首都经贸大学）校友，私下往来不为人知。可以观察到的事实是：在刘志华出任北京市副市长的六年间，名不见经传的泰跃地产摇身变为资产总额100亿元、净资产20亿元、控股企业超过20家的大型综合性企业集团。

2009年8月上旬刘军被河北省石家庄市中级法院一审判处有期徒刑14年。

九成贿赂来自地产项目

在刘志华“落马”前后，诸多地产公司被舆论曝光涉案，此次庭审佐证了其中多个传闻。其中即包括刘晓光被索贿一事。

2005年下半年，刘志华伙同王建瑞向首创置业集团总经理刘晓光索要住房。同年10月，刘晓光公司下属的北京阳光金都置业有限公司上报开发项目，刘志华迟迟不予签批。刘晓光无奈于2006年1月24日安排王建瑞获得“梵谷水郡”D2-2-901室，该房价值99.61万元。

从刘志华所收受贿款来看，近九成来自于房地产公司或与房产有关的项目，且受贿的类型不尽相同。其中两次为情妇索要住房，一次为儿子差价购房。

除上一次，2002年9月至2004年11月，刘志华与王建瑞为方便姘居，多次伙向北京市天创房地产公司总经理王少武索要住房。2004年11月，王少武将位于复兴门北大街11号楼808室的住房送给王建瑞，该房屋鉴定价值52.1万元。

2006年4月，刘志华为北科教公司康体中心项目计划任务办理转正手续，他向该公司副总经理李保欣提出为自己儿子优惠购房，最终以55.88万元获得东北旺乡西二旗面积为131.48平方米的“燕尚园”D-1-602室，这与鉴定价的差价为27.81万元。

此外，刘志华还为中融公司在北京市宣武区菜市口的“棉花片危改项目”规划方案批准等事宜提供帮助；为北京荟宏房地产公司“北丰危改项目”及中央电视塔周围绿地建设申报“经营性绿地”立项等提供便利，为此分别收受多笔贿款。

军队大院房改工程刘志华亦未放过。2005年9月至2006年4月，为解决空军某部老干部住房用地问题，刘志华先后两次收受该单位工作人员李建平给予的钻石手镯和钻石坠各一件。经鉴定，两件贿物分别价值6万元和7万元。

另据起诉书指控，2001年至2004年，刘志华为北京兆泰房地产开发有限责任公司（下称兆泰地产）在中关村西区二级开发项目提前开工提供便利，获该公司董事长穆麒茹赠予的7000美元。

中关村西区占据了原海淀镇的整个面积，是国务院批复后，北京市启动最早、投入最大、建成后直接为高新技术企业服务的龙头项目。兆泰公司于2001年揽得承担中关村西区11号、13号地块开发项目，建成的鼎好电子商城和写字楼受市场热捧。

穆麒茹1951年11月9日生，天津人。1997年与时任西城区区委书记的刘志华相识。其名下的兆泰地产是西城区金融街的重要开发商。

“代建制”游戏

刘志华自2006年夏天案发，同年11月30日被罢免北京市人大代表职务，12月11日被河北省公安厅执行逮捕。经最高检察院指定，河北省检察院于2006年12月6日立案侦查，次年6月27日移交衡水市检察院审查起诉。

起诉书称：“因案情重大、复杂，经衡水检察长批准，三次延长审查起诉期限各半个月，两次退回补充侦查。2007年11月26日，案件再次移送审查起诉。”此案前后历时29个月。中间包括举世瞩目的北京奥运会。

据刘志华的辩护人、来自北京的莫少平律师介绍，刘志华案羁押及审查起诉时限较长，使其审判赶上了2007年“两高”出台的新司法解释，即针对特定关系人（包括情妇等）共同受贿的认定。

而法庭上的控辩焦点，其中之一便是刘志华与其情妇收受北京中融公司的别克轿车，以及用于北京鹏森公司的400万元注册资本。辩方观点认为，该辆别克轿车产权仍在北京中融公司，王建瑞仅拥有使用权；其次，400万元注册资本亦未归至刘志华个人名下。

工商资料显示，北京鹏森公司注册资本800万元，其中北京中融公司、北京兴融拆迁服务有限责任公司共同出资400万元，北京天创房地产开发公司与圣坤酒店有限公司共同出资400万元。

卷宗材料显示，“鹏森”二字的来历，即借用了刘志华的曾用名“易希森”。公司法定代表人为王建瑞，但王、刘两人不在公司持任何股份。不过，据刘志华庭审中所言，成立这家公司“是给今后退休留的一条路”，“等将来股改时，变成自己的公司”。

根据鹏森公司工商资料，该公司主要以“代建制”从事市政工程项目的监管，配合建设单位做好工程建设过程中的一切工作。

代建制是一种由项目出资人委托有相应资质的项目代建人，对项目的可行性研究、勘察、设计、监理、施工等全过程进行管理，并按照建设项目工期和设计要求完成建设任务，直至项目竣工验收后交付使用人的项目建设管理模式。

自2004年《国务院关于投资体制改革的决定》中提出对非经营性政府投资项目加快推进“代建制”以来，全国十余个省市陆续开展“代建制”试点工作。

北京市建委一位官员表示，“代建制”出台后，涌现了很多问题。一些政府机构以行政手段取代市场竞争方式，人为且随意地指定代建单位；有些地方名曰推行“代建制”，却将代建人的选择权与合约的签订权统统交由使用人进行，从根本上背离了“代建制”的初衷。

截至刘志华、王建瑞案发，鹏森公司借力于“代建制”承揽的标志工程，包括首都博物馆新馆、数字北京大厦，以及奥林匹克公园三大工程——网球中心、曲棍球场、射箭场。

周良洛弊案①

夜幕降临，为期一天的审判行将结束，周良洛突然抽泣以致哽咽，请求法庭从轻发落。

2008年3月20日，北京市海淀区原区长周良洛受贿案一审开庭。出乎意料，被告人周良洛夫妇当庭认罪，预想中两天的庭审得以在一天内完成。

当日早上8时许，周氏夫妇分乘两辆囚车进入法院。与妻子外披囚式马甲不同，周良洛身着黑色西装配纯白衬衫，鼻梁上仍是那副人们熟悉的金边细框眼镜，头发一丝不乱。

三号法庭位于北京市二中院的二层南侧，这个可容纳20多人旁听的小法庭，是二中院主审大要案的固定场所。近年来，已先后有国土资源部原部长田凤山、湖南省高级法院原院长吴振汉、山西省委原副书记侯伍杰等省部级高官在此法庭受审。

检方查证，周良洛最早受贿始于1998年，且与其主管宣传工作直接相关。据知情人称，周良洛为官口碑很差，“上至高层，下至村主任，对他都没有好印象”。身为首都一区之长，周良洛对贿赂钱物不拘，大小通吃，包括大肆介入中介项目收取“佣金”。

检方罗列的行贿名单中，行贿方主要是北京的一些房地产公司和广告公司。在这些贿赂款中，有1500余万元涉及土地审批和房产项目，占到整个贿赂款的90%。而在这起大案的背后，是海淀区满目疮夷的土地乱象，以及数千当地农民的哭诉和无助。

据旁听人士介绍，周对所控事实基本认罪，庭审仅历时七小时即告完毕。

一周后的28日上午，北京市二中院对周良洛受贿案一审作出宣判，以受贿罪判处周良洛死刑，缓期两年执行；作为同案共犯的周妻鲁小丹，亦因受贿罪被判处无期徒刑。法院同时判定，没收两名被告的全部个人财产。涉案赃款赃物均已追缴在案。

法院经审理查明，1998年至2006年，周良洛利用职务之便，为他人牟取利益，收受贿赂款1672万元。其中，周的妻子鲁小丹参与受贿889万元。据悉，周氏夫妇未

①作者罗昌平，编辑段宏庆，原载《财经》杂志2008年第7期。

当庭提起上诉，周对这一判决也表示“在意料之中”。

14载为官，8年受贿，涉案资金达1672万元，其中九成来自事关民生的土地审批和房产项目，周良洛一案实为千夫所指。

事发刘志华案

年届50的周良洛生于河南洛阳，祖籍江西。他中学毕业后插过队，1978年入读清华大学电机系，毕业后留校做了十余年学校干部。

1993年，周良洛从清华大学团委书记直接调任北京市朝阳区区委常委，先后担任区委宣传部长、常务副区长。2002年3月，周调任海淀区区委副书记，同年11月获任海淀区区长。

周良洛案先由中纪委专案组发现，后交由北京市纪委查办。针对周良洛的举报材料来自两家东北公司，初期它们曾被送往北京市海淀区检察院。兹事体大，检举材料随后被呈送中纪委。2007年4月6日，周被纪委人员带走。北京市纪委随后通报称，“周良洛违纪行为事实清楚，证据确凿”。实际上，有关部门在调查北京市原副市长刘志华案时，亦交叉发现了周良洛涉案线索。

2007年7月26日，周良洛被北京市纪委、市监察局“双开”（开除党籍和公职），并移交北京市检察院第二分院管辖。12月24日，周良洛涉嫌受贿案转至北京市二中院，后者于当日正式立案。

检方指控中，周良洛夫妇的最大行贿者为北京泰跃房地产开发有限公司（下称泰跃地产）董事长刘军，他亦是刘志华的主要行贿人之一。

检方指控，为答谢周良洛在泰跃地产入股和撤资稻香湖项目提供的帮助，刘军自2003年至2006年间，向周行贿近93万美元和100万元人民币，折合人民币高达850余万元，相当于周氏全部贿款的一半。

刘军涉案的稻香湖项目，前身系海淀区财政局名下的北京稻香湖培训中心。1999年，这个差额拨款事业单位被无偿划拨至海淀区国有资产投资经营公司（下称海淀国投）。

2003年9月，以培训中心为主体改制而成的稻香湖国投，注册资本4.4亿元，其中海淀国投出资1.8亿元，占40.9%；北京海淀科技园开发建设股份有限公司出资0.6亿元，占13.6%；刘军控制的北京科技园文化教育建设有限公司出资2亿元，占45.5%。

在庭审中，周良洛承认刘军在进出稻香湖项目间净赚1000万元。财务资料显示，刘军控制的公司虽名义上对稻香湖持45.5%的股权，但应缴注册资本金2亿元一直未到位。其于2005年6月退出股份。

"绿隔工程"黑洞

周良洛借权力寻租之恶，在北京"绿隔工程"中暴露无遗。

"绿隔工程"全称北京市城市绿化隔离地区建设工程，源自2000年《北京城市总规划》提出的"用三至四年时间完成绿化面积60平方公里"，即在京郊构建城市周边绿化隔离地区、平原防护林体系和山区生态屏障三道绿色走廊。

为此，北京市政府成立了绿隔建设领导小组及总指挥部，还颁布《关于加快本市绿化隔离地区建设暂行办法》（京政办发〔2000〕20号），明确区级政府为实施绿化隔离地区建设的责任主体，同时规定农民回迁房和商品房的用地比例为1∶0.5。

据起诉书，周良洛收受北京永泰房地产开发有限公司（下称永泰地产）总经理戴迪价值198万元的一套房产，其缘由之一即是帮助该公司催要返还款，以及为协调绿化隔离带拆迁问题提供便利。该项目地处海淀四季青镇。

永泰地产成立于1998年，由中发实业集团、北京宇艺发商贸有限公司、恒胜德商贸有限公司、永成伟业经贸有限公司和北京顺田业发经贸有限公司共同出资1000万元，公司主要发起人及高管均为黑龙江人。在2002年股权发生变更后，自然人戴浩、戴迪两兄弟的股份占51%，靳宇持股10%，中发实业集团降至39%。戴浩任董事长，戴迪任总经理兼法定代表人。

永泰地产依托海淀区的"绿隔工程"，先后开发了常青新村、通泰小区和郦城小区。公司的总资产亦由2003年度的4.5亿元（净资产1.19亿元），攀升至2006年的20亿元（净资产2亿元）。周良洛所受戴迪的房产，即来自郦城楼盘。

2002年，永泰地产在申报常青新村二期用地的项目建议书中称，工程占地20.94公顷，拆迁涉及常青、通达和振兴三个行政村的298户945人。项目总投资5.19亿元，其中收入3.76亿元（其中住宅销售3.21亿元，商业服务销售5520万元），税费1929万元，收益为负16229万元。

现场调查发现，项目建议书中提到的1600元/平方米的销售价格，在回迁户实际入住时涨至3600元/平方米，若以实际开发的20.06万平方米建筑面积计算，销售就达7.2亿余元——这已远超其5亿多元的总投资。

此外，在实际运作中，当初回迁房与商品房用地比例1∶0.5的规划屡被打破，永泰地产通过增加商品房销售也获益颇丰。

由四季青镇与永泰地产共同开发的另一项目——郦城小区，亦是北京市政府批准的绿隔项目。项目双方约定按4∶6分配建筑面积，需要安置该镇常青、通达地区的村民6609人，原住房建筑面积31万平方米。

其中，永泰地产主要负责建设费用和申报手续，而四季青镇要负责提供建设用地、拆迁和"三通一平"——这三项为项目开发的最大成本，但该镇在建筑面积分成上仅获40%。

根据四季青镇2007年8月13日的一份财务报告，截至当时，四季青镇在郦城项目中亏损5.42亿元，拆完剩余部分大约还需0.91亿元。并且，四季青镇只分到4300平方米的公建，仅占总公建面积的8.8%，无论是地理位置还是建成时间都处劣势。

该报告谈及“绿隔工程”时称：“在实际执行中偏离了绿隔政策的规定，甚至将规划批准的相当数量的回迁房指标转给了合作方变成商品房，或者转让给其他单位，使回迁回置房的缺口增大，造成预定安置的村民无法全部上楼的局面。”

周良洛治下的海淀区，类似事件并非个案。根据北京市园林绿化局的一份调研报告，截至2006年6月5日，海淀等六区县共拆迁绿隔地区的行政村30个，占应拆除的33%，已安置农民上楼18.9万人，占应安置搬迁的39.2%。绿隔工程已开工建设的1314万平方米中，农民自住房584万平方米，商品房466万平方米，这显然已突破了1∶0.5的规定。该调研报告提出：“区乡要求按个案方式解决，适当增加商品房建设规模来平衡资金缺口。”

农地流失纠纷

与发生在四季青镇的绿隔工程不同，位于海淀区西北旺镇的农地则是毁灭性流失。

西北旺镇由原东北旺乡改制而成，位于海淀区北部，其辖区随着上地科技园、中关村高新产业园区的开发率先并入城区。周良洛主政海淀期间，提出开发“区北部地区”的战略规划，即海淀区西山、百望山以北的地区，此区域占海淀区总面积51%以上。周良洛自任北部地区开发委主任。

起诉书称，周良洛在北京亿城房地产开发有限公司承接“竹园”项目过程中，为其提供帮助，并于2006年三四月，先后两次收受该公司副总经理李平给予的人民币共计200万元。“竹园”项目正处于西北旺镇。

北京亿城房地产开发有限公司原名北京星标房地产开发有限公司，成立于2000年2月，是亿城股份（000616.SZ）的全资子公司。据上市公司公告，2005年9月亿城地产取得位于西北旺镇的规划建设用地约19.85公顷、规划建筑面积约32.76万平方米的建设项目后续开发权。由此，公司在建及储备项目总规划建筑面积将增至70多万平方米。

亿城在西北旺的竹园、西山华府等开发项目，涉及针对包括马连洼、安宁庄等村的农地征用。被征用的西北旺镇安宁庄村，成了一个著名的“钉子户村”。2006年初，安宁庄村百余村民委托张宏生、崔文珍向北京市海淀区法院提起诉讼，控告“海淀区政府涉嫌违规批地”，周良洛以区政府法人代表身份成为第一被告。

安宁庄毗邻上地科技园，在北京市地图上，大致为北五环路、城铁上地至回龙观、八达岭高速三线所包围区域。海淀区国土局资料显示，截至1995年大规模征地结束，该村有1200余亩地，且多为稻田，此后再无重大征地项目。

2002年6月12日，周良洛出任海淀区代区长仅两个月，即签发“海政发〔2002〕66号文”，启动本区城乡接合部地区乡村集体资产处置及集体经济体制改革试点工作，周良洛自任组长。包括安宁庄、马连洼在内的西北旺镇一些近郊村，也被纳入此次试点。

此后，周良洛连续签发12份文件，撤销尚未进行集体资产处置的村委会，村民被分批“农转非”、并入临近的街道办事处。而安宁庄村1200余亩集体土地变身国有，并相继转让给各方房地产开发商。

安宁庄原籍村民张宏生告诉记者，有关方面通过垃圾填埋，使这1200余亩集体土地变成工矿用地，未经征用即批给开发商。周良洛所代表的区政府未经核实便批复，存在违规行政之嫌，故将其告上法庭。

不过，张宏生等人的诉讼路并不轻松。2006年10月21日，海淀区法院以“张宏生已转为城市居民、不具原告的诉讼主体资格”裁定驳回起诉。同年12月22日，此案上诉至北京市一中院，至今未开庭，多方调解亦无结果。

实际上，安宁庄农地纠纷仅是海淀土地乱局的一个缩影。资料显示，仅海淀下属的几个乡镇，因拆迁、征地引发的诉讼不下百起，海淀区法院对此基本上都以“没有事实和法律依据”为由驳回。

“家族”生意

幸福二村坐落在北京朝阳区新东路，紧临三里屯使馆区，环境幽雅。

2007年3月27日，一群不速之客在一名片警的带领下来到这里，并找来物业公司工作人员，开启32号楼1单元的门后，进入了201室。

小区停车场的记录显示，此一行人驾车于当日上午9时许进入小区，中午时分离开。物业公司相关负责人称，对方出示了中纪委的身份证明，“在小区呆了整整一个上午”。

据幸福二村的物业工作人员回忆，来人在调查时，所提供用于辨认所查对象的照片，是一张周良洛家的“全家福”；其中重点问及的除了周良洛、鲁小丹夫妇，还有同在该小区35号楼1单元202室居住的王少一，他是周良洛在河南的表弟。

王少一和鲁小丹实际在此之前已被控制，有关人员此行意在发现新线索。十天后的4月6日，201室的主人——时任北京市海淀区区长的周良洛，在海淀区医院“疗养”时被有关部门带走。

201室的邻居们回忆，此前数年间，他们很少在这里看到周良洛的身影，201室只有女主人鲁小丹个人居住。案发的那个3月，鲁开始整理201室，并贴出了租房公告。此后，鲁再未露面。

幸福二村32号楼地处首都机场、国贸CBD与建国门所组成的“黄金三角区”中心地带，因而颇具卖点。2000年，其开盘时均价约每平方米7000元，若以283平方米计算，其总价为196万元。此后幸福二村每平方米价格突破2万元，周良洛夫妇拥有的这栋房产总价已达500万元。记者依201室的出租广告牌电话询问，对方称房子月租金约1600美元。

接近权威部门的人士称，除了幸福二村这套住宅，周良洛夫妇在海淀至少还有两套住房。若计入鲁小丹名下的一辆豪华轿车，周氏家庭资产粗略估算已逾千万元之巨。周良洛显然存在巨额资产来源不明的问题，他们亦未如实申报个人财产。

有关司法材料显示，王少一是周良洛的“发小”。而在过去五年间，周良洛对外向以“表弟”称呼王少一，并将其引见给京城政商各界。

37岁的王少一系郑州市二七区人，早年靠汽车生意起家。由于园林绿化实行与建筑行业一样的资质准入制，其初入北京选择了与郑州市园林绿化实业有限公司合作，以类似“贴牌”的方式进行挂靠经营。

2002年4月，北京博雅绿茵园林绿化有限公司（下称北京博雅绿茵）成立，注册资本100万元，其中自然人王少一和郑州市园林绿化实业有限公司各出资50万元。不久，两方出资比例发生调整：王少一出资额增至90万元，郑州市园林绿化实业有限公司则减持至10万元。

通过周良洛引见，王少一与刘军等京城大腕展开了合作。比如由刘军公司控股的稻香湖项目，北京博雅绿茵拿下了价值3000余万元的标段项目，同时获得泰跃地产数个楼盘的绿化项目。

此外，北京博雅绿茵还参与了诸多市政府工程，包括海淀区北清路道路改造工程（造价380万元）、海淀区政府西花园工程（造价290万元），以及作为市级重点工程的元大都遗址公园和海淀公园。

不过，3月20日周良洛案一审之时，王少一并未同庭审理。据了解案情人士介绍，若将王少一作为周良洛“特定关系人”来看待，周案所涉贿款金额将成倍增加。

周良洛妻子鲁小丹与其同庭受审。她生于1962年6月，哈尔滨人，两人于1991年生有一女。2000年1月周良洛升任朝阳区政府常务副区长，鲁先后注册了北京盛世风华现代企业管理咨询有限公司、北京诚信世家企业管理咨询有限公司，经营范围包括企业投资咨询，企业兼并、改制、重组咨询及经济信息咨询等。

需要提及的是，周良洛升任朝阳区常务副区长后，仅用半年时间，即策划并组织了“朝阳国际商务节”，重点推出“CBD概念”等。这是一个为周良洛赢得了巨大政治资本的创意。知情者强调，其间，其妻鲁小丹所控制的北京盛世风华也获得了相应的发展机会。

时至2001年2月15日，注册资本为30万元的北京诚信世家企业管理咨询有限公司成立，鲁小丹出资20万元，另借其亲属之名王雁出资10万元。该公司设址于东城区灯市口大街100号，法定代表人也是鲁小丹，公司经营范围同样包括企业管理咨询、企业形象策划和广告业务等。

其后的2002年3月，周良洛调任海淀区委副书记，次月即担任代区长。走马上任海淀之初，周良洛提出了至今仍流传甚广的“上风上水上海淀，融智融商融天下”概念。

在海淀区一个较小的圈子里，鲁小丹多被称为“鲁大老板”或“区长夫人”。“她更多地把那两家公司当作‘影子公司’，因为信用在周区长那里。”海淀区的一官员说。

在法庭上，控辩双方激辩的一个焦点，即鲁小丹与周良洛是否存在共同犯罪。一审法院最终认定，周良洛收受的1672万元贿款中，其妻子鲁小丹参与受贿889万元，属共同犯罪。

关注此案的5名市、区人大代表获准旁听此案。这名2002年“中国城市十大明星区长”受贿超千万元，北京市人大代表沈梦培直呼周良洛为“硕鼠”。

“我不认为审判是成功的。”沈梦培更看重此案的社会意义，而庭审对此未着笔墨，“官商勾结，在社会层面上伤害了大众利益，官商都占了社会的便宜。”

刘军行贿图①

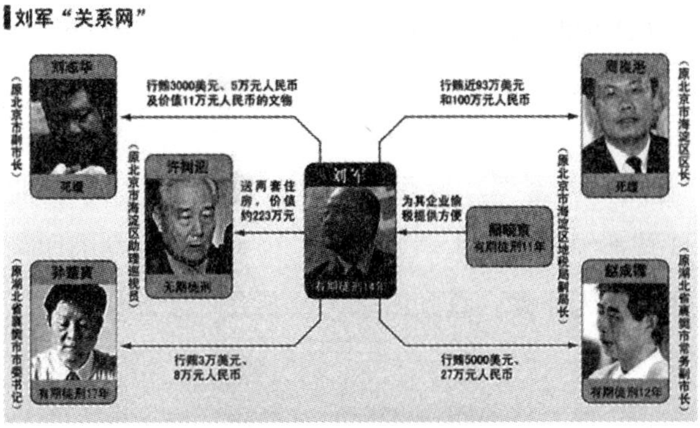

富豪刘军与他的关系网

曾经名噪一时的京城地产强人、北京泰跃集团董事长刘军，2009年6月上旬被河北省石家庄市中级法院一审判处有期徒刑14年。

来自保定市检察院、石家庄市检察院的五名检察官共同组成公诉方，刘军及其控制的北京泰跃房地产有限公司（下称泰跃地产）被列为本案个人和单位被告，共被控三宗罪：涉嫌单位行贿共计约2404万元，涉嫌变造金融票证罪，涉嫌偷税共计约7236.28万元。最终，法院认定了全部指控罪名和相关事项。

刘军时年43岁，在2001年前，还只是京城地产圈初露头角的年轻商人，企业注册规模不过千万元。其后数年，却凭借刻意拼织的官场人脉、出手惊人的金钱贿赂，发展成为资产过百亿元，业务横跨地产、石化、资源、教育、投资，旗下包括五家上市公司（其中两家因担保纠纷和股份回购被迫退出）和近20家非上市公司的大型集团，建构了资本市场上显赫一时的“泰跃系”。

“泰跃系”掌门刘军

刘军发迹之初，即有市场人士对其连续低价拿地的背景、大肆收购上市公司的真实动机提出质疑。终因刘军一贯行事隐秘而不了了之。随着他所依附的权贵次第倒台，其依靠贿赂官员起家、通过廉价土地骗取贷款、挪用上市公司资产并行贿的

---

①作者王和岩、罗昌平，编辑段宏庆，原载《财经》杂志2009年第14期。

隐秘财富链条，也开始大白于天下。

在刘军的行贿对象中，北京市原副市长刘志华，北京市海淀区原区长周良洛，湖北省襄樊市原市委书记孙楚寅、原常务副市长赵成霖等地方实权官员赫然在列。其中，仅周良洛最终被认定的1672万元受贿额中，就有一半出自刘军之手。

2006年6月底，刘志华“落马”后不久，刘军在湖北武汉一家宾馆被北京市检察机关工作人员带走，从此踏上了长达三年的羁押和审判之路。在他身后，留下了多个烂尾地产项目和股权、债务、借贷纠纷。其花费数年搭建起的庞大“泰跃系”，亦分崩离析，股权或被抵押冻结，或辗转落入他人之手。

刘军起步

刘军，生于1966年建军节，曾用名刘健军。他原籍河北霸州，自小生长在北京。1986年考入北京经济学院（现首都经济贸易大学）安全工程系。在同学的印象中，刘军一直不爱说话，老师对他也几无印象。直到后来开校友会，才发现昔日沉默寡言的刘军，已成名震京城的地产富商。

据刘军自述，1990年大学毕业后，他没能获得国家分配。之后一直在北京市畜牧局下属的机械设备公司做销售。1993年，他和同学一起租下中国人民大学对面一块空地，盖起了一栋写字楼，除对外出租一部分，还开了一间“龙虎大酒楼”。这是刘军最早成立的一家公司。

虽然“龙虎大酒楼”一直经营亏损，却成为刘军用来经营人脉关系的最初平台，包括此后成为北京市副市长的刘志华等人，常去那里吃饭。1995年，写字楼因属违章建筑被拆除，刘军却并未伤及元气，反而更上一层楼，于同年成立了泰跃地产，注册资本1000万元。

泰跃地产资质虽浅，但在有力者支持下，很快在海淀区接下一个“半拉子”工程——“怡秀园”公寓，建成上市后，仅三个月即销售完八成。之后，泰跃地产在海淀区内相继开发了“太月园”、“太阳园”两个小区。这两个项目，以个性化的户型设计大获成功。据业内估计，两个楼盘的销售收入当在30亿元以上，刘军获纯利近10亿元。

校友刘志华

刘军踏入地产界伊始，行贿便是其首选手段。最引人注目的行贿对象，是北京市原副市长刘志华。

年长刘军17岁的刘志华，与之同为首都经济贸易大学校友。两人交好，在京城政商两界是“公开的秘密”。2006年年中刘志华被“双规”后，有关刘军可能要出事的消息即不胫而走。

刘军发迹初期，刘志华并未帮上太大的忙。1999年5月，刘志华出任北京市副市长，2001年5月兼任中关村科技园区管委会主任，同时担任北京市住房制度改革领导小组组长。也正是在2000年前后，刘军的地产生意开始在海淀区快速扩张。

尽管刘军的起诉书并未直接提及刘军与刘志华的钱权往来，但透过已经受审的刘志华案，却不难勾勒出双方幕后交易的线路图。

刘志华的判决书显示，2001年，刘志华帮助刘军绝对控股的北京科技园文化教育有限公司（下称科技园公司），以“教育产业”的名义获得了海淀区苏家坨乡地块的土地一级开发权，并拿到了国家开发银行贷款。在北京城市核心区域供地越来越少的背景下，这一“特权”尤显珍贵。何况刘军是民营企业家。科技园公司由此回报刘志华3000美元、5万元人民币，并为刘志华购买价值11万元人民币的文物佛像一尊。

2008年10月，河北省衡水市中级法院一审判处刘志华死缓，法院认定刘志华利用职务便利为他人牟取利益，索取和收受他人财物折合人民币696万余元。

关键人周良洛

2007年3月，北京市海淀区原区长周良洛被“双规”。舆论普遍认为，周的倒台源于刘军的揭发供述。一年后，周出庭受审，检方认定的1672万多元受贿款中，有一半出自刘军之手。

周良洛原来任职北京市朝阳区，与刘军生意并无交集。2002年3月，周调任海淀区区委副书记，同年11月获任海淀区区长。任内，周良洛以善于“经营城市”而著称，大力推行中关村重心北移。隐藏在这一发展思路下的，则是与诸多开发商之间令人瞠目的巨额利益交换。

2002年，“泰跃系”旗下科技园公司立项开发中关村文化教育基地（南部地区）土地一级项目。周良洛甫到海淀区，曾在有关办公会上对“刘军在海淀区拿地太多”表示不满。为此，该项目在海淀区计委报批时，未获通过。刘军获知有关情况后，通过皇甫炳君的介绍、撮合，与时任海淀区区长的周良洛建立了良好关系。

皇甫炳君系原朝阳区建委工作人员，与周良洛关系密切。皇甫炳君后来从刘军处获得了200万元的安家费和400万元家具款，并担任了泰跃地产副总经理，专门负责维系与周良洛的关系。

刘军案起诉书称，2003年6月，科技园公司为开发中关村文化教育基地项目，向国家开发银行申请贷款12亿元，须北京市中关村科技园区管委会提供担保。周良洛先后两次在区长办公会上指示海淀区财政局违规出具担保函。

之后，中关村科技园区管委会、海淀区财政局、科技园公司三方签订了《国家开发银行贷款还贷责任书》，约定科技园公司未按借款合同归还贷款时，海淀区财政局向国家开发银行提供还款保证，致使海淀区财政资金处于代为偿还的风险之中。

2003年，海淀区政府决定开发北京稻香湖培训中心（稻香湖项目）。刘军得知后，认为该项目有利可图，请求周良洛帮助科技园公司加入。同年11月，周良洛主持召开区长办公会，同意科技园公司出资2亿元，成为改制后的北京稻香湖投资发展有限责任公司控股股东。

科技园公司投入“稻香湖”项目的2亿元资本金，实际上是刘军从旗下上市公司挪用的，未完全到位。第二年，泰跃地产的资金链出现紧张，刘军为避免从上市公司挪用资金事发，请求周良洛帮忙。周主持召开有关会议，决定由海淀区区属国有企业出资置换科技园公司的股权，由此，科技园公司不但顺利收回资本金，还获得了1000余万元的投资收益。

为感谢周良洛提供的帮助，刘军提出送钱意向，周良洛欣然同意。2003年2月，刘军安排人员从泰跃地产支取1000万元转至香港，于同年10月和11月将兑换的近93万美元（折合人民币约769万元）汇入周良洛指定的香港上海汇丰银行账户。2006年初，又将两张各50万元人民币的银行卡送给了周良洛。

2008年3月28日，北京市第二中级法院一审判处周良洛死缓，作为同案共犯的周妻鲁小丹，亦因受贿罪被判处无期徒刑。法院认定周良洛收受贿赂款高达1672万元，其中，周妻鲁小丹参与受贿889万元。2008年5月7日，北京市高级法院终审维持了前述判决。

除了刘志华和周良洛，收受刘军贿赂的北京官员，还包括海淀区原助理巡视员许树迎和海淀区地税局原副局长熊晓京。他们各自的判决书显示，曾任海淀区副区长的许树迎，为泰跃地产开发一住宅楼建设和危旧房改造等项目提供帮助，收受了刘军给予的两套住房，价值261万余元，于2009年5月8日被一审判处无期徒刑；熊晓京则为包括泰跃地产在内的多家企业偷税提供方便，于2008年12月15日被判处有期徒刑11年。

“泰跃系”背后的交易

2001年，刘军开始涉足资本市场，短短两年时间，先后将湖北金环（000615.SZ）、景谷林业（600265.SH）、茂化实华（000637.SZ）三家上市公司收入囊中。

泰跃收购上市公司的诸多违规行为，一直被市场所质疑，包括虚假出资、违规股权转让、违规控制权转移、违规挪用占用上市公司资金、违规关联交易、上市公司为大股东或关联公司违规担保贷款等。其中，2002年通过贿赂上市公司高管，违规收购茂化实华，堪称典型。

2002年初，刘军获悉茂名石化公司职工互助会持有的茂化实华46.97%的股权准备转让，该公司资产优良、业绩较好，即开始运作收购。当年七八月间，刘军到茂名进行了实地考察，向公司实权人物总经理姚志方、财务副总监成家炯许诺，若帮助完成收购，将保留他们的高管职务，并给予二人好处费和赠予部分股份。

经姚、成二人积极运作，同年11月25日，泰跃地产顺利收购了职工互助会持有的茂化实华29.5%的股权。

为继续收购职工互助会剩余的17.08%股权，刘军规避了《证券法》中关于投资者持有上市公司股份超过30%时应向所有股东发出收购要约的规定，于同年11月28日注册成立了天津裕丰伟业商贸有限公司，以天津公司的名义继续收购职工互助会持有的茂化实华剩余股权。

因泰跃地产收购资金不足，在姚志方、成家炯的帮助下，泰跃地产与茂化实华共同出资成立了“北京泰跃实华房地产开发有限责任公司”，以合作开发“逸成东苑”房地产项目的名义，从茂化实华获得2亿元资金。泰跃地产使用其中的6491万元，以天津公司的名义购买了职工互助会持有的茂化实华剩余17.08%的股权。

为感谢姚志方、成家炯在股权转让中提供的帮助，2002年12月至2003年1月间，刘军通过泰跃地产工作人员，将1500万元汇入二人指定账户。姚志方分得1000万元，成家炯分得500万元。

2007年10月，姚、成二人被逮捕。

此外，2000年初，刘军结识了湖北省襄樊市原市委书记孙楚寅、原常务副市长赵成霖。之后，在泰跃地产控股的襄樊泰跃投资公司低价收购襄樊刘集机场过程中，以及泰跃公司控股的湖北泰跃投资集团有限公司违反程序收购湖北金环股份有限公司的国有股份，并欲承揽高速公路工程的过程中，刘军通过他人贿赂孙、赵二官。2001年初，泰跃公司出资，送给孙楚寅3万美元、8万元人民币；2001年6月至2002年12月，先后八次送给赵成霖27万元人民币、5000美元。

2004年8月，赵成霖被湖北荆州市中级法院一审判处有期徒刑12年，法院认定其先后45次收受他人钱财72万余元。而孙楚寅则于2005年8月被武汉市中级法院一审判处有期徒刑17年，法院认定其总计收受33人贿赂的102万余元人民币，并有211.7万余元的财产不能说明合法来源。

开庭与辩护

在经历了长时间羁押和几次退补侦查后，刘军案终于走到了终点。此前，他的主要行贿对象周良洛、刘志华相继被判处死缓，其他受贿官员亦获刑不等。

2008年12月23日，石家庄中院首次开庭审理此案。据参与旁听的人士介绍，由于控辩双方分歧明显，庭审从上午8时一直持续到次日零时30分。

庭审中，刘军及泰跃地产聘请的四名律师做的均是无罪辩护。律师辩称，刘军行为的性质不是犯罪。比如对于行贿周良洛的指控，律师认为，无论是泰跃公司的项目开发审批手续，还是海淀区政府提供反担保贷款及入资、撤股稻香湖项目，均是正常的商业经营行为，不存在不正当利益。

律师还表示，周良洛的口供和有关证人证言表明，周等人有意压制、阻碍泰跃地产正常经营，逼着刘军去找周良洛。即使真的有贿赂发生，也是周良洛索贿。

不过，上述辩护意见最终均被石家庄中院驳回。

2009年6月上旬，石家庄中院作出一审判决，对公诉方指控的罪名和事项予以全部认定，数罪并罚，判处刘军有期徒刑14年。

因对判决不服，刘军已经提起上诉。河北省高级法院此后维持了一审判决。

灰档：北京一夜

少妇走进了五楼的一个拐角房间，里面一个跛脚老人在等她。两人熟练地宽衣解带，共享云雨之欢，两小时后，他们打开了房门，在视频中留下一双极不对称的背影。

这是2006年6月的一个炎热的晚上，没有第三双眼睛直观这个房间里发生了什么，除了一个高清而隐蔽的针孔探头。

酒店是城市地标，是家的样板，是流动的办公室，是整过容的小社会，是肉体的交易所，还能满足一个时代的欲望和想象。刘志华与情人的北京一夜，就这样被观摩、拷贝，并呈送高层集体观看，以至于他们陷入长达一小时的尴尬静默。

两年后还原这一鲜为人知的细节，却是远在北京300公里之外的河北衡水。

南方周末记者朝格图矮小清瘦的身子挡着法院大门，我背着他伸手将那张A4白纸小心翼翼地撕下来。那天傍晚，在得知刘志华案第二天开庭，我们从北京坐着慢悠悠的绿皮火车一路喝着小酒赶到衡水。

那次出差，是我至今怀念的。没有一个人的孤独，没有了调查的煎熬。当我们落定衡水的宾馆，已是晚间10点多了。我提议先到法院踩点。

在法院门口，借着路边微弱的灯光，可见纸上打印着标准的宋体字，抬头是河北省衡水市中级人民法院开庭公告，内容简短："兹定于2008年10月14日上午8时在本院第一审判庭，公开开庭审理由衡水市检察院提起公诉的被告人刘志华受贿一案。"

线人提供的信息没错，刘志华一审在即。

回到宾馆，我们商量着做另一件事——找到刘志华的代理律师莫少平住所。我打他手机，他拒绝了当面受访。但不能轻易放弃！如果敲开他的房门，或许机会会增大。不具备官方的刑侦手段与窃听工具，我们只能依靠最笨的方式——两人以北京朋友之名，轮流向衡水几家最好的宾馆查询是否有"莫少平"入住。这次没有复制以往的成功，事后我们得知，莫少平就躲在法院对面一家并不知名的商务宾馆的高级套间内。

半夜，我再次拨通老莫的电话，表达了采访意图。他提醒庭后再见。

突然想起另一事，刘志华的情人叫什么？她又被如何处理？这是一个太多人想知道的结果。在2006年的那个夏天，她以一段性爱录像名噪一时。遗憾的是，到开庭这一天，人们连她的名字都不清楚。我厚着脸皮再次骚扰律师，他提供了她的名字：王建瑞。

王建瑞，好熟悉的名字。这三个字迅速在我脑海中搜索着可能应合的记忆，并指引我重返法院大门。没错，在那张被揪掉的开庭公告旁，还贴着另一张关于王建瑞案将于15日开庭的公告。

该庆祝一下，老白干是这座城市最好的标签。除了身材，朝格图继承了蒙古人的好酒和豪放。我们初次见面，就在京城一个小胡同喝到酩酊，后来曾一起失恋，一起豪酒；一同共事，一同扒粪。

我们的经典合作是《北京摩根中心29个月“烂尾”始末》，这篇八千余字的调查报道发表于2006年3月21日出版的《新京报》上。看到报道后，我在北京的一名老上司在电话里咆哮：“除了北京这1.68万平方公里，全国其他900多万平方公里，你爱盯哪盯哪去！别不知道自己怎么死的。”在他的意识里，任何触摸北京摩根中心的想法都是极为危险的。那是一个连权力中心都深感棘手的山芋。

北京摩根中心现名盘古大观，紧邻北四环，距奥运工程“水立方”180米，距“鸟巢”500米。借力于台湾著名设计师李祖原的创意，整个工程像一条东方巨龙，旨在建设体现东方文化的经典建筑。

但“巨龙”在2003年10月27日难产。到我们报道之时，作为北京奥运会主体工程的“水立方”和“鸟巢”竣工在即，并肩而立的摩根中心只完成了25万平方米的建设。五幢未完成的灰色烂尾楼，犹如五根枯指，矗立在北京奥运规划地带的一角。

停工源于土地被回收，规划、建设和施工许可也相继取消，理由是“未按期付清全部地价款”。而作为北京分管城建的副市长，刘志华是这些政令的主要签发者。

很难想象，这块寸土寸金的奥运热地曾是朝阳区大屯乡的一块菜地。河南人郭文贵与著名演员朱时茂出资500万元，从名字中各取一字，合伙成立北京文茂投资顾问有限公司，开发这块菜地。以申奥成功为拐点，文茂公司更名为北京摩根投资有限公司，朱时茂退出，地皮由住宅改为商用，规划变更不下十次。实际控制人郭文贵获得“奥运地主”之称。

朝格图一个多月的调查，还原了摩根中心烂尾的前因后果。当时我是那家报馆的核心报道主编，他是骨干记者。这篇报道在“两会”之后的京城掀起巨浪，有人试图收购已经上摊的报纸，并通过多种渠道给报社施压。两个月后，官方挂牌拍卖本是郭文贵名下的地产，北京最大的地产公司——首创集团与其子公司以17.6亿元竞价胜出。

“奥运地主”郭文贵急了，他以特殊的方式对刘志华实施了举报。

6月11日，新华社发出通告称，刘志华因生活腐化堕落被免去职务。北京市人大常委会通报，刘志华的错误事实清楚，证据确凿，情节严重，影响恶劣，决定免去其副市长职务。嗣后，由中纪委、监察部立案审查。

“太令我们震惊了。”刘志华的老师李福田回忆。这位首都经济贸易大学劳动经济学院教授，原计划6月12日组织一个校友座谈会，刘志华亦在邀请之列。实际到场的8位校友中，3位副部级，5位正局级，刘志华成了这个座谈会的新主题。“大家都觉得很突然，事先没有一点征兆。”李福田说。

当时的传言与事后的证据，都将刘志华的落马与“奥运地主”的举报有关。举报者称，刘志华存在大搞“权色交易”、收受外商巨额贿赂、插手重点项目、非法为公司做贷款担保、批地黑幕等诸多问题。最大的杀伤性武器是一盘长达60分钟的录像带，记录了刘志华与情人的那段性爱经过。这盘录像带通过内部渠道上报，引起中央震怒。

震怒的根源当然不止性丑闻，更有摩根中心的烂尾对即将举行的北京奥运会的影响——前者只是作风问题，而后者是关乎国家形象的政治难题。孰轻孰重，不容置疑。

那是一个热闹非凡的夏天。当女议员璩美凤的性爱录像风靡宝岛台湾时，内地国人还有种隔岸观火的痛快。未料弹指之间，现实不止刷新人们的想象，而且发生在眼前。

在刘志华案宣判后，我和朝格图跟他的妻儿有过两次超过四小时的对谈。言语间，既有对体系的抱怨，亦不乏对举报手法之憎恨。在他们看来，选择在一个政治震荡期实施流氓式窃听并引发风暴，实际上是绑架了一个复杂而庞杂的集团力量。任何人在其中都难辨方向。

北京，自从这座城市集中了政治、经济、文化的精华，并成为中国文明标志和主要源泉的完备空间后，就以强大的磁力吸引周围的人们丢下锄头，走进城来，将自己的命运作为赌注，投入这个据说会产生奇迹的庞大的老虎机，从而改写着“围城论”——外面的人想进来，里面的人不想出去。出局者刘志华，现在或已有了自己的答案。

每个不安的个体为了争取平等的生存权，内心都怀揣难言的隐痛和殉道者的悲壮东奔西突。此案中的另一配角刘晓光，近年来遭遇的一系列事情，也足显这座城市的水太深。

早在2006年6月16日，一个普通的星期五，很多人的手机便收到了一条短信，称首创集团董事长刘晓光因涉及刘志华案而被捕。短信以几何级数逐层扩散，一夜之间，圈内人人皆知。自一周前刘志华“因生活腐化堕落”被免职并立案侦查后，风声鹤唳中的京城地产界迎来了首次冲击。这条短信的来源不乏神秘。倘若有人回电质询，电话那头的人嘿然而已，并不作答。后来获得补充的消息显示，刘晓光当天乘飞机匆匆从香港返回北京，在首都机场即被控制。

如果将欲望比拟成“射线”，现实带来的却仅仅是“线段”。“线段”可以容纳的时间和空间是极为有限的。而左右这“射线”变成“线段”的关键因素往往却是强权行使的刹那。刘晓光所面临的复杂生存环境，从他与首创在多宗贪腐大案的身影中可见一斑：

——刘志华案中，2005年下半年，刘志华伙同王建瑞向首创置业集团总经理刘晓光索要住房。同年10月，刘晓光公司下属的北京阳光金都置业有限公司上报开发项目，被迫于2006年1月24日给王建瑞“梵谷水郡”D2-2-901室。

——郭京毅案中，2001年三四月间，首创筹备设立首创置业股份有限公司，由于公司设立时有外资成分且在境外上市，必须经过外经贸部审批。急于拿到批文的首创，以每平方米5600元的成本价卖给刘伟、郭京毅各一套“雪梨澳乡”的别墅，两人分别从中获利价值124万余元、123万余元。

——在杜世成案中，2003年李薇成功揽得太平角61800平方米的土地开发权，转让给首创集团和青岛城建集团获利8400万元；李薇帮首创揽得李村河污水处理厂项目，获得咨询费100.8万元。

在这个政治周期，刘晓光密集地被卷入这些要案调查，可以理解他周旋于这等复杂的处境，如何竭力脱身自保。但在首都的诱惑与陷阱面前，这种幸运能被几人复制？

故事仍在继续演绎。2011年的深秋，我的一位新同事试图对“奥运地主”来一次更完整的梳理，这个仅是动议中的计划，却被一个盖有神秘部门公章的函件叫停。地主的利益与无形的手，至今还在权力中心如影相随。

第三章　津门大地震

几乎与上海社保案同步，天津政坛大事接踵而至——2006年6月天津市检察院原检察长李宝金被“双规”，次年6月3日时任市政协主席宋平顺畏罪自杀，2008年10月滨海新区管委会主任皮黔生被查；加之时任天津市委书记张立昌长期抱病，并于2008年1月10日逝世。

作为曾经的受益者，李宝金情妇王小毛、宋平顺情妇许敏、皮黔生扶持的商人吴晓华等，亦未能幸免。而国企掌门霍津义、戴成文是向受益者输送利益的直接执行人，他俩的案发成为这一火药桶的引线。

这张裙带大网盘根错节，既阡陌交集，又互为独立，在过去十余年间，围绕旧城改造、新区开发、高速公路建设及融资平台等，上下其手，利益同沾。

公子哥李杰①

外逃中的李杰

北京市宣武区西便门东里甲1号，是长城国际拍卖有限公司办公所在地。

2004年11月2日上午10时许，北京威克瑞电线电缆有限公司（下称威克瑞）资产拍卖会在此举行。

此前10月15日的“拍卖公告”称，此次标的实为威克瑞二期整体实物资产，位于北京市平谷区谷丰东路14号，含土地使用权、生产流水线设备、房屋建筑等，起拍价为1.3亿元。

长城拍卖公司项目联络人李女士透露，上述资产当日以1.37亿元被平谷一家房地产公司盘下。

“威克瑞资产处置工作基本告一段落，此案有望在近期启动责任人刑事问责程序。”此次拍卖会委托方——北京市高级法院有关人士说。

此前的9月15日，北京市供电局原局长、北京供电公司原总经理赵双驹被北京市检察院一分院正式批捕，涉嫌罪名为渎职。

赵双驹正是威克瑞案的直接责任人之一。更早前的2004年6月23日，国家审计署审计长李金华向全国人大常委会作审计报告时披露，赵某因违规为威克瑞担保，致使北京供电公司损失4.57亿元。

电力系统内的职工一看便明白，审计报告中所指的“赵某”即为赵双驹。同样心知肚明的是，赵双驹仅是威克瑞案的替罪羊，威克瑞原董事长李杰的外逃及其留下的烂摊子，由现职的赵双驹承担一切罪责。不过，李杰位居高位的父亲与其发迹地天津，亦因此卷入长达数年的剧烈震动。

从不点名曝光到被批捕

时年64岁的赵双驹当了13年供电局局长，这名20世纪60年代从清华大学毕业的

①作者罗昌平，编辑李列，原载《新京报》2004年11月25日核心报道。

高才生，从北京市昌平县供电局一名普通电工起步。

1999年，赵从北京市供电局局长任上退下来后，调任华北电管局局长助理、超高压局局长。次年，赵双驹退休，身兼北京电力行业协会常务副理事长和中国电力企业联合会供电分会的常务副会长两职。如此算起来，赵双驹离开北京市供电局局长一职已近5年。

北京电力行业协会办公地位于宣武区枣林前街，此处原为华北电网公司（由原华北电力集团公司改制而成）的一幢三层小楼。

“很久没看到他（赵双驹）了，听说出了大事。”2004年11月12日，该办公楼值勤保安说。

中国电力企业联合会（下称中电联）位于宣武区白广路二条1号，与枣林前街相距不到200米。“赵双驹涉案跟我们没有直接关系，只不过他在这里兼职而已。”中电联一位人士表示。

李金华在6月23日的审计报告中指出：“1994年至1996年，北京供电公司总经理赵某在公司不具备独立法人资格的情况下，擅自为北京威克瑞公司提供担保，本息合计11.2亿元。由于威克瑞公司濒临破产，经法院判决，北京供电公司承担部分赔偿责任，造成损失4.57亿元。”

审计报告中的“赵某”即为赵双驹。赵双驹自然因此成为“审计风暴”的主角之一。其秘书张辉接受《东方早报》采访时表示，6月23日当天，赵双驹正在江西赣州出差。据说他返京后做的第一件事，即向北京电力公司（由原北京供电公司改制而成）高层提出“从行协退出来”。

赵双驹的同事介绍，当时公司高层曾对赵双驹进行挽留。北京各大媒体报道，7月初，赵双驹已被限制公务出行；9月中旬即被市检察院正式批捕。

威克瑞两度辉煌

位于宣武区香炉营头条35号的京电大厦，其前身是宣武门变电综合楼。

该大厦第六楼整层，为威克瑞总部所在。2004年11月11日记者在此发现，前台及大厅的办公桌已基本清空。威克瑞副总经理王雅瑞介绍，目前仅留几名工作人员，负责公司的善后工作。

王雅瑞办公桌上的一张由北京市高级法院于11月9日发出的函件称，留守人员应尽快做好威克瑞二期资产的移交工作。

威克瑞成立于1991年9月6月，由香港兄弟发展有限公司、北京供电实业开发总公司以及平谷县马昌营乡经济联合总公司合资成立，注册资金2500万美元。合资公司由港方出资1500万美元控股，中方两家公司合计入资1000万美元。

其中，马昌营乡经济联合总公司为马昌营乡政府集体企业，以土地入股。而北京供电实业开发总公司为北京市供电局全额投资组建的下属企业，专营电气工程安装调试、供用电技术维护等。审计报告显示，其入股威克瑞6400万元注册资本，为专款专用的供电贴费。

据威克瑞多名管理者证实，自1991年9月至1997年11月，北京市供电局、马昌营乡政府均未派人参与公司的经营和管理。

威克瑞在外宣资料中称："威克瑞公司是国内首家由供电系统与外方共同投资兴办，由供电局直接参与生产、经营管理的现代化企业。"

威克瑞一位不愿具名的副总经理介绍，1991年至1993年间，因电缆生产企业较少，加之北京市供电局本身就有电缆需求量，如此点对点的生产经营模式，一度成为"威克瑞的黄金时期"。

这位副总经理回忆，1993年3月27日，北京市科协组织近30名政府官员、电力专家召开的"季谈会"上，包括赵双驹等在内的官员表示，北京电力不足的问题到了非解决不可的时候，已经制约北京的经济、建设等方面的发展，希望领导能像抓"路"和"树"一样抓"电"。此建议获得当时参会的一位市领导"充分肯定"。

同期，威克瑞决定筹建二期高压电缆工程。所谓二期，实为在平谷城区筹建新厂，并计划转让位于马昌营乡的一期低压电缆工程（即老厂）。

知情者表示，由于当时北京的低压线路改造相对成熟，政府计划加大高压线路投入，故威克瑞二期工程意在抢占北京高压电缆市场。

资料显示：二期工程总投资1.15亿美元，于1997年底建成试运行，1998年正式投产。

威克瑞总工程师王宝仁介绍，1994年筹建二期工程时，设备为全套国外引进，这在全国还是首例。

"目前是国内技术和设备最先进的电线电缆生产企业之一，年产值为10亿元人民币"——威克瑞的外宣资料如此介绍，公司下设塑力、交联、盘具厂及销售分公司，可生产65个品种上千种规格的电线电缆产品，可广泛使用在工矿企业、油田、港口、电站、输配电工程及大型建筑工程中。

就在全国农网改造工程推进之际，在原国家经贸委发布的《第一批全国城乡电网建设改造所需设备产品及生产企业推荐目录》中，威克瑞的产品名列首位。

自1998年至2000年，公司年产值均超过2亿元，其中1999年产值更高达2.7亿元。平谷区经委一位官员表示，威克瑞一度成为直接影响平谷年度财政收入的三大支柱企业之一。

威克瑞、赵双驹与北京足球

在平谷，威克瑞之名几乎妇孺皆知，而与威克瑞关联的还有“电缆”、“足球”两个词。

威克瑞总部原本并非坐落于京电大厦，而是著名的赛特广场。

资料显示：早在1995年，威克瑞与北京市体委签订共办北京女足的协议，双方约定由威克瑞每年向女足“输血”200万元，女足则以“北京威克瑞女子足球队”的名义参加全国比赛。

在此基础上成立的北京威克瑞足球俱乐部，还收编了原北京青年队，同时发展了男足、女足。

据《北京青年报》报道，自1999年1月始，威克瑞即停止给予球队经济支持，原因是“没有上座率和收视率的比赛和球队只赔不赚”。

一位知情者算了一笔账，1996年至1998年间，威克瑞俱乐部在对女子足球队的投入主要集中在差旅、工资、服装、出场费等项，而1997、1998年两年每场比赛奖金更在1万元以上。

据不完全统计，运营一支女足队伍全年费用应在400万到500万元，扣除由市体委负责的后勤费用，威克瑞每年至少投入200万元。自1995年以来，威克瑞赞助男足、女足的资金应达数千万元。

北京女子足球队战绩较佳，共夺取过6次全国冠军，有18名球员先后从这里走进国家队大门；而男足中，也培养出如邵佳一等国内知名足球运动员。

威克瑞一位副总经理介绍，其实早在1997年，威克瑞已表示退出足坛的意向。而到1999年，在不再向女足投入的同时，威克瑞将男足整体转让给北京国安俱乐部，其成交价为1200万元。自此，威克瑞这个名字退出足坛。

需要提及的一个细节是，威克瑞投资北京男足、女足之际，赵双驹出任北京足协副主席，该协会为北京市体委的直属事业单位。

另有资料显示，威克瑞男足集体转会至国安后，赵双驹以北京足协副主席的身份多次对国安队员发表了热情洋溢的讲话。

威克瑞一些职工表示，公司产品不具大众性，其投资足球俱乐部的动机令人费解。那位副总经理则表示，从赞助足球队到最终退出，其间几个时间节点上发生的事情，已明显暴露出公司的资金问题。

威克瑞没落真相

噩梦肇始于1994年，当时正值威克瑞开展二期高压电缆工程之际。

工商资料显示，合资三方均未追加投资。这意味着二期工程总投资1.15亿美元，全依赖于银行贷款。国家审计署的报告显示，北京供电局为威克瑞担保的贷款达7.8亿元。

威克瑞总工程师王宝仁介绍，1995年7月他负责工程总指挥时，设备已到位80%左右。当时的土建工程交平谷一家土建公司承包，基建工程则由河北保定某基建公司承包。

按王宝仁的说法，正常情况下此工程一年半即可完成安装并投产运行。但事实上，威克瑞二期工程从立项到投产，足足花了4年时间。

知情者普遍认为，资金不到位是造成此后果的最直接原因。据介绍，仅平谷那家土建公司，就被拖欠工程款近6000万元。

而直到1997年，赵双驹等北京供电局管理层才发现，威克瑞的控股方——香港兄弟发展有限公司，还借威克瑞之名在全国各地进行了大量贷款及担保，金额超过5亿元。

证据之一来自深圳市中侨发展股份有限公司1999年的年度报告："1999年10月15日工行榆林分行起诉榆林区对外经济贸易公司、本公司及第三人北京威克瑞电线电缆有限公司，请求依法判令第一被告及第三人立即偿还原告至1999年10月15日信用证垫款本金约343万美元及利息。"

后经陕西省高级法院判决，中侨公司及威克瑞被要求承担巨额债务的连带清偿责任。

此前的1997年底，威克瑞二期工程试运行。知情者回忆，因公司管理混乱，二期工程迟迟不能投产。

同年11月，北京市供电局委派王常平担任威克瑞总经理。北京市电力公司一位人士介绍，王常平曾任通县供电局局长，本拟调任北京市供电局局长助理，后由赵双驹临时派至威克瑞。

王常平入驻威克瑞后，将公司总部从赛特迁入京电大厦，以节约开支。同时将电缆公司分成两部分，一部分为厂区，一部分为销售队伍。

威克瑞的职工一致认为，王常平到公司不仅带来了好管理，还带来了高效益。可佐证的一组数据是，自1998年开始，威克瑞的生产销售扶摇直上。据平谷区统计局统计，2000年威克瑞总产值为20750.3万元，销售收入为21469.8万元。2001年因经营情况恶化，当年累计产值为1992.4万元，销售收入3636.8万元。

所谓的"经营环境恶化"，是指自2000年下半年起，各地的债主纷纷到威克瑞逼债。

王宝仁介绍，2000年12月的一天，在公司管理层毫不知情的情况下，天津一家公司的车队进入威克瑞，将其库存价值数千万元的电缆拉走。此事件对威克瑞产生致命性打击：一方面，供电公司声誉因此蒙上阴影；另一方面，公司材料供应厂商、公司销售渠道产生连锁反应。

此后不出一月时间，有法院办案人员两度上门要求查封威克瑞生产车间。尽管以王常平为代表的管理层竭力周旋，公司最终于2001年5月彻底停产，8月只对职工发七成工资。

威克瑞一位负责销售的人士介绍，即使2001年近7个月未生产，但其库存电缆仍使公司保持了3636.8万元销售收入，“堪称奇迹”。

外逃中的董事长

威克瑞行至今日境地，公司法定代表人、董事长李杰难辞其咎。

知情者透露，李杰创办威克瑞时，仅30出头。而且此人并非外界所认为的港商，“是个天津人，在北京有着非常深厚的政治资源”，父亲就是领导人。

威克瑞一期低压工程投产时，北京市政府有关领导亲赴平谷剪彩。一位知情者还透露，由于认为威克瑞有美好前景，当时有官员建议将全市所有的电线杆挖掉，全部代以威克瑞生产的地下电缆。

工商资料显示，香港兄弟发展有限公司投入的1500万美元，由香港另一海外贸易公司转股注资。记者尚无条件求证这两家香港公司的真实背景。

另据透露，除了电缆及足球两项，身为香港兄弟发展有限公司董事长的李杰，还做铜期货，并在亚运村经营一家酒店，这两个项目以巨亏告终。李杰也因此被认为是个“很会烧钱的主儿”。

公司总工程师王宝仁也向记者证实了上述说法。他同时透露，李杰很少到平谷，“此人特会说大话，懂得安抚群众”。

可见他能耐的一些细节是，每年全国“两会”召开时的3月，李杰可以驾着他的豪车直接出入人民大会堂等安保置顶的场合。此外，他在天津、北京之间往返频繁。

王宝仁介绍，二期工程筹备之前，李杰一次招进70余名大学生，一次性为他们解决户口，并承诺将来可住好房子、子女可入托最好的幼儿园。

李杰后来又招入数十名大学生，承诺发5000元月薪，此举在公司管理层争议颇大。据介绍，除那70余名大学生外，此后进来的员工均未解决户口及承诺的薪酬。以至于公司出现怪现象——那些普通的体力活均由大学生来完成。

似乎无人能阻止李杰的个人决定。据一些职工回忆，李杰对二期工程要求甚高，如办公楼在建设中略微出现不合其意之处，就被要求全线返工。自1995年至1997年11月，在北京供电局派人管理公司之前，威克瑞总经理一职换过4人，“有一个刚上来就被换掉了”。

知情者介绍，赵双驹对李杰“只会尽量协助而绝不干涉他的决定”，理由是李杰的父亲拥有太大的威权。

“李杰从一开始就把台子搭得很大，等到无法收拾时就一把甩给了供电局。”与赵双驹共事多年的一位人士表示。

2000年下半年起，各地的债主纷纷到威克瑞逼债，甚至跑到他在天津的老宅围堵。身为董事长的李杰自此不知去向，但此事的台后博弈相当深远，甚至直接影响到他父亲的卸任时间。

案件已胶着7年

消息人士称，早在1997年，也就是北京供电局委派人入驻威克瑞之际，有关部门即介入威克瑞案。换言之，赵双驹本人已经历了整整七年的调查。

“他为人和善、谦虚，演讲能力不错，让人感觉学识渊博。”一位同事如是评价赵双驹。

2001年9月12日，北京电力行业协会全体员工举行一次节能宣传活动，时任行协常务副理事长的赵双驹，现场吟出一首七言绝句，至今传为美谈。

一位与赵双驹打过多年交道的人士介绍，赵最大特点是认真，踏实，“当上局长完全是靠他的实力”。

而“对下属很关心”，似乎成了威克瑞、北京电力公司、北京电力行业协会等各方评价赵的一个共识。

至于赵双驹“擅自担保”一事，也有人为其鸣不平。

《担保法》规定：具有代为清偿债务能力的法人、其他组织或者公民，可以做保证人。企业法人的分支机构、职能部门不得为保证人。

赵双驹的一位同事介绍，北京供电公司原来只是华北电力集团一个分公司，不具备独立法人资格，直到5月才由华北电网有限公司法人授权经营。

据他透露，担保工作均由北京市供电局的直属企业完成，其损失自然算在供电局头上。

除此，为减缓威克瑞的还贷压力，据审计报告，赵双驹与北京供电局副总会计师还违规向中外合资企业贝斯特公司“以存代贷”4000万元、向威克瑞借款3000万元。

《东方早报》2004年7月19日报道，赵双驹秘书张辉在接受采访时说，当年北京供电公司为威克瑞担保，绝非赵双驹本意。

“以审计报告来曝光胶着7年的案子，这本身就富有戏剧性。”中电联一位人士说。实际上，案件之所以进入司法程序是因为李杰外逃未归，而他父亲也以权重之位卸任了。

资产处置之谜

平谷区谷丰东路14号，即为威克瑞厂区。

占地400余亩的厂址，虽已尘封数年却仍颇显派头。值班的大爷介绍，除了不到20人留守厂区看护实体外，公司400余名职工早已各奔东西。

2004年以来，北京市第一中级法院共受理并审结两起农村信用合作社诉威克瑞及北京供电局的贷款纠纷案。这两起案件涉及贷款本金4500万元，法院判决北京供电局承担1/2的赔偿责任。

2004年7月，中国长城资产管理公司网站即公示了威克瑞资产处置的“合作意向”：“威克瑞投资项目筹建及生产经营所需资金主要依赖贷款，债务负担较重，且企业因生产缺乏流动资金使现有生产规模受限，造成极大的资源浪费。中国长城资产管理公司拟采取对外转让或招商共同投资的方式，广邀国内客商。”

此“合同意向”还称，中国长城资产管理公司是威克瑞最大债权人，拥有债权达7.95亿元。

中国长城资产管理公司资产经营部一名人士介绍，如果早在2001年就拍卖，威克瑞当时的固定资产应在8亿元。但受北京市高级法院委托，长城国际拍卖有限公司对威克瑞的估价为1.7亿至2亿元。

而威克瑞那名副总经理介绍，实际拍卖成交价远低于拍卖公司估价。

威克瑞副厂长、平谷县供电局原局长张庆海透露，威克瑞一期拍卖时，最终由平谷一家土建公司以2000万元低价接盘。该公司拥有威克瑞近6000万元债权。

二期工程最终以1.37亿元被平谷祥辉房地产公司接盘。记者在厂址看到，威克瑞占地达400多亩土地，其中实际利用率不到一半。而在厂址一侧是别墅区，此处离平谷城区不过5公里。

值得一提的是，2003年6月13日，平谷区副区长王颖光向区人大常委会述职，其中关于威克瑞的历史遗留问题成为焦点。述职报告称，威克瑞廉价占用兴谷开发区土地430亩，二期工程1997年建成投产后六年间生产不足4年，现已破产准备拍卖。目前土地资源和资金如此紧张，如何使闲置几年的430亩土地和几亿元资产发挥效益，应采取相应的对策。

威克瑞总工程师王宝仁后来仍留守威克瑞。他认为，威克瑞的市场前景仍很乐观，不应该破产。

据王宝仁介绍，2003年6月至7月间，该公司曾经一度要重新投产，后因北京供电公司原领导班子更替等原因，计划最终落空。

谁该为此担责

一份独家材料显示，威克瑞案暴露出的只是华北电力黑洞的冰山一角。此材料即2003年1月8日原华北电力集团公司向原国家电力公司提交的“华北电集〔2003〕3号”报告。

报告称，1996年以前，华北电力集团公司个别下属单位出现不规范的对外投资、借款、担保（以下简称“三乱”），给企业造成巨额的不良资产及潜在的风险。截至2001年底，集团公司及所属单位已查清尚待处理的“三乱”问题82笔，金额161769.83万元，其中投资14笔，金额14024万元；借款35笔，金额37311.1万元；担保25笔，金额86662万元；不良存（贷）款7笔，金额23810万元；其他1笔，金额1418.13万元。

值得一提的是，此前的2001年至2002年间，集团公司已处理“三乱”问题98笔，金额50167.29万元，其中收回现金38168.06万元，解除担保1973.15万元。自2002年起，又解决了搁置多年的不良存（贷）款问题，收回现金23286.43万元。

报告举例称，1995年北京供电公司和下属的北京供用电承发包公司分别在某银行定期存款3000万元和4000万元，由于牵涉北京供电公司对威克瑞在该银行借款担保问题，长期不能取回。对此集团公司决策，分别起诉到北京市一中院并判胜诉，于2002年收回本息3171.6万元和4228.4万元。

1997年，北京供用电承发包公司又在北京某银行展览路支行定期存款9笔，金额15500万元。此笔资金被该行行长体外循环，违规挪作他用而长期不能收回。经集团公司决策，向法院提起诉讼，于2002年收回本息15886.43万元。

中电联一位人士表示，威克瑞案绝非个案，其暴露出电力行业的体制弊端。此案还折射出一道难题：谁该为决策失误造成的巨额损失承担责任？责任人的庇护者又该如何惩治？

王小毛疑云①

2006年11月29日，天津电视台报道了市检察院原检察长李宝金被中纪委查处的消息。该消息援引中纪委通报称，李宝金在任天津市公安局副局长、市委政法委副书记、市检察院检察长期间，利用职务上的便利及影响，为数家企业牟取利益，索取钱款数百万元人民币；挪用巨额公款给他人使用；滥用职权，向外单位人员支出账外公款数百万元；违反财经纪律，私设账外账，涉及金额巨大。

李宝金的情妇王小毛

经中共中央批准，李宝金被开除党籍；对其涉嫌犯罪问题移送司法机关依法处理；由最高人民检察院根据有关规定给予李宝金开除处分。该消息还提到："此外，李宝金还犯有生活腐化错误。"

据了解，中纪委通报中所指李宝金的"生活问题"，以及"为企业牟取利益"，都指向天津市一个名声赫赫的企业——天津浩天集团。

浩天集团的董事长，名叫王小毛，如今已非自由身。

王小毛案发时44岁，未婚；由其控制的天津浩天集团主要涉足房地产、高速公路等领域。熟悉中纪委专案组的人士称，王小毛在津晋、津汕等高速公路投建过程中，涉嫌行贿和挪用公司资金，2006年4月已被中纪委带离天津接受审查。

王小毛被审查后不久，6月12日，李宝金因涉嫌经济问题，被中纪委宣布"双规"。

王小毛其人

王小毛，曾用名王桂荣、王晓毛。

①作者罗昌平、王和岩，编辑张进，原载《财经》杂志2006年第25期。

这两次改名的时间，正暗合了她所控制的天津浩天集团的两次重大转折。

在1995年前，王小毛名叫王桂荣。警方提供的户口卡显示，她籍贯为河北沧州，出生地是天津市南开区，汉族，1962年9月25日生，身高165厘米。

当年的王桂荣住在南开区金泉里17门增1号201室。这是一片陈旧的住宅区，粗大的管道在十几幢红色砖楼间穿行，烙着北方重工业地区的历史印迹。而此处的王氏旧宅早已外租。

在邻居眼中，王的父母均为普通市民，王本人少时亦无特别之处。她自己早年填写的一份履历显示，她的全部学业均在天津完成，1980年至1983年中专毕业，1985年获得大专学历后，她进入天津市开发区进出口公司，担任一名副总经理的司机。

据开发区管委会有关人士回忆，王性格开朗、交际广泛，属于公司中活跃的女性之一。

这种特殊的工作经历，后来被她转变为商业机会。

不过，王此后的多份简历自相矛盾。她1995年以后用得较多的一份履历称，1988年离开进出口公司后，她在国外度过了三年，于1991年担任菲光（天津）物业有限公司总经理。

能够追溯到的王的“发迹”，始于1995年。她与当时天津一个集体企业天津白楼综合经营服务公司共同出资1000万元，成立天津泰力房地产公司，其中王桂荣以自然人身份出资950万元。

次年4月，“泰力”改名为“浩天”，“王桂荣”亦第一次更名为“王晓毛”，工商资料的备注是：“王晓毛别名王桂荣”。

浩天房地产公司成立后不久，即形成“两翼”——浩天典当行和浩天拍卖行。这两家公司均由王氏控股，包括法院、检察院的三产企业以及一些大型国企都成为其股东。

典当行、拍卖行均属特种行业，必须经过公安机关的审批。通过追溯可知，那时的王晓毛已与李宝金相识。李宝金自20世纪80年代中期以来，一直在天津公安系统工作。至1995年，他已担任天津市公安局副局长三年。

1999年，浩天拍卖行被天津市政府指定为公物拍卖机构；2002年成为国家经贸委和海关总署缉私罚没车辆的定点拍卖单位。随后不久，又获得四大资产管理公司天津办事处的债务招标、拍卖等业务。在2003年的一本账簿中，浩天拍卖行与海事法院、河西区法院、天津市一中院、天津市二中院等都有大宗业务往来。

1998年6月，李宝金当选为天津市检察院检察长。当月18日，天津白楼综合经营服务公司退出浩天房地产公司，其所持股权由王晓毛之弟王贵明接盘。至此，浩天房地产公司成为王氏姐弟的全资私人公司。审计显示，该公司截至1998年6月30日，总资产为1.96亿元，负债高达1.93亿元。

彼时的浩天房地产公司，已跻身天津地产大腕阵营。该公司给业界留下两大印象：一是能较便宜地拿到好地，且集中在五大道黄金地带；二是似乎从不缺钱。公司的第一个房地产项目是位于马场道228号的“天娇园”，1997年开建，楼盘占地3.6公顷，建筑面积达5万平方米，小区绿化率高达41.5%。这是天津市最好的地段之一，在一片阔叶乔木之中，独立或联排的别墅群若隐若现。

浩天房地产公司的另一楼盘“天娇源”始建于2001年，即王氏姐弟独控公司之后。“天娇源”矗立在天津市最大自然风景区——水上公园的西侧。这块位于南开区的宝地同样令地产商垂涎已久。南开区政府一位官员表示，经李宝金直接干预，浩天如愿以偿获得了这一地块。

1999年，以房地产为核心的浩天集团正式成立。浩天集团的总部位于天津市常德道——这里是天津著名的老租界地“五大道”之一，地价可谓寸土寸金。公司所占用的两栋独立小洋楼，其中一栋建于外国租界时期，小院内有喷泉等设施。

此时，王在工商档案中的简历也被“重新包装”：她自称1980年至1984年就读于北京大学经济学系，1984年至1986年任职于天津国际信托投资公司，并在1988年获得两年的国外学习机会。

从1999年开始，浩天集团开始涉足天津市公路建设，并将交通基础设施建设、房地产开发列为浩天的核心产业。

2003年8月28日，浩天投资控股公司成立，这被王晓毛视作“浩天二次腾飞的平台”。她的履历并无大变化，但学历则已改成“北京大学硕士”。

此后，浩天集团的财富图谱陆续向教育和医疗扩张，相继控股的公司包括天津生物制品公司、天吉医学影像中心有限公司，以及天津医科大学临床医学院和天津南开翔宇学校。

2006年2月，王晓毛再度更名，将拂晓之“晓”改为大小之“小”，是为“王小毛”。此时，这名天津女大亨已经44岁。

这一更名决定甚至写入了浩天集团的股东决议。正式拥有倍显娇嗔的“王小毛”之名后两个月，2006年4月，她被隔离审查。

梦断高速公路

知情者介绍，王小毛被查的直接导火索，是津汕高速公路的大面积停工。

该项目由国有天津市高速公路投资建设发展公司（下称津高速）与浩天集团合作，总投资40亿元，全长52.54公里。作为2008年北京奥运会的配套工程之一，此项目被要求在2007年完工，以便使北京主会场顺利连接天津、青岛两个分会场。

2005年12月6日，浩天集团与津高速注资成立了浩天津汕高速有限公司（下称浩天津汕），初期注册资本3000万元；浩天集团出资2400万元，占80%。根据天津市市政工程局下发的“〔2005〕669号”文件，合资公司的注册资本将逐步增加至18.61亿元。

2006年3月2日，浩天津汕注册资本增至2.8亿元，其中浩天集团占80%，津高速占20%。增资带来的巨大需求令浩天集团资金链吃紧。

好在浩天集团所涉足的公路并非只有一条，腾挪办法多多。早在1999年6月，王小毛就与津高速的前身——天津市公路建设发展公司合作，成立浩天津岐公路有限公司，运营津岐公路项目；此后，又先后于1999年12月3日与津高速成立浩天京福公路有限公司，合作京福公路（天津南段）项目；于2002年9月10日与津高速成立浩天津晋高速公路公司（下称浩天津晋），运作津晋高速公路（天津东段）项目。

接近中纪委专案组的人士称，为了缓解浩天津汕的资金缺口，浩天集团挪用了由其控股的浩天津晋的还贷准备金，导致后者在2006年3月1日未及时归还银行贷款4000万元。

在王小毛案发后的9月12日，津高速与其融资券主承销商民生银行相继发布“提示性公告”，主要内容提及截至8月31日，浩天津晋有一笔4000万元的银行贷款逾期未还。事实上，逾期一事始于2006年3月1日，但长达半年时间里，津高速未对外披露。

然而，挪用浩天津晋的还贷准备金，并未能拯救浩天津汕。

津汕高速工程共分为18个标段，春节前招标九个，年后招标九个，原计划定于2006年4月动工。获得了第六标段的中铁十四局项目部负责人说，他们4月进场并签署合同，随后就陷入停工，“因为投资方王小毛被抓了，后来才知道浩天的资金链断了”。

李宝金以义气而存口碑

2006年5月的一天，即王小毛被查不久，李宝金率领天津市检察院三名党组成员及市检察院一、二分院检察长到津高速开会。津高速一位人士回忆，李宝金在发言中要求，在维持投资方式不变的前提下，使津汕高速公路迅速开工。但一个月后，李宝金“落马”，自身尚且不保，遑论解除津汕高速资金之困。

7月下旬，津汕高速总经理刘建军出面召集所有标段的施工单位开会，确认浩天集团出事后由津高速接手，承诺将解决资金问题。9月20日，刘建军又召集政府及施工方开了一个联席会，提出务必赶上工期，确保在2008年奥运会期间完工。

不过，由于浩天集团在浩天津汕的大股东地位并未改变，加上征地问题并未解决，记者从各标段的施工现场看到，仍有不少承建方对工程持观望态度。

津汕公路显现出的危机只是比较表面化，王小毛涉足的其他三条公路亦存在种种疑点。

王小毛与津高速的首个合作项目是津岐公路，总投资2.08亿元，王小毛持股40%；第二个项目为京福公路（天津南段），总投资1亿元，初期注册资本4000万元，王小毛持有60%股权。

根据工商资料，此两个项目中，津高速以实物投资全部到位，而王小毛连注册资本都一直拖欠，更不用说所承诺的投资。可是，在分配方式上，这两条公路前十年的收益，津高速和王小毛却均按1∶9分配，剩余年限至合作期满按资本金比例分配，且“每季度结算一次”。

第三个项目是津晋高速公路。2002年9月10日，浩天集团与津高速按9∶1初期注资500万元人民币，成立浩天津晋高速公路公司，作为津晋高速公路（天津东段）的投资与运营主体。该公司注册资金后按比例增资至6亿元，但相对于项目18.5亿元的总投资款而言，仍然远远不足。

为此，2003年2月9日，津晋高速从建设银行贷入一笔10.7亿元的贷款，期限为2003年3月至2016年3月。按协议，贷款以津晋高速公路（天津东段）收费权作为质押，津高速和浩天集团共同为其提供担保，承担连带保证责任。浩天集团以其持有的90%的浩天津晋股权向津高速提供反担保。

一度引起市场质疑的是，国有的津高速提供担保此笔巨额贷款，却是帮助民营的浩天集团购买属于自己的津晋高速的经营权。

2004年的年度会议上，津高速曾经进行过内部反思。会议文件称，由于在一系列合作中对合作方优先让利，造成项目运营后自身收益较少，无法积累资金投入新项目，“加之没有得到财政的最基本支持，融资工作一度陷入了停滞状态”。

记者多次就津高速与浩天集团的合作问题，向津高速董事长韩立祥提出采访要求，均被婉拒。

天津市市政工程局一位处级官员称，浩天集团在公路投资领域铺了很大的摊子，这个摊子远超其资金能力。

一个事实是，王小毛出事后，天津一家法院受理了一起与浩天集团相关的工程款纠纷案，并对浩天集团旗下资产进行了“诉前保全”，发现除未售出的部分房产，集团公司优良资产不如外宣的多。

王小毛与戴成文案

李宝金、王小毛一案，还牵出一个已经淡出人们视野、如今又旧案重提的人物——天津市渤海化工集团原董事长戴成文。

66岁的戴成文自1995年起担任渤海化工集团董事长兼总经理。该公司由著名的天津“三化”——天津化工厂、天津碱厂和大沽化工厂组建而生，戴曾享受副部级待遇。在此基础上募集设立的天津渤海化工（集团）股份有限公司（下称渤海化工），先后在香港、上海上市。渤海化工一度成为股市弄潮者，1995年被恶炒时股价从2.5元涨至8元以上。

然而，好景不长，渤海化工自1998年连续出现两年较大亏损后，A股股票于1999年5月17日被特别处理，更名为“ST渤化”。一个月后，戴成文辞去公司董事长兼总经理职务。

渤海化工大起大落的缘由，从中纪委四年前的一项专项稽查中可见端倪。新华通讯社在2002年3月20日的一则电讯中披露，“中纪委、监察部对天津渤海化工集团公司原董事长兼总经理戴成文逃避国家外汇管理部门监督、擅自将巨额外汇汇出境外和转借给境外公司等严重违纪问题进行了调查”，查明在1997年，戴成文“未经公司领导班子集体研究”，“未经上级主管部门和国家外汇管理部门批准”，分三次将集团的2.9亿元资金转至香港一公司，后按该公司挪作他用，未能悉数收回。

早在中纪委通报前的2000年6月，戴成文的全国政协委员资格已被撤销，另获开除党籍处分。戴案在通报时称移送司法机关调查，但调查结果与款项从未见公布。

时隔六年，沉寂已久的戴案显示出与王小毛案的可疑关系。

戴成文，祖籍河北，24岁时毕业于大连工学院，随即进入天津油漆厂担任技术员，历任车间副主任、基建科副科长、科长、副厂长；1984年调任天津市化工局副局长，1993年转正为局长。

王小毛与戴成文两人至迟在20世纪90年代末有密切来往。一位接近中纪委专案组的人士称，那时王小毛刚刚开始“创业”。1996年5月，李宝金的下属警员帮戴成文所在的渤海化工从深圳追回1102万元欠款，后按15%提成，当咨询费打入王小毛公司，计为165万元贿赂。

在戴成文接受中纪委调查的1999年至2000年间，戴成文在渤海化工颇为倚重的两名下属王欣和王国胜，相继变身为民营企业的浩天集团副董事长，并与渤海化工脱离了人事关系。王小毛案发后，两人相继成为浩天房地产公司和浩天投资控股公司的法定代表人。内部人称，二人转入浩天集团与戴成文案有关联。

戴成文旧案移交司法机关处理后，经办此案的正是李宝金主政的天津市检察院。戴、李二人的关系细节不得而知，但可以肯定的是，此后戴成文逐渐被人们遗忘，并未被追究刑事责任。转移至香港的2.9亿元亦多数未被追回，且流向不明。

尽管戴成文在针对他的举报不断的情况下依然逍遥法外，但还是在2006年初旧案新发，重新被逮捕。

据悉，李宝金、王小毛、戴成文，均接受中纪委同一专案组的调查。

宋平顺杀局①

2007年7月5日下午，新华社正式发布消息：6月3日，天津市政协主席宋平顺自杀身亡。中纪委会同有关部门对其严重违纪违法问题进行了调查。

新华社消息称，宋平顺道德败坏，包养情妇；滥用手中权力，为情妇牟取巨额不正当利益。情节严重，影响恶劣，其行为严重违反了党的纪律。根据《中国共产党纪律处分条例》的有关规定，中纪委决定并报经中共中央批准，开除宋平顺党籍。

有关宋平顺自杀的消息，自6月6日起在社会上已经多有传闻。香港《大公报》、新加坡《联合早报》等外媒曾有披露，《南方都市报》亦于6月10日和11日连续两天报道宋平顺自杀身亡的消息。但天津官方对此未作回应。

62岁的宋平顺，河北深泽人。1963年7月，宋平顺从天津市公安学校外文班毕业后，进入天津市公安局一处工作。之后20年，他从普通科员一步步升到处长的位置。

1983年，宋平顺升任天津市公安局副局长、党委常委；五年后，官至天津市委政法委副书记，市公安局局长、党委书记，武警天津市总队第一政委。1993年，宋平顺升任天津市委政法委书记，并当选天津市副市长、市委常委。2003年1月，宋任天津市政协主席，但仍兼任天津市委政法委书记，直至2006年3月才卸去政法委书记一职，专职任政协主席。

宋平顺在天津政法界浸淫40余年，是当地赫赫有名的实权人物。

6月3日晚，宋平顺被发现死于其在天津市政协的办公室，官方通报称其死因为“自杀”。中纪委专案组成员在北京前往天津的高速路上，收到了死讯。他们此行计划宣布对宋立案审查。6月8日，天津市委书记张高丽在向局级干部传达此案时称，目前掌握的证据显示，宋平顺涉嫌利用职务为港商谋取利益；包养情妇，并生有一子。

重提“永基非法集资案”

据接近专案组的人士称，宋平顺涉嫌利用职务为港商牟取利益一事，实际指向

①作者王和岩、罗昌平，编辑张进，原载《财经》杂志2007年第14期。

十年前天津轰动一时的“永基非法集资案”。

20世纪90年代初，香港商人梁志彬经某部委当时一名高层领导介绍，与时任天津市委政法委书记宋平顺相识。依靠宋的背景，为人活络的梁志彬很快在天津打开了局面，以香港基信企业有限公司之名，与隶属南开区建委的南开区建设开发公司合作，成立了天津永基房地产开发公司（下称永基公司）。

工商资料显示，永基公司成立于1993年1月8日，注册资本共计300万美元，中方出资147万美元，占49%，港方出资153万美元，占51%。

港商梁志彬拥有英国国籍，其住址为香港跑马地山村道45—47号9楼。在合资公司中，梁出任法定代表人兼董事长。

知情者回忆，在天津市、南开区两级政府的强势支持下，1995年前后，永基公司获得了开发房地产的项目批文，集资40多亿元人民币的申请亦迅速获准实施。

1995年1月，经天津市、南开区两级外经贸委批准，永基公司获准设立北京办事处，设址于北京市朝阳区东大桥路5号。自此，永基公司的集资招商广告遍布京津两地，号召市民、各单位集资。

根据当时永基公司的集资方案，投资者与该公司签订购房合同书，并办理了法律公证书。时至1998年，南开区房地产管理局为业主办理了房产证；之后，业主们又委托其物业公司代为出租，并签订了租房协议书。

永基公司的内部资料称，其完工的项目包括高层住宅楼三栋（永基花园）、高层写字楼两栋（永基大厦）、大型商城一座（永基商城）、地下停车场两处，总建筑面积16.26万平方米。据后来公布的数字，公司集资总额高达43亿元。尤其是南开区，各党政机关几乎人人均有投资。

知情者介绍，时至1998年亚洲金融危机，港商梁志彬携款外逃。事隔不久，永基公司公告称其与业主所签合同作废。这意味着所有投资者都是非法集资的参与者，风险自担，后果自负。

1999年2月24日，中国人民银行天津分行发文，将永基公司的集资回购业务定性为“乱集资”，由政府帮助永基公司进行整顿，日常普通业务仍由永基公司办理。

2001年，中国人民银行办公厅就此事批复天津分行称：“鉴于此非法集资案涉及面广、情况复杂，你分行应当积极协助当地政府做好债权债务清理清退的组织工作。在处理中应注意区分以合法形式掩盖非法集资性质的行为与真实合法的房产交易行为。”

“永基非法集资案”由此进入清退高潮。2001年10月，永基公司与天津市、南开区两级房管局发布了注销房屋产权证的告示，其理由是，永基公司的合同被中国人民银行定性为“乱集资”。

由于永基公司废除了业主的合同和产权证，且被没收房产，如梦初醒的投资者群情激奋，不断上访。天津市政府迫于压力，决定偿还投资者的本金，但不支付利息。据悉，这一巨额窟窿是由南开区政府和天津市开发区填补的。

永基公司起步之时的1993年，适逢宋平顺任天津市委政法委书记。直至2006年3月宋卸去该职，其掌控天津政法大权长达13年。“永基非法集资案”发生后，凡因此案起诉永基公司或地方政府，天津各级法院均不予立案。

目前尚不清楚宋平顺涉及“永基非法集资案”究竟有多深，但此事在天津市可谓家喻户晓。

2006年7月6日，在天津市工商局查阅永基公司档案时被告知：该公司因涉及宋平顺案，已被专案组封存了所有资料，未经特批不得调阅。

情妇许敏的关联生意

从天津市工商局档案室获知，与永基公司一同被专案组封存的，还有由许敏担任法定代表人的三家企业。

知情者介绍，许敏，女，现年40多岁。其公开身份为港商，却是地道的天津人，有明显的北方口音。

“新华社通报中所指的宋平顺的情妇，实际就是许敏。”2006年7月6日，天津市纪委一名高级官员说，目前许敏已外逃。

当日上午，记者在天津市工商局一楼大厅以“许敏”之名检索，发现由其担任法定代表人的企业共三家——北方信息产业（天津）有限公司、顺风（天津）消防设施维修检测有限公司、顺安企业（天津）有限公司。其中，前两家企业为外资独资企业，后者为中外合资企业。

前往该局六楼档案室，在电脑上查询“北方信息产业（天津）有限公司”的档案时，发现屏幕上的页面清一色显示：“无权限”。工作人员随即证实，其他两家企业资料亦无法阅读。

天津市工商局一位相关负责人介绍，许敏的三家公司和梁志彬的永基公司，未经专案组批准，本地公检法机构亦无权阅读。

据天津市企业黄页信息，顺安企业（天津）有限公司成立于1996年5月2日，主营业务是专业从事消防工程、智能建筑、电子工程、建筑装修等。其200万美元注册资本中，顺风集团（香港）有限公司出资150万美元，占75%；天津市顺英达投资咨询有限公司出资50万美元，占25%。

北方信息产业（天津）有限公司成立于1996年5月13日，由顺风集团（香港）有限公司独资拥有，主营业务包括计算机网络工程和消防设施工程两大块。该公司公示的已承揽工程中，包括有天津市公安局110指挥系统的小型机集成项目工程、图像监控系统工程、DLP大屏幕等。该公司还承揽了天津、重庆两直辖市的119部分工程，如天津的350兆警用集群系统建设工程、消防调度指挥及办公自动化系统工程技术监理等。此外，该公司还接下了天津市道路交通违章自动监控系统、公安交通管理局数字程控交换机系统工程、环保12369举报热线系统工程，以及天津市驾驶员模拟驾驶系统。

须提及的是，上述工程无一例外来自公安及交管系统，均属于曾任天津市公安局长、市委政法委书记宋平顺的权力范围。

上述两公司的工商登记地址，均为天津港保税区国贸路18号416室。记者2007年7月6日驱车至此，在一片工地上找到了全长不过100米的国贸路。许敏的两家公司即位于路一端的腾达大厦六楼，但此时已空无一物。

据大厦物业公司负责人介绍，这两家公司在一个月前即已清空外搬，目前不知其踪。

知情者介绍，许敏的另外两个利益之源，分别是2000年8月开业的顺风（天津）消防设施维修检测有限公司和1998年5月成立的天津市机动车驾驶适应性检测中心。前者法定代表人为许敏本人，该公司主业是消防设施的检测、维修和保养等；后者隶属天津市公安局交通管理局，法定代表人为武长顺。

巧合的是，该两家机构的地址，均曾设于天津市河北区南口路18号。据知情者介绍，天津市机动车驾驶适应性检测中心本归属市公安交管局，但2004年起即已由许敏承包经营。

这个检测中心是天津市所有机动车驾驶员检测、办证、年检的场所，驾驶员体检也要在这里进行。一名驾驶员的体检费用为95元，换一次证也需要五六十元。但知情人士透露，多数情况下，办证人根本不用体检，检测中心的人只管收钱、盖章。

2007年6月14日，检测中心大门紧闭，门口的告示称：按照上级部门的部署，驾驶员体检地点作变动。公布的28个新体检地点分布在天津各个区的医院。

告示上没有解释体检地点变动的原因，落款日期为“6月4日”——正是宋平顺死亡次日。

津门权力谱①

虎年岁末，皮黔生成为秦城监狱又一名新的服刑者。

经过长达两年的组织审查与司法起诉，曾任天津市委常委、滨海新区管委会主任的皮黔生，于2010年8月13日因受贿罪、滥用职权罪被沈阳市中级法院一审判处死缓；随后，终审法院驳回皮的上诉请求，维持原判。

在终审宣判的法庭上，皮黔生获准与妻子黄桂芳相拥告别。此刻，女儿皮晓萌在海外治病，原本美满的家庭业已支离。

几乎与上海社保案同步，天津政坛大事接踵——2006年6月天津市检察院原检察长李宝金被“双规”，次年6月3日时任市政协主席宋平顺畏罪自杀，2008年10月皮黔生被查；时任天津市委书记张立昌长期抱病，并于2008年1月10日逝世。

作为曾经的受益者，李宝金情妇王小毛、宋平顺情妇许敏、皮黔生扶持的商人吴晓华等，亦未能幸免。同期被审判者还有多名掌握特殊资源的国企掌门人，如天津北方国际信托投资股份有限公司（下称北方国投）原董事长霍津义、渤海化工集团原董事长戴成文（享受副部级待遇），他们是向受益者输送利益的直接执行人。而霍、戴的提前案发，成为这一火药桶的引线。

这张裙带大网盘根错节，既阡陌交集，又互为独立，在过去十余年间，围绕旧城改造、新区开发、高速公路建设及融资平台等，上下其手，利益同沾。

“李宝金、宋平顺、皮黔生三案是改革开放以来天津连续发生的级别高、影响大、性质恶劣的省部级领导干部违纪违法案件。”来自天津市纪委的一份报告称，三起案件的后续工作都具有头绪多、难度大、涉及面广、任务繁重的特点。

这份报告还表示，三案既要追究涉案人的刑事责任，又要处置非法资产和不正当利益，涉及刑事、民事、行政等不同性质的法律关系；既有公路、交通、消防工程、上市公司股权等重大项目的资产处置，又有学校、房地产、劳动保障等关系公众利益和社会稳定问题的处理，涉及不同难度的实际问题；既有党政领导干部、国

---

①作者饶智、罗昌平，主笔并编辑罗昌平，原载《财经》杂志2010年第26期，根据官方报告新增最后一节。

有企业管理人员，也有私营企业主、外籍华人，涉及不同层次的利益群体；既有本市和内地其他省市的问题，也有香港和境外的问题，涉及不同的地域。

津门再造

京津冀曾与长三角、珠三角构成中国经济三大引擎。但因毗邻首都的特殊位置，天津一向尴尬。在2008年滨海新区综合改革试点获批之前，天津的重心无外乎固定资产投资与港口经济。

天津别名“津门”，始建于1404年，有首都门户之意。起步于20世纪90年代的旧城改造与日后大热的房地产开发，可谓“再造津门”的伊始，这也为权贵身边人提供了致富新径。

皮黔生多年的亲密下属、北方国投董事长霍津义，于2005年12月被中纪委“双规”。此后霍交代了李宝金及其情妇王小毛的犯罪线索；与李搭档多年的宋平顺受此牵连，在自杀后仍被开除党籍；进而是皮黔生的落马。大网得以撕裂，盖因早年同台竞商。

李宝金19岁进入天津市警界工作，至1995年已是天津市公安局副局长；比李小三岁的宋平顺则为天津市委政法委书记、公安局长，为李之上司。两人及至案发，浸淫政法界40年余。相识者介绍，李宝金为人仗义，脾气暴躁，能力较强；而宋平顺为人跋扈，口碑很差。

司法审理显示，彼时李宝金、宋平顺即支持身边人进入房地产市场。如李宝金之情妇王小毛，1995年参股成立了天津泰力房地产公司（后更名为浩天房地产有限公司）。该公司后来以外资身份转至开发区工商局注册，获皮黔生特批。

在王小毛案发前，浩天以低价拿地能力著称天津地产界。如位于马场道228号的“天娇园”占地3.6公顷，建筑面积达5万平方米，其以41.5%的绿化率成为天津市中心环境最优美的地段之一。另一楼盘“天娇源”矗立在天津市最大自然风景区——水上公园的西侧。这两块令地产商垂涎已久的宝地，均经李宝金直接干预，落入王小毛之手。

宋平顺之情妇许敏，于1996年相继成立顺安企业（天津）有限公司、北方信息产业（天津）有限公司，主营消防、智能建筑、电子工程等，这均为宋的职权范围。

此外，宋还陷入至今未了的“永基地产集资案”。20世纪90年代初，港商梁志彬经人介绍与宋平顺相识。1993年，经宋平顺帮助，梁的永基公司顺利获得天津市政府批文，以批租形式取得位于老城区和内环线西侧的一块4万平方米土地的50年使用权，永基花园项目随之启动。这个“天津市政府重点建设项目”，依靠兜售商铺、住房及台位、楼花等向京沪上万人募集资金14亿余元。时至1998年，此举被定性为“乱集资”，港商悄然遁迹，房产证被废黜，多数业主投诉无门。

“后晋干部”皮黔生并不示弱。据调查，皮黔生案唯一行贿人吴晓华，曾在开发区泰丰公园隔壁拿下一块宝地，建成高档住宅——伴景湾家园；其哥哥皮建设注册紫荆花房地产有限公司时，即从吴晓华处获得200万元现金贿款。

“红顶商人”霍津义的最大一笔贪污，也与房地产开发关联。据纪检部门调查发现，2002年5月，北方信托下属的北信资产管理公司将位于西青区的81.14亩土地以4057万元转让给大安房地产开发有限公司。2005年1月，霍津义以土地升值为借口，将双方签署的该宗土地转让价提高至6800万元，非法截留2352万元占为己用。

腾挪高速公路

除了房地产开发，高速公路建设成为天津固定资产投资的重要部分，亦是权贵资本关注的重点。

在早年，国内公路以国营为主体，“贷款修路，收费还贷”的模式建设。2001年12月，原国家计委颁布《关于促进和引导民间投资的若干意见》首次提出：“除国家有特殊规定的以外，凡是鼓励和允许外商投资进入的领域，均鼓励和允许民间投资进入。”其中即包括道路、桥梁等城市基础设施建设。

而天津早在20世纪90年代中期即有民资投资高速公路，皮黔生扶持的吴晓华与李宝金情妇王小毛均是试水者。

1995年，吴晓华在天津注册成立天津星运（集团）有限公司（下称星运集团），皮黔生出任天津经济技术开发区管委会主任，双方商议在轻轨铁路、高速公路、地产开发等方面合作。1997年1月，天津计委批准了中外合资建设经营津滨高速公路第一段项目可行性研究报告，即建设5.6公里路段，总投资2998万美元。投建方天津快速（集团）发展有限公司由天津经济技术开发区投资公司（霍津义任法人代表）与星运海外轻轨发展有限公司（吴晓华任法人代表）合资建立，注册资本1199.2万美元，吴以港商身份占60%，经营期限50年。

此后，双方以同样的股权结构成立了天津津飞交通发展有限公司、天津津粮交通发展有限公司、天津津胡交通发展有限公司、天津津港交通发展有限公司，分别承包津滨高速余下的四个标段。

津滨高速项目于1998年10月正式开工，吴晓华自身并无充裕资金，故而上述公司4.64亿元注册资本，截至2000年元旦尚差2.16亿元，大都为吴晓华所欠。吴反倒以五家合资公司100%的股权抵押，从银行获得6.25亿元贷款用于修建津滨高速。

由于通货膨胀、拆迁、设计变更等导致建设成本增加，吴的贷款到期后无法偿还本息，后进行债务重组。在津滨高速通车后的2003年6月间，吴晓华找到皮黔生，皮指示开发区财政局为吴实际控制的公司垫付3500万元修路资金。

交通、房地产等基础建设领域向来是腐败重灾区，利益相关者均想从中分得一杯羹。如王小毛即依托李宝金的权势，相继揽下津晋、津汕、津岐、京福等多条高速公路天津段的投资经营权。

自1999年开始，王小毛的浩天集团与天津市高速公路投资建设发展公司（下称津高速）合作建设津岐公路和京福公路（天津南段），总投资分别为2.08亿元和1亿元。王小毛一直拖欠注册资本，分持上述两公路40%和60%的股权，前十年收益则按王小毛得九成分配，剩余年限至合作期满按资本金比例分配，且每季度结算一次。

由于缺乏修路资金，王小毛与吴晓华手法类似，以建成后的收费权为质押，借力于津晋高速从建行贷得10.7亿元。

吴晓华沾手的津滨高速，预计建成的2000年销售收入为9658万元，以后逐年攀升，至2030年计划年销售收入将达到7.7755亿元；而津晋高速的内部收益率测算也高达21.64%。如此收益仍不能阻挡其贪欲，王小毛将手伸向投资40亿元的津汕高速，最终资金链断裂。

脱缰的国资平台

津门贪腐案的背后，是传统城市发展模式下的资本狂欢。

如王小毛采用的是从国企借力，其第一桶金就是通过渤海化工原董事长戴成文之手拆借巨款。

渤海化工由著名的天津“三化”——天津化工厂、天津碱厂和大沽化工厂合并而成，是国务院1991年批准组建的62家特大型试点国企之一。王小毛早年开设的典当行，渤海化工亦为股东之一。

据司法材料，1995年前后，戴成文请李宝金通过天津市公安局追讨其公司被招商银行深圳福田支行拒付的1102.84万元存款。李向戴提出，按实际追回存款总额的15%提成，并将提成款打入王小毛公司的账户。同年5月20日，渤海化工以支付咨询费的名义，将165万元转入王小毛旗下公司账户。

戴成文并非第一次这样做。1999年至2000年，中纪委曾对戴成文擅自将渤海化工集团的2.9亿元资金转至香港一公司，导致未能悉数收回等问题进行调查。2000年6月，戴成文被撤销全国政协委员资格，并开除党籍。戴成文案一度移交司法机关，因经办此案的正是李宝金执掌的天津市检察院，戴成文最终顺利脱身。

另据法院判决，1997年至1998年间，戴成文为他人从公司获取巨额贷款提供帮助，并擅自撤销贷款抵押，致使巨额贷款至今未能收回，先后收受贿赂共计人民币215.4万元；违反财经纪律将公款508.2万美元借给他人使用。

同为国企掌门人，戴成文与霍津义还拥有同一个行贿者——荷兰欧加华公司法人代表宋宝贵，他从戴成文处获贷749万美元和1.9亿元人民币，从霍津义处借款5000万元。

霍津义比皮黔生小八岁，本科毕业后进入天津市和平区检察院，自1986年起追随皮黔生任职于开发区。知情人士透露，霍津义的岳父是天津市检察院的元老，而皮黔生夫妇的父母也是天津市老领导，两家私交甚笃。

纪检部门调查发现，霍津义违法违规问题始于1990年。官方通报霍的贪腐特点包括：利用北方信托运作贷款、信托产品时，与相关单位和个人进行权钱交易；利用金融机构资金流量大，通过资金的大进大出贪污受贿。

20世纪90年代中后期，由于银政不分，银行政策性不良贷款积累颇高。1995年后启动的改革要求银行自主经营，切断政府伸向商业银行之手。大量政府背景的信托公司兴起，主要接受各地财政厅委托，从事放款、证券投资等。

“为银行功能拾遗补缺”而降生的信托业，由于制度安排的显著缺陷，其“受人之托、代人理财”之职并不令人满意，后来又逐步暴露出内部资金管理混乱、腐败犯罪频频等弊端。

北方国投是天津市最早参与证券承销业务的非银行金融机构之一，注册资本一度达到15亿元。1990年，国务院清理整顿金融性公司，北方国投大量违规被曝，三任董事长相继被查。尽管如此，该公司仍被地方政府保住。

北方国投的实际控制人为持股32.33%的大股东——天津泰达投资控股有限公司（下称泰达控股）。霍津义曾任该公司董事、财务总监。

这家设立于2001年的国企，前身是与开发区同岁的开发区总公司，皮黔生曾一度出任该公司总经理。按照开发区当时“资金大循环”或后来的“资本大循环”的开发模式，总公司与开发区财政实行“统贷统还”的办法。当下属子公司不能自行解决贷款，统一由总公司拨款。2004年，泰达控股在出资组建渤海银行过程中，将国家开发银行的23.5亿元挪作他用，一度遭查。

时至今日，地方财政、国资、投融资平台之间的债权担保关系仍难以厘清，成为滋生贪腐的重要源头。

皮黔生滥权背后

59岁的皮黔生本可拥有更好仕途。在其任内，获得国务院批复的滨海新区，下辖三个行政区（塘沽、汉沽、大港）和三个功能区（开发区、保税区、天津港）及东丽区、津南区的部分区域，规划面积达2270平方公里，人口152万。

而20年前，皮黔生出任天津开发区负责人时，那里还是一片盐碱地。其任开发区管委会主任助理期间，一度集开发区规划建设、土地管理、房地产管理、环境保护四个局长职位于一身，由此得“皮四局”绰号。

据判决书，皮黔生所犯受贿罪、滥用职权罪，均与星运集团董事长吴晓华有关。其贿赂总计755.19万元，其中包括皮黔生女儿在纽约的一套房产。

吴晓华持毛里求斯共和国、香港两地护照，比皮黔生小两岁。简历称其早年受教于北京大学经济系，1980年创办星运香港发展有限公司，投资遍及泰国、加拿大、新加坡、中国内地和香港。

皮黔生所涉滥用职权一项，亦与融资平台关联。此事源于1996年，时任开发区管委会主任的皮黔生决定，开发区投资公司支付2.2亿元收购星运集团51%的股份，通过后者进行海外融资。

但2.2亿元买的是一个空壳公司。司法机关调查认定，星运集团为吴晓华在1995年间重复验资设立，虚报注册资本2980万美元，与其用来注册验资的另11家公司相互不存在投资和股权关系。

在购买股权前，时任开发区财政局局长、开发区投资公司总经理霍津义等人曾赴国外实查，回国后向皮汇报该公司没有真正实力，但皮未予理睬。而吴晓华骗走的2.2亿元，大都无法追回。

法院认定，皮黔生在启动收购时，并未经开发区管委会会议讨论，也没有经过相关职能部门的立项、批复、审核，甚至未对星运集团资产进行评估，仅将吴晓华提供的虚假资金到位情况作为股权转让依据。

显然，这并非孤案，资金还通过其他渠道漏出。

那些曾经的主人公，殊途同归，不过仅皮黔生被追究了除受贿罪之外的滥用职权问题；宋平顺已化为尘土；李宝金、皮黔生均获死缓，同在秦城监狱；霍津义、戴成文、王小毛分别获判无期、11年有期和6年有期；吴晓华涉嫌行贿案也面临开庭审理。

谁的资产？

三案震荡以来，对相关资产的处理近乎密不透风，即使是当事人亦难明就里。如何保障涉案当事人的财产权益，不仅是当下反腐中的现实难题，亦关乎程序正义与法治精神。

根据天津市纪委于2010年递交的一份内部报告，可见三案之后的资产处置。这份数千字的报告提到，三案主要问题查处后，中纪委分别将后续涉案工作交由天津处理，相继有30多家部门200余人参与办案工作。其中，重点查处了李宝金、宋平顺的特定关系人王小毛、许敏，皮黔生案件涉外商人吴晓华等人受贿、偷税、虚假出资、侵占国有资产等，处置了涉案不法资产和不正当利益，挽回经济损失85亿元，并妥善解决了涉案公司拖欠的近千名农民工工资和4000余名师生的工作学习问题。

李宝金的情人王小毛的资产最大，涉及以浩天集团为核心的19家系列公司超过70亿元资产，占这三名涉案商人资产的九成以上。王小毛患有多种疾病，办案人员与其80余次谈话中，满足了她在生活上的一些合理要求，并使其态度由最初的抗拒转为后来的主动配合。

其中相对复杂的路权与地权处置，均由天津市高级法院牵头，城建、土地部门配合。浩天公司名下的武清区、静海县、西青区三块地皮，前两块以超过两年未开发、违反国家有关规定为依据被强制收回；后一块因违反出让合同的约定，以解除合同、出让公司返还浩天公司首付款，并强制收回土地所有权。至于几条高速公路的股权，均被打回原形。

上述资产的处置均通过协议实现，无一通过仲裁或诉讼，可见狱中王小毛的谈判筹码之微。

宋平顺的情妇许敏共开办了顺风集团等7家系列公司。案发之初，许敏已居国外，名下所有公司的账户被冻结，30名民工代表和50多个供应商代表聚集到办案点，占据涉案公司办公楼，追讨拖欠的工资和债款，已现群体冲突的苗头。

此后，办案人员做其父母工作，在明确许敏及其二弟任玉龙涉嫌严重偷税犯罪的同时，指出能在司法判决前主动缴纳偷税款及滞纳金、罚金等，即可对在押的任玉龙取保候审。许敏为此从境外回款2000万元。

由于皮黔生案中的吴晓华是外籍华人，其控制的公司有的在境外注册，有的是外资入股，为保证依法追缴不法资产，天津市纪委专案组从吴晓华所控制公司的合法性及其犯罪问题入手，查清吴晓华控制的星运集团等12家公司均未实际投入注册资本金、涉嫌虚假出资、虚报注册资本犯罪，据此促使在押的吴晓华签署协议，收回了星运集团等7家公司的股权，并对其个人、关联公司名下的资产实施没收，上缴国库9.83亿元。

在处理王小毛、吴晓华的涉案资产中，相关单位共与王、吴签署了40多份协议、委托书和承诺书，对每一份退出资产的协议文本，都由天津市高级法院及工商部门把关。在星运集团的股权变更中，吴晓华签署协议后，还需外方股东香港人李某签字。但显然，这些签字均是在涉案者完全被动的情况下无奈做出的选择。

虽然法律、司法解释均对财产权执行有所规定，但条文寥寥，涉案犯罪嫌疑人及利益相关者的权益难以得到保障。盖因立法上的模糊导致监督者的缺位，办案机关在查封、冻结行为上的随意性，多凭内部纪律抑制。

加之目前的办案系统还有不成文的提留规定，即对重大案件中的罚没财产，办案单位可获30%甚至更高的返还。这在一定程序上促使办案者加大财产的罚没力度，甚至往往是根据该涉案者既有的资产，反向倒推出资产罚没的额度。

中国财产刑执行难、执行乱现状要改变，很重要的一块就是要加强对侦查环节的查封、冻结行为的监督和执行环节的公开透明。其中很重要的理念，则是要注重保障涉案当事人的财产权，以及由此而生的知情权，即使他们是贪官。

与一些“铁案”中的财产权难以得到保障不同，黄光裕有难得一见的待遇。他身在狱中仍能签署文件、行使大股东民事权利，刑事责任和民事权利的分离使其私人财产权受到了法律保护。但这只是少有的个案。

肖像：津门双娇

男人总是权力场中的绝对主角，而女人是左右男人的暗藏魔棒，于是表面上看似男人之间的战斗，却多少掺入了美人心计。

一个城市长期困扰在不具合法身份的女性争执中，那意味着什么？显而易见，性如同洗礼盘或棺材板，成为这种人生的一个部分。它与权利或金钱相染，体现出最肮脏的一面。只是这一面多数时候被光鲜的表面与强制的权力遮蔽。狱中的李宝金也许暗喜，他长期的敌手宋平顺选择了懦弱的自杀方式；而宋平顺的情妇许敏或曾窃笑，她成功逃至异邦时，曾与自己明争暗斗的李宝金的“企业家情妇”王小毛，已身陷囹圄。

“天津”二字出现于永乐初年，为朱棣所赐，意为天子渡河的地方。这一字面意思决定了这个城市的附属定位——虽然它是共和国四个直辖市之一，但因与北京难以割舍的地缘与从属关系，成了一直没有找到准确定位的“小妾”。这如同宋平顺与李宝金，他们既拥有某个领域的绝对权力，又因权力的天花板而陷入上下不能、左右受肘的尴尬地步。

尤其是在李杰的父亲还是这里的绝对权威时，地方一隅的政治势力往往有着看似平和的共处。而当李杰案发及外逃引至他的父亲提前引退，这个来自京城的权力遥控随之失效，本土成长并彼此排斥的权力金字塔，内斗开始显性化。

这或许一定程度上吻合天津的性格。自永乐二年（1404年）成为明朝军事建置之地，并始得“天津卫”之称，天津已建城600多年，在漫长的岁月中逐渐拥有了属于自己的性格——由于天津地处海河的中下游，这里从来就是客货运集散中心，商贾云集之所，故有“九河下梢天津卫，三道浮桥两道关”之说。它造成了天津人生性豪爽、待人热情、诚心实意的特点；同时，待人接物又带一点天津人特有的诙谐幽默。

在这里长大的许敏，似乎没有太大的野心，拥有天生的优越感。但也并非不思进取，早年身处传统国企的生存法则之中，她并不为所谓上进所动，而是理性地讲求投入产出比。貌似她在投入，但也保持一颗冷静的心，坚持一种旁观的态度保留对组织的审视。

遇上别人批评她所在的公司，她不但不为之辩护，“反而在旁边兴高采烈地添油加醋，仿佛这家公司和她毫无关系”。她的妥协并非毫无保留，而通常还包含着对他人的体谅。她嘲笑公司创造出来的虚妄的崇高感，努力在不触碰底线的范围内给内心争取最大的自由空间。

这个在海滨长大的女孩，童年并不光鲜。大约在七岁那年，她从母亲的胳膊缝里看到一名亲人泡胀了的尸体——她的头发纠缠着水草，肚子鼓成个球，一条大腿已被鱼类吞噬掉。一种趋于弱肉强食的记忆由此锁于她的脑海。

女星王菲说过，男人都花心，索性找个年轻的帅的。对大多数以寄居为生的女人来说，男人都花心，索性找个有权有势的。于是作为“天津二哥”的宋平顺，成了改变她命运的男人。但她早年的习惯与态度并未因之改变。即使她经商，也从不进入充满变数的未知领域，她的经营战略中还有一个不变的核心内容，那就是权力辅佐。

众人皆知，她的第一桶金来自于权力的租金，借此她经营着稳赚不赔的生意，如宋平顺长期扎根的政法系统——尤其是车检、交通信号系统等，垄断经营权即意味着丰厚现金流。

不过，许敏从不向人回顾这段发家史，因为，她早已认清了自己的优势和兴趣所在，并且不想回到苦难的往年。

有学者分析天津人的恋家是早期码头文化的产物，漂泊得久了，安定便弥足珍贵。久而久之，天津的城市性格也成了慢性子。懒散和谨小慎微，恐怕就是他们无法提速的缘由所在。天津人在选择职业时，往往对计件计量的工种很反感，牢骚满腹。这种工作要求速度，快速对慢性子的天津人来说，很不爽。所以许敏在安静的五大道选择了一处别墅，作为自己迎宾待客的驻点。

不远的地方，就是竞争对手王小毛的浩天集团总部。这种模式，与本书所记的张荣坤的宋子文公馆、李薇的八大关别墅等模式，如出一辙。大概每一位新贵都希望通过一个仿旧的建筑，来弥补早岁的贫瘠。

这些缩影近代中国的建筑区域，廊柱犹在，记录着起义将领和革命烈士的忧国情怀；庭院深深，回荡着王朝贵族公寓生活的空落与寂寥；绿荫掩映，看不见刀光剑影，窗幔低垂，或可闻窃窃私语。

从她们对立的别墅风格，也可以看出许敏与王小毛的性格差别，前者更像是居家过日子，而后者曾将这里作为她事业的大本营。于是你能看到，许敏的别墅花鸟成群，而王小毛的别墅被奥迪、奔驰等填满。

浩天集团，这个“安静”的公司，案发前却在天津地产界闹出了很大的动静。它迅速跻身于天津地产大腕阵营，给业界留下两大印象：一是能较便宜地拿到好地，且集中在五大道黄金地带；二是似乎从不缺钱。

竞争对手时常会对王小毛的高歌猛进发出感叹，但谁能想到，这个踩着高跟鞋在物质城池里呼风唤雨、爱好收藏手镯的精致女子，居然有着灰姑娘一样的童年。那时她还叫王桂荣，有张娃娃脸，体形肥嘟嘟、圆滚滚，浑身缀满雀斑似的小灰点。

她是外来户，祖籍河北。在早年邻居眼中，她的父母均为普通市民，她本人少时亦无特别之处。20世纪60年代末，她就读于张家胡同小学时，其貌不扬，成绩也很一般，在班上一直默默无闻。长大后的王小毛，也没有“女大十八变”的迹象——她是目前公布出来的最不漂亮的部级情妇了。

11年的打拼，时光仿佛从未在她身上留下印记；70多亿元的总资产，也未改上进的脚步，她停不下来了。一如当初积极热情，所向披靡。同事都叫她超人，每天只睡不到六小时，开一晚上的会，第二天爬起来还要再开一上午。这个女人强调，人生不是进补燕窝的问题，而是享受过程。

在出事之前，王小毛时常会向身边人分享自己的个人生活。她眨着灵动的眼睛，用小女生的口吻谈起自己的童年和梦想时，窗外斜阳正好放射出这一天里最美妙的光辉。柔和的阳光打在她的脸颊上，那带有伤痕的脸上印出一个无比清澈的微笑。

她所超越的，不仅是安逸的现状，更是人们对于成功的惯有理解。而她理解的快乐，是一次次把自己从以往的成功中剥离出来，去开始另一个新的目标。那一刻，她让你觉得，比起这个女子一路经历的艰辛与磨难，男人们的权谋、策略与博弈都如此微不足道。

经历了太多，此时的王小毛已体验到了人生过山车的刺激。风暴于她，是气象，是背景，或许从来不是重点。而在她曾经居住的五大道，行人稀少的街心，华丽如初，美轮美奂的洋楼在月夜的衬托下，也越发典雅静谧。时有的工程支架阻挡了行者的视线，但楼房原有的轮廓依然清新爽朗。

跟王小毛不同，许敏对于多元化经营其实有着自己的盘算和底线，并非无边界地扩展延伸。而她们的共同之处在于，一起构成了中国特有的权贵资本主义体系，一个基于权力的“半管制半开放”的市场：半管制正是权力所乐意的，而半开放又能使权力在市场中变现。

一个足够成熟的发达的市场，要满足三个基本条件——较好的产权保护、较低的交易成本和较高的透明度。但是，许敏与王小毛的生意却因其特殊的保护，恰恰是反之而行，尽管王小毛后来试图摆脱与权力的这种纠葛，但她显然不可能实现。

第四章　药监第一案

郑筱萸作为一个技术官僚，曾经有所抱负，希冀师法英美体制打造中国药监系统。但在现实面前，他转而追求权力和附着于权力的利益，使得建立中国药监体系的努力付诸东流，并走向了人生的末路。其身后留下了一份特殊的“遗产”，那是英美发达国家药监体系的变种，是对一个国家民众的伤害，也已贻误一个产业的前景。

有两个未被写入报道中的故事，至今令人为之震撼：海南一位药监官员说从2004年起不再用中成药，因为他太清楚那些药是怎么制成的；另一例则是，专案组一名成员手持药品向在押的郑筱萸当面咨询，这些药品是否能放心使用？

郑筱萸毒药①

3月的北京还是早春，数千里之外的海南岛气温已突破37摄氏度。大街上椰树成荫，仍挡不住蒸腾的热浪。然而，位于省城西南角的一家制药公司却尽显萧瑟。

这家名为海口康力元制药有限公司（下称康力元）的企业，本是海南省的“支柱药企”，曾在短短四年的历史中创下了注册274种“新药”的纪录。可是，随着当年与药监官员的钱权交易全面曝光，企业亦遭受重创。这家曾迅速蹿升的“药企明星”已全面停产，掌门人汤旭东、汤小东兄弟亦身陷囹圄。

2007年3月22日，最高检察院一个四人专案组飞抵海南岛。此行目的之一，是清查康力元案，而最终矛头所指，乃是前任国家食品药品监督管理局（下称国家药监局）局长郑筱萸。

中纪委在2007年3月初发出的一份内部通报明确指出：“经查，郑筱萸在任国家食品药品监督管理局局长期间，伙同其妻、子涉嫌收受贿赂445万元人民币、100万元港币和3万美元。郑筱萸应海口康力元制药有限公司法人汤某等多个企业主的请托，在核发药品批准名号、申请药品经营许可证、办理药品进口许可方面，牟取个人利益。”此通报中所指“汤某”，即指汤氏兄弟。

通报发出之时，同年3月初，郑筱萸被开除党籍、开除公职，郑案被移交最高检察院，进入司法程序。

郑筱萸自1998年首任国家药监局局长，至2005年6月退休，长达七年集中国医药监管体系的创建者、执行者、操纵者于一身，曾经权倾医、药两界。而自2005年郑氏退位后，中国药监系统的反腐风暴愈刮愈猛，终于进入权力之巅国家药监局——

2005年7月8日，郑被免职仅半月余，国家药监局医疗器械司司长郝和平及妻子付玉清因涉嫌受贿被刑拘；2005年11月，中国药学会咨询服务部主任刘玉辉与中国药学会副秘书长刘永久先后被捕；2006年1月12日，国家药监局药品注册司司长曹文庄、药品注册司化学药品处处长卢爱英、国家药典委员会常务副秘书长王国荣被立案调查；2006年12月22日，已退休一年多的郑筱萸及其妻儿被正式立案调查。

---

①作者罗昌平、张映光，编辑张进，原载《财经》杂志2007年第8期。

回溯狂飙初起，是在2001年，浙江省药监局原局长周航涉嫌受贿被捕，成为中国首个落马的省级药监局局长。周航在次年因受贿折合约400万元人民币被判死缓。此后，时任广州市药监局局长杨卫东、吉林省药监局副局长于庆香、福建省厦门市药监局市场监督处处长陈健平、陕西省药监局注册处兼规划财务处处长米养素等，一连串地方药监官员相继因涉嫌经济罪案落马。

自2006年国家药监局反腐震荡以来，更多地方药监局问题曝光，已有辽宁省药监局局长张树森、浙江省药监局局长郑尚金两名地方要员先后案发。

与这些药监官员落马相伴随，一系列关乎公众生命安全的重大医药事故相继爆发，从东北“齐二药”假药到安徽夺命“欣弗”，从消费者叫苦不迭的“奥美定”到涉嫌携带丙肝病毒的“佰易”，医药监管失效的现状已不容回避。而近年来，公众对于“看病难”、“看病贵”的反思逐渐深入，“药价之谜”诘问声声，医疗体制改革滞后和药监系统弊端丛生的关联已经昭然。

正是在这样的背景下，昔日“药监强人”郑筱萸的经济罪案，已经不是有关个人沉浮的孤立事件。需要观察的是令人痛心也令人深思的一组密切关联的样本，而连接这些样本的，正是命途多舛的处于转型期的中国药监体制。

康力元“相交十年庆”

或许，今日的郑筱萸在回顾往事时，会在他的“知天命”之年驻足流连。

1994年4月，50岁的郑筱萸从杭州来到北京，担任国家医药管理局局长，升职副部。自此，他的宦海沉浮与中国医药监管体制的变迁联系在一起。

郑筱萸1944年12月生，福建福州人，1963年9月考入复旦大学生物系动物及人体生理专业，大学三年级时遭遇“文革”。1968年12月大学毕业，郑与同班同学刘耐雪完婚，随后一起分配至浙江省杭州市第一制药厂。

杭一药是当时浙江最大的国营医药企业，几经变迁后更名为杭州民生制药厂。郑筱萸从技术员起步，直至后来升任厂长，又以国有大企业负责人的身份继续升迁，一度出任省总工会主席。其妻刘耐雪则为该厂技术科长，后随夫入京担任该厂驻京代表。

郑筱萸案发后一夜白发

不过，郑筱萸就职的国家医药管理局在当时并非监管部门，只是计划经济意义上的行业主管部门，除掌管行业规范、外贸等事宜，旗下还有中国医药工业公司、中国医疗器材工业公司、中国医药对外贸易公司、中国医药公司及中国药材公司等多家中央直属大型国有药企。在地方省市，当地医药管理局也属于地方政府的行业主管部门。

1994年，是中国医药监管体制开始转型的一年。

根据十年前颁布的《药品管理法》，中国药品监管的行政职能属于卫生部，药品生产必须获得卫生部颁发的制剂许可证。随着中国医药行业十多年的高速发展，各种国有、民营和外资企业竞争激烈。中国的各种所有制医药企业已经从20世纪80年代中期的650家左右发展至3200多家，产值则增长了10倍，达到近千亿元。产业在成长，产品更加多样化，早期较为简单的监管体制已难尽监管之责。其时，行业混乱情形使人心忧。

于是，在1994年，国务院正式决定，授权国家医药管理局对企业分类颁发药品生产企业合格证，制药企业由此进入“两证”时代。业内习惯将这两个有权发证的监管部门，简称为“药政”和“药管”。

双头监管自然引至冲突连连。不过，这种早期的、粗糙的监管结构也给了郑筱萸前所未有的机会，得以亲身体验审批权在手而万人相求的快感。

2006年6月，早年发迹于浙江的海南康力元集团在海口举行一个慈善活动。已卸任一年的郑筱萸与时任浙江省药监局局长郑尚金专程飞往海南参加。其间，汤氏兄弟专门举行了小型私人酒宴，庆贺他们与郑筱萸“相识十周年”。很显然，十年前初交浙江出身的京官郑筱萸，对汤氏兄弟日后在医药业腾飞关系重大。

药监出世

1996年之时，汤氏兄弟的产业不过是一家代销药品的小公司，名为浙江金华康天医疗保健品公司。哥哥汤旭东那年30岁，他的弟弟、公司真正的创建人和控制人汤小东仅27岁。兄弟二人来自浙江金华市郊农村，汤小东有中专文化，开过小五金店，曾在金华一家民营药企当过技术员，自此接触了医药行业。

结识郑筱萸，是兄弟二人事业上的一桩大事。不期然间，汤氏兄弟迎来了1998年那个药业监管的重大变局。他们离开了家乡浙江，另谋发展。

中国1994年以来“药政”与“药管”并存的混乱监管局面，很快引起有识者的广泛关注。20世纪90年代中期开始，期望依国际惯例将药品收归一个权力部门统一监管的呼声不断，多次递交全国人大；中央机构编制委员会办公室牵头的“医药体制改革领导小组”亦就此上报，主张“两口归一”。

1998年政府换届伴随机构改革，国家药品监督管理局诞生，中国终于有了国务院直属的单一药品监管权威机构。2003年，该机构升级为国家食品药品监督管理局。

当然，美好的设计蓝图仍然需要面对现实路径依赖的挑战。1998年时，新的药品监管机构不可能凌空而建，继承以往的结果便是“药管”和“药政”合并。这一年，原国家医药管理局所属的四家中央医药企业合并为国家医药集团有限公司，“政企脱钩”进入中央企业工委麾下；同时，卫生部药政局脱离卫生部与国家药管局合并——新的国家医药监管当局从此诞生。

在人事安排上，此时亦出现了一个顺乎中国官场规则的自然选择：原职副部的郑筱萸平调，出任国家药监局第一任局长，原卫生部药政局局长邵明立时为正局级，平调出任新建药监局第一副局长。

已结识郑筱萸的浙江金华汤氏兄弟隐然感觉到这一切意味着什么。当年夏天，兄弟俩远赴海南，注册成立了一家销售粉针剂和原料药的海南康力元药业公司（下称海南康力元），从此在这个拥有“地产地销”税收优惠政策的海岛上大展拳脚，走上发达之路。

大权独揽郑筱萸

身在北京的郑筱萸此时正感受着前所未有的天高地阔。作为早年的国企厂长、后来有志于晋身官场的政府官员，这名54岁的首任国家药监局局长在新职位面前，更多地看到了权势放大带来的个人机会，亦难忘却过去四年间“药管”、“药政”之间冲突不断的场面。

“郑筱萸最大的特点是作风强悍，心胸狭隘，太喜欢大权独揽。”一位原国家医药管理局官员概括说。以如此人物主政，圈内人所说“药管并药政”的格局隐然而成，其辖内人事安排向“身边人”倾斜几乎是必然。

国家药监局最初设定约110个编制，多数被郑筱萸掌控的原国家医药管理局人员占据，原卫生部药政局仅占20余席。此外，郑筱萸还以“编制不足”为由，从全国借调了一批处级官员。其在人事安排上的处心积虑可见一斑。

“药监局成立后，几位非药管系统的副局长和闲职差不多。”上述知情人说，“按照药监局原来的制度安排，应该由五名副局长分管药品审批、注册。但实际上药品及医疗器械的注册、行业立法等工作，均由郑筱萸亲自委派司长，直接向他汇报工作，副局长毫无实权。如第一副局长邵明立常被排斥在决策层之外。”

据一位曾供职于国家医药管理局的人士分析，药政系统常年行使药品监管权，虽有弊病，但也积累了经验。而药管系统一直担负着行业管理的职能，缺乏监管技能，且沿袭着“以效益为中心”的行业管理思路。同时，药管系统长期与企业联系紧密，许多企业曾是其下属机构。

“其实，‘药管并药政’还是‘药政并药管’不是问题症结。”该人士称，“关键在于合并后是否能够发挥各自所长，抛开部门宿怨，建立相应的权力制衡格局。”

但这显然不是郑大权在握后事态发展的现实逻辑。原部门积怨继续存在，只不过表现为一方大获全胜和另一方被全面压制；原药政系统与医院之间，药管系统与企业之间重重利益纠葛不是被厘清，而是被接管并进一步集中。专业与独立的医药监管，并不在郑筱萸的视野范围之内。

GMP突击战

随着国家药监局的建立，中国的药监体制自1999年起改为“省以下一体化垂直监管”，即以省级地方政府为单位，自上而下设立省以下级别药监局、药检所等单位，其人事任免、财政拨款收归省一级政府；另15个计划单列和副省级城市采取独立监管的体制。同在1999年，GMP认证也开始推行。

这些本属中国药监创建的题中应有之义。然而，大权在手的郑筱萸们，利用此机会同步创造着属于监管者的寻租空间。

所谓GMP（Good Manufacturing Practice），其原义为“良好作业规范”，或“优良制造标准”。此项制度注重于制造过程中产品质量与卫生安全的自主性管理，是一种行业规范。在中国最初的《药品管理法》中，GMP认证为自愿进行。业内人士认为，在中国药品生产水平普遍比较落后的背景下，GMP认证提高了硬件标准，规范了生产，无疑具有进步意义。但是，郑筱萸在推进GMP认证时，更重视的是加强审批权力。

最初的GMP审批权掌握在国家药监局。2001年8月，郑筱萸作出决定：在2004年7月1日未获认证资格的药厂一律停产。

“尽管时间紧迫，但难以迅速推进。”一位国有药企总经理回忆，“原因在于，GMP认证对认证人员的专业技能要求极高，药监局并没有这么多的认证人员。由国家局相关部门十几个人承担数千家企业的认证审批，很不现实。”

另一方面，由于不通过认证便意味着企业将面临停产，对地方利益触动太大，导致地方政府强烈反弹。压力之下，国家药监局又在2003年将认证工作下放至地方药监局完成，实行“省局审批、国家备案的两级联审”模式。

戏剧性的一幕由此出现——从1999年到2002年的三年间，仅有1000多家企业通过GMP认证；此后仅一年内，近5000家企业过关；而至2004年生死期限前，全国有6000多家企业通过GMP认证。

业界心照不宣的是，此时GMP认证已沦为可以花钱买到的“商品”。每家获得GMP认证的药厂，包括硬件改造与运作费用在内，为此平均支付约1000万元。

GMP认证轻率，酿成巨大的寻租场。目前已经曝光的两例地方药监局局长案，均与

GMP认证相关。在浙江省药监局原局长周航受贿案中，过半事件涉GMP认证，直接关联者为十余家药品生产企业负责人。知情者介绍，周航不仅帮助所涉企业造假上报材料，还亲自带人去找老上级郑筱萸批条。辽宁省药监局原局长张树森更擅自将该省GMP大限延长半年，大开受贿之门，致使此后认证通过率达到省局年初制订目标的131.6%。

监管腐败常与监管失职并存。GMP走形式一证到手后，药监部门的后续监管亦显著缺位。特别是由于获得认证后可免除原有的在流通环节的抽检，假药劣药流向市场反而少了一道关卡。

2006年相继爆发的“齐二药”假药案和“欣弗事件”即因如此，前者因原料造假所致，后者因药厂擅改生产工艺而发。国家药监局的调查结果显示，两家企业均未严格按照GMP的规定操作。

“齐二药”、“欣弗”之后未及半年，郑筱萸接受调查之际，又爆出“佰易”事件。2007年1月23日，卫生部、国家药监局联合发布通报：广东佰易药业有限公司在生产静注人免疫球蛋白过程中存在违规行为，并在临床应用中发现该企业的部分产品导致患者出现丙肝抗体阳性。调查发现，佰易获得的GMP认证形同虚设，审批高管难辞其咎。

就在GMP标杆设立的次年，2000年，海南的汤氏兄弟从销售业进入制药生产领域，收购了当地一家濒于倒闭的制药厂，改名海口康力元，注册资金1000万元。仅年余，海口康力元拿到了GMP认证。

这显然是一张沾满铜臭的“GMP”。六年后的2006年11月，伴随着郑筱萸的垮台，海口康力元的GMP被国家药监局吊销。

据接替郑筱萸担任国家药监局局长的邵明立在年度工作会议上透露，2006年全国吊销了86张GMP证书。

地标换国标

当然，86张GMP证书并不是大数字，恰如GMP泛滥并不是新任局长邵明立需要面对的全部。

2006年是食品药品监管工作极不平凡的一年，国家药监局共依法查处各类药品、医疗器械违法案件33.2万件，涉案总值5.7亿元；捣毁制假窝点440个，累计依法吊销160家药品经营企业的药品经营许可证，收回GSP（药品经营质量管理规范）认证证书135张，责令停产停业整顿药品批发企业114家，限期整改11681家。此外，全国有142家药品生产企业被停产停业整顿，4家企业的药品生产许可证被依法吊销。

“监管形势相当严峻”，“我们面对的不是少数企业、少数品种的问题，而是普遍存在的问题”。2006年下半年以来，国家药监局主要官员多次在监管工作会议上如此疾呼，足见郑筱萸药监之患。

药品审批是郑筱萸们经营下的一个重灾区，此灾始发于“地标换国标”。

2001年，历时三载修订而成的新《药品管理法》出台。该法第二十九条规定：“研制新药，经国务院药品监督管理部门批准后，方可进行临床试验。……完成临床试验并通过审批的新药，由国务院药品监督管理部门批准，发给新药证书。”由此，原本分散于地方的新药审批权，将全部收归国家药监局。

这本来是一项意义重大的改革。在卫生部药政局掌管审批权的年代，药品审批权分散在中央及地方行政单位间。地方审批下的药品标明省字号，国家局审批的药品则标明国字号，但均可在全国范围内流通。由于各地审批新药把握尺度不一，导致市场混乱，统一药品审批的积极意义不言而喻。

然而，郑筱萸们很快把改制变成了滥权与寻租。

与轰轰烈烈的GMP认证相似，郑筱萸主持下的“地标换国标”并无实事求是加强监管之心，只是单纯的审批权集中与放大。据中纪委通报，郑筱萸一个重要渎职之举，就是在“地标换国标”中，“擅自批准启用全国统一换发药品批准文号工作，在药品注册司临时成立一个工作组，在三个月内换发14.79万次文号，导致审核人员无法核对源文件，完全放弃监管职责”。

一个只有十几人编制的国家药监局专项办公室，不可能有效审核近15万种次药品文号的换发工作。重新审批亦无规范的程序以及相应的制衡监督机制。由于很多地标药品标准低于国标，在拿不到国药字号便将退出市场的巨大压力下，地方医药企业开始广泛“公关”，找注册司官员行贿以求顺利过关。一些药企甚至见缝插针，伪造地标审批资料，将新药作为地标药申报，以求绕过新药审批程序，相对快捷地获得国药字号。

于是，自地方药监局至国家药监局，以“地标升国标”为中心实际形成了一条利益链。

曝光的此类腐败主要集中于地方药监官员。吉林省药监局原副局长于庆香即为典型。在1996年7月至2002年5月间，于庆香利用担任吉林省卫生厅药政处处长，吉林省药监局注册处处长、副局长的职务之便，为一些企业违规办理药品批号，个人受贿款物折合人民币100余万元，另有1100余万元巨额财产来源不明。于庆香后获刑15年。

于庆香的判决书披露了一个事实：长春市天诚药业有限公司在1999年7月，通过于庆香的外甥运作，未办理申报手续就于1999年末开始生产“血活素”。到了2000年“地标换国标”时，天诚药业伪造了申报材料，将申报时间提前到1992年，经于庆香具体经办，成功为天诚药业实现了“地标换国标”。

调查得知，2006年5月下旬，陕西省药监局原助理巡视员米养素（副厅级），因涉嫌在2002年药品换号工作中收受企业贿赂，被省纪委立案调查。米养素此前任陕西省药监局注册处处长、规划财务处处长。

此外，辽宁、广东、青海等地均有专事药品审批的官员落马。甚至一些省局的厅级官员沦为药企“跑部前进”的代理人。

审批放大器

“地标升国标”后，新药审批权彻底集中到了国家药监局，但审批的技术原则与执行程序并不透明。与此同时，中国的新药定义亦过于广泛，一些仅仅改变剂型或增加了一些附加成分的仿制药也被纳入同类新药审批程序，造成仿制药与原研药混杂。新药审批出现非正常的“中国特色”——

据资料显示，仅2004年国家药监局共受理了10009种“新药”申请，而同期美国药监局仅受理了148种。2005年，药监局批准了药品注册申请事项11086件，其中80%是仿制药。

与此相对应还有另一组数字：2003年至2005年通过审批的化学药自主知识产权品牌仅有212个，其中真正的化学实体仅17个，加上中药22个，仅占“新药”的0.39%。业内人士透露，有的药企仅需要花费几万元，便可买到新药注册的全部材料，并以假样品通过药检所的检验。

中国药监体系的失效和医药腐败链的泛滥，其实互为因果。业界人士称，这个腐败链条已形成一个庞大的灰色产业：按照国家药监局注册司的收费标准，一、二类新药审批从临床至下发生产批文所需交纳的费用在4万元左右；相形之下，企业私下运作单个新药批文的费用最高可达上千万元，动辄数百万元。当然，最终为这些昂贵的腐败交易买单的人，正是中国广大医疗消费者。

新药滥批与GMP认证过急，还直接影响了制药业的利润成长。自2003年后，尽管医药工业总产值及销售产值继续维持较高增长，但其利润增长速度开始大幅度下降。据国家发改委数字，2004年医药工业利润同比增长仅为10.82%，在全国制造业务大类中排名末位。这种情况一直恶化到2005年上半年。诸多分析公认，这段时间制药业利润下滑与非正常监管环境的冲击直接相关。

调查突破口

当然也有企业在这种畸形监管中受益。海南康力元即是其一。据介绍，这家以300万元注册资金起家的小型医药销售商后来成长为大中型制药厂家，分别在海南、浙江、湖北、广东、山东注册了省字号的“康力元药业有限公司”，并已在全国

25个省份200多个地级城市设立办事处。企业总资产逾10亿元。

尚未获得有关康力元资产状况的真实信息。而此番最高检察院南下海南，查清该公司资产状况即为目的之一。另据信，康力元迅速崛起为当地“药企明星”，最显著的业绩是新药多，这主要是拜药监高官郑筱萸之赐。这家公司正式获得GMP认证不过四年，年度成功申请新药达100多个，总计拥有274种新药批号。

海南医药界人士说，汤氏兄弟执掌的康力元取新药批号如囊中取物，简单迅速，往往能够抢占市场先机。别人需要半年多才能拿下的批文，康力元可能只需要一两个月——这对于企业来说，无疑是一个巨大的利润空间。因为新药有单独定价权，从而以高价格中标，进入医院，最终流向消费者。

不过，在业界印象中，至今未见康力元的自主产品。海口康力元办公室主任宋瑶平亦证实，公司申请的274个“新药”批文中，几乎没有自己研发的产品。

汤氏、康力元与国家药监首脑的关系在海南、浙江两地医药界几乎是公开秘密。正因为此，2006年下半年国内医药系统自查之时，汤旭东、汤小东感觉压力空前，终于在2006年10月交代了与郑筱萸的有关交易，是为案件突破口之一。

郑案曝光，还与另一个关键人物——国家药监局药品注册司原司长曹文庄相关。作为郑筱萸的得力干将，曹一直亲自把持着关键性药品审批权。

2006年1月12日晚，44岁的曹文庄被中纪委“双规”。据此成立的“112专案组”，还先后查处了药品注册司化学药品处处长卢爱英、国家药典委员会常务副秘书长王国荣及至郑筱萸本人。

曹文庄1962年生于山东。1984年从黑龙江商学院中药系毕业后，进入中国药学会工作，后转入国家医药管理局，并成为郑筱萸秘书。在一些前同事的印象中，跟郑筱萸急躁的性格不同，曹文庄城府较深，“不露声色”。

2002年，曹文庄出任国家药监局药品注册司司长。全国17.2万个药品批准文号中，有15万个是曹文庄履新后办理的。

接近专案组的人士称，曹在受查初期守口如瓶，相应供述“就像挤牙膏一样”。2006年春节期间，羁押中的曹文庄曾就检举立功一事咨询过其辩护律师。此后，被查的药企负责人相继检举郑筱萸，一些证据亦获得曹文庄确认。

经检方调查，曹文庄涉嫌收受的贿赂共计17笔，折合人民币接近400万元；起诉意见书称，曹文庄连同其妻王颖伟收入共计人民币90余万元，但其夫妇二人名下财产除受贿金额，另有共计人民币340万元的资产，明显超过其合法收入，差额巨大，且不能说明财产的合法来源。

正式递交法院的起诉书，仅认定了曹文庄受贿四笔，共计人民币230万元，时间是2003年至2005年间，为两家制药企业在药品审批等方面牟取利益涉嫌受贿罪。起诉书还指出，曹文庄在核发药品批准名号及药品审批的过程中，收受钱财，降低审批标准，损害了国家机关的公信力；在申请药品经营许可证、办理药品进口许可等方面，降低审核标准，造成药品管理混乱，损害了国家机关的公信力，情节特别严重，涉嫌玩忽职守罪。

郑筱萸被立案后一个月，国务院于2007年1月24日召开常务会议，罕见地专门讨论郑筱萸案，定性相当严重："一起严重失职渎职、以权谋私的违纪违法典型案件。"此次会议由总理主持，除三名副总理、四名国务委员正常出席，中共中央政治局常委、中纪委书记吴官正，中共中央书记处书记、中纪委副书记何勇亦受邀参加。以如此高规格的会议来研究一个副部级干部的违纪违法案件，且作如此确切定性，在人们的记忆中属前所未有。

药械第一人

在中国药监体系中，还有一个与药品注册同等重要的权力部门，这就是医疗器械司，其主掌中国医疗器械进入市场的审批大权。

郑筱萸时代的医械司司长是他的另一个亲信郝和平，与曹文庄并称为郑氏的左膀右臂。郝和平对下属态度严厉，少言寡语，行事专断酷似郑氏。在国家药监局，他和曹文庄均可越过主管副局长，直接向郑筱萸汇报工作。

"郝、曹二人是'一人之下，万人之上'。"国家药监局一位内部人士说。在他看来，郝和平和郑筱萸的关系非同寻常。

按规定，医疗器械分三类审批，其中一类医疗器械可免临床实验，直接进入市场；二、三类则要经过至少半年的检验、试用等程序，才能进入市场。而时间对企业即为金钱。为缩短审批时限，大多数企业希望将一些介于二、三类器械之间的医疗器械申报为一类。

在郑筱萸把持的国家药监局，这种缩短审批的愿望能否实现并无严格程序，主要在于郝和平与郑筱萸是否愿意签字。一位医疗器械公司的片区经理介绍说，按医械行业的某种潜规则，有些企业约60%的成本用于跑关系。其中20%提供给医院，约40%给药监、工商等部门。另一位业界人士则称，郝和平在医疗器械方面大有一手遮天之势。凡其批准的器械即使"出事"，也能得到庇护。

"奥美定"事件即为典型一例。"奥美定"原属乌克兰英捷尔法勒公司生产的聚丙烯酰胺水凝胶产品（polyacrylamide hydrogel，PAHG），通过吉林富华公司代理在华销售。1998年9月，合作因乌方认为中方违约而终止。此后富华公司即着手研制同类产品，并于1999年5月获准临床试用。按规定，试用最低期限应为两年，但富华公司当年底即获试产注册证书，一年之后获批正式生产。

其后，乌克兰英捷尔法勒公司的产品于2004年2月被药监当局全面查禁，停止在华销售。而到2005年，尽管奥美定投诉不断，多次被监测出不良事件，仍再次取得了四年有效期的医疗器械注册证。

两次证件的颁发部门，正是郝和平执掌的国家药监局医疗器械司。

2005年7月8日，即郑筱萸被免职不到半月，郝和平及其妻付玉清因涉嫌受贿被刑拘。郝和平长期主管的医疗器械审批弊端遂成为关注焦点。2006年4月底，国家药监局经过公众听证，正式向“奥美定”生产厂家吉林富华医用高分子材料有限公司发出了《撤销医疗器械注册证通知书》。

至于郝案调查则一波三折，北京市西城区反贪局曾三次延长侦查，至2006年6月26日初步审结公诉，又因举证不足两次被退回。最终将罪名减至收受贿赂80万元和非法持有枪支罪两项，郝和平获刑15年。

中间人利益

国家药监局坐落在北京西城的北礼士路甲38号西直门地铁站附近。有心人会注意到，自2001年后，这一带出现了大大小小的一批新药注册代理公司、医药信息公司。这些公司名义上是帮助药企完备新药注册法规、程序和审批需要的材料，或是帮助医疗器械企业了解审批程序，其实相当一部分是在利用其特殊管道“搞定”新药批号或药械使用批文。

海南省药监局一位监管官员透露，企业所出费用从几十万至几百万元不等，个别“攻关”难度大、利润空间多的产品，佣金甚至可达上千万元之巨。

东三省的业内人士一直风闻，吉林省曾出现一名“批文冠军”魏涛。这个魏涛系河南人，后通过在吉林梅河口掌控数家医药公司，迅速在当地医药界崛起。他的手段主要是买卖批文，两年内获批200多个文号，他正是曹文庄的行贿人之一。

魏涛本名魏威，30多岁，河南人氏。见过魏威的人描述，他身形瘦小，其貌不扬。早年，魏威在河南漯河从事药品批发，获得原始积累。之后，魏威转战东北。工商资料显示，2000年，魏威收购了吉林省梅河口市一家药厂，在此基础上，在吉林省工商局注册成立了吉林全威制药有限公司。

2003年，该公司更名为詹姆斯安迪制药有限公司，同年底迁往通化，不久又更名为威威润生制药有限公司。至2004年，威威润生制药有限公司分化为两个制药厂，即诺氏制药（吉林）有限公司、巴里莫尔制药（通化）有限公司。同时，魏威还成立了太平洋药业有限公司，后更名为菲尔斯杜克；2005年4月，再度更名为阿尔贝拉医药公司，主要业务为药品销售。

值得提及的是，魏威这三家医药公司所在的地点梅河口，隶属通化市，距离省城长春300余公里。医药产业是通化的支柱产业，当地制药工业的总量占吉林省的30%，效益占吉林省的70%，其医药业连续19年在吉林省综合排序中名列第一。

通化市药监局一位官员介绍，魏威平时并不在梅河口，他在当地的三家企业都交给一些河南同乡管理，自己则在北京的集团总部遥控。

魏威的“业务”其实很简单，主要是在2002年“地标换国标”时，通过行贿曹文庄等人，拿到全国各省市上报药品的质量标准及生产工艺；然后以这些资料为模板，选择200余种生产厂家较少、以注射剂为主的药品，通过行贿吉林省药监局的一些官员，补回1996年前这些产品的文号；再将地方文号上报至国家药典委——“地标”于是顺利地换成了“国标”。

掌握了如此众多的“国标”，以此牟利应是易如反掌。短短两年间，魏威即拥有200多个药品批文，堪称药企“奇迹”。表面上看，这200多个药品批文分属于两个企业，但都归魏威所有。

目前尚无法确知魏威攫取这200多个文号究竟买通了多少药监官员，但其“奇迹”背后，已然有多名药监官员涉案，除了郑筱萸、曹文庄，还有药品注册司助理巡视员、化学药品处原处长卢爱英，以及国家药典委员会常务副秘书长王国荣。

知情者透露，魏威还与吉林省药监局两名官员有瓜葛。2004年夏，吉林省药监局副局长于庆香、局注册处副处长陶立军相继案发。事先听到风声的魏威仓皇出境，从2005年开始，魏掌控的三家企业相继改头换面，成了外商独资企业。自此，“魏威”的名字不再出现在工商资料中。但隐身幕后的魏威，还是企业的实际控制人。

2006年4月，于庆香一审获刑15年，陶立军亦同期领刑。于、陶两人涉案均与药品审批、注册有关。据悉，在2002年“地标升国标”中，时任吉林省药监局注册处处长的于庆香经手的批文超过1000个。

于庆香案判决后，以为风平浪静的魏威悄然回国。2006年10月，魏威被办理曹文庄案的专案组抓获。在曹文庄的起诉书中，魏威被标明“另案处理”。

据新华社报道，郑筱萸案发后，有关部门对重新注册的药品进行抽查，发现部分药品生产企业使用虚假申报材料，获得了药品生产文号的换发。后经查证，六种假药中，出自威威润生制药有限公司（后改名为诺氏制药）的占了多数。

2004年开始，吉林威威不断有假药被查出，如九阳雄根、速威七鞭回春乐胶囊、至宝三鞭胶囊、甲砜霉素胶囊等。在2004年，上海市药监局公布的不合格广告名单中，吉林威威亦榜上有名。2007年8月，国家药监局又紧急发文，叫停了诺氏制药的人参多糖注射液、丹参酮ⅡA磺酸钠注射液、肿节风注射液、射干抗病毒注射液，以及巴里莫尔制药公司生产的天麻素注射液。

家庭生意

其实，在郑筱萸经营的寻租土壤肥沃的药监系统，更多便利的“中介机会”是在药监高管亲属内部配置。

郑筱萸纵容“妻儿在上海注册成立多家公司，利用职务收受贿赂，严重扰乱医药市场”，正是有关部门通报的其严重问题之一。

2003年1月成立的上海一正广告有限公司，注册资金50万元，股东为郑筱萸的妻子刘耐雪和儿子郑海榕，二人分别出资5万元、45万元。

同年6月5日，郑海榕在上海又成立了由其控制的一正医疗器械有限公司，注册资金100万元。该公司设址于上海青浦区青松路128号，员工八人，在吉林、陕西、福建陆续设立了分公司。

围绕一正医疗器械有限公司，曾发生一个很有意思的插曲：2004年4月23日，国家药监局医疗器械司向“各省、自治区、直辖市（食品）药品监督管理局医疗器械处”下发了一份紧急通知，称相继收到举报，有人打着郝和平的旗号，“使用13801897720等电话号码，向医疗器械生产企业推销产品或进行行骗活动”，并“请各省局医疗器械处尽快通知当地企业，防止受骗，如遇此类事件及时向当地公安机关报案”。

后经查证，当时使用该号的正是郑海榕公司的员工。由此，亦可见郑氏公司和药监局的复杂关系。

郑筱萸的两员大将——郝和平和曹文庄，在牟取家族利益方面也不示弱。郝和平之妻付玉清，曾供职于国药控股有限公司；曹文庄妻子王英伟，则长期担任国家药监局下属某医药公司副总经理。据称王也曾作为中间人，为医药企业效力而获巨利。

郑筱萸妻、子及郝、曹二人的妻子四人均已涉案被捕。

在中国总计近20万亿元的GDP中，2006年总产值为5536.9亿元的医药行业，或许算不得支柱型大产业；但是，由于医药生产与人民生命健康息息相关，这一产业的健康成长则至为重要。高效、廉洁、公正的监管体制，正是医药产业健康成长之需。

在郑筱萸主政药监的时代，宦海浮沉、权力更迭相交叉，可以看到的是一个药监体制扭曲安排、行业歪风蔓延的沉痛现实。很显然，如果离开独立、专业、公开和透明，监管者不能获得有效率的体制性监管与制衡，从监管到寻租原来只有一步之遥，而其后果可能相当严重。

郑筱萸案已经移交检方。曹文庄案也已于2007年5月庭审。随着法律程序的进一步展开，郑筱萸系列案的真相和更多的灰色交易细节将会渐次披露，中国药监体制的制度性漏洞也将会进一步显现。弃旧图新，任重而道远。

监管人真空？①

郑筱萸腐败案不只是其个人的悲剧，亦象征着中国药监体制十年之殇。

据国务院发展研究中心研究员高世楫介绍，一种公认完善的监管权，至少应具备三个条件：一是专业、独立、透明、公开，二是具有行政问责机制，三是具有法律上的受诉机制。

中国的药监体制师法美国，可是，这种师法流于形式。从监管模式上看，美国FDA主要着力于事前监管，以保障消费者利益为目的；中国国家药监局则以事后惩戒为主，更重审批权。

美国药监体制下的监管权，是一种由透明程序、专业执法、企业自律、市场制约与法制惩戒及行政问责共同构成的社会监管网络，其行政监管机构的权力只是这一网络中的一部分，受到各方面的制约。

郑筱萸手中的监管权，则是一种职能单一、缺少起码制约的行政工具。这是二者之间的本质区别。

专业、独立、透明、公开，是行政监督机构行使监管权所应遵循的基本原则。例如美国药监局根据每项工作的具体要求，制定出详细的工作守则，指导雇员的工作。如在药品监管方面，FDA就制订了《调查操作守则》（Investigations Operations Manual，IOM）和《管理程序守则》（Regulation Procedures Manual，RPM）。

在RPM中，仅警告信一项，就详细说明了警告信的目的、背景、程序、适用范围、送达、分类、内容，并有适用于不同产品的举例。监管人员只要依据该守则，就能保证发出统一的、符合要求的警告信。这既是一种专业性的体现，也是一种公开透明性的体现，其警告信内容均可供媒体与企业查询。

审视中国国家药监局在“地标升国标”、新药审批、GMP认证等方面的一系列改革，一方面缺少专业性，导致劣药假药蒙混过关，药品批号沦为商品；另一方面，缺少公开、透明的程序，药品审批不受外界监督，即使在出现药品安全问题时，仍对药品审批检验等信息讳莫如深。

例如GMP认证，国家药监局并不具备充足的认证专业人员，导致由其主导的认证

①作者张映光、罗昌平，编辑张进，原载《财经》杂志2007年第8期。

工作进展缓慢，最终无力推进。在权力放归地方后，由于认证程序缺少透明性，致使认证最终成为企业可以出钱“购买”的商品。

再如国家药监局启动的“地标升国标”。此项工作集中在2002年至2003年完成，国家药监局在药典委员会下设立专项办公室，全国的地方标准药品、生产工艺、质量标准等均上报至此重批。而与GMP认证相似，一个只有十几人编制的专项办公室，根本无法审核上万种药品的重新申报工作。

问责机制

反思郑筱萸案，人们会想到，近些年来，食品药品方面问题迭出，仅在2006年就相继爆发了全社会广泛关注的“齐二药”假药案和“欣弗事件”，其他类似的局部事件更是不胜枚举。

为什么在一次次危机之后，悲剧还会继续重演？答案显而易见：中国药监体制缺乏对责任者的问责机制。比较理想的监管模式，应该包括一旦出现渎职事件，就对监管者进行责任追索的程序安排。这一问责机制不仅是监管机构通常采取的自上而下的问责，亦是一种全社会对监管机构的问责权。所有利益受到不公正损害的企业或个人，均有权通过与行政监管机构相互独立的问责部门，对监管机构相关责任人进行问责；而独立于监管机构之外的法律体系，可以保障监管权处于法律监督之下。任何滥用及寻租均可能受到司法机构调查。

但中国监管机构下属的所谓的问责机构，完全是监管机构的附属品，无法履行相应职能。如行使认证权的国家药监局缺少基本的问责机制，通过认证的企业在出现药品安全问题后，药监局相关责任人并不承担相应行政失职责任与法律责任。在现有体制下，对类似药监局这类手握行业监管重权的的机构进行制约的机制，只有纪检机构，但纪检机构介入调查之时，往往为时已晚。

显然，对诸如药品监管这一带有极强专业性的领域，需要建立一个平行于行政监管的市场监管体系，包括独立的、专业的、外部的专家委员会，行使对行政监管部门的监督与问责，独立的法律制度是其最终的保障。

这样，既可以避免监管权的分裂，亦可对监管权形成一定制约，以使监管部门的权力行使，达到独立、专业、透明与公正的要求。

药监何处去

随着郑筱萸药监系列窝案爆发，药监体制改革重新回到十字路口。

2007年1月17日，在全国药监年会上，国家药监局局长邵明立披露，2006年全系统查处各类违法案件33.2万件，涉案总值5.7亿元。

颇引人注目的另一组数据是，当年吊销四家药企生产许可证，收回GMP证书86张；吊销160家经营商的资格，收回GSP证书135张。

2007年3月，邵明立主导新的《药品注册管理办法》并向社会公开征求意见。

同2005年2月28日颁布的《药品注册管理办法》相比，新《办法》对新药定义作出调整，规定已上市药品改变剂型、改变给药途径或增加新适应症，将不能再作为新药管理注册审批。其主旨是对改变剂量、剂型等申报新药的方式加以约束。

其次，新《办法》加强了对企业新药注册申请资料和现场检查的力度，以及对临床试验环节的监测。

再次，新《办法》第一次制定了对审批权的约束监督条款，规定“药品注册过程中，药品监督管理部门及相关单位和工作人员，对申请人所提供的未披露的技术秘密和实验数据负有保密责任”。这显然是针对药监局内部人员与代理公司勾结倒卖报批资料的行为制定的。

新《办法》征求意见稿，体现了药监局针对郑筱萸治下擅自修改《办法》为其所用所暴露出来的问题，并进行有针对性的政策调整。

但是，对于药监局这一系列“亡羊补牢”之举，业内人士并不敢轻易表示乐观。当年郑筱萸主政之初，其以“地标升国标”举措，重新定义新药审批的革新力度并不逊当今。其之所以扭曲、变形，是因为规则混乱与操作不透明，本质原因是缺少权力制衡与监督机制。他们担心，这些问题若不解决，所谓的新药再注册只会增加企业的公关成本，变为新一轮的寻租工具。

药监“地震”之后，重回药政背景下的国家药监局未来命运尚不明晰。在药监系统内部，存在多种关于今后药监模式走势的讨论。

一种意见是保持现状，对现有药监体制进行改良；另一种意见是设立“健康委员会”，将卫生部、中医药管理局、国家药监局等各相关部门置于其中，以解决药监与卫生长期以来的矛盾。

值得注意的是来自卫生系统的另一种意见，认为应在药品监管的独立运行原则下，统一医政与药政，让药政重回医政之下，归卫生部监管。其理由是，欧美等国的药监系统均在国家卫生部门属下独立运行，只有中国实行“医药分权”。其结果不仅令医药管理部门之间矛盾重重，亦令医、药难以融洽配合。

但是，药监局扭曲的制度变革似乎已经说明：不解决谁来监管监管者这个问题，所谓制度革新都会演变为“新瓶旧酒”式的权力争夺——无论这个监管机构叫什么名字，或由哪个部门所主导。

作为一个曾经在中国药监体制上留下痕迹的人物，郑筱萸的罪与罚，为我们反思和重建药监体系留下了教益。

最后两百天①

京北小汤山附近，秦城监狱隐现于燕山东麓的层峦叠嶂之中。

2007年7月10日，星期二。上午8时许，关押于此的国家药监局原局长郑筱萸被押出监室，接受刑前的验明正身。

当天一早从市区赶来的北京市一中院的执行法官，向郑筱萸宣读了最高法院的死刑核准裁定和执行死刑命令。

其后，郑筱萸用大约半个小时时间，为亲属立下遗嘱。

10时许，郑筱萸获准同妻子刘耐雪见了最后一面。半小时后，郑被押上一辆死刑执行专用车。最后，他被以注射死刑的方式结束了生命。12时许，新华社就此发表简要新闻通报。

以此过程看，目前流传于互联网上的“郑筱萸绝笔”当非其亲为。

自2006年12月22日郑筱萸被“双规”算起，至此整整200天。无人能还原郑筱萸此时的心情，能够观察到的是，这200天里，郑筱萸一头黑发转为花白。他为曾经的罪孽和风光付出了生命的代价。

最后200天

从被“双规”、逮捕、一审到宣判，短短五个月时间，国家药监局原局长郑筱萸案经历了一个完整的过程。

2007年5月16日，郑筱萸案在北京市一中院一审开庭。13天后的5月29日，一审法院判决认定，1997年6月至2006年12月，郑筱萸为八家制药企业在药品、医疗器械的审批等方面牟利，直接或伙同其妻、子收取财物合计649万余元。

法院同时认定，2001年至2003年，郑筱萸先后在担任国家药品监督管理局、国家药监局局长期间，在全国范围统一换发药品生产文号专项工作中，违背重大事项请示报告制度和民主决策程序，草率启动专项工作；严重不负责任，对这一事关国计民生的药品生产监管工作未做认真部署，并且擅自批准降低换发文号的审批标

①作者罗昌平，编辑张进，原载《财经》杂志2007年第15期。

准。郑筱萸玩忽职守造成了严重的后果，后来经抽查发现，部分药品生产企业使用虚假申报资料获得了药品生产文号的换发，其中六种药品竟然是假药。

据此，一审法院以受贿罪判处郑筱萸死刑，以玩忽职守罪判处其有期徒刑七年，两罪并罚，决定执行死刑，剥夺政治权利终身，没收个人全部财产。

郑筱萸案宣判后，立即在社会上引起巨大反响。关于对其判决是否“过重”，也一时成为各界争议的话题。

最近三年，在郑筱萸之外，中国因腐败“落马”的省部级高官有二十余人，其中过半数案件亦已审结，而不少腐败官员受贿的数额并不低于郑筱萸。如安徽省委原副书记王昭耀，利用职务上的便利，非法收受44人或单位给予的财物，共计折合人民币704万余元。此外，王昭耀还有近650万元的财产明显超过合法收入，差额巨大，不能说明合法来源。2007年1月12日，济南中院以受贿罪和巨额财产来源不明罪判处王死刑，缓期两年执行。

同样是在北京一中院开庭审理的腐败案，黑龙江省原政协主席韩桂芝，其利用担任中共黑龙江省委组织部副部长、部长、省委常委、省委副书记等职务的便利，为马德等人在职务晋升、职务调整等方面谋取利益，先后多次非法收受上述人员给予的款物共计人民币702万余元。2005年12月16日，北京一中院以受贿罪判处其死刑，缓期两年执行。

郑筱萸在2007年5月29日上午一审宣判后，当庭即表示对判决不服，其家属委托律师提起上诉。其后，6月18日，此案二审在北京高院开庭。仅四天后，二审裁定，驳回郑筱萸上诉，维持原判，最高法院亦依法核准其死刑。

至此，郑筱萸成为改革开放近30年来，因腐败犯罪被判处死刑的第四名副部级以上官员。此前三人，分别是江西省原副省长胡长清、全国人大常委会原副委员长成克杰和安徽省原副省长王怀忠。其中成克杰亦由北京市一中院执行注射死刑。

郑筱萸死后，他主政国家药监局时的得力下属、药品注册司原司长曹文庄，于2007年8月28日因受贿、玩忽职守罪终审判处死缓，判决中采纳了曹文庄律师的一条辩护意见，即曹文庄检举揭发他人，有立功表现，依法可以从轻或减轻处罚。另一核心人物——医疗器械司司长郝和平，已于2006年11月获刑15年。随着三人的罪定，爆发于2005年夏天的众多药监系统官员涉案落马，席卷整个医药行业的反腐风暴，渐近收官。

2007年7月10日上午，几乎在郑筱萸被执行死刑的同时，国家药监局政策法规司副司长颜江瑛表示，郑筱萸腐败案让整个药监系统“蒙羞”，要从这个案件中汲取深刻教训，在今后的监管工作中堵塞漏洞，“使我们的监管工作真正地做到为民监管，真正地保障人们的饮食用药安全。”

“原则不动，局部微调”

在郑筱萸案曝光后，深深打上郑筱萸烙印的中国药监体制向何处去？方方面面意见纷呈。在药监系统内部，长期以来亦有关于药监模式今后走势的讨论。

据了解，诸多意见可归纳为三种模式：

其一，保持现状，大框架不变，仅对局部进行改良。此举成本最低，但郑筱萸案后，国家药监局公众形象已大损，即使在内部，亦有人对此种模式的前景持悲观态度。

其二，设立“健康委员会”，将卫生部、中医药管理局、国家药监局等置于其中，以消除药监系统与卫生系统长期以来的矛盾。从机构设置与人员配备来看，此举成本较高，但相对接近国际模式。

其三，国家质检总局有意收编药监体系，人员与机构不增加，在全国形成垂直管理。相对前两种选择，此种无疑阻力最大。

对此，国家药监局政策法规司副司长、新闻发言人颜江瑛表示，尚未听到有关国家药监局机构变动的任何消息。

高层主张延续第一种模式，并强调“原则不动，局部微调”。所谓“局部微调”，实指从人事调整、制度建设等方面入手，相关举措已在紧锣密鼓地进行。

2007年7月10日，郑筱萸昔日的“心腹”、国家药监局药品注册司原司长曹文庄，向北京高院递交上诉状。此前四天，北京市一中院以与郑筱萸相同的罪名，认定曹文庄受贿总计人民币240余万元，另犯有玩忽职守罪，一审判处其死刑，缓期两年执行。据一审判决，与郑筱萸案相似，曹文庄的罪责之一，在于草率提出换发药品统一批准文号的建议，并在药品审批时不认真履职，把本应归国家药监局审查的药品文号交由各省自行审查，放弃监管职权。

显然，药品注册环节，正是药监腐败最肥沃的滋生之地。也正因为此，国家药监局着力在这一环节亡羊补牢。

据颜江瑛透露，新的《药品注册管理办法》，将“明确药品的审评审批过程要保证最大化透明，接受社会的监督”。

2007年7月11日，即郑筱萸伏法的次日，国家药监局专程召集在京媒体，解读即将于同年10月1日实施的《药品注册管理办法》。该《办法》上一次修订是在2002年，五年来，其漏洞已在郑筱萸、曹文庄两案寻租链中暴露无遗。

相比于2002年版，新的《办法》强化了监管部门在药品审批环节的责任和监管。依照旧规，药品申请者要确保自己备选药物的安全性，强调的是行业自律。而新的《办法》规定，药品评审人员必须进行现场突击检查，并提取样品来核实安全性和药品的一致性。同时，评审人员必须确保药品申请中提交的样品与最终产品一致。

为了减少可能的腐败，新《办法》增强了流程的透明度，即主审集体负责制、审评人员公示制和回避制，做到评审的标准、过程、进度和结果都全部公开。

在郑筱萸时代，使用一种新剂型甚至新包装的仿制药，都可能被界定为“新药”。新的《办法》对此进行了更严格的规定，通过对新药申请进行“特殊审批”，鼓励中国的医药行业进行创新，以改变该领域仿制药占压倒性多数的现状。

协调食品“多头管理”

近年来，引发民怨的不仅是药品领域。从宠物食品到人类食物，从水产品到农作物，针对中国食品安全的疑虑已由国内蔓延至境外。

在2007年7月7日召开的全国食品药品监督管理工作座谈会上，国家药监局食品安全协调司司长孙咸泽透露，食品安全问题已导致我国农产品、食品国际贸易屡次受阻，严重损害了出口信誉和国家形象。他表示：“中国正处于食品安全风险高发期和矛盾凸显期，食品安全专项整治的任务还相当艰巨。”

国家药监局政策法规司副司长颜江瑛表示，中国作为一个发展中国家，食品药品安全监管工作起步较晚，基础还相当薄弱，现在面临的食品药品安全形势不容乐观。

中纪委、监察部已责成各级监管部门正确认识郑筱萸案件的严重性和危害性，从中汲取深刻教训，切实落实国务院有关食品药品市场的整顿、规范和监管。

一个被广泛关注的问题是：目前食品领域的多头管理问题如何解决？

早在2003年4月，郑筱萸主政时期的国家药监局更名为国家食品药品监督管理局。作为国务院机构改革中的一次微调，新设的国家局在原来药品监管的基础上，增加对食品、保健品和化妆品的安全管理。

但此举事实上并未扩大药监系统的权力。因为在食品领域，国家药监局仅拥有“综合监督、组织协调和依法组织开展对重大事故查处”的职能；在此之外，食品质量标准归质检总局，审批归卫生部，出口归商务部，而生产归农业部。四个平级部门各自为政，而协调者竟是低半级的国家药监局，其效果可想而知。这一状况难以从根本上改变。

7月10日，国家药监局联手农业部、卫生部、工商总局、质检总局召开发布会，就各部门落实《国家食品药品安全“十一五”规划》（下称《规划》）等工作回答中外记者提问。这是我国在食品药品安全领域编制发布的第一个国家级专项规划，也是对食品药品安全领域五年发展的战略部署，其编制工作于2004年底启动，2007年5月以国务院办公厅的名义正式印发。

据介绍，在国家“十一五”规划纲要发布之后，各部委及省级政府于2006年

10月之前，即制定并发布了本行业或地方的配套规划。而由国家药监局牵头编制的此《规划》，滞后长达半年。由此亦可见食品领域各自为政之弊。

在郑筱萸身后，相关制度建设正在启动，以求“亡羊补牢”。但有识者亦指出，无论是“规划”还是“办法”，都无法完全恢复药监系统已经透支的政府公信力。不解决对行政监管者的监督和问责，任何制度的变革都难以挣脱对审批权和执法权的争夺；公众对制度变革的期待，也不会满足于政策的纸面变化，而期望体现为高效的执行力。

手记：死刑无效

从首发到全程报道郑筱萸案，第一次深刻感觉自己的笔是可以杀人的。

2006年12月28日上午9时许，上访专业户刘女士发来短信："郑筱萸被'双规'了，国家药监局内部刚刚通报了这一消息。"

这是一条大新闻！

对于郑筱萸的案发，早有预兆。从他2005年6月22日被突然免职，各种传言四起。这一年7月8日，郑之心腹——国家药监局医疗器械司司长郝和平被刑拘，我正是最早签发这一消息的新京报编辑；2006年1月12日，他的另一心腹、国家药监局药品注册司司长曹文庄受查，一些媒体已毫不客气地暗示郑筱萸的罪责。

刘女士饱受隆胸产品"奥美定"之害，她近年来一直奔波于国家药监局、中纪委。我与她的接触，由《新京报》持续到了《财经》。但一个信访者的消息源，仅是未经证实的线索。我通过邮件上报了这一选题，很快发现《财经》联席主编杨大明的邮件也提到，他从另一渠道获知郑筱萸已被立案审查。

这是两个独立的消息源！

我随即用电话将国家药监局新闻处、局办、药品注册司及医疗器械司等扫了一遍，并最终获得了纪委人士的证实。2006年12月28日傍晚，一则千字短稿出现在财经网。当晚，新浪、搜狐等门户相继以大黑标题转载，至12月29日网友留言已逾万条。民怨昭然。

记得发稿的那天是假期，我在事后获得了编辑部的一个假日补偿。不过，这条消息存活了不到36小时，便被统一的禁令撤掉。来自调查部门的理由是，针对已退休的郑筱萸的调查，仅限于党内，通常也就给一个党纪处分了事，并无放大打击的意愿。

但媒体的接力问责在不断冲破禁令的封锁。一方面，此案不仅使医药链的前端与中端——医药企业与药监官员之黑色交易逐一现形，这些腐败大案及至链条末端又验证了"齐二药"、"欣弗"、"奥美定"等恶性公共事件产生的原因，更让百姓对药监系统的积弊深恶痛绝；另一方面，跟上海社保案颇为类似，郑筱萸案已由官商勾结到贻害民生，契合这一轮的中央从民生入手反腐之思路和用心。

从我首发郑筱萸落马，到他一审判处死刑，两个时间节点相隔整整5个月。毫无疑问，以5个月时间法办一名副部级高官，并经历了“双规”、逮捕、一审等党纪司法程序，其处置之神速、认定之准确、判决之严厉及反响之激烈，可谓罕见。

2007年4月16日，《财经》还给了郑筱萸案一个封面待遇，正是《郑筱萸毒药》之由来。此文七易其稿，周折颇多。

第一种考虑是以体制反思为主线，当时相继形成了三稿，集焦于“猫鼠一家”、“绝对权力幻象”等。但缺陷是采访缺乏突破，郑筱萸功罪不明，无法认清体制之弊和人祸孰轻孰重。

前三稿相继被否后，即遇上漫长的全国“两会”，选题暂且搁浅。至3月下旬，我尾随最高检察院人员赴海南查案，终获得纪委此前对郑筱萸案的定性与通报，并以此作为文章主干。

此时行文出现了两种考虑，一是实行双主文模式，即郑筱萸案主线再加中美药监体制对比；二是做小做实和体制反思并行。如第四稿“郑筱萸和康力元模式”，即考虑融入这些思路。但是，双主文模式力量分散，体制反思与人物事件“两张皮”，加之核心材料仍然难补，无法自圆其说或只能妄加猜测。

第四种考虑，即腐败链模式——由郑筱萸案扩大开来，将郝和平案、曹文庄案串联，如五稿“郑筱萸药监腐败链”。这一模式的优点是完整、清晰，缺点则为线条太长，容易暴露出核心材料的不足。

我虽然获得了中纪委有关郑案的内部通报，但其中对细节的交代并不多，亦无法举证官商勾结的具体内情，以及由此对位于下游的民众的伤害。

第五种考虑，即为体制反思和人物事件的结合。主线仍然是人物故事，但以体制变迁作为背景，让人物在大背景的舞台上活动。这也就是最终见刊的报道，郑筱萸本人、腐败链上的其他角色、药监体制变迁、恶性医药事件等四条线穿插运行，同时主文和三篇辅文各司其职。

检方人士说，这个封面成了他们日后的案头材料之一，部分呈堂指控还参考了文章的脉络与背景。

在郑筱萸执行死刑前夕，我曾发文表示：此时若对话郑筱萸，绝非听任其做言不由衷的自我忏悔。中国药监体制太需要一次深刻的检讨，郑筱萸此时的剩余价值在于其作为制度创建者和执行者，有着特殊的反思意义，而不仅仅一毙了之。

但遗憾此愿未成。与神速法办郑筱萸极不相称的是，这一系列程序始终处于不透明状态，无论是党纪查办后移交司法机关，抑或是一审法院以假开庭之名甩开所有媒体，似乎总有一股力量惯性使然，导致公众高度关注的郑筱萸案外披神秘面纱。

我坚持认为，即使将郑筱萸案卷公之于众，亦未必能还原中国药监体制的真实面貌，以及郑氏内心的曲折变迁。此时，若能与郑筱萸做一次对话，是否有机会窥视其内心深处？是否能引起更深远的制度反思？

这样一个技术官僚，曾经有所抱负，希冀依照英美体制打造中国药监系统。但是，在中国的体制现实面前，在转轨经济中地方利益和部门利益、个人利益的分化中，面对权力的腐蚀，他终于放弃了抱负，转而追求权力和附着于权力的利益，追求亲属和小团体的利益，使得建立中国药监体系的努力付诸东流，并走向了人生的末路。

在其身后留下了一份特殊的“遗产”，那是英美发达国家药监体系的变种，那是对一个国家民众的伤害，也已贻误一个产业的前景。诚如国务院常务会议发出的通报所言，郑筱萸案件造成的危害极大，“威胁人民群众身体健康，严重败坏了党和政府的形象”。此时，我们仍然看不到郑筱萸时代创建的药监模式的变更，而是仍然在延续。

死刑能根治腐败吗？不行，就在郑筱萸伏法不久，他的下属、国家药监局副局长张敬礼即于2010年6月因经济问题被查。

第五章　黄光裕网络

过人的商业天赋叠加“敢捅破天”的强悍风格，既是黄光裕成功之本，也是其失去自由的祸源。这已不是象征着潮商初兴的“红头船”年代，亦非百余年前远赴南洋的垦荒时期，所有商帮必须接受市场与法治体系的现实考验。

黄光裕的更大贡献或许在于，他在狱中与经理人陈晓的对决。51岁的陈晓和41岁的黄光裕，一个身份自由却背负着道义的枷锁，一个锒铛入狱却高擎着维权的大旗，像两个红了眼的拳击手。当千年商业伦理遭遇市场规则，这注定是一件载入中国商业史的经典案例。难得的是，这一切都是在资本市场规则与公司章程框架下的决斗。

黄光裕瑕疵①

一夜白发后，黄光裕从此以光头示人

三度加冕首富，两次被警方调查，39岁的黄光裕留给外界的是一系列谜团。

2008年11月19日晚间，“内地首富”黄光裕因涉嫌经济犯罪被北京警方带走调查。11月26日晚，黄光裕的胞兄、新恒基集团董事长黄俊钦及中关村科技发展（控股）股份有限公司（000931.SZ，下称中关村）董事长许钟民亦因涉嫌经济犯罪被调查。

11月28日下午，中国证监会在新闻通气会上披露，黄光裕旗下的北京鹏润投资有限公司（下称鹏润投资）在对两家上市公司（中关村和三联商社）进行资产重组的过程中，“有重大违法行为，涉及金额巨大”。

证监会的通报为黄光裕涉案由头提供了合理解释，但市场并不满足这一简短描述，关于黄光裕涉案原因的各种版本仍在坊间流传。

这显然是黄光裕的草莽行迹所致。黄光裕从一文不名到坐拥国美电器（00493.HK）和北京鹏润地产控股有限公司（下称鹏润地产）两大巨型企业，发迹过于传奇，因而其“第一桶金”从来就备受质疑；国美电器与鹏润地产的双栖经营模式，其现金流使用和财务状况也引发疑虑；近年来黄光裕在香港和内地资本市场的大胆操作，亦广受关注。

更离奇的是，2006年公安部门根据审计署审计材料对黄光裕进行过历时半年的骗贷、偷税调查，最终却骤然结束，黄光裕安然脱险。

这样一个充满瑕疵的首富故事，自然会引发市场关于各种潜规则的猜测。再加上“国美系”涉及20多万员工及数百亿元银行贷款，如一位接近调查组的人员所

①作者于宁、李箐、罗昌平，编辑凌华薇，原载《财经》杂志2008年第25期。

称："要综合考虑社会效应、经济效应和法律效应。"黄光裕案最终将集中于哪些违法事实，如何审理，显示出很大的弹性空间。

纵如此，此次黄光裕涉案，毕竟已有官方宣示中关村重组案及早年贷款案。对于这两起案件的调查和处理，势将左右黄光裕案的最终走向。

调查始末

黄光裕被查的第二天（2008年11月20日），各种猜测便在坊间流传开来：从行贿商务部条法司巡视员郭京毅到结交最高法院副院长黄松有，从骗贷、逃税到非法换汇……甚至有传闻称黄光裕因赌债未还而落网，但均未得到证实。

在一定程度上，上述传闻恰恰连缀起了黄光裕的复杂身世。

黄光裕1969年5月出生在广东汕头的后歧村，家境贫寒。1986年，17岁的黄光裕北上经营电器销售，仅仅十余年间就从一家门面店走向全国连锁，其原始积累至今成谜。

1996年起，黄光裕开始涉足房地产业。2000年间，黄光裕结识了汕头老乡——有香港"壳王"之称的詹培忠，开始涉足资本市场。2004年，国美电器在香港借壳上市，黄光裕也一跃成为2004年"中国首富"。

熟悉黄光裕的人多称许其精明、大胆、顽强，每天工作16个小时以上，但同时多对其"路子野、下手黑"的作风存有疑忌。黄光裕喜欢结交潮汕人，包括黄松有、许钟民在内都因同乡之谊而熟络。此外，多位商界人士证实了黄光裕在商业行为上"生性好赌"的特点。

综观黄光裕的创业生涯，可谓无处不惹风波，无往不涉是非。这也是其一朝案发之后，人们甚至难以推断究竟祸起何处的缘由。

事实上，黄光裕接受警方调查这一消息本身，也在时隔一周之后才得到官方证实。

11月23日晚，财经网首发黄光裕因操纵股价被调查的消息。11月24日上午11点，国美电器发布了语焉不详的公告，称未接到黄光裕被调查的法律文件。同日，国美电器发布了亮丽的三季报，但取消了原定于当晚召开的分析师电话会议。

11月27日，北京市公安局首次证实黄光裕因涉嫌经济犯罪接受警方调查。

11月28日，国美电器公告称，黄光裕及周亚飞被调查；已委任执行董事兼行政总裁陈晓为董事会代理主席，并成立一个特别行动委员会，密切监控并评估调查黄光裕对集团财务状况及营运所造成的影响。

当天下午，中国证监会在每周五例行新闻通气会上，与会记者意外地见到了证监会稽查局局长刘洪涛。随后，证监会有关官员向记者通报："2008年3月28日和4月28日，证监会对三联商社（600898.SH）和中关村股票异常交易行为立案稽查。

调查中发现，在涉及上市公司重组、资产置换等活动中，鹏润投资有重大违法行为，涉及金额巨大，证监会已将有关证据移交公安部门。鹏润投资的实际控制人为黄光裕。”

然而，由于黄光裕起家复杂，牵连太广，即使相关调查部门也不能确认公安部门最先拾起的是哪根线头。调查确与其兄控制的ST金泰（600385.SH）股价异动有关，但后来证明情况要错综复杂得多。

“不能说黄光裕案发完全是因为我们查的这两个案子，但是肯定与我们的移交有关。”证监会稽查总队的一位人士说，“就像你抓住一个酒后驾车的人，后来又发现他是个逃犯。”

在北京奥运会结束之后，公安部即直接督办，指定北京市公安局经侦处牵头组建了专案组。在为数不少的涉嫌证券罪案中，黄案之所以引起特别关注，与此案及本人身份带来的“典型性”相关。

在证券监管部门移交后不久，公安部门即对黄光裕采取边控措施，限制其出境。直到国庆节北京市公安局对黄光裕本人及鹏润投资进行立案侦查，初查工作一直低调隐秘。

11月19日，北京市公安局将黄光裕带走，随后以涉嫌操纵证券市场罪对其采取监视居住的强制措施；11月26日，以涉嫌操纵证券市场罪对黄实施刑事拘留。在黄光裕案调查突破之后，11月26日晚，其兄黄俊钦和他委任的中关村董事长许钟民亦被正式调查。

贷款案余波

黄光裕再度受查，另一个绕不开的由头，是2006年公安部门对其早年贷款的调查。事实上，那次调查对于黄光裕日后的行为有着极为深远的影响。

2006年国庆前夕，公安部启动了对黄俊钦私人拥有的地产公司“新恒基系”的立案调查，查封其全部资产；曾先后效力于黄氏兄弟的“新恒基系”高层于星旺等人被逮捕。早前，银监会也对“新恒基系”及黄光裕所控“鹏润系”的整体银行贷款和负债进行摸查，包括黄氏兄弟在内的29人以及两系旗下的39家公司，被列入摸查名单。初步官方调查结果显示，至少有13亿元的问题贷款在鹏润和新恒基之间密切流动，最终流向境外，形迹可疑。

在此之前，2006年审计部门对中国银行的审计发现，黄俊钦、黄光裕兄弟早年创业期间向北京中行违规贷款，其后以租房形式向北京中行套取逾亿元租金，加上之后的虚假房贷和车贷总计达到13亿元，其中4亿元一直未还本付息。2006年国庆前夕，北京中行原行长、中国银行原董事牛忠光因此被捕。

除去贷款中的违规行为，4亿元未还本付息的贷款成为黄氏兄弟的硬伤。2004年，北京中行在不良资产剥离中，将黄俊钦兄弟历年来以其他公司名义贷出的部分贷款，明确至鹏润和“新恒基系”公司的名下，列为可疑类资产。这部分贷款总计4亿余元，随中国银行的整个不良资产包出售给信达资产管理公司，以账面资产23%计价。

2005年，信达将上述4亿余元不良贷款单独打包出售。四家竞标者中，有两家公司与黄俊钦兄弟密切相关，有消息说其法定代表人均为黄氏兄弟的母亲。其中一家公司以账面资产40%的价格中标，据称中标价与标底相差无几。然而就在交易手续即将办妥之时，银监会予以否决。

2006年5月，信达再次公开招标出售北京地区不良资产包，其中一个账面资产总计15.28亿元的资产包中，再次包含了上述4亿余元不良贷款，并在公告中直陈为“以某一从事房地产开发和商业零售业的企业集团债权为主”。

“一旦他们以四折价顺利购回这个资产包，就等于用一个多亿抹平了四个多亿的问题贷款，不会再被追债了。”中行信贷部门一位经理人员说。

这4亿多元不良贷款，以及相关偷税事件，成为2006年秋季公安部门调查的主要内容。不过，出乎意料的是，2007年1月，国美电器公告称，公安部针对黄光裕及其间接持有的鹏润房地产公司的“协助调查已经正式撤销”。

事后，黄光裕也曾接受记者采访，声称这一切不过是商务法律纠纷，最后相关贷款已经结清。

黄光裕的“2006之劫”如何完结有着多种版本，亦产生了多重后果。较为普遍的说法是黄光裕最终从香港调来巨额资金，弥补了贷款窟窿，并交纳上亿元的逃税罚款；在平息这一事件的过程中，黄在调取资金时涉嫌非法换汇，而此行为亦被有关部门发现；更重要的是，黄光裕从此进入公安部门视野，其贷款创富中的种种情节并未受到法律处置，为后来的进一步调查埋下了伏笔。

在黄光裕一端，2006年调查事件则被其归咎于“缺乏背景”。一位与之相熟的香港企业家说，此后黄光裕开始有意识地经营背景。其步骤之一，还包括以150万元在香港购入中文月刊《红色资本家》，以图“形成自己的声音”。但黄光裕在付款后并未正式接管杂志编辑运营。据信，这本杂志在2007年中已经停刊。

事实上，2006年黄光裕染指“中关村”重组亦夹杂了这一意图在内。中关村包袱沉重尽人皆知，远非借壳上选。但作为北京市曾经着力培育的科技股蕴藏着丰富的人脉资源，在一定程度上满足了黄光裕的战略意图。

孰料，资本市场风高浪急，中关村水静流深。曾经在香港市场如鱼得水的黄光裕在投入数以10亿元计的资金后深陷泥潭，不仅公司重组、资产置换未遂，二级市场上的违规操作更是授人以柄。

中国公司借壳上市的关键在于整合相关各方利益，有赖于“天时地利人和”。然而，黄光裕在中关村上未能也无力做到利益整合。2008年8月，中关村董事会宣布放弃以地产业务重组中关村的计划，在业内人士看来，此即意味着利益整合失败，其被引爆的命运也就不足为奇了。

中关村泥沼

中关村成立于1999年6月2日，以北京市住总集团为发起人，曾经是北京市着力打造的以科技为主的上市公司。然而由于2000年卷入CDMA网络投资担保业务，背上了高达30多亿元的担保债务包袱，此后一直为化解这一历史负担而挣扎。

这一情境在2006年3月底出现转机，当时中关村高达31.2亿元的CDMA担保问题获得五部委批文，有望解决。在这一背景下，2006年4月4日，北京市住总集团与黄光裕旗下的北京鹏泰投资有限公司签署了15%的股权转让协议，每股作价0.78元，略高于2005年的每股收益0.74元。

此交易的经办律师邹晓春曾在交易完成后对媒体表示，当时只花了三个月就完成了这笔交易。此后，鹏泰投资在收购北京住总和其他小股东股权后，获得了29.58%的股份。另外两个有实质影响力的小股东分别为四通董事长段永基、京文唱片传播有限公司董事长许钟民；前者是中关村承上启下的关键人物，后者为黄光裕潮汕同乡，关系非同一般。有消息称，许钟民广有人脉，在2006年为平息黄光裕的贷款调查事件中发力颇多。

黄光裕的介入，给市场以强烈的重组信号。第一次签约后，中关村的股价连续三个涨停。

在此之前，黄光裕有着成功借壳港股、利用资本市场打造国美电器的经验，因而急于在其地产板块上复制这一财技神话。

2006年和2007年也是上市暴富者的“黄金时代”，苏宁环球、碧桂园等融资故事有着强烈的示范作用。黄光裕借壳中关村、置入鹏润地产的故事自操作之初便人尽皆知。据悉，段永基、黄光裕二人的合作谈判异常顺利，40分钟就敲定了这笔交易。

此后的重组进展却坎坷不断。黄光裕除了买壳，还付出近10亿元资金与银行达成债务和解，购买中关村资产使其达到股改时承诺的每股收益。尤其是CDMA担保纠纷，直至2007年底才达成解决方案。

更糟糕的是，由于担心股价继续上扬，2007年9月28日，中关村在14.76元的高价停牌，以锁定重组成本。孰料此后A股价格如瀑布般下跌，黄光裕势成骑虎。

2008年5月7日，中关村复牌后公布了180亿元的地产注资计划——中关村向控股

封面文章
COVER STORY

连氏无间道

□ 本刊记者 罗昌平 王[illegible] / 文

游弋在法外公海之上的“海王星号”，俨然是一个隐密而庞大的特殊人际网络枢纽。

“公海赌王”连卓钊、前内地首富黄光裕、“涉毒政法王”陈绍基、深圳市原市长许宗衡、粤浙原省纪委书记王华元、公安部原部长助理郑少东等在内的政商权力精英，形成超级分利联盟，并通过公海赌船、洗钱网络等方式，将越权取于贷款、地下钱庄载于境外银行，黑道与白道互为利用，商界与政界交相渗透，大量走私、洗钱、行贿安然往来于其间，进而在国家秩序之外构建了强大而有力的次级秩序。在这一秩序中，黑道帮派规则大行其道，社会公共秩序毫无尊严。

若要从根本上打破超级分利联盟，终结“连氏无间道”，唯有瓦解其权力载体，完备包括司法独立、产权保护、税务法定、财政透明在内的一系列制度，重振法制权威。

——编者

40　　2012/02/25 ... 41

连卓钊与黄光裕在国家秩序之外构建了强大而有力的次级秩序

股东鹏泰投资及一致行动人以14.67元/股非公开发行12.27亿股（总计180亿元），用于收购鹏润地产。中关村股价当日收于16.24元，5月8日达到17.80元的最高价，这意味着在资产置换过程中，黄光裕的置换成本已较2006年初翻了4倍到5倍。

这一重组方案对买方和卖方都不合理，因而注定难以成功。一方面，复牌之后中关村的股价迅速下滑，8月底已跌破5元。然而黄光裕在置入资产时仍须按停牌前的均价换股，代价过大；另一方面，市场普遍认为，即将注入的鹏润地产的价值被远远高估。

鹏润地产2007年的总资产为34.8亿元，净资产为21.4亿元，用收益法评估竟然高达180亿元，而且大部分是可售的住宅。资产评估过程中，2008年的预计市盈率超过40倍，全部资产包的市净率高达9倍。

一位投行人士分析称：“黄光裕的一个上市原则是，必须对公司具有绝对控股权，即控股66%以上。因此他的目标是至少认购中关村12亿股新股，因而所需注资资产估值必须要达到180亿元，然而鹏润地产几个项目的估值最高不可能超过100亿元。”

这一以虚高资产换虚高股价的方案，常人很难付诸实施。但在分析人士看来，黄光裕这一做法和当初他以鹏润大厦的三间物业置入京华自动化（国美电器前身）来换取股份如出一辙。

尽管黄光裕敢想敢为，但由于土地市场一落千丈，所注资产的水分明显，中关村董事会最终也未接受他的重组方案。2008年8月28日，董事会决定放弃该重组计划，并按规定三个月内不再提交新的重组计划。

延宕两年，总投入近10亿元，最终损失的不只是黄光裕本人。一方面，地产借壳计划被否，一切都须推倒重来，中关村已然笃定的利益格局必须重构，原来的历史包袱需要进一步的题材才能真正化解。然而黄光裕利用旗下资产重塑主题的空间已然不大。在当前形势下，地产概念短时间已不可能唤起市场信心，而倘若注入国美电器，不仅对于黄光裕而言代价过于高昂，而且此前并无红筹回归A股的先例，有着几乎难以逾越的法律障碍。

另一方面，据中关村内部人士称，黄光裕高调重组的同时，在二级市场频繁操作，而与之结伴牟利的资金多颇具背景。由于中关村重组历时过长，其间资本市场恰恰出现了大起大落，外界无从获悉合作方的输赢情况。不过，在证监会和公安部的调查之下，这些裙带资金都会受到株连，这也是黄光裕的另一条可能的取祸之道。

市场操纵之祸

关于黄光裕的二级市场操作，业界多有传闻，由于国美电器的销售利润极薄，难以支撑上市公司的业绩，市场普遍猜测，黄光裕“资本帝国”的秘密就是，占用国美电器供货商的流动资金，在高回报的股票市场和房地产市场获利。

“黄光裕曾经自诩可以提供大规模的短期融资，不过一定要限定在三个月之内，超过三个月就不行了。”一位与黄光裕交往颇深的市场人士回忆称，三个月正是占用供应商应付款以及商业票据的期限。

由于案件仍在调查之中，黄光裕如何在中关村和三联商社等股票上违规，尚不得而知；他是否及如何介入ST金泰案，也未完成取证。中国证监会一位中层官员分析称，据其观察，当前证券市场坐庄的办法已经不是简单的大笔对敲、炒作或者放消息等拉抬股价，而是在重组前以极低的成本进入，之后力促重组成功，从而引导股价的上涨。“这些人一般都把账户打散，而且在二级市场操作并不频繁，因此有时候看不清楚是否有庄。”

现在是杜鹃救“美”时间

“2005年冬天就有人告诉我，中关村已经找到新的买家，并建议我买入，但当时谁会为这样一个消息就去炒这个烂公司呢？”一位投资界人士回忆称。

中关村总股本为6.75亿股，流通盘为3.75亿股。通常而言，坐庄要获得至少1/3的筹码。但市场人士称，重组之后又赶上大牛市，投资者对黄光裕来重组又充满期待，所以股价顺势上涨是比较轻松的事。从盘面上看，中关村的换手率并不高，可能拿1亿股就能控盘，成本也就在5亿元左右。

一位基金经理就认为："中关村的走势比较奇怪，看上去有庄，但是做得很慢，也不猛拉，估计是庄的成本较低。"在他分析看来，黄光裕购买中关村2亿法人股的成本是每股0.78元，最迟2010年即可流通；如果重组后股价拉升至10元，就可轻松赚取20亿元。"既重组也炒股，炒股的收益最好能弥补重组成本，这是一种典型的空手道的思维模式。"

从黄光裕2006年4月开始入股中关村起，其时中关村的二级市场股价约在2.50元左右，到2007年9月28日，股价大涨至14.76元。之后，中关村开始停牌，到2008年5月8日复牌后，中关村股价最高曾达到17.80元，涨幅超过600%，严重脱离同期大盘走势。

除去中关村，11月28日中国证监会的通气会上还提到了另一只股票——三联商社。

2008年2月14日，黄光裕假手山东龙脊岛建设有限公司，通过竞拍获得山东三联集团持有的三联商社2700万股，成为该上市公司第一大股东（10.69%股权）。3月4日一复牌便公告国美电器间接控股，三联商社连续涨停，价格一路从2月5日的8.80元上涨至3月12日的17.98元。市场人士认为，如果前期有所埋伏，获利应该不菲。

市场操纵和内幕交易在中国股市里司空见惯，监管者惩戒力度远远不够。即使最终落实证据，根据《刑法》亦非重罪，情节严重者也不过三到五年。

无论如何，黄光裕案目前浮出水面的不过是冰山一角。由于中国民营企业家成长的特殊环境，黄光裕发展过程中的是非曲折，恐难一一深究，全部真相亦难获大白。

在黄光裕接受调查之后，有关当局一直有意将黄光裕本人与拥有20万名员工的国美电器区分开来。这与2008年10月刚刚获刑的前北京物美商业集团股份有限公司张文中案的处理，有异曲同工之处。后来，任命了新执委会的国美电器日渐恢复平静。

不过，国美及其品牌究竟在多大程度上已经印上了首富黄光裕的印记？这一印记将以什么样的方式影响个人和企业的命运？人们还在持续观望中。

控罪黄光裕[1]

郑少东与王菲

历时一年，曾两度退补侦查的黄光裕案，于岁末公诉到法院，庭审将至。

三度加冕内地首富，两次遭遇警方调查，已入不惑之年的黄光裕，此时是否困惑于其对政经大势与民意舆情的震荡？数年前的一夜，黄因期货巨亏而两鬓斑白，从此以“光头”示人。如今身陷囹圄，“光头”形象顺理延续。知情者介绍，黄光裕临审前夕精神尚佳，略显清瘦，但于公司大计仍有运筹帷幄之志。

这不是一个人的事，这是一张庞杂网络的倾覆。网络的两个核心中枢，分别是“问题首富”黄光裕和港澳赌业大佬连超。

狂飙初起之端，是在2008年11月19日晚间，黄光裕因涉嫌经济犯罪被北京警方带走调查。11月26日晚，黄光裕的胞兄、新恒基集团董事长黄俊钦，中关村（000931.SZ）董事长许钟民亦因同案被查。

随后，涉足黄案的商人、官员、赌友与掮客渐次曝光，一个环环相扣、错综无间的关系网终于显山露水。

第二波起于同年12月，涉及两名重要人物——黄光裕之妻杜鹃、赌业大佬连超。[2]年届四十的连超系“海王星号”公海赌船主要投资人，为黄光裕多年的生意伙伴。

时针划向2009年，案情大步挺向政坛。公安部部长助理兼经侦局局长郑少东、公安部经侦局副局长兼北京直属总队总队长相怀珠、公安部政治部正处级女警员王菲、上海市公安局长宁区分局副局长钱宏祥等，先后被“双规”。

继而，广东省政协主席陈绍基、浙江省纪委书记王华元、广东省劳动和社会保障厅厅长刘友君、深圳市市长许宗衡等，相继陨落。案件渐明之时，政情陡然升级。

作为此案枝节的钱宏祥受贿案已于2009年9月一审开庭，由此拉开黄光裕系列案的大审判。超过10人的豪华律师团将为黄氏家族成员提供辩护。就所控罪名而论，

---

①作者罗昌平，原载《财经》杂志2009年第25期。

②参见《连氏无间道》，作者罗昌平、王丽娜，http://magazine.caijing.com.cn/2013-02-24/112525518.html.

黄光裕涉嫌内幕交易罪、非法经营罪，黄俊钦涉嫌内幕交易罪、金融诈骗罪，杜鹃、许钟民亦涉嫌内幕交易罪。其他政坛要员如郑少东、陈绍基、王华元、许宗衡等，主要涉嫌受贿一罪。女警员王菲、前领导秘书刘友君的掮客身份，颇引人侧目。

从民企富豪到政界达人，从金融诈骗到内幕交易、非法经营、行贿受贿，黄光裕案揭蛊过程有如抽丝剥茧，惊悚离奇。梳理20余名涉案者，这是一张边界模糊、有亲有疏的无间网络，在政法大员的庇护下，黄光裕、连超的走私、赌博与洗钱生意已对实业与金融领域疯狂侵蚀，金额之大、面积之广，在民营企业案件中罕有其匹。

2009年冬，北京经历过三场大雪，囹圄之中的黄光裕此时应当深感季候的萧杀。但黄案侦办过程中已经显露出的种种迹象，却颇有可圈点之处：

——黄光裕将作为自然人接受审判，未大面积牵涉关联企业，调查过程中的法治原则、私产保护颇得重视；

——从黄光裕、许钟民等企业高管，到郑少东、相怀珠以及之后的陈绍基、王华元等政坛大员，官方均在第一时间发布了调查信息，有效规避了社会的猜疑与恐慌。

这些体现程序正义与信息透明的建设性举措，若能固定并推行，可谓一大进步。

上篇：黄光裕罪与罚

罪名之变

纵观黄光裕的草莽行迹，风波与是非无处不在。他的暴富传奇，正好对应中国改革开放的黄金20年。

1969年5月，黄光裕生于广东汕头的后歧村，家境贫寒。记者采访该村时，其母与近族至今仍居于此。黄光裕17岁北上经营电器商行，仅十余年间即坐拥遍布全国的连锁卖场。2004年，国美电器（00493.HK）在港借壳上市，他此后三次问鼎“内地首富”。

此次被控内幕交易和非法经营两宗罪，意味着他必须为自己充满瑕疵与传奇的暴富赎罪。这两项罪名看似简单，细加拆解却相当复杂。其中非法经营罪主要与连超有关（参见本文下篇），而内幕交易细节关联中关村、三联商社（600898.SH）两家上市公司。

这应合之前中国证监会的通报。证监会有关官员向媒体通报：“2008年3月28日和4月28日，证监会对三联商社和中关村股票异常交易行为立案稽查。调查中发现，在涉及上市公司重组、资产置换等活动中，鹏润投资有重大违法行为，涉及金额巨大，证监会已将有关证据移交公安部门。鹏润投资的实际控制人为黄光裕。”

2008年11月19日，黄光裕被带走调查，警方随后以涉嫌操纵证券交易价格罪，对其采取监视居住的强制措施；11月26日，以此罪名对黄实施刑事拘留。不过，此后退补侦查已将这一罪名改为内幕交易罪。

在黄光裕案调查突破之后，11月26日晚，其兄黄俊钦和他委任的中关村董事长许钟民亦被正式调查。此三人系中关村重组中的一致行动人。实际上，黄俊钦、许钟民的罪状中均包括内幕交易一项。

所谓操纵证券交易价格罪，是指以获取不当利益或转嫁风险为目的，利用其资金、信息等优势或者滥用职权操纵市场，影响证券交易价格，制造证券市场假象，诱导或者致使投资者在不了解事实真相的情况下作出证券投资决定，扰乱证券市场秩序的行为。

而内幕交易略有不同，按《证券法》的解释，是指证券交易内幕信息知情人或非法获取内幕信息的人，在内幕信息公开前买卖相关证券，或者泄露该信息，或者建议他人买卖相关证券的行为。

《刑法修正案（七）》对此进行了延展，将利用职务便利获取其他内幕信息的人员，从原来的上市公司扩展到了各类金融机构，包括证券、期货交易所及相关公司、银行、基金、保险等金融机构的从业人员。与内幕交易直接相关的“老鼠仓”，即为千夫所指的股市毒瘤。

内幕交易罪与操纵证券交易价格罪的量刑标准并不一致，就个人而论，前者最高可判处十年有期徒刑，后者仅五年。

有关人士表示，黄光裕案曾两度被退卷补充侦查，原因之一正是涉及内幕交易的取证，工作繁杂，阻力重重。

其中一次退侦是2009年7月，由检察院退回公安部门补充侦查，主要补充内容正是黄光裕案中涉及的内幕交易具体操作手段等。在补充侦查期满前，公安机关再次向检察院呈交了卷宗，请求以内幕交易罪依法对黄光裕提起公诉。

“10月第二次退回补充侦查，依旧是证据不足，还需要公安机关补充新的证据。”有关人士说，依据法律规定，这次是最后一次退回补充侦查，检察机关再次收到卷宗并审查终结后，已正式向法院公诉。

操纵两只股票

黄光裕从一文不名，到坐拥国美电器、北京鹏润地产控股有限公司（下称鹏润地产）两大巨型企业，始终不弃电器、房产的双栖经营模式。但家电连锁的单薄利润与房产市场的巨额投资，一度引起市场对其现金流的疑虑。

与此相悖，黄光裕在二级市场动作频频，手笔惊人。分析人士解析黄光裕“资本帝国”的秘密——占用国美电器供货商的流动资金，在高回报的股票与房产市场获利。

“黄光裕自诩可以提供大规模的短期融资，但期限不得超过三个月。”与黄有接触的市场人士说，三个月正是国美电器占用供应商应付款以及商业票据的期限。

经查证，黄光裕及其兄长黄俊钦、同乡许钟民等人，在参与中关村、三联商社上市公司重组、资产置换过程中，通过其名下的公司提前埋伏，买卖股票，套利数以亿计。

1999年6月2日成立的中关村，曾是北京主打科技的上市公司。2000年因CDMA网络投资陷入31.2亿元贷款担保。2006年4月4日，黄光裕旗下的北京鹏泰投资有限公司受让中关村29.58%的股份，每股作价0.78元，比2005年每股净资产0.74元略有溢价。

中关村另一小股东许钟民，实为黄光裕潮汕同乡，两人关系非同一般。中关村总股本为6.75亿股，流通盘为3.75亿股，坐庄只需录得三成筹码。据介绍，黄氏兄弟、许钟民已在重组之初布局二级市场，每股成本不过2元多。

从黄光裕2006年4月入股中关村起，该股票二级市场的股价约在2.50元左右，到2007年9月28日，股价大涨至14.76元，之后长时间停牌。在复牌前一天，中关村公布了地产注资计划——以每股14.67元向鹏泰投资及一致行动人非公开发行12.27亿股（总计180亿元），用于收购鹏润地产。

2008年5月8日复牌后，中关村股价最高达到17.80元，超过600%的涨幅已严重背离同期大盘。市场人士认为，该股山峰叠峦走势必是庄家操纵所致，而黄光裕购买中关村2亿法人股的成本是每股0.78元，以2010年流通推算，若重组后股价拉升至10元，黄光裕将轻松斩获20亿元。

但出乎黄光裕意料，重组方案最终于8月28日被中关村董事会否决。黄光裕及同僚在二级市场频繁操作，已引起监管层注意。

调查发现，黄俊钦除本人利用信息提前布局中关村，还动员其名下公司内部人购买股票。当事人涉案证据确凿，本人供认不讳，建议以涉嫌内幕交易罪论处。

黄氏兄弟涉嫌内幕交易的另一股票即为三联商社。三联商社在山东市场的霸主地位，造成另外两大巨头国美电器、苏宁电器在此区域扩张乏力。黄一直想将其拿下。

2008年2月14日三联商社股权第一次拍卖，黄光裕假手山东龙脊岛建设有限公司，通过竞拍获得三联商社2700万股，以10.69%的股权成为该上市公司第一大股东。拍卖当天，短短8分钟内，三联商社2700万限售流通股从7元起拍价飙升至19.9元，创下“天价”成交纪录。在二级市场上，复牌的三联商社连续六个涨停，最高收于17.98元。

据查实，自2007年9月起，黄光裕开始分批在二级市场买入三联商社股票，尽管其曲线拍卖所得的2700万股价格惊人，但二级市场的提前伏笔不仅可以填平重组成本，还有上亿元斩获。

据了解调查的人士介绍，黄光裕上述两次坐庄，已非既往的大笔对敲、炒作消息等拉抬股价，而是依托重组提前布局，重组成功引导股价暴涨。操纵中关村股票期间，黄光裕放弃现金行贿，接下一笔背景深厚、交集广泛的3亿元委托理财资金，通过二级市场获利而变相向特定人员行贿。这尚无法获得法律上的认定。

金融诈骗罪由来

除了内幕交易罪，黄光裕兄长黄俊钦被控的另一宗金融诈骗罪，正是涉及早年贷款。这也是黄氏兄弟始终无法绕开的“原罪”——2006年国庆前夕，公安机关对其在中国银行北京分行的贷款展开专项调查，一年后黄俊钦兄弟侥幸逃过一劫。

此事源于当年针对中国银行的一次专项审计，相关线索指向黄俊钦的地产公司在中行北京分行的大笔违规贷款。中行北京分行原行长牛忠光、黄俊钦及其心腹均被立案调查，相关资产遭查封。

其中一笔贷款发生于1997年6月，中行北京分行向黄俊钦实际控制的北京静安物业发展有限公司（下称静安公司）贷出1.6亿元人民币及1027万美元。

静安公司早年是一家合资公司，拥有北京市北三环东路一处中心地皮。因彼时房地产市场疲软，1995年6月，原法定代表人邓南威、股东梁湖南将静安公司全部股权转让至黄俊钦名下公司，作价1800余万美元。

项目开工后，黄俊钦四处寻求银行贷款。据有关方面查证，1997年，黄俊钦与心腹于星旺等人伪造静安公司执照、董事会决议及法定代表人邓南威的签名，以静安公司之名向中行北京分行贷款五笔共计2亿余元。主持这些贷款的正是牛忠光。

年过六旬的牛忠光浸淫金融界40年，人脉通达。早年任中行北京分行信贷处处长，后为中行北京分行行长、总行董事，曾于1999年负责筹办东方资产管理公司。

黄氏兄弟与牛忠光的拉线人，是两个女人——商人雷瑛和黄光裕妻子杜鹃。雷瑛与牛忠光存在亲密关系，两人同期被捕。黄光裕的妻子杜鹃毕业于北京科技大学，早年曾是中行北京分行的放贷员。1996年黄、杜完婚，婚后有三个孩子。杜鹃2002年8月起担任国美电器执行董事，2008年12月被警方控制。

静安中心直至1998年仍未竣工，黄俊钦等人故伎重演，再次采取篡改静安公司营业执照等，伪造“预售契约”、虚构租房合同等，假以房贷、车贷等从中行累计获得13亿元贷款，其中4亿元一直未还本付息——这成为黄俊钦“原罪”中的硬伤。

退居二线的牛忠光因参与筹办资产管理公司，居中运作，将上述约4亿余元贷款作为不良资产出售给信达资产管理公司，账面资产计价仅23%。2005年，接此不良资产包的四家竞标者中，有两家公司与黄俊钦兄弟关系密切，其中一家公司以账面资产40%的价格中标。

若非静安公司原股东举报，若非银监会叫停，这笔资产将被天衣无缝地平账。

牛忠光目前因受贿罪获刑，其案情即涉及到黄俊钦。另据相关司法材料，黄俊钦及其公司通过编造引进资金、项目等虚假理由，使用虚假的经济合同、证明文件以及产权证明作担保，从中行北京分行诈骗贷款，且数额巨大，应构成金融诈骗罪中的贷款诈骗。

根据现行法律，贷款诈骗罪最高可判无期徒刑，并处没收全部财产。由于刑罚与经济处罚均可谓重刑，所以此为律师重点辩护的方向。

未终的残局

据知情者介绍，办案单位在查办黄光裕案时，视其为自然人犯罪。如果这一指控思路被法院采纳，那么黄光裕因其案值巨大，或将顶格量刑。两罪合并最高15年。而从罪名及可能面临的经济处罚推测，其胞兄黄俊钦可能略重。

接近黄光裕辩护团的人士认为，应该以黄光裕作为国美电器法定代表人的身份来看待这个案件，换言之，黄光裕是以职务身份实施相关犯罪，应该属于单位犯罪。倘若这一观点最终被法院采纳，黄光裕的刑期必将大打“折扣”——因为两项罪名所涉的刑期，自然人要远高于法人机构。

黄光裕受查一年以来，调查部门一直将此案主角与拥有20多万名员工的国美电器隔离。这与之前的“上海前首富”周正毅案、上海社保案中枢张荣坤案不同，却与2008年10月获刑的北京物美商业集团张文中案有异曲同工之处。

如此充满瑕疵的首富故事，已招致市场关于各种潜规则的猜测。再加上20多万名员工及数百亿元银行贷款，有关方面已定调“要综合考虑社会效应、经济效应和法律效应”。故而黄光裕案的审判将存在较大的弹性空间。

2009年6月，迫于资金压力的国美电器，引入贝恩资本融资达32.36亿港元。当时的增资方案，包括发行可转债和向老股东配售新股两部分。身处监所的黄光裕通过律师，曾向贝恩资本做出不参与配售的口头承诺。时至8月，黄采取先在市场抛售部分股权，再低价全额参与配股的方式，继续以34%的持股比例稳居国美电器第一大股东地位。贝恩资本间接控制的总股本不过11.3%。此役还稳固了黄光裕旧有的管理团队，财技之妙震惊业界。

不过，黄光裕案或将重复周正毅案的另一模式——无法规避其在香港资本运作的灰色往事。

8月初，香港证监会向香港高等法院递交申请，以涉嫌“证券欺诈或欺骗活动”为由，要求冻结黄光裕、杜鹃夫妇及其所控制公司Shinning Crown Holdings、Shine Group Limited价值16.55亿港元的资产。该申请已于当月5日临时获准。

黄氏财富拼图向来不为外界所知，而追溯此事可见其资本腾挪之术。

2008年1月28日，黄光裕及其全资拥有的Shine Group Limited，以总价23.90亿港元向黄之亲属转让国美电器总股本5.66%的股份。此转让每股作价12.79港元，较前一交易日收盘价16.84港元折让较大。对应于此，当年1月22日至2月5日，国美电器动用公司资金22.37亿港元，在11个交易日连续十次回购股份达1.298亿股，平均回购成本约每股17.23港元，溢价惊人。

当年3月，香港证监会着手调查此事，曾专门到公司取证，要求董事会配合并保密。据悉，黄光裕本人曾两次飞赴香港进行解释。

香港证监会公告称，上述十次回购实际由黄光裕、杜鹃夫妇策划，此举引致国美电器损失约16亿港元，而黄氏夫妇以公司资金购买本来由其私人持有的股份，从而成功套现24亿港元。此笔资金一说用于偿还私人贷款，另一种猜测是用于曲线收购三联商社的股份。

此次超过16亿港元的冻结金额，创香港证监会执法史上新纪录。这也是香港证监会二度援引《证券及期货条例》第三百条，即涉及在证券、期货合约或杠杆式外汇交易方面使用欺诈或欺骗手段等的罪行进行调查。

如果证券欺诈罪名成立，最高刑罚可达10年监禁及1000万港元罚款。这意味着，即使黄光裕能轻刑承担内地的司法追责，仍不能避免其在香港被诉。

下篇：首富的无间道

黄光裕与连超

2008年7月，一起经公安部督办，京沪粤警方侦办的跨境洗钱案，进入收网阶段。此役中，银监会、外汇管理局等作为重要监管部门提供专业支持。

这一系列案件的一个分支，即是横跨上海、广东、台湾和香港四地的“7·20”网络赌博案。不过案件本身牵涉极广，包括黄光裕等重要人物均未善身。网络幕后“庄家”指向台湾和香港，其中与香港黑帮人物连超的洗钱网络存在交叉。

连超本名连卓钊，系广东省汕头市潮南区司马浦镇人，其早年仅是香港黑帮小社团“利群”的一名打手，通过走私及向警方通信赚到第一桶金。连的产业布局分明：通过其弟连棹锋实际控制海王集团（00070.HK），通过其兄连卓明控制新治实业（深圳）有限公司、香港浩业集团中国有限公司等，连卓明同时还是深圳潮汕商会副会长。

据上市公司公开消息，连棹锋持有海王集团3.75亿股，持股比例为15.58%。该公司前身是歌手陈冠希之父陈泽民名下的骏雷国际。早在2005年，陈泽民因财困卖壳给连氏兄弟，后者将公海赌船“海王星号”注入上市公司并更名为海王集团。

船高九层、总载客量达500人的“海王星号”，是香港最具规模的五星级豪华邮轮。位于该船六楼的娱乐场设有多种博彩娱乐项目，如百家乐、二十一点等。官方网站统计，“海王星号”自1996年启航以来，平均每月载客量超过万人。

与澳门灯红酒绿的赌场相比，“海王星号”作为公海赌船，无需缴纳赌税，不用政府授权领牌，不受法律限制及警方监管，因而颇得博彩官员商人欢迎。加之内地近年来加大出境赌博查处力度，达官显贵选择隐蔽性较佳的赌船娱乐，即可减少曝光频率。

连超与内地政要、富贾关系熟稔，经常邀他们上船“一试身手”。黄光裕即是连超赌船上的常客，两者还合作“洗钱”。

相关记录载明，黄光裕在案发前的2008年前十个月，曾十余次往返于北京、港澳，数年前的往来记录更频繁。而黄的妻子杜鹃，亦在中间添色不少。

银行出身的杜鹃对财务非常熟悉，主要替黄光裕打理香港投资业务。身材瘦小、语速很快的杜鹃，与黄光裕一样强势迫人。2005年11月，杜鹃以5500万元购入浅香港水湾道56号一低密度分层单位自住，她与连超往来更密。

2008年11月黄光裕案发不久，杜鹃得知保护网络无效后，试图借力于连超的海上线路外逃，终因已入监控之网，连超先于杜鹃被拘。

除黄光裕这等富豪，“拜倒”于连超赌船的官员并非少数，浙江省原纪委书记王华元即是一例。

61岁的王华元系安徽宣城人，拥有25年军旅生涯，后转业至纪委系统。1998年5月起任广东省纪委书记，2006年11月调任浙江省纪委书记。官方“双开”王华元的通报称，王利用职务上的便利，为他人牟取利益，本人及亲属收受巨额钱款；违反规定，收受巨额礼金礼品；多次到境外赌博；生活腐化。

王华元赌博一事即与连超相关。根据相关通报，王华元一次赌博输掉150万元，连超和刘友君分别支付50万元，另一老板付给刘友君150万元获得结识王华元的机会。

46岁的刘友君是江苏高淳人，领导秘书出身，2007年7月起主政广东省劳动和社会保障厅。刘友君案被指定由广东省纪委查处，系黄光裕案一个重要分支。

新治会据点

深圳广深大厦位于深南大道、红岭路交汇处，步出大厦六楼电梯，入目可见一张木制前台，台面满是灰尘，抽屉尽开，但墙面依稀可辨繁体的“新治实业”四字。

这就是著名的新治国际俱乐部，或称新治会，它是连超在内地的一个重要据点。2009年上半年，这里因客人吸毒已被停止营业。

新治会2006年11月开业，总面积超过6000平方米，内设多重风格KTV包房、会员房、总统房等近50间。由于毗邻深圳第一高楼地王大厦，自开业以来生意一直火爆。

有关人士介绍，新治会成为连超发挥逢迎与结交才能的重要场所，他经常在此招呼官贾达贵，躬逢其会。另一方面，新治会还扮演了港澳与内地洗钱网络重要中转站的角色。

由于生意上的纠纷，深圳胜三一科技股份有限公司董事长赵东曾多次与连超兄弟交锋，并遭威胁与拘禁。事情源于赵东公司从新治实业有限公司购买深圳赛格广场的物业。

赛格广场建成于2000年，高71层，位于著名的华强北电子商业区。2007年底，连超的新治公司购得赛格广场51层至71层的物业产权。得手后，连超启动关系网络获得时任深圳市市长许宗衡的批示，大肆更改大楼容积率，将公寓、消防通道、过道及配电房等改为写字楼，由此获得更大的建筑面积并对外销售。

2008年，赵东的公司累计向连超的新治公司预付5000万元，以每标准层1.2亿元的价格购买64层至71层的物业。随后深圳写字楼价格节节攀升，新治公司以存款和过户存在障碍为由，要求收回上述已协议售出的写字楼。赵东拒绝，随后赵两次被当地警方传讯拘留，并被告诫必须退还赛格广场物业，此案由公安部部长助理郑少东、深圳市市长许宗衡亲自督办。

2009年6月5日，54岁的深圳市市长许宗衡在家中被带走。这名湖南人颇具草莽之气，谈话中善用肢体语言，好酒、烟瘾很大。其就任深圳市市长正好四年。据后来所知，其与黄光裕案颇有交集。

截至2009年底，赵东的公司既未获得上述物业的产权与使用权，亦未收回已支付的5000多万元现金。纠纷发生期间，赛格广场71层整层已经更名至郑少东的亲属郑晓婷名下，目前已成功出售。连超与郑少东关系可见一斑。

2009年8月，赵东就此案飞赴北京，于19日应邀与相关调查人员进行了一天的交流。

陈绍基涉案原委

鲜有人知，上述洗钱案风起之时，已波及广东省韶关市公安局原局长叶树养。叶树养于2008年8月案发，其案情之一是他的女婿通过连超向境外转移巨额资产，由此落入监视圈。

2009年4月12日，陈绍基被带走调查，四天后新华网公开确认。官方内部通报称，陈案系“在押犯交代的线索”，此处“在押犯”实指连超与叶树养。其中叶被调查期间，陈绍基以省领导身份前往探看，并有叮嘱。

陈绍基为广东最具实权的人物之一，其祖籍广东中山沙溪镇，从部队转业入警界，1991年任广东省公安厅厅长，此后九年间广东公安逢大案必破，迎来其“最威名显赫的年代”。此后陈绍基先后担任广东省委政法委书记、省委副书记，2004年当选为广东省政协主席，跻身正省级序列。

根据相关涉案人供出的陈绍基违法违纪线索，有关部门调查了陈氏家族的资产，发现有巨额财产来源不明问题；且初步调查出陈绍基涉嫌受贿，由其家属收取受贿资金。其中叶树养向陈行贿数百万元。

并非巧合，上述人员中，陈绍基、许宗衡、刘友君同为广东省十届省委委员，三人于2009年7月17日被同时撤销这一职务。

陈绍基与连超之间的交叉，得益于早年的一起旧案。据广东省江门市中级法院“〔2002〕江中法刑经初字第33号”刑事判决书：颜锡隆、连育奇、陈得坤、许烈雄、颜晓武因通过地下钱庄洗钱，获判非法经营罪。连超与香港汽车商人林益明作为钱庄的主要出资人，在该判决书中被标为“另案处理”。

该判决书称，1999年9月，为了转移走私款项及为他人非法买卖外汇到境外，连超、林益明等人合股设立地下钱庄，由许鹏雁二弟许鹏展负责该钱庄的具体运作。法院查明，2001年3月至8月间，这家地下钱庄共为15名客户购买港币共计5.37亿元。连超的证言证实，其签名确认，2001年3月12日至7月17日，通过钱庄过数四笔，共计2581余万元。

彼时，连超名叫连卓钊，因得黄光裕、郑少东的援手，时任广东省委政法委书记陈绍基批示，未对其审查起诉。此后他以连超之化名，活跃于香港赌界与黑帮。由于赌博与洗钱存在直接关联，连超亦从未中断过早年的洗钱生意。数年后的2007年12月，连卓钊作为“香港人士”出现在政协广东省第十届委员会委员名单中，这同样拜时任广东省政协主席陈绍基所赐。

接近案件调查的人士称，在初期的走私、洗钱活动中，连超、林益明是长期的搭档，又与黄光裕、郑少东等关系密切。上述人士表示，郑少东被查处缘由之一，即涉嫌违规处置走私、罚没物品。

不过，香港人士连超会否在内地被起诉，尚不得知。他仍在羁押之中。

黄光裕被控的非法经营罪亦源于此。此罪是指未经许可经营专营、专卖物品或其他限制买卖的物品，还包括买卖进出口许可证、进出口原产地证明等。此罪以五年刑期为界，上下浮动对应情节之轻重。

黄光裕早年创业史，从未脱离走私的质疑。尤其是国美长期推行的低价策略，曾饱受“走私货源”的质疑。

新贵之盟①

这是一群青年技术官僚的集体倾覆。

他们家世普通，但拥有良好的专业背景，大学毕业即进入部委工作，而立之年已是权重一方的司局级领导。过去十年里，中国涉外贸易法律法规大抵出自他们之手；若无贪腐事发，未来20年的发展前景之于他们可谓海阔天空。

他们分别是：商务部条法司原巡视员郭京毅、外资司原副司长邓湛，国家工商总局外商投资企业注册局原副局长刘伟，国家外汇管理局（下称外管局）管理检查司原司长许满刚、资本司原司长邹林，以及曾是政界同事、后为政商纽带的律师张玉栋、刘阳。

郭京毅1965年5月生，自1998年任对外经济贸易合作部（下称外经贸部）条法司投资法律处处长，至2008年以商务部条法司巡视员身份“落马”时止，受贿时间跨度整整十年。张玉栋系其北大法律系同学，两人与许满刚、刘伟、邹林年龄相仿，最大相差仅两岁。1947年出生的邓湛虽年长近20岁，但进入仕途仅先于郭京毅4年。

这个封闭而自足的联盟，以2008年8月郭京毅被“双规”为拐点，互相揭发，瞬间瓦解，可谓“最坏的联盟”。

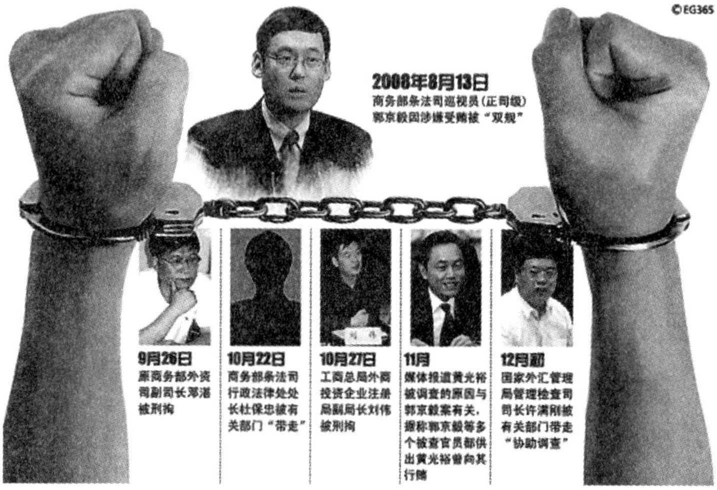

郭京毅与他的新贵之盟

2010年5月12日，郭京毅因受贿845.09万余元一审被判处死缓，现已上诉。窝案其他

①作者饶智、王延春、康逸梅，主笔并编辑罗昌平，原载《财经》杂志2010年第12期。

六名被告相继一审宣判：张玉栋因行贿罪领刑6年；因受贿罪，邓湛、许满刚各被判12年，刘伟11年，邹林6年；“双面”刘阳因受贿罪与行贿罪，并罚5年。

趋轻的判决背后是沉重的案情。与普通的腐败官员不同，这群技术官僚深通律法，仕途风顺，未来将是主政者乃至国之倚重的栋梁。然而，他们却围绕着合资企业上市、外商投资审批、企业并购和反垄断审查等，利用立法设租、审批游说、咨询代理等方式形成一条罕见的审批腐败流水线。其设租寻租手法高明，除了自身出卖公权牟利，更将法律模糊地带的自由裁定运用至极。

若以犯罪时间推算，七份判决书在不同的三个时期勾勒出一幕幕鲜活的权力寻租图景：

——WTO前过渡期（1998—2002年），正值中国加入WTO前后，由郭京毅、张玉栋成立的“思峰村委会”小试牛刀，如新飞、首创、新奥等案；

——商务部成立初期（2003—2006年），此为内外贸管理统一之后，外商在华投资、内资赴境外上市出现井喷，如黄光裕运作国美电器在港上市等；

——反垄断时期（2006—2008年），彼时相继启动的反垄断审查如国美并购永乐、法国SEB并购苏泊尔案等，本来的监管机制沦为寻租空间。

对应于这十年，外商在华直接投资金额出现三次波段，其中1998年至2000年间呈下降趋势，而2001年至2003年、2007年至2008年则两现高增长。外资在华涨落之间，正是相关政策更迭之时。判决书中任意个案，均现一条阡陌相交、利益共沾的外资审批寻租链；而郭京毅、邓湛、许满刚、邹林、刘伟、张玉栋、刘阳系列案的完整版本，则展现了由“链”变“网”的系统性制度腐败。一个依托权力而生的利益共同体，从监管者到寻租者，身份的转变仅转身之间。

中国人文官僚主政历史悠久，而兴于20世纪90年代的技术官僚，可谓官吏史上一次结构变动。反观郭京毅系列案，其背后的制度弊病既拷问对技术官僚的监管，亦对中国外商投资制度设计极具镜鉴意义。

实际上，无论商务部还是外管局，均在此案之后稀释审批大权，前者将注册资本1亿美元及以下外商投资性公司审批权下放至省级，后者将外汇监管由审批制改为事后审查。但谁来监督监管者，仍然无解。

上篇：“村委会”买卖（1998—2002年）

2006年与2007年，河北廊坊新奥集团总部的“艾丽枫舍”36洞高尔夫球场两次举行“思峰杯”赛，郭京毅、邓湛、刘伟等部委官员及一些并购项目的企业老板悉数登场。

“思峰”，即是张玉栋当主任的北京思峰律师事务所。早在1998年，思峰律所尚未成立之时，联盟中最年长的邓湛在一次聊天中开玩笑提出，要成立一个“村委会”，自己任“村长”，刘伟当“书记”，郭京毅做“副村长”，张玉栋任“会计”负责管钱。

判决书记载的早年权钱交易，即主要是以思峰律所为平台——郭京毅们以法律无规定为由拒绝审批，介绍张玉栋律所居中运作，收取高额咨询费并获得分成。彼时正值中国加入WTO，郭京毅、邓湛等任职于原外经贸部。

同窗共营

身高约1.82米的郭京毅，儒雅谦和，仪表不俗。其任职的商务部条法司，主管起草、修订、解释外资法律法规等。自大学毕业后进入外经贸部，郭京毅几乎参与和主管了20多年来的外资法律法规的起草和修订。

笔者曾与之接触，在面临围堵采访时亦未见其急躁，郭总是面部平静、语气温和，对话时则反应迅速、言语机敏。

1986年，郭京毅与同学张玉栋自北京大学法律系国际法专业毕业，同时分配至外经贸部。同窗之谊成为此后20余年“利益经营”的开端。

张玉栋1965年5月9日生，山东益都县人。比郭晚8天出生的张玉栋，经常对郭京毅“哥长哥短”。1994年，张玉栋被公派至英国学习，回国后在外经贸部下属的长城律师事务所任职。1998年10月，张玉栋借机构改革之机，离开已剥离外经贸部的长城律师事务所，自立门户成立思峰律所，设址东方广场，隔长安街与商务部大楼相望。

在从事并购业务的律师界，张玉栋颇为知名，业务评价却不高，但其客户中不乏西门子、壳牌、诺基亚等世界著名企业。思峰律所自称外商在华成立的200余家投资性公司中，超过半数为其客户。张玉栋并不讳言：“在过去的几年中一直与外经贸部、国家工商总局、国家计委、国家经贸委、国家税务总局、中国各商业银行总行及某些地方政府机关保持着极为密切的工作关系。”

思峰律所成立之初，张玉栋为开拓客源，向熟识的政府机构人员允诺，谁给其介绍业务就有5%—15%的好处费。

彼时，郭京毅任外经贸部条法司二处副处长，邓湛任外资司二处处长。张玉栋向郭京毅、邓湛提出的条件更丰厚，两人介绍项目或者给其代理项目提供帮助，事成之后可按30%与10%提成。

邓湛的加入是这个联盟生成的第一步。其时正值中国加入WTO前夕，中国政府开始大规模清理对外经贸法律、行政法规、部门规章和规范性文件等。企业在涉及相关法律问题请教外经贸部官员时，被介绍给张玉栋。

这给张玉栋带来的好处：一是直接给思峰律所增加业务，其收取的代理服务费惊人；二是许多项目需要赶时间，郭京毅可帮助加快审批进度。

以新飞为例，1998年新飞电器、新飞家电、新飞制冷器具三公司合并成为一家。新飞公司安排时任新飞电器董事会秘书宋贤君、驻京办主任李新勇负责组织材料，向外经贸部报批。

早在1994年10月，新飞集团与新加坡丰隆亚洲的子公司丰隆电器私人有限公司合资，组建新飞电器。其中新飞集团占49%，丰隆电器私人有限公司占45%，新加坡豫新电器公司占6%。

1998年9月14日，原国家经贸委印发《关于国有企业利用外商投资进行资产重组的暂行规定》，其目的就是维护国有资产权益、推动国有企业改革，但该规定过于简单，没有明确的实施细则。

恰遇外资并购内地国企的第一波热潮。在一些人的眼里，国有股退出、外资进入似乎成了家电行业国企改革的一个定式而被纷纷效仿。但这个苗头也颇受争议，外经贸部在审批时亦趋谨慎，审批者因法律法规不完善拥有较大自由裁量空间。

据宋贤君证词，邓湛看完申报材料说不符合规定，不能批准；郭京毅则将项目推荐给张玉栋代理，新飞公司与张签下20万元代理费的法律服务协议。

为了缩短新飞公司等待公告期满的时间，张玉栋向外经贸部外资司提出“可以由银行出具保函，保证债权人利益，这样能缩短90天公告期”的解决方案，邓湛称这是法律问题要找条法司商量。很快，郭京毅接受了这个方案。

由于没有先例，郭京毅让张玉栋按提出的方案给条法司写请示，然后由郭去疏通条法司和外资司的关系，使得该方案获得外资司的批准。

自1998年开始，经由郭、邓介绍的企业包括天津LG、新飞电器、宁波LG化工、保定啤酒、山东新力克化工、海尔、荣昌制药和大宇重工等。其中仅在2000年以前，邓湛就给张玉栋介绍了荷兰DSM公司在南京设立外资企业、富士施乐公司的关于转让股权等项目，以及西门子（中国）投资有限公司的设立、增资等项目审批的咨询。

张玉栋供述，郭京毅、邓湛一般不会立刻索要分成，而是事后以买房、买车的名义提走。据法院判决书，在郭京毅收受的贿赂中，有78.77万余元来自张玉栋，而邓湛则收受张玉栋贿赂共计179.58万余元。

在郭京毅案中，为其充当掮客的大学同学并非张玉栋一人。2000年，中外合资的江苏双良空调有限责任公司上市，从中斡旋的正是郭的大学同学、北京贾润道和律师事务所律师胡志强，郭京毅受贿3万元；2006年间，郭京毅还曾受贿40万元，助其大学同学、北京竞天公诚律师事务所律师彭学军获批常熟市鑫源典当行的相关审批。

联盟初成

北京西三旗“雪梨澳乡”B区205号，这是一栋上下三层、大约300平方米的联排别墅。其窗帘紧拉，庭院杂草丛生，此时主人郭京毅已身陷囹圄良久。一墙之隔则是刘伟的房产，大门上的锁也已锈迹斑斑。

郭、刘两人的联排别墅，获益于针对北京首都创业集团有限公司（下称首创）的一项审批。

事情源于2001年三四月间，首创筹备设立首创置业股份有限公司，由于公司设立时有外资成分，而且要在境外上市，必须经过外经贸部审批。项目筹备组长为北京首创置业股份有限公司执行董事兼总裁唐军，审批经办人是该公司资产管理部副总经理魏建平。

据首创法律顾问张绪生透露，2002年二三月间，公司开始与负责的外经贸部外资司进行沟通，6月正式递交申请文件等待批复，之后一直没有答复。

魏建平获知事情卡在条法司——根据程序，负责审批的外经贸部外资司在向条法司征询意见时，后者对公司的出资方式提出了质疑。因为公司部分出资是以股权形式出资，条法司遂以法律没有明文规定而不予审批。

张绪生与郭京毅同为北大同学，张遂将郭介绍给魏建平。郭京毅在双方首次会面时提道，首创遇到的问题就是有关法律解释，最终需要条法司会签才能通过审批，并称还要工商总局的同意；再次沟通时，郭称“需要继续研究”，并将刘伟介绍给魏建平。

刘伟1964年11月生，江苏人，毕业于吉林大学法学院，历任国家工商总局企业注册局外资管理处副处长、注册指导处处长、外商投资企业注册局副局长。其所在的外资局，主要承担外资企业、驻华机构的登记注册等工作任务，与郭京毅、邓湛等人的职权密不可分。

后来，郭京毅托张绪生带话，表示对首创开发的“雪梨澳乡”很感兴趣。急于拿到外经贸部批文及工商营业执照，首创只得以每平方米5600元的成本价卖给刘伟、郭京毅别墅各一套，两人分别从中获利124万余元、123万余元。

郭京毅随即主持沟通会，对下属明示“要答复企业，缺什么材料就让企业补，不要拖”。同时外经贸部向工商总局征求意见，后者对股权出资的方式表示认可。不久，郭京毅在首创置业股份有限公司报送的会签单上签署了不宜报国务院的意见。

2002年9月初，张绪生告诉郭京毅，首创的审批还没有结果，郭又将邓湛介绍给张绪生，让邓湛帮忙。11月底，外经贸部批准了该项目。刘伟也在工商授权登记注册函上签了字，营业执照很快办了下来。

联盟的买卖不断延续，在刘伟被认定的134.67万元受贿款中，有10万余元来自新奥燃气集团公司（下称新奥集团）。这也是郭京毅11项指控中最大的行贿方，行贿大都发生在前文所述的“艾丽枫舍”高尔夫赛场。

最大一宗交易

判决书称，2000年间，郭京毅为新奥燃气（2688.HK）上市审批等接受请托，累计受贿近429.37万元。

1999年，因业务扩张、资金缺口大，新奥集团谋划在香港以红筹形式上市。这种形式是指境内公司在海外成立控股公司，把境内的经营性主体变成境外控股公司的子公司，通过境外控股公司进行融资或完成海外上市的操作模式，这个公司结构产生的过程在形式上是外商投资或并购的过程。

为达到以红筹形式上市的目的，新奥集团于2000年和2001年在英属维尔京群岛（British Virgin Island）设立了包括北京新奥BVI、新奥燃气投资等20个BVI投资有限公司，计划对北京新奥、葫芦岛新奥等18个新奥集团中国附属公司发起收购。

但当时中国禁止外商投资城市燃气管网建设，新奥必须通过审核。1999年底，新奥集团总裁杨宇通过首创魏建平认识刘伟、郭京毅，希望后者能帮助协调证监会、外经贸部条法司的审批工作，并且在办理境内公司资产重组的变更登记过程中提供咨询和指导。

杨宇通过郭京毅找邓湛“做工作”，结果不出意料。邓湛为外经贸部少有的非中共身份人士，1982年进入该部外资司，1991年起历任副处长、处长，52岁时成为副司长至退休。在其222.58万余元受贿款中，有40万元来自飞利浦，其通过在投资项目中的技术来源、设备引进、合同章程等涉及国家法律政策和外资产业政策方面的问题提供政策咨询，多次引荐新奥高管拜访商务部领导，并在相关项目审批中提供帮助。

在新奥一案中，因涉及境内权益的境外公司在境外发行股票并上市，需要证监会出具“无异议函”。

所谓“无异议函”，是指中国证监会对律师报送的关于涉及境内权益的境外公司在海外市场发行股票和上市事宜的法律意见书出具没有任何异议的同意函。此函是中国证监会根据2000年6月颁布的《关于涉及境内权益的境外公司在境外发行股票和上市有关问题的通知》（简称“72号文”）而出具的。按照“72号文”的要求，涉及境内权益的境外公司在境外发行股票与上市必须拿到中国证监会出具的“无异议函”，否则境外交易所将不予受理申请。

“无异议函”自一“出生”便受到众多抵制，为内地企业海外融资又多设置了一重障碍。受杨宇请托，郭京毅约证监会国际部境外上市处处长谢世坤吃饭，饭后杨宇将准备好的两个纸袋交给了郭京毅和谢世坤二人，分别为一幅字和一幅画。次日，谢世坤将字画退还。

郭京毅和邓湛商量后，得出了新奥公司是为城市远郊区县供应燃气，属于住宅小区配套设施，而非城市燃气管网的结论，并复函证监会证明新奥公司不违反中国的法律政策。自此，新奥集团在“红筹之路”上畅行无阻。

根据香港证交所的相关规定，BVI公司无法在香港上市。新奥集团于2000年7月21日在开曼群岛注册成立豁免责任公司——新奥燃气控股有限公司。公司总股本为7.37亿股，Easywin公司是新奥公司主要股东，拥有公司57％的权益。Easywin公司2000年7月18日在英属维尔京群岛注册成立，新奥集团创始人王玉锁、赵宝菊夫妇各控股50％。

2001年3月28日，新奥燃气控股向Easywin收购其拥有的新奥燃气投资的全部股本，由此成功控股新奥集团各附属公司。

2001年3月，证监会出具了“无异议函”，同年5月9日，新奥燃气在香港证交所创业板成功上市。上市后，郭京毅约证监会国际部境外上市处副处长竺煜等人在廊坊一起吃饭，竺煜因此结识杨宇，此后杨宇到北京办事时还约竺煜一起吃饭。

作为回报，郭京毅胞兄郭京清被安排到新奥广厦房地产公司上班，郭京毅还以五折优惠购得该公司在海淀区西三旗开发的“知本时代”两套住宅，其中郭京毅妻儿名下的一套房产获利42.25万余元。

以同样的方式，郭京毅还在2000年为莱佛士集团公司申请在新加坡上市时，说服证监会相关人员出具“无异议函”。据郭京毅自述，2002年以后，其不再分管项目，工作压力逐渐加大，主要给张玉栋在迪信通、苏泊尔等公司项目中撑撑场子、协调关系。

中篇：“双向收费站”（2003—2006年）

即使李嘉诚、黄光裕旗下的公司，也不得不向这个技术官僚联盟“低头”。

中国的贸易主管部门分合经常。1949年11月，中央贸易部成立，三年后变更为对外贸易部。此后多次更迭，至2003年3月，新成立的商务部合并了原外经贸部、原国家计委、原国家经贸委的部分职能，延续至今。

商务部的成立，改变了原来内外贸易分江而治的管理模式。借此机会，郭京毅们设立了“双向收费站”：一是针对外商在华设立投资公司，二是针对民企赴海外以红筹形式上市等。权力膨胀之时，即使顶级富翁亦难独善其身。

套上大富豪

针对张玉栋的第二项指控中，即涉及华人首富李嘉诚旗下公司。

据邓湛供述，李嘉诚的公司委托张玉栋在华设立长实（中国）投资有限公司和设立和记黄埔（中国）投资有限公司。由于无法律明文规定，审批者按内部原则认为，外资在境内不能同时设立一家以上投资性公司。商务部成立之时，此真空地带已纳入商讨范畴。

郭京毅所在的条法司认为应该放开，邓湛所在的外资司也赞同。邓事后供述："我当时认为这个项目是李嘉诚的，按照他的实力部里会批准，另外张玉栋、周凯旋也找过我，所以2003年底，我在内部报批材料上签了字。"

据香港维港公司执行董事王秀玲介绍，其2004年4月告诉张玉栋，李嘉诚好友、李嘉诚基金会董事周凯旋为感谢邓湛在长江实业相关项目审批中的帮助，给了一笔共50万美元的咨询费，由张玉栋、邓湛和王秀玲分得。

和记黄埔（中国）投资有限公司后来获商务部正式批复。而在2005年12月1日，长实（中国）投资有限公司成立，注册资本1亿美元，地址在东长安街1号东方广场内。

同在2005年，58岁的邓湛突然得了一场重病。据其供述，出院后他思想大变，觉得钱不拿白不拿，正赶上其家附近富力城的房子开盘，故主动提出将50万美元中属于自己的咨询费——约合170万元人民币——拿过来。

王秀玲证实，其供职的香港维港公司后开始运作东方广场项目，起草法律文件需要中方律师，邓湛推荐了张玉栋。在王秀玲的帮助下，张玉栋顺利拿到了东方广场、长江实业、和记黄埔（中国）等项目的法律服务，获利颇丰。而张玉栋的思峰律所，正是设址在李嘉诚投资建成的东方广场。

周凯旋接受警方调查时表示，根据其与张玉栋商定的协议，以项目为结算单位，每个项目的律师费以50万美元为上限。2003年，思峰律所给维港公司发来账单，周凯旋让公司把律师费付给了张；2004年或2005年，张玉栋多次来电，称其工作时间长、工作量大，周又支付了上述这笔50万美元的"咨询费"。

行贿者黄光裕

同在北京市二中院，国美电器（00493.HK）前董事局主席黄光裕与郭京毅的一审判决仅仅相隔6天。

郭京毅被检方指控受贿罪共11项犯罪事实，其中第四项即为黄光裕名下的国美电器有限公司向郭京毅行贿110万元，涉及国美电器有限公司股权变更及香港上市事宜。

黄光裕供述，2003年至2004年间，国美打算在境外设立投资公司，购买境内国美电器的股份，以此形式完成国美的股权变更，实现公司在香港上市的目的。这正是"以红筹形式上市"，通常股权转让由商务部外资司审批，涉及法律问题须商务部条法司会签。

在2006年以前，这一上市形式大行其道，包括蒙牛、国美等一批民营企业赴海外融资、上市，无不采用这一方式。此时，监管部门出台的相关规定大多以限制资本外逃、防止逃税为目的。

国美电器上市可追溯至2000年年中，彼时国美香港IPO方案流产，黄光裕将目标调整为借壳上市。2002年，黄光裕成为香港上市公司“京华自动化”的控股股东，随后黄将旗下地产业务逐步注入该公司，并将其更名为中国鹏润集团有限公司（下称中国鹏润）。

2003年4月之后的一年间，内地19家国美子公司的资产被注入新成立的国美电器有限公司，新公司先由黄光裕个人全额持有，后由黄光裕和北京鹏润亿福网络技术有限公司（下称鹏润亿福）分别持有35％和65％股权。而鹏润亿福的实际控制人也是黄光裕。

2004年4月20日，鹏润亿福转手将其所持国美电器的65％股权出售，购买者为Ocean Town公司，这家在英属维尔京群岛注册的公司同样由黄光裕掌控。国美电器也由此转型为一家中外合资企业。

在国美报批过程中，商务部外资司、条法司提出按照当时政策，零售产业外资控股不能是100％，要求公司降低收购比例；此外，报送的收购价低于评估价。为使审批顺利进行，国美电器投资关系部部长陈欢找到郭京毅，并安排黄光裕与郭结识，希望后者帮忙加快审批。

当时，根据1999年颁布的《外商投资商业企业试点办法》，外商投资商业企业的股权比例上限只有49％，而上述股权交易已然超出此限。在郭京毅的指点下，国美公司更改了报批材料，将股比调整到65％，转让价格也提高到评估价。最终，国美电器有限公司变更为外商投资商业企业，转让股权等审批材料在商务部顺利通过。

原来，2004年4月16日商务部出台《外商投资商业领域管理办法》，除售卖报刊、粮油、化肥等商业行业外，外资占股限制被放开，新《办法》从当年6月1日开始实施。在郭京毅“巧妙”的安排与指引下，仅6天后，国美电器宣布与Ocean Town的股权交易完成，中国鹏润出资83亿港元从Ocean Town公司购得国美电器65％的股权，中国鹏润改名为国美电器控股有限公司。经此资本运作，国美电器实现借壳上市。

受黄光裕指派，陈欢2005年春节前后从公司拿走10张各含1万元人民币的银行卡，借过年的名义在东方广场吃饭时交给了郭京毅。

“双面”刘阳

在郭京毅系列案中，“双面”刘阳身份复杂。他曾是郭京毅的下属，彼时收受张玉栋贿赂办事；此后刘阳跑到张玉栋的律师所打工，成了郭京毅的行贿人之一。

刘阳1973年1月生，1995年从对外经贸大学国际经济法系毕业，进入原外经贸部，1998年至2002年7月间，历任条法司投资法律处科员、副主任科员和商务部条法司投资法律处主任科员，长期为郭京毅部下。

2004年初，刘阳辞职去思峰律所担任高级顾问。2008年初，刘阳自立门户，成立北京善信律师事务所。知情人士透露，刘阳另立门户是因为郭京毅等人担心思峰律所目标过大，出于分散风险的考虑。

在郭京毅被“双规”当日，刘阳由南京市溧水县公安局监视居住，后转批捕。法院认定刘阳犯下的受贿罪源于1998年至2002年7月间，其利用公职便利，为张玉栋代理的项目审批提供帮助。2001年至2002年间，刘阳先后向张玉栋索取人民币7.6484万元，并收受张给予的1万美元。

刘阳的行贿罪指控即与郭京毅第九桩受贿事实相吻合。检方指控，2006年12月，刘阳在担任思峰律所律师期间，通过郭京毅的帮助获得东北轻合金公司增资扩股审批的代理项目，2008年1月向郭京毅行贿人民币10万元。

此事源于2003年东北轻合金有限责任公司的招商引资，该公司与新加坡麦达斯控股有限公司（下称麦达斯）签订了增资扩股协议，麦达斯准备对东北轻合金公司注资。

与此前众多公司遇到的情况类似，这一涉外并购须报商务部审批。麦达斯董事长陈维平找到郭京毅，向郭咨询有关手续，郭将刘阳介绍给陈。陈维平遂通知东北轻合金公司聘请刘阳提供相关法律咨询以及协助办理增资扩股手续。

曾以人民币19.9亿元身价登陆2006年“福布斯中国富豪榜”的陈维平，2007年身陷吉林省一起商业贿赂大案——在公司早年的资本运作过程中，他为了获取资金支持，先后送给吉林省信托资公司董事长张兴波、辽源城市信用社董事长王凯扬以及吉林省高级法院法官刘连功、高正海、徐莹等人麦达斯、莱克森的股票。

陈维平与郭京毅会面几天后，麦达斯北京公司行政总监杨晓光带着东北轻合金有限责任公司工会主席、法律顾问牛大志到刘阳处，几经协商，双方签订了法律服务协议，服务费共计62万元。对方立刻支付了17万元，剩余部分等事成之后再支付。

收钱后，刘阳审核了该公司提供申报的法律文件，并往来于商务部外资司、条法司。该项目最终因没有得到国家发改委的批准而终止。但出于感激，2008年1月刘阳从自己的股票账户中将10万元划到郭京毅的股票账户下。

下篇：设租反垄断（2006—2008年）

2006年“外资威胁论”盛行。一场关于外资并购威胁产业安全和国家安全的争论，伴随着“10号文”与《反垄断法》的酝酿而鹊起。

“10号文”即2006年9月8日由商务部、国资委、国家税务总局、国家工商总局、证监会、外管局六部委联合出台的《关于外国投资者并购境内企业的规定》，其在两个方面对外资并购作出规定：一是外资并购境内企业需要满足的条件更苛刻，例如增加了“关联并购”的概念和反垄断审查方面的要求；二是对外资并购完成方式的规定更严格，特别是对以股权为收购对价、通过SPV（特殊目的公司）进行跨境换股等技术手段作出了具体的规定。

其中第二方面原本是为了开放外资并购的“正门”，以堵塞“旁门左道”的良策。然而在具体执行效果上恰恰相反，“正门”紧闭，“捷径”歧出，最终对于以红筹形式上市的模式产生了摧毁性的影响。

加之2007年《反垄断法》颁布并实施，外资可进入领域存在诸多人为干预环节，对于“保护民族产业”、“反垄断”等概念既缺乏可操作的认识，又缺乏清晰、透明的核准程序，郭京毅等人上下其手的空间再一步放大。

渔利永乐并购案

黄光裕再次遇到难题，他又找了郭京毅。

2006年7月18日，国美电器宣布“可能向中国永乐电器销售有限公司提出自愿收购建议”。此后，双方谈判旋即展开，并很快就价格达成协议。国美、永乐均为国内家电连锁零售巨头，2005年销售额分别为450亿元和150亿元，分列全国第一和第三，商务部随即启动对此次并购的反垄断调查。

一般而言，相关会签程序为：企业将并购项目申请报至商务部外资司；商务部条法司负责法律法规的解释审查，如涉及反垄断还须由条法司竞争处进行反垄断审查；商务部外资司转外管局资本项目司投资处、税务局国际司税政处、工商局国际司；再回到商务部条法司投资处正式审查。如果是“返程并购”（即收购方实为境内企业设立的境外控股公司），还需要证监会的会签；最后由外资司回复企业的申请。

“10号文”外资并购审批带来的争议日渐升级，也使得立法和执法的背离更加突出。一方面，审批口径越收越窄，一些原本旨在规范流程、“有疏有堵”的政策最终以“只堵不疏”收场；另一方面，审批人员往往能够另辟蹊径、放行交易，在中饱私囊的同时严重扭曲市场秩序。

在国美并购永乐案中，至2006年10月底，商务部相应的反垄断调查听证会举行，这是商务部对零售业并购的首次反垄断调查听证会，与会的家电业巨头均投了反对票。

负责此次反垄断调查的机构为商务部反垄断调查办公室，此办公室副主任由郭京毅兼任。判决书显示，黄光裕就此再次找到郭京毅帮忙。2006年9月，在反垄断审查期间，郭牵线条法司竞争法律处副处长叶军和黄光裕一起吃饭，饭桌上郭京毅赞扬黄光裕是很有能力的企业家，表示商务部要支持民营企业，并向叶询问了反垄断审查的情况，要求叶加快办理。

在听证会召开之前，郭京毅又找到叶军，吩咐“听证会尽快开，记录要写得好点，对国美公司不利的少记一些，有利的多记一些，尽快结束审查”。

商务部最终在反垄断审查报告上给出的结论是：“从竞争角度，不反对此次并购。该并购可继续进行。”2007年1月，国美电器与永乐电器完成合并。

2007年初前后，黄光裕在自己的办公室内交给郭京毅10张银行卡，累计向郭京毅行贿110万元，占其受贿款的14%。郭京毅获得这些银行卡，大部分交给了妻子文淑芬，部分拆借给妻兄叶志刚或分发给亲戚的孩子；另有三张给刘阳替其炒股，其余部分自己取现用于打牌。

苏泊尔案索贿细节

郭京毅受贿的第五项、第七项犯罪事实均指向苏泊尔炊具股份有限公司（下称苏泊尔，002032.SZ）。

2006年8月，法国SEB公司和苏泊尔股权并购项目开始谈判。此举引发了中国炊具行业的激烈抵制，认为这次收购成功后会造成市场垄断，并迅速演化为公共事件。

一个月后，苏泊尔将股权并购申请报到商务部进行审批，反垄断调查由此启幕。

苏泊尔董事长苏显泽经新奥集团总裁杨宇介绍认识张玉栋，并委托其办理相关事务。2006年10月，在新奥集团“艾丽枫舍”举办的首届“思峰杯”高尔夫球赛上，郭京毅、许满刚、张玉栋、邓湛、刘阳，以及国家工商总局的官员赫然在列。

商务部反垄断局副处长叶军应邀带上家人也参加了这次聚会，打完球一起吃饭时，郭京毅问他：“苏泊尔的收购案进展得怎样了？”叶军说正在进行。郭京毅接着说：“支持一下，加快一下进度。”

球赛期间，张玉栋安排本届球赛协办方的苏显泽与郭京毅聚餐，郭表态“一口锅影响不了国家安全，有什么事情就让张玉栋去办”，并暗示这其中需要好处。

此后，苏显泽与张玉栋签订了法律服务协议，约定代理费60万元，如果年内完成并购，需再额外支付40万元奖金。苏显泽一度觉得张玉栋要价过高，协商多次不成，最终无奈屈服。

除反垄断调查外，此并购还须报商务部外资司审核。商务部外资司副司长孙鹏称，外资司要征求条法司、证监会等的意见，并开相关企业的听证会，最后要报部领导审批。

在实质性审查结束时，商务部对SEB收购苏泊尔的正式批文下达之前，郭京毅喊上孙鹏与苏显泽一块吃饭。经郭京毅出面协调，2007年4月，苏泊尔包括反垄断在内的整个并购案获商务部批复同意。苏泊尔反垄断调查审批材料、商务部条法司出具的关于SEB收购苏泊尔反垄断并购审查报告载明："收购不会实质性增加并购当事方在市场的份额，不会对竞争造成实质性危害、损害消费者利益。因此从竞争角度，不反对此次并购。"

2007年4月底，苏显泽在"艾丽枫舍"贵宾楼和郭京毅一起打牌时，将一张10万元的银行卡作为酬谢给了郭。但张玉栋等人并不满意，当面告诉苏显泽"你们公司不懂事"。当年五一假期，苏显泽将郭京毅、张玉栋、刘阳三家人接至杭州度假，并补给郭京毅20万元的现金。郭将其用于东湖湾住房的装修并购买轿车一辆。

监管者变身寻租者

外管局管理检查司司长许满刚，亦曾是廊坊"艾丽枫舍"高尔夫球场的常客。许与郭京毅的命运不仅交集于球场，还在球场主人的贿案中。

许满刚供述，2004年下半年，外管局对新奥公司展开了外汇检查，发现新奥公司及其部分子公司涉嫌逃汇、非法套汇、非法使用外汇等违规行为。

为避免对其在港上市公司造成影响，新奥集团总裁杨宇托郭京毅找到负责调查的许满刚。许当场指出，新奥在外汇方面有很严重的问题，可能有人要负刑事责任。2005年八九月间，杨宇约郭京毅在廊坊打球，后者说80万美元可摆平此事，郭京毅和许满刚一人一半，杨宇表示同意。

2006年2月，外管局对新奥公司罚款500万元，免于追究其刑事责任，外汇检查至此结束。为此，郭京毅先后四次收取杨宇给予的人民币160万元、美元25.7万余元、港币22.3万元，共折合人民币387.1万余元；许满刚收受杨宇分两次给予的欧米茄手表一块和港币310万元，共折合人民币290.7万余元。

许满刚小郭京毅一岁，生于河北省藁城市的一个农民家庭，早年就读于辛集中学并担任过班长。1985年考入中国人民大学法学院，攻读经济法专业，1989年毕业后被分配至外管局，35岁的许满刚成为经常项目管理司副司长，掌管着出口退税的大权；2003年调任管理检查司司长，直至案发。

据其大学同学称，许满刚非常朴实，曾任学生会主席。同事对他的评价则是精通业务、为人活络，熟悉中国外汇管理相关法律法规，并曾主持或参与了《中国外汇管理条例》以及绝大多数外汇管理部门规章和规范性文件的起草和修订。

由于并购等均涉及跨境资金，故而外汇管理部门成为外资审批的重要一环。纵观郭、许二人的履历，可以发现两人的工作范畴存在着一定的重合与交叠。

据法院认定，许满刚还曾收受北京北科麦思科公司、广东元邦房地产有限公司人民币5万元、港币10万元，并帮助这两家公司补办外汇手续或解除违规使用外汇的调查。在广东一案中，合伙寻租者还有外管局资本司司长邹林，他收受港币25万元，并于2004年至2005年间收受西安亨通光华生物制药有限公司给予的人民币32万元，以帮助其获得外汇管理审批。

43岁的邹林系江西南昌人，肤色偏黑，略带口音。在外管局同事们的印象中，邹林年轻有为，且处事得体，为人友善。

邹林本是外管局一颗冉冉升起的新星，其1988年从厦门大学法律系毕业后就加入外管局，主持了多项重要法律的起草和方案设计，历任国际收支司副司长、资本项目管理司司长，2008年下半年调任综合司司长兼新闻发言人。

在副部级的外管局中，邹林排名仅次于局长及四名副局长，加之综合司与政策法规司系合署办公，新闻发言人一职又通常由熟悉全局工作的中层以上领导担任，足见邹林在外管局的地位与上升的潜质。

上述七人中，张玉栋最早案发，彼时其正带一女人在哈尔滨索菲特大酒店休假；刘阳被抓时，也与一女人在一起。张因用情不专遭女友举报，“思峰村委会”买卖及关联人员的资产均被呈报纪检部门，郭京毅、邓湛、刘伟、刘阳以及许满刚都在其中。

郭京毅被查后，检举了其邻居刘伟、老同事邓湛，后又揭发许满刚。针对许的调查又带出邹林。

2009年3月17日，邹林选择了自首。熟知邹林的一名外资银行执行董事说：“如果不为这点小利，如果本分做事，他还大有可为！”实际上，无论是邹林、许满刚，还是郭京毅，为之惋惜者众。

作为精通国际商贸法律事务的专家，郭京毅还精通外语和商业谈判。郭京毅落马后，商务部原部长陈德铭叹惋：“他的谈判很厉害，跟美国人谈判时人家都很怕他。”

“谁都希望自己的审批是最后一道关口，否则自己批出去的项目还可能被否，寻租价值陡然下降。”熟知外资审批的人士称，部门之间通常是相互争权，但是郭、邓、刘长期交往，绑成了罕见的利益共同体。

这意味着郭京毅等人中一旦一人“落马”，整个圈子将随之颠覆，“什么圈子到最后都是花圈”。

法眼：权力寻租与资本托庇

黄光裕系列案的发生，引发广东省原政协主席陈绍基、浙江省原纪委书记王华元、深圳市原市长许宗衡、公安部原部长助理郑少东、浙江省人大常委会原副主任张家盟等高官的连环落马，是继上海社保案、北京地产案、天津三贪案之后的第四起政经大案，倘若联系重庆打黑及王立军事件，基本可以构成过去十年政治周期中的五极震荡波。

在采写《控罪黄光裕》时，我曾邀请清华大学许章润教授就此事评论，我认同并推荐他对此事的微观与高瞻——

回头细看，除了勤劳与聪慧，倘若没有20世纪80年代价格双轨、全民经商的乱局，以黄光裕一介平民之身，赤手空拳，竟能于短短十几年间迅速致富，俨然一个“中国梦”的样板，不啻天方夜谭。身逢市场经济起步、人性松绑、物欲大潮汹涌之际，来去无挂，为所欲为，商海混战，一夜暴富，是这一批贫民富翁的类似发家历程。其操纵股市、实施金融诈骗，如履平川，可知法权体制漏洞百出，市场交易监管形同虚设，公共权力严重缺位。资本一旦成型，就是一种权力，本身具有扩张势能，非人力所能掌控，资本家不幸罹陷其间，反倒成为它自我实现的工具，其势嚣嚣，其态骄骄。而既存体制未能进行有效规训，以公权力抗衡之，则贪婪资本一路裹挟，亡命奔前，覆巢之下，安有完卵！

既存体制之所以未能提供有效规训，就在于体制是权力的肉身，构成了并且听命于权力，而权力如同资本，恒具扩张势能。它不仅指向权力本身，而且，竭力延展至一切力所能及之处。其中，“财色”二字，尤为其青睐。而资本，正是万能的资本，投其所好，恰恰能够提供权力无法直接合法提供的满足。两相契合，各美其美，美美与共，蔚为权贵资本主义，成就了权力和资本共治天下的格局，扮演的是“精英寡头化”的反民主化与逆现代性把戏。

的确，值此转型之际，强有力的权力体制不仅为推导历史所必需的条件，而且，权力垄断一切是实现权力意志的基础。因此客观之需，助长了权力不受制约的自信，而不受制约的权力自然为所欲为。权势者陶醉于权力的魅力，痴迷于权力的能量，反感和排斥一切意欲限制权力的社会冲动，在满足自己的同时，腐蚀着其所附着的体制，而且，将资本拉下了水，或者说，和资本一起相约下水。

主角黄光裕的发家进程，正是此种公共权力私性化，使之逐步沦落为权势者寻租工具，进而与资本进行紧锣密鼓勾兑的历史。黄光裕们深知，要想发家，并且保住家业，如果不能将资本兑换为权力网络的入场券，终究危乎殆哉！毕竟现有的法律体系，无论是《宪法》还是《物权法》，对于私有产权的保护，似乎多有所保留。私权神圣的观念，尚未形诸立法，亦未成为基本的法权观念。作为市民生活百科全书的民法典迟迟不见颁行，堪为一例。在此条件下，既存体制不能容忍另一种权力做大，或者，至少对其多有猜忌，这使得在某种意义上，巨额财富反倒顿成心腹之患。在此，资本的贪婪本性与权力的扩张势能不仅互为知己，而且，基于相互深刻的不信任，一不小心，势必形同水火。

为黄光裕们的闪转腾挪铺垫了初始条件的，是市场法制的严重“不健全”，身家亿万后深深的“不安全感”，始终伴随其不惑人生。于是乎，在黄光裕们的眼中，托庇于权力或者权势者，才是万全之策，而权力紧握其笼头，如臂使指，勾搭成奸，早已不遑抵抗。如此这般，对于资本和权力进行双重规训的阙如，关于私有财产法权安排的不足，导致政商两界一干人马“走钢丝”，最终落马，伤害的是他们赖以生存的体制，从而造成了一个双输的残局。

收拾残局，是体制的本能，终究是要落实到人头的。市场化红尘万丈之处，遭到勒索的不仅是万千小股民，而且，报应也指向了矫健弄潮儿，衮衮黄马褂。黄光裕们不过是它们“挑选”出来的具体“人头”罢了。他们并非最不幸的，更不是唯一的。

因此，为了杜绝双输悲剧再度上演，必须对资本和权力进行双重规训，营造平等与公正的体制条件，既防范二者的勾兑，又让大家各有凭借，不致彼此猜忌、相互勒索。其间，完善私有产权的法制安排，强化市场交易的有效监管，特别是形成第三方执法的法权程序，已是急务。毕竟，体制的恶质化，才是最为可怖之事。

凡此法权安排并非旨在限制权力，更非破坏或者废置权力，而是为了限制滥权，即制约和防范强权、暴力与暴政。其实，权力不是法制所能限制得了的，相反，法权安排的本质是权力，一种获秉正当性的权力，其施行亦有赖于权力为之张本。权力只能以另外一种权力来限制，正如“以野心制约野心”，利益只能以另外一种利益来抗衡。法律不过是它们的别名，法制则为一套将它们化转为公开较量的程序性体制，旨在提供角力规则，而将约制与抗衡导入按理出牌的套路，实现全体公民政治上的和平共处。此即权力抵消或者制约理论，也就是所谓的民主与法治。

在此意义上，“有法律，不恐惧”，既不以钱少而担忧，更不因巨富而害怕，在按理出牌中，各得其所。如此才有妥帖的人世活法，进而有澄明的立法。这就是政治正义，也是收拾残局的最佳路径。

第六章　王益的江湖

王益与央视女主播的隐秘细节，成了法庭审判与坊间传说的主角。被娱乐化背后，是一个非专业出身的秘书联盟如何在权力更迭中，依托其庞杂关系网培育漏洞百出、泥沙俱下的腐败温床。

重翻王益的权力与资本江湖史，能看到的是一股汹涌的金融暗流。它承载着证监高官、资本玩家、娱乐精英等组成的寡头集团渡过各个险滩，最终在泡沫破灭时搁浅。

谁害了魏东？①

低调的魏东选择了自杀

在不幸降临之前，魏东几乎是投资圈里最受幸运之神眷顾的人。

1995年，与“中经开”（全称中国经济开发信托投资公司）联手以“327”国债期货一战摧垮万国证券成名；多年来，活跃在一级半市场和私募基金业；2002年，收购湖南最为悠久的百年老店“九芝堂”；2008年，完成第一家券商借壳上市。潮起潮落，同时代的资本大鳄一个接一个毁灭，但魏东及其一手创立的“涌金系”却越来越“成功”。虽然不可能知悉准确数字，但不止一位接近他的人士猜测，其名下净资产现在应超200亿元。

难得的是此人又如此低调。魏东生前从未接受媒体采访，亦未在公开场合演讲，甚至很难找到一张其公开场合的照片。但其乐善好施、不吝助人之名，在内部圈子里广为传播。

41岁，事业如日中天。2008年4月29日下午，当着父母、妻子的面，魏东在北京“中海紫金苑”家中突然坠楼而亡。

根据北京警方司法鉴定，魏东住所坠地处为水泥地面。致命伤是颅骨损伤，且面部青紫，全身多处挫伤及骨折，肝脾破裂，手腕、手指有多处表皮剥脱、擦挫伤痕。鉴定结果是：魏东死前意识清醒，跳楼坠地导致严重颅脑损伤是致命原因，排除他杀。

知情人士称，上述司法鉴定获得中纪委牵头的中央专案组监督并认可，后者同时备份了现场照片及相关证据。

魏东虽死，仍留下众多疑团待解。在他临终之前，上述专案组曾与他有两次谈话。

①作者于宁、乔晓会、罗昌平、赵何娟、杨海鹏，编辑凌华薇，原载《财经》杂志2008年第10期。

非正常死亡

4月30日下午，财经网首先报道了魏东死亡的消息。

记者获知这一消息是在当日早间。在核实消息时，多位与魏东关系密切的人士均震惊不信。“29日下午1点与他通话还很正常。”一位魏东的朋友说。“五一我们一些人还约好去澳门。”另一位生意伙伴说。

死亡来得太突然。

案发现场位于北京昆玉河北畔、紧邻紫竹院西门的中海紫金苑，这是一个非常幽静的高档社区。近年来魏东夫妇长住沪上，中海紫金苑是魏东父母之家。据现场目击者之一、昆玉河岸边一位钓鱼人说，4月29日下午4时10分左右，有人从中海紫金苑2号楼9层西边没有封闭的阳台上跳下。阳台上随后出现两个女人的身影，叫声惊惨。大约五分钟后，120救护车抵达现场，但显然已于事无补。

事后人们得知，跳楼者就是魏东。

一位接近其家人的人士获知，魏东自杀时，父母、妻子、保姆、司机都在场。穿着拖鞋的魏东突然奔向阳台，其妻陈金霞立即追上，但未来得及拉住。

4月30日上午，魏东自杀消息传开后，“涌金系”控制的两家上市公司国金证券（600109.SH）和九芝堂（000989.SZ）停牌。直至5月4日晚，两家公司及涌金为第二大股东的千金药业（600479.SH）分别发布公告，证实了大股东涌金集团董事长魏东的死讯，称其由于“个人身体原因”，“意外辞世”。

5月1日，新浪网披露了由魏东家人提供的遗书。这份字迹潦草的“最后留言”中表示，由于“长期工作压力和近期外部环境压力”，“强迫症”时刻困扰，造成严重的“失眠及抑郁”，因此决心把自己和大家都“解脱”出来。

魏东的一些朋友称，知道魏东经常失眠，但不知道他罹患如此严重的强迫症。魏东的一位好友回忆：“我们两家关系那么近，也从来没听他说过有病，他不愿意和别人说这些事情。”

有人试图寻找魏东患病的蛛丝马迹：为了把筷子摆放成一个特定方向，会较半天劲。一位以“魏东云南挚友”名义在财经网有关报道后留言的网友称：“魏东洗手常常都很庄重，双腿并拢，洗一洗，直身，后退，又双腿并拢，两臂平举，手心向下，烘干，有时候还会莫名重来一遍。”

5月6日，魏东追悼会在北京八宝山公墓东厅举行。从厅前空地一直到悼念大厅内，陈设了数百个花圈。

送花圈者包括云南省省长秦光荣、湖南省副省长徐宪平、湖南省证监局局长杨晓嘉、浙江新湖（控股）集团董事长黄伟、湖南成功集团实际控制人刘虹、原“鸿仪系”的控制人鄢彩宏、国美集团董事局主席黄光裕等，还有各家银行长沙支行人士、基金经理等。

魏东的母校中央财经大学及北京大学、清华大学校友会等也送来了花圈。魏东1991年毕业于中央财经大学。其父魏振雄是该校会计系教授。从1997年起，魏东在中央财经大学、北京大学历史系等学院设立涌金奖学金，前后捐资以千万元计，并常与获奖学生座谈。自2008年始，魏东还在中央财大设立留学生奖学金，每年五至六名，对考取海外高校深造者每人一次性捐助5万美元。

亲临追悼会的名人亦不少，有红杉中国资本创始人沈南鹏，作家余华，演员张国立、邓婕夫妇等。张国立曾是“涌金系”旗下上市公司九芝堂的广告代言人。来自投资圈的追悼者更不胜枚举。

每位吊唁者可以拿到一份精致的白色线装小册子，内有魏东生前彩照一幅、遗书及余华的悼念文章。

国金证券董事长雷波在追悼会间隙告诉到场记者，刚向证监会六个部门汇报情况，“国金证券一切正常，公司不会因为魏东的离世而受到影响”。在记者询问魏东生前是否接受有关部门的调查时，雷波斥之为“无聊”。

但是，在这场“意外死亡”、悲情葬礼的背后，亦不完全是一个疾病的故事。

涌金掌门

魏东死时还很年轻，但已成名多年。

魏东出生于1967年12月，1991年从中央财大毕业后进入中经开，后“下海”。1994年创办了北京涌金财经顾问有限公司，1995年创办了上海涌金实业有限公司。在1995年2月著名的“327国债期货案”发生时，魏东不过27岁。

尽管已离开中经开，但魏东与中经开旧同事生意与私人来往仍很密切。“327国债期货”一役，中经开凭借隶属财政部背景的信息优势，在国债保值贴补率增加到12.89%正式公布前的十几天内，在“327国债期货”上逼空万国证券、辽国发等机构，最终导致万国证券亏损达16亿元，被迫与申银证券合并，原总裁管金生锒铛入狱。

魏东此役与中经开并肩，获利甚丰。不过魏东在中经开工作时的上司、中经开期货部负责人戴学民，却于1995年底在北京五洲大酒店门口被人刺中肝部，侥幸保命，甚至没有报案，连夜离京，从此再无踪迹。中经开后来因炒作银广夏股票酿下巨亏，于2002年6月被行政撤销。

也许是因为这段经历，魏东一直异常低调和警觉，生前从不接受任何媒体的采访，避开各种曝光机会，虽身为“资本大鳄”，却“广结善缘”，对身边人十分慷慨。

1999年10月，在深圳高交会的拍卖会上，一位医药公司的人士对笔者说：“你错过了一个重要人物，刚才魏东就坐在后面。”其口气中流露对魏东的重视之意。

其时，湖南涌金投资（控股）有限公司（下称湖南涌金）刚刚成立，魏东就在关注医药投资项目，并且和九芝堂接触频密。

2002年1月，湖南涌金、上海钱涌科技发展有限公司（下称上海钱涌）、杭州五环实业有限公司（下称杭州五环）三家“涌金系”关联公司收购了长沙九芝堂集团全部股权，进而间接控股上市公司九芝堂，持有上市公司60.74%的股份。此时距九芝堂上市只有一年多。

此后几年，魏东作为自然人，持有的集团公司股份增至26.93%，其与湖南涌金合并持有九芝堂集团86.43%的股份。

此桩股权转让的价格至今未公之于众。据内部消息，湖南涌金、上海钱涌、杭州五环三家公司的收购总额为9565万元左右。这让九芝堂的不少元老非常不满。一位老员工称，九芝堂是湖南最有名的药业品牌，拥有300多年的历史，但整体出售的价格不到1亿元，还包括由于改制需要买断1131名职工工龄的钱，这是明显的低估。

“涌金系”收购之后，因公司主营业务业绩持续下降，曾有老员工多次向主管部门反映情况。2007年前后，有关部门数次赴长沙进行调查。

2003年1月，九芝堂宣布了实施10派3.3元的现金分红方案，动用2002年度95.5%的未分配利润，“涌金系”通过第一大股东九芝堂集团可分得现金3351.51万元，相当于其收购资金的1/3。若以九芝堂2008年5月初的股价计算，九芝堂集团间接持有的上市公司股份市值已达10.82亿元。

同年，涌金开始染指金融机构，并获得更丰厚的收益。2003年收购云南国际信托投资公司，2005年收购成都证券，将后者更名为国金证券率先上市。2007年3月23日，在交通银行A股上市前两个月，涌金竞拍获得长沙市财政局所持有的2791万股交通银行国有法人股。

2008年4月，魏东还以自然人股东的身份，首次出现在浙江大华技术股份有限公司的招股书中，魏东个人和涌金集团分持浙江大华5.525%和3.45%的股份。

接近魏东的人称，近年来“涌金系”投资回报极高，魏东及其他高管的个人资产连年翻番。

国金之谜

魏东之死留下了多重悬念。关于有关部门找他谈话的原因，众说纷纭。其中频频被提到的是“涌金系”收购国金证券并借壳上市一事，这也是迄今为止“涌金系”最为成功的案例。

魏东的一位得力助手在2003年底、2004年初之际便从云南转战四川，酝酿收购成都证券（国金证券前身）。成都证券当时还是一家规模不大的经纪类券商，资本金为1.28亿元，成都市国有资产投资经营公司（下称成都国资）占48.83%的股份，为第一大股东。

2004年8月，“涌金系”启动对成都证券的增资扩股。由九芝堂集团不断收购成都证券老股东的股份，到2006年10月，持有国金证券33.32%；湖南涌金投资持有20%。此外，清华控股有限公司（下称清华控股）持有20%，上海鹏欣建筑安装工程有限公司持股13.48%，上海淳海投资管理有限公司（下称淳海投资）持股4.75%，其余五家股东均为四川本地公司，而成都国资委已经完全退出。

淳海投资与“涌金系”素有往来。淳海投资也曾经成为九芝堂集团股东，后将所持10%股份转让予魏东。工商资料显示，该公司成立于2005年2月，发起人分别是自然人黄锐光和刘萍，分别投资1800万元和1200万元，2006年，刘萍将其股份转让给了汪少渊。而汪少渊控股的株洲开发区株银新技术开发有限公司，也是千金药业的股东之一。另据了解，黄锐光为魏东在中央财经大学国民经济系就学时的同学，二人分别是中财校友会上海分会的副会长和会长。

2002年底，上市公司成都建投由批发、零售百货业转向城建环保业，但此后业绩逐年下降。2003年成都建投主营收入超过3亿元，净利润1260万元；2004年主营业务收入1.75亿元，净利润1325万元；2005年净利润则骤降至106万元。有人质疑，成都建投业绩的滑落，可能为国金证券的借壳埋下了伏笔。

2006年10月，成都建投与国金证券的资产置换启动。九芝堂集团收购成都市国资委持有的成都建投47.17%的股份。同时，成都建投以全部资产负债并定向增发7101.2万股，置换九芝堂集团、涌金投资和四川舒卡特种纤维股份有限公司（000584.SZ）持有的国金证券51.76%股份。

随后，成都建投以上述定向增发资金及国金部分利润所增加的资本公积金每10股转增10股。总股本变为2.84亿股。经过本次大比例转增股份，当初九芝堂、涌金投资和舒卡股份换股收购成都建投的成本降为每股3.22元。

令人疑惑的是，国金证券置入成都建投的股份不是一次完成。原成都建投的老股东中，也仅有舒卡股份与涌金系两家公司一同参与了首批资产置换。

直到2008年2月5日，成都建投更名为国金证券的同时，才向原国金证券股东定向增发2.16亿股，每股8.47元，换股吸收剩余48.24%的国金证券股份。

值得一提的是，浙江郡原房地产投资有限公司（下称浙江郡原）与深圳市恒业投资发展有限公司（下称深圳恒业）两家公司之前并未在国金证券股东之列，但本次却突然成了新增法人股东。

浙江郡原的控制人为地产界名人许广跃，由他控制的湖南中嘉从九芝堂接手一个将要开盘的地产项目，曾引起外界质疑。此外，许广跃还与魏东同为红杉资本投资的“湖南宏梦卡通”的管理层，关系不一般。

深圳恒业成立于2001年，注册资本1000万元，股权经过几次变更，最后在2007年初股权重新变回注册时的状态，自然人申太平持股90%，陈升燕持股10%。

令人眼花缭乱的股权结构和股东进出的背后，当然是利益的分配。

按国金证券2008年5月7日每股47.57元的收盘价计算，紧随“涌金系”的清华控股持有国金证券股票市值超过42亿元，而当初进入国金证券时仅付出1亿元。

魏东控制的“涌金系”公司更是获得了暴利。以当初入股成都证券的出资及支付成都国资委的1000万元现金和目前持有国金证券股票的价值看，“涌金系”公司通过一系列运作，目前账面获利至少90亿元。

事实并不止此。

公开资料显示，二级市场上，成都建投的股东筹码在2006年初开始集中，股东户数从2005年下半年的9400多户，逐渐下降到国金证券借壳方案公布前夕的7300多户，在此期间，成都建投的股价徘徊在5元至6元之间。

在2007年8月20日，成都建投每10股转增10股之后，股价也从前一个交易日的每股149元除权至每股80元左右。但当时正值大盘向上连续突破5000点、6000点之际，成都建投却并未上涨，反而持续下跌；到2007年9月底，成都建投的股东数已经接近3.7万户，股东数在短短一个季度内增加了3倍多，从“非常集中”转为“非常分散”。

一位市场操作人士分析，从股价反应看，持有大量筹码的成都建投可流通股股东在转增股份之后，在迅速抛售股票。若这些股东真是在2006年初建仓，则二级市场的获利每股将在130元之上甚至更多。成都建投于2008年2月5日正式更名为国金证券，股价却一路下跌，最低跌至2008年4月2日的20.60元，此后则反弹不已。魏东追悼会当天，国金证券尾盘暴涨，报收52.85元，逆势涨幅达5.34%，股价比一个月前翻番。

4月28日，也就是出事前一天，魏东在电话里告诉一位市场上的朋友：“老兄，我的股票不值那么多钱！”

魏东临死前到底发生了什么，至今只有散落的一堆线头：

一些接近魏东的人对遗书的真实性有所怀疑，从字体、语气及没有签名和日期等角度指出问题，但这些怀疑缺少有力的佐证，也未获得司法机关的权威支持。

关于触发魏东求死的原因，则流传着种种说法：一种说法是他在市场和权贵之间左右逢源，“成也萧何，败也萧何”；另一种说法则指向国金证券借壳上市以及更早些时候九芝堂重组留下的疑点。

据一位知情人士透露，4月30日晚，一班人等乘夜班飞机赴京，此行的目的是找未亡人陈金霞。据说这些人在“涌金系”里的权益，只有魏东夫妇明白。

魏东死亡之谜显然还没有结束。

王益落网了①

少年得志的王益

自2008年6月8日王益被“双规”十天之后，国家开发银行（下称开行）终于对此案作出回应。

据开行政策研究室有关人士口头通知：“中纪委、监察部按照规定对国家开发银行党委委员、副行长王益同志的严重违纪问题进行调查，经初步核查后，研究决定，并报请中央批准，立案检查，并采取两规措施，王益同志已于6月8日离开工作岗位接受审查。”

6月8日，王益仍出席了宁波“博鳌现代物流与自由港国际论坛”并作公开发言。但是在返京的飞机上，王益乘坐的头等舱已被中纪委专案组成员控制。飞机着陆后，王益即被专案组成员带至其位于阜成门外大街的开行办公室，而后被正式隔离审查。

6月10日，端午节后的第一个工作日，开行党委会内部通报了这一消息。当日下午，在由开行行领导及主要部门主任参加的每周碰头例会上，与会者未能见到王益。此时，消息已广为开行的中高层人士所知。

6月11日晚，财经网率先报道了这一消息。

早在2008年4月下旬起，王益、涌金集团董事长魏东等人即被有关部门实施监控。正当警方协助中央专案组欲控制魏东之际，4月29日，魏在北京跳楼自杀。多位知情人士均表示，魏东之死与王益案关系重大。

目前，王益案发缘由尚无官方说法。不过，有关权威人士介绍，专案组“双规”王益之际，已掌握其违纪违法问题，主要集中于其收受贿赂、家属经商及个人作风问题。相关调查已指向资本市场多起要案，王益亦在受查一周后开口交代相关

①作者于宁、张宇哲、李箐、罗昌平、杨海鹏，编辑凌华薇，原载《财经》杂志2008年第13期。

问题。

知情者描述，被“双规”之时，王益的表情阴郁而镇定。担任开行副行长八九年之久的王益，此前最重要的经历是担任证监会副主席一职位，离任后对证券市场仍有相当隐秘而巨大的“影响力”，多年来争议不断，但始终屹立不倒，直至此次被“双规”。

亦官亦商

1956年4月，王益出生于滇西龙陵的一个普通白族家庭，排行老大，有一弟一妹。恢复高考之后的1978年，22岁的王益考上了北京大学（下称北大）历史系，先就读本科，并继续攻读研究生。

毕业后不久，王益进入中央顾问委员会办公厅，担任副主任薄一波的秘书。从1985年11月到1992年9月，在中央顾问委员会办公厅工作的七年间，因工作关系，得以与闻政要。一位接近王益的人士称：“省级以上的干部包括秘书，王益很多都很熟悉，可以直接打交道。”

1992年10月，王益被调至国务院证券委办公室担任副主任。此时的国务院证券委是个虚设的机构，由时任国务院副总理朱镕基兼任主任，然后联络十个部委的一把手做委员或者副主任，并无具体的办事机构；国务院证券委办公室因此成立，办公室主任是金建栋，副主任是王益和庄心一，主要任务是协调重大政策和各部委的关系。

在当时，由于证券委办公室终属闲曹，并无实权，1993年，公职在身的王益开始尝试步入商海。他曾在海南炒作房地产并涉身股市，年底又创办北京百峰新技术开发股份有限公司（下称百峰），并出任董事长。在商场上，王益还有一个身份是“中国企业评价协会理事”。

百峰是一家北京市新技术产业开发试验区认定的新技术企业，并被列为国家科委股份制改革试点企业，注册资本5000万元，六家发起人出资3000万元，股东总数49家，控股股东为海南海峰房地产开发有限公司（下称海南海峰），占36.26%的股份，法定代表人是王益之妻王昭明。

王昭明是王益在北大历史系本科和研究生同学，比王益大两岁，北京人。王昭明考入北大之前是新侨饭店的团委书记，毕业之后仍在饭店工作，1988—1989年间任五洲大酒店总经理助理。王昭明1992年3月获得伯利兹国籍。

工商资料显示，百峰先后参股了云南宝山水泥股份有限公司，参与组建青岛新益城市信用社等，且从国家科委申请到了1300万股人民币普通股票发行额度。

1995年，海南海峰因宏观紧缩而出现销售困难，最终几乎全军覆没。该公司早在1992年10月以中外合资的形式成立，注册资金1500万元；中方股东集浩房地产（深圳）有限公司出资900万元占60%的股份，王昭明旗下的香港百峰投资有限公司公司出资600万元等额外汇占40%股份，王昭明担任海南海峰的董事长。

但1995年海南房地产陷入低迷。1996年7月，中方股东将股权转让给洋浦新洲实业有限公司，董事长变更为董为民。

由于从商期间夫妻感情恶化，据了解王益夫妇的知情人称，夫妻一度吵架不断。1996年，王益离婚。此前的1994年8月，王益辞去了北京百峰董事长和总经理的职务。最终百峰上市亦未果。

市场游戏

1995年11月，年仅39岁的王益成为证监会副主席。这一阶段证监会还处于初创期，王益分管发行、基金等最为核心的部门，位高权重，直到1999年2月被调离证监会。

一位熟悉王益的人士称："王益的目标曾是当证监会主席，但是他的告状信有一尺高。调任开行虽然升至副部级，实为明升暗降。"

至案发前，王益在开行是排名第三位的副行长，分管政研室、稽核、业务发展局、投资业务局的产业整合等部门。

"王益在开行不得志，一直郁郁寡欢，真正理解他的是证券业的人，比如魏东。"市场人士认为，王益在民营机构中培养最成功、过从甚密的"大佬"就是涌金的魏东。

创建了"涌金系"的魏东在生前积累巨额财富，旗下有九芝堂（000989.SZ）、国金证券（600109.SH）等上市公司。尽管其为人颇有私德，在朋友圈内口碑甚佳，但综合其发家史，一位业内人士一言概之："内幕交易的受益者"。

"王益很早就建议魏东投资法人股，比如每股1元买招行法人股；后来建议他借壳上市，国金是第一个借壳成功的。"一位知情人士称。

事实上，王益虽然早已离开证监会，但从未离开过证券市场，他在证监会期间，在证券界建立了深厚的人脉关系，不仅提拔的数位官员在他离任后仍担当要职，且在证券业界也建立了千丝万缕的联系。一位知情人士分析称："凭借曾经当过证监会副主席的资源，王益掌握了大量的内幕信息，挣钱的机会很多，在各路诸侯中挑选几个扶持起来很容易。"

"王益是奸雄，懂政治，懂市场，有眼光，很爱才，很仗义，但也很霸气，喜欢充当江湖老大，收服人心。"一位证券业资深人士亦如此评价。

仕途失意的王益近年来忽然痴迷作曲，市场上亦不乏曲意逢迎之徒。据悉，曾有一家证券公司在周年庆祝会上由员工演唱司歌，该公司老总边看边给王益打电话：“老板，我们在演唱您创作的歌曲。”2006年6月10日，王益词曲的合唱《去远方》在北京音乐厅上演，即以“南方基金之夜”冠名。

染指太平洋证券

2007年太平洋证券离奇上市，是王益及其合作者们通过关系网点石成金的一个“杰作”。

2007年12月28日，太平洋证券（601099.SH）在上交所挂牌，市场颇为震惊。资料显示，太平洋证券2004年、2005年分别亏损1623万元和2亿元，2006年才盈利。

更令人奇怪的是，太平洋证券通过与云大科技（600181.SH）股东换股而上市。这一路径既非新股发行也非借壳，因为新股发行要通过发行部和发审委，借壳上市涉及到重大重组，需要重大重组审核委员会的审批，从使用新的股票代码来看不属于借壳，但又达不到IPO标准。更加蹊跷的是，太平洋证券挂牌是由证监会办公厅向上交所发文。

据《证券市场周刊》报道，2007年12月21日证监会办公厅下发了《关于太平洋证券股份有限公司股票上市有关问题的批复》（证监办函〔2007〕275号），称“云大科技股改与太平洋证券定向增发、换股并重组上市组合操作相关事宜已经我会批准，你所可据此按照有关规定程序核准其股票上市申请”。但这一批文却从来没有公开过，证监会网站上只公布了机构部于2007年4月同意其增资扩股的批复。

对于媒体的质疑，证监会并未予以表态，涉及到如此重大事项的太平洋证券也未停牌作出说明。据证监会有关人士解释称，这是“股改特例”，现在对外的统一口径是“集体决策”。

但是，太平洋上市事涉蹊跷，早已有迹可循。

2008年初有举报称，证监会、云南国资局的官员涉嫌内幕交易，在股改之前曾购入太平洋证券原始股。太平洋证券上市开盘价达到46元，即使按照6月20日19.03元的收盘价计算，也获利近20倍。

一位知情人士说：“王益是云南人，能把当地肖建华（原太平洋证券实际控制人）联系起来，并打通必要关节的，正是王益。”

可以查证到的是，王益的亲属已涉足太平洋证券原始股。

截至2007年3月31日，也就是太平洋证券筹划上市前后，该公司进行了两轮增资扩股，股本扩大了一倍，股东数量也增加到16家，其中不乏鲜有耳闻、来历难辨的“神秘股东”，更有一家小股东与王益的亲属有直接利益关联。

这家公司名为天津市顺盈科技投资咨询有限公司，出资1503万元，持太平洋证券1%的原始股，但上市后的当前市值则高达3亿元。该公司注册于2001年，注册时的法定代表人即为王益胞弟王磊，后将主要股权转让至其胞妹王薇。之后，王薇亦于2007年5月16日名义上退出。

2008年3月18日，该公司股东会决议，原股东再次将股权转让给宗建文、覃伟桥两位法律界人士。知情人士分析，最后一次股权转让，发生在今年2月太平洋证券上市被调查后，不排除现在的股东均为代持人。而覃伟桥已公开否认了他是该股权的受益者。

调查进行时

对于王益被“双规”，很多证券业内人士都不意外，认为不过是迟早问题。不过，在关于太平洋证券的调查并无明显进展的时候，一直逍遥在外的王益突然被“双规”，仍令人颇感突然。

知情人士称，对王益的举报信很多，他早已受到有关部门的“关注”。2008年2月，王益在开行的第一任秘书孟涛因在河南的一笔贷款中受贿数万元而被捕。

办案人员顺藤摸瓜，了解到深圳利联太阳百货有限公司董事长李涛曾以自己企业的名义，替王益送给中央电视台一名女主持人两套房。该公司亦为太平洋证券的小股东（持股0.67%），并赞助了王益词曲的《神州颂》在深圳的一场演出。李涛还是《神州颂》演唱会DVD项目的策划人之一。

几乎与此同时，王益之弟王磊也因在开行河南的一笔贷款中，以财务顾问费的名义获取数千万元而被调查，并被发现持有太平洋证券股票。春节之后，有关部门即前往云南和深圳，调查部分太平洋证券股东的银行账户，此时，公安部亦参与其中。其时，如魏东者正在帮助王益“营救”王磊。

在调查过程中，有关部门了解到与王益关系密切的20余人的名单，并找部分人员谈话。其中一些人闻讯离境，包括与太平洋证券密切相关的数名人士。

4月底，王益、魏东相继被有关部门叫去谈话。

4月29日，魏东在北京的父母家中从9楼跳楼自杀。

5月6日，王益亦出席了在北京八宝山公墓举行的魏东的隆重追悼会。

在证券界根深已久，王益一案牵连必广。尽管目前查实的违规违纪主要是收受贿赂、家属经商及个人作风问题，但相关调查已指向证券界的多起要案，一场大戏刚刚开幕。

黑金桃色外①

王益的前女友刘芳菲

喜好热闹的王益，在北京秦城的独立监所平静度过了54岁生日。这一天是西方愚人节，曾梦想担任证监会主席一职的他，或未料到自己以娱乐新闻的主角收场。

两天前，2010年3月30日，王益案在北京市第一中级法院一审开庭。检方指控，王益利用职务之便接受周宏、李涛及王磊等人请托，涉贿折合人民币1190余万元。其中200万元贿款牵涉央视主持人刘芳菲，一名副部级高官的贪腐大案迅速演变为一条桃色新闻，曾权倾资本市场的“王大官人”由此占据了娱乐新闻的头条。

因为王益的坦言认罪，本应激烈的法庭控辩被浓缩在五个小时之内。而在法庭之外的博弈，已逾两年。

这是一起搅动资本市场的大案，以审计署针对国家开发银行（下称开行）河南贷款项目的审计为引线，中纪委专案组随后涉足深圳、上海、云南、湖南、河南、天津等地；其间经历了“涌金系”掌门人魏东的意外自杀，此后国金证券（600109.SH）原董事长雷波、银河证券原总裁肖时庆、宏源证券（000562.SZ）原党委书记李克军相继“落马”。王益案最终呈现于法庭的三名行贿人，其中金额最大的周宏与李涛两人均在太平洋证券（601099.SH）上市之前布局，应验了媒体对太平洋证券上市路径的诘问。

王益的成长历程，与众多“落马”贪腐官员并无二致，普通的家族身世、勤奋刻苦的青年时代，人到中年却利令智昏——尤其是其39岁成为证监会副主席（正厅级），用五年时间精心编织的能量场，在1999年转任开行副行长（副部级）直至2008年案发，一直对资本市场保持着隐秘而巨大的影响力。

①作者陈晓舒、饶智，主笔兼编辑罗昌平，原载《财经》杂志2010年第8期。

王益的证监五年，亦是法庭上五个小时的罪责之源。

在资本市场里，无论是银行贷款，抑或是上市增发，不同的融资通道均可谓稀缺资源。这些稀缺资源的分配，在现实中国体现为权力绝对主导。回溯王益经历的证监时代，这是一个交织着宦海浮沉、权力更迭的传统故事，以非专业的秘书联盟为纽带，可透视出一个监管体系的草创与革新，如何变形为漏洞百出、泥沙俱下的腐败温床。

王益及其涉案同僚的身后留下了一份“遗产”——证监体系的中国特色，即在行政效能上，更注重体现其审批权和执法权，其自我强化的审批权和执法权最终成为寻租的温床，而对交易、查处环节的监管则处于缺失状态。继任者与司法者显然不应回避这份“遗产”，更不该以桃色蔽之。

王益认罪

3月30日的北京，春意初见，小雨润城。细雨中的北京市一中院略显冷清，门口仅一武警站岗，既无警戒线和押解犯人的警车，也不见成群的上诉群众或被告家属。

法院大门外的电子屏幕显示，当日共有六宗案件开庭，王益涉嫌受贿一案不在其中。

未到上午9时，王益一案的旁听证早已被领取完毕。

审判庭设在仅能容纳16人的第22法庭。早在清晨，押解王益的警车在专车护送下，已从北京市一中院的侧门驶入。当天的公诉方共六名检察官，而辩护方仅许兰亭一人。王益的家属并未现身旁听席。

自2008年6月被“双规”，王益已近两年未曾露面，一直被羁押于秦城监狱。此次庭审现场较之两年前的王益，鬓角泛白，金边眼镜后的眼眶发青，在灰色皮夹克的包裹下更显清瘦，独自一人立身被告席接受审判。

“王益进来时往旁听席看了看，但那里没有他的家人。”参与旁听的一名人士说。

王益案当事人关系网

庭审伊始，公诉人宣读起诉书，指控王益收受贿赂1190余万元。审判长问及王益有无异议，王益淡然答曰“我认罪”，对全部指控表示认可。

王益收受贿赂总共为三大笔：第一笔受贿金额538万元，来自深圳市利联太阳百货有限公司法定代表人李涛；第二笔金额630余万元，由云南昆钢朝阳钢渣开发有限责任公司董事长周宏分12次提供，部分是经王磊（王益弟弟）之手；第三笔金额来自于“掮客”王磊（与王益弟弟同名），其在争取贷款时获得300万元好处费，分给王益30万元。

旁听人士回忆，王益在庭审中陈述了自己职务的影响力、与相关人员的交往、贿款的来龙去脉等。“表述清晰，语速平缓。公诉人的提问穿插在他的陈述之中，一问一答，好像一场访谈。”

针对检方的指控，王益当庭承认：“这些事都属实，这是我利用直接权力以及权力以外的影响力，为他人牟取利益，我也得了好处。”

审判仅持续五个小时，未当庭宣判。下午3时许，辩护律师许兰亭拎提着不多的案卷材料走出法庭，去赶飞往河南的航班。

与此前媒体的猜测不同的是，王益案仅涉受贿一宗罪名，尽管有关司法材料显示其贿赂关联证监会副主席一职的影响力，但法庭一概蔽之。有关人士介绍，王益为求免死，在被调查之后对司法机关极为配合，并拒绝聘请律师。指定为王辩护的许兰亭律师，也无机会获得充足的卷宗材料。

两个王磊

王益的案发，与其任内的开行两笔在河南的贷款有关。

成立于1994年3月的开行，直属国务院领导，致力于关系国民经济命脉的基础设施、支柱产业及配套工程的长期融资服务。2007年，这家政策性银行走到了转型商业银行的前夜，国家审计署、银监会借此向其分行下派工作组，进行了三个月到半年的审计调查。

在“延伸审计”中，河南一家企业抽取部分贷款资本金，以“融资奖励”的方式支付给北京一家房地产企业。其中有4万元流入开行前员工孟涛之手。

在王益任开行副行长时，孟涛曾是其秘书，这成为此次审计的重大突破口。孟涛此后下海从商，因上述“融资奖励”的资金额度并不大，并未被追究刑事责任。

不过，开行在河南的系列贷款，有两笔进入司法程序。其一，2007年，河南蓝天集团利用虚假借款合同及金融机构相关单据编造虚假会计资料、重复立项、虚假注资等，骗取开行信用，获得贷款30.68亿元；在国有资产改制过程中违规操作，造成国有资产大量流失；在骗贷过程中，蓝天集团高管人员李向军涉嫌贪污300万元，开行总行处级干部胡汉成涉嫌受贿250万元。据审计署网站称，此笔问题贷款最终被“中央领导批示，中纪委立案查处，目前李向军和胡汉成已被刑事追究”。

2009年2月12日，同在北京市一中院，王益的同僚、开行总行处级干部胡汉成因涉嫌受贿550万元被押上审判席。一个月后被判处无期徒刑，胡现已服刑。

第二笔问题贷款同样发生在2007年。开行河南省分行违规向河南正和实业有限公司发放贷款3亿元，郑州经济技术开发区管委会为此通过虚列预算支出，向一家民营企业支付“融资奖”1625万元。审计署官方网站称，其“以审计要情上报，温家宝总理等中央领导作出批示，中纪委立案查处”。

在2008年上半年，有报道称王益一年前批示为郑州提供25亿元贷款用以支持基础设施建设，但其中约20亿元去向不明，王益弟弟王磊从中收受“6400万元高额财务顾问费用”。当年6月25日，开行以文件的形式，向河南省分行下发了《请协调郑州市政府有关澄清“25亿元贷款”谣言的通知》。

依此次庭审的信息来看，上述“谣言”并非空穴来风，只是两个王磊的身份存在差异。王益受贿的金额之一，是帮助“掮客”王磊（此人非王益弟弟）为其他企业办理贷款，此次王磊得了300万元的好处费，王益分得其中30万元。

“掮客”王磊为金融圈人士，系河南一家机构的办公室主任。王磊与王益认识多年，通过王益帮助的贷款企业为河南正和实业有限公司。

河南正和实业有限公司成立于2000年，注册资本为18850万元，法定代表人即为郑州经济技术开发区管委会主任张延明。该开发区成立于1993年，2000年被国务院批准为国家级经济技术开发区，下设创业中心、建投公司和正和公司等。

一张开行在郑州地区的信贷材料显示，开行对于郑州地区的贷款主要有三个借款人，分别是郑州市建设投资总公司、郑州高新国有资产经营有限公司和河南正和实业有限公司。

时届2007年，开行从一家具有政府财政功能延伸的政策性银行变身为完全的商业银行，市场普遍关注其如何建立完善的公司治理、科学的投资决策机制，如何化解不确定的宏观经济形势可能造成的不良贷款压力，以及在中央政府及地方政府之间的关系等。王益案发，对于这些命题更是一个考验。

在这次审计中，开行共处理有关责任人22名，其中免职2人，停职2人，通报批评18人，共涉及厅局级干部10人。彼时的开行人心惶惶。

名嘴证词

在王益被查的传闻甚嚣尘上之际，2008年4月29日下午，事业如日中天的魏东当着父母、妻子的面在北京家中跳楼而亡，终结了其41岁的生命。

商人魏东在他的时代，曾以穿梭于高收益、高风险的政商之间而声名远扬。他的遗书及亲友声明，一度将其锁定于心理疾病。但有关方面表示，魏东自杀之时，有关专案组正在赶往其家。彼时魏东接听了两个重要的电话，其中一个即是老友王益。

始料不及的专案组成员，通知北京市警方对死者进行司法鉴定。最终的鉴定结果是：魏东死前意识清醒，跳楼坠地导致严重颅脑损伤是致命原因，排除他杀。

而彼时在案件的另一头，王益的行贿人王磊、李涛均被专案组控制，由于他们供述的行贿细节无第三方证实，亦无法通过银行账号等证据佐证，故王益迟迟未被立案审查。

在魏东死后不久，网上一篇题为“魏东自杀与央视主持刘芳菲有着千丝万缕的关联”的帖子被疯转。该帖爆料称，魏东自杀和开行某行长的贪腐案有关，而这名被查的行长是央视另一位女主持的前男友，且两人也是通过魏东结识的。

实际上，王益的私生活问题，已与经济问题同在调查之列。

王益的前妻王昭明系其在北大历史系的本科和研究生同学，比王益大两岁，北京人。王昭明曾任新侨饭店团委书记，后考入北大与王益同窗，毕业后仍从事酒店工作。

1993年前后，王昭明获得伯利兹国籍，时任国务院证券委办公室副主任的王益，因无实权，曾以公职之身与妻子创办了北京百峰新技术开发股份有限公司、海南海峰房地产开发有限公司。因赶上海南房地产末班车，加之股市低迷，生意凋零，夫妻感情恶化。1996年两人离婚，王益退身商海，此后与多名女子保持亲密关系。

魏东之死导致王益案裹足不前，陷入僵局。不久，与其有染的两名央视女主持人均被纳入专案组调查的视线，并一度接受面谈。

2008年5月，刘芳菲针对网上传闻，在央视国际网站“主持人博客”发表《清者自清，谣言止于智者》的博文；该文同时出现于新浪博客。

刘芳菲生于1977年，毕业于吉林大学，历任央视文艺中心国际部节目主持人、央视社教中心文化专题部节目主持人。刘在博客中声明：“迄今为止，我工作生活如常，这些传闻全部不是事实。我已向公安机关报案，并委托律师全权处理相关法律事宜。”

但实际上，此时的刘芳菲已接受专案组谈话，并旁证了王益接受李涛贿赂的事实——刘芳菲在北京买了一套房，月供上万元，王益让李涛给刘200万元房贷资金。这成为专案组对王益采取行动的重要基础。在王益案一审法庭上，李涛通过录像作证，刘芳菲则出具了一份书面证言。

据了解，刘芳菲月供上万元的房子位于北京东直门的万国城小区，目前每平方米均价已近4万元。庭审显示，王益事发前曾交代刘芳菲把200万元还给李涛，并让刘给了李涛4万元利息。此举引起刘不满。

刘芳菲在证言中称，自己与王益曾是男女朋友，两人一度谈婚论嫁，但由于家人反对未能完婚。2008年3月，王益案发前三个月，王益携刘芳菲前往家乡云南剑川石窟。剑川是王益的祖籍，这次出游被云南旅游网报道。而有关人士介绍，刘芳菲与王益的决裂，发生在向李涛退款之时。

获得刘芳菲证言的专案组，开始了下一步行动。2008年6月8日，王益在由宁波返京的飞机上，在头等舱被专案组成员控制。飞机着陆后，王益即被专案组成员带至其位于阜成门外大街的开行办公室，而后被正式隔离审查。

李涛家族

为刘芳菲支付房贷的李涛自称香港商人，据旁听者介绍，李涛涉嫌多次向王益行贿共计538万元。

李涛1963年10月生，随母姓，其母李春阳曾在部队当护士，在军方拥有非凡资源，后任上海海鹏进出口公司总经理并由此发家。其舅李映元，则比李春阳、李涛名声更大。

李氏家庭企业，多以“利联”为名，其主要投资平台为香港利联企业有限公司，由李映元、李春阳持股。该公司1993年独家发起的利联实业发展（深圳）有限公司，为港资独资经营，注册资本港币2亿元，法定代表人先为李涛，1995年后变更为李映元。李涛任该公司董事总经理，其舅李映元为董事长。

李家在深圳家世颇丰，与许多资本大佬交往密切，也是政界高官的座上宾。李映元名声在外，一度卷入深圳市原市长许宗衡案，许亦为湖南人。

利联公司在深圳龙岗有近30万平方米的地产开发项目，旗下有四个全资子公司：利联太阳百货有限公司、太阳物业管理公司、龙城房地产开发公司和安邵高速公路公司。上述公司在湖南、山西等地拥有高速公路、水库等项目。

李涛所涉的王益案行贿要件，其一是通过王益承揽二广高速安邵高速项目，其中贿款约100万元。

二广高速公路是国家高速公路网的第6纵，北起内蒙古的二连浩特，南至广东的广州，其中李涛公司承建的安邵高速（湖南安化至邵阳）全长129.8公里，2005年上马，项目投资80.168亿元，投资方湖南利联安邵高速公路开发有限公司由利联实业发展（深圳）有限公司和深圳钰湖电力有限公司共同组建。李映元任该公司董事长，李涛系总经理。

李映元、李涛祖籍湖南祁阳，2006年在湖南签署上述公路项目时，曾获得时任湖南省省长周伯华、副省长徐宪平、省政协副主席阳宝华等官员会见。而王益早年帮助魏东的“涌金系”入主九芝堂（000989.SZ）时，即在湖南拥有深厚的人脉资源。魏东在京的追悼会上，亦有大量湖南政要及资本大佬到场。

有关材料显示，王益接受李涛的另一请托，是其名下的利联太阳百货有限公司获得参与太平洋证券增发机会。

截至2007年3月31日，也就是太平洋证券筹划上市前后，该公司进行了两轮增资扩股，股本扩大了一倍，股东数量也增加到16家，不乏鲜有耳闻、来历难辨的“神秘股东”。其中在当年4月的增发中，李涛任法定代表人的利联太阳百货有限公司即是增资入股的四家小股东之一。

太平洋证券上市当天的最高价上摸49元，其后虽经大跌，提前进入者仍有十倍以上的利润。当年入股1000万元的利联太阳百货有限公司，持股市值已破亿元。

利联太阳百货有限公司的主要资产是深圳利联太阳广场，于1999年投资建成，李涛曾任该公司法定代表人。2009年2月10日该公司法人代表变更为刘太俊，但李涛仍持股90%。

庭审显示，李涛向王益行贿的方式颇多。除给刘芳菲的购房款，李涛还在王益带儿子到美国拉斯维加斯过年时，提供1万美元压岁钱。王益与前妻离婚后，一直与儿子王帆居住于北京市崇文区东花市北里西区，这是一片政府官员的居住区。王帆1985年出生，2001年被送至美国读书。

另一些利益输送的方式，并未作为贿赂计入指控中。如李涛出巨资赞助王益作品交响音乐会《神州颂》的全国巡演，并担任总策划，同时音乐会的大部分门票也由李涛消化。在庭审中，王益称：“他（李涛）当初与我交往，我并不清楚是为了什么，现在我明白，他图的是我的职位。”

李涛目前去向不明，一说他被逮捕，一说已取保候审。公开资料显示，2009年6月24日，李涛曾以湖南利联安邵高速公路开发有限公司总经理之名，前往湖南考察其投资的高速项目。

谁是周宏

王益案中的最大行贿者，是其老乡周宏。检方指控，1999年11月至2008年2月，王益利用职务便利接受云南昆钢朝阳钢渣开发有限责任公司（下称朝阳钢渣）董事长周宏请托，为其在企业经营、融资等事项上牟取利益，并分12次通过王磊（王益胞弟）或自己直接收受周宏贿赂630万元左右。

“之前的报道有误，周宏的行贿并不涉及他企业的贷款问题。”有关人士说。

朝阳钢渣注册资本200万元，其中昆钢集团房地产开发有限公司出资98万元，周宏本人出资102万元。昆钢集团房地产开发有限公司成立于1999年8月，注册资本为4100万元，系昆钢集团子公司。

工商资料显示，朝阳钢渣的营业范围主要是冶金钢渣、水渣综合利用、金属材料等，其作为昆钢的关联公司，承揽了集团多个工程项目。公司设址于昆明市圆通北路86号4-1幢202号；这里是云南冶金研究院的家属区，但小区居民表示并无4-1幢住宅楼，对该公司与周宏亦未有耳闻。

王益案一审开庭的第二天，即2010年3月31日，昆钢集团发表声明称："我公司从未涉及该案（王益案）。"

周宏与王益认识已数十年，并与王家兄妹关系甚密，生意往来频繁。

王益1956年4月生于滇西龙陵的一个普通白族家庭，排行老大，有一弟一妹。其父王寿南曾是云南省德宏州州委办干部，母亲杨美翠系汉族，现居于昆明水晶宫大梅园巷，隶属云南省政府办公厅居委会。王益15岁起即被招工到云南昆明钢铁公司，周宏即是其早年工友。不过，王因得父亲扶持取得长期病假，一面拿着工资，一面在芒市建设兵团师部医院休假、学习。22岁那年，王益考上北大历史系，在此完成其本科与硕士的学业。

王益的弟弟王磊1958年12月出生，离婚，曾在宏源证券任职；妹妹王薇1963年11月出生，担任风驰广告公司主管。两人的户籍仍在云南，住所则与其父亲相同。

据2009年2月王益被"双开"的通报："经查，王益利用职务上的便利为他人牟取利益，收受巨额钱款；利用职务上的便利为其亲属经营活动牟取利益。"此处亲属经营活动一事，即是将王磊、王薇开设公司介入太平洋证券上市一事。而周宏则是利益输送的特定关系人。

2007年12月28日，太平洋证券（601099.SH）通过与云大科技（600181.SH）股东换股而上市。这一路径既非新股发行也非借壳，而是由证监会办公厅向上交所发文挂牌。

调查发现，在太平洋证券上市前后的两轮增资扩股中，王磊和王薇所在的公司便是太平洋证券的"神秘股东"之一。

这家公司名为天津市顺盈科技投资咨询有限公司（下称天津顺盈），出资1503万元，持太平洋证券1%的原始股，上市后的市值高达3亿元。

成立之初，天津顺盈注册资本为500万元，股东为王磊、丁华忠、何英、杨立安和王薇，出资额度分别为225万元、150万元、50万元、50万元和25万元，持股比例分别为45%、30%、10%、10%和5%。其中，杨立安为法定代表人。

从一份离职证明看，这5个股东曾为同事，都曾服务于天津市明扬能源科技有限公司，2001年1月集体离职，四个月后联手创办天津顺盈。

2006年10月20日，法定代表人变更为王磊，丁华忠、杨立安的股份转让给王磊，王磊占85%，王薇占5%，何英占10%。

2006年12月23日，天津顺盈增资到1000万元，法定代表人变更为孙宇。王磊将其手中425万元所得共85%的股份中，61%的股权给王薇，24%的股权给周宏。变更后王薇出资675万元，占67.5%，周宏出资200万元，占20%，孙宇出资75万元，占7.5%，何英仍出资50万元，占5%。

之后，王薇、周宏等股东全部退出，该公司股权又经多轮变更，2008年4月25日变更为宗建文50%，甘佳庚50%。此股权结构至今未变。

据知情者介绍，周宏与王氏兄妹的合作较多，12次行贿即是维系其与王益兄妹关系的纽带，其最早一笔贿赂可追溯至1999年——当年王益由证监会副主席调任开行副行长。

秘书联盟

王益身后，牵连者众。而最具标本意义的是以王益为首的秘书联盟，他们作为公共权力的执行阶层，不仅是上级个人权力的延伸，也为资本接近核心权力的通道。在重大的集团腐败案件中往往都会有一秘书联盟。从1996年的“陈希同案”到2000年的“慕马案”、“丛福奎案”，高官垮台的同时，秘书无一不深陷其中。

王益早年毕业于北京大学历史系，在学校短暂担任助教后进入中央顾问委员会办公厅，在那里工作长达7年。因国家领导人的秘书身份，王益的不少人脉由此开始积累，“省级以上的干部包括秘书，王益很多都很熟悉，可以直接打交道”。

王益之前没有海外留学经历，他的证券知识和对资本运作的理解来自1993年那次失败而短暂的下海经历。加之英语不强，明显有别于活跃于国际资本市场的一批中国金融家。事实上，即使获得西南财大经济学博士学位，王益的经济学功底仍被金融圈视为“水货”。

不懂经济的王益，在2002年与一群资本玩家去西藏旅游时，哼的曲调被同行者称之为最上口的美妙歌曲。他从此添加了一项爱好——用电脑作曲，兼举办音乐会。

一个缺乏专业背景的领导秘书，日后得以从事专业的证监业务，可见其在权力结构中的运作脉络。因而秘书群体也是腐败案的最佳突破口，如王益开行前秘书孟涛东窗事发于开行河南审计，审计人员利用孟涛利益输送的路径顺藤摸瓜，查到了王益的违规案件。

如果不是2007年开行的这次审计，这类隐蔽在权力内部的寻租行为并不易觉察。深谙政治游戏规则的王益，深知要规避腐败行为的风险，须有与其保持一致的秘书。王益证监会的前秘书雷波仅比其小两岁，在王益出任证监会副主席，分管股票发行、基金等重要部门，位高权重之时，雷波在证监会并无任何行政职务。

机缘源于1997年，王益生病住院，雷波前后奔忙悉心照料。王益出院之后，便调雷波担任他的秘书。秘书多由领导个人喜好选择，政治秘书群体私人化使官员腐败更具隐蔽性。两年后，王益从证监会调任开行工作，无任何专业背景的雷波被任命为上市公司部副处长。

此后，雷波离开证监会，投奔与王益交往密切的原涌金集团董事长魏东，担任涌金实业（集团）有限公司总裁，后成为涌金旗下国金证券的董事长，直至被查。雷波与王益的裙带关系，在魏东自杀后一度被聚焦，雷波曾出面解释，担任王益的秘书是组织上的安排，且这已是十年前的事情了；证券和银行分属两个不同行业，自己和王益仅仅保持的是昔日老下属和老上级的私人情感联系。

2009年5月13日晚，雷波成为王益案的延续，接受有关方面调查。这也意味着以王益为首的秘书联盟崩塌。

“判例”效应

“针对王益的量刑，可能存在较大的自由裁定空间。”有关人士说，王益案或将在一审20多天后宣判，可能判处无期以上的徒刑。

王益被控受贿1190余万元，金额较大。但其认罪态度良好，法院量刑时或有考虑。

在王益之前，一些省部级官员的判例或可参考。被认定受贿626万余元的青岛市委原书记杜世成，因受贿罪一审判处无期徒刑；最高法院原副院长黄松有受贿390余万元、贪污308万元，两罪并罚终审判处无期徒刑；北京市原副市长刘志华受贿696万余元，终审判处死缓。略为不同的是，原中共中央政治局委员、上海市委原书记陈良宇，以受贿罪、滥用职权罪两罪并罚，亦只获有期徒刑18年。

而王益高达上千万元的受贿金额，近年来并不多见。2005年北京市交通局原副局长毕玉玺案亦可参照，其受贿1004万元，致使国有资产300万元被私分，因受贿罪、私分国有资产罪被判处死缓，单受贿一项罪名的量刑就是死缓。

不过，王益案更大的“判例”效应，还在于其过滤掉的敏感信息，尤其是涉及到的部分上市公司，均获得特殊的处理。

与王益命运休戚与共的证券上市公司，包括太平洋证券、国金证券等。2007年12月28日，太平洋证券在上交所挂牌，令市场颇为震惊。资料显示，太平洋证券2004年、2005年分别亏损1623万元和2亿元，2006年才盈利。市场对于太平洋证券的蹊跷上市，表达出集体不满。

对于公众的质疑，证监会并未予以表态，涉及到如此重大事项的太平洋证券也未停牌作出说明。有关人士解释，此次上市属于“股改特例”，对外的统一口径是“集体决策”。

倘若司法程序否定其上市路径的合法性，必将引起投资者的集体诉讼，这对证监会而言无疑是巨大的压力。“几个部门商讨，决定执行折中方案，既要平衡投资者的集体利益，又要对违规者进行处罚，并且防止集体诉讼的局面产生。”上述人员说。

接近专案组的人士称，王益的弟妹王磊、王薇以及香港商人李涛虽然成了太平洋证券的直接或间接股东，但若不在司法上承认后者上市属于非法，亦很难追究王氏兄妹及李涛的刑责。对他们的指控，也只能停留在普通的现金贿赂上。

王益被秘密调查的2008年4月，证监会颁布券商“一参一控”规定——一家机构或者受同一实际控制人控制的多家机构参股证券公司的数量不得超过两家，其中控股证券公司的数量不得超过一家。曾实际控制太平洋证券的“明天系”，现已宣布退出太平洋证券。而自2009年4月21日起，中组部、中纪委联合派出的中央巡视组，开始在证监会进行长达四个月的巡视。

此后，一系列券商当家人落马。2009年5月13日，国金证券前董事长雷波被调查，银河证券原总裁肖时庆被逮捕。

湖南人肖时庆32岁进入证监会，先后在上市公司监管部、发行部、会计部工作，历任处长、副主任，系王益的“铁杆部下”。此后担任东方证券、银河证券高管。其案发时拟重返证监会任职。

同月，宏源证券前党委书记、副董事长李克军接受组织审查。47岁的李克军曾长期任职于建设银行，2007年3月至10月担任宏源证券总经理一职。

雷波、肖时庆及李克军所涉罪名呈现法庭之时，或可展现早年运作的灰色手笔。

隐庄肖时庆①

若以今日年龄之计，部级高官王益55岁，亦官亦商的肖时庆47岁，资本大鳄魏东44岁，如此壮年，依其根基、人脉，仕途与财运仍有可期。而实际的命运却是，魏东自杀，王益、肖时庆分获死缓。

2008年4月29日，在办案人员到来之前，不堪“外力重负”的魏东选择了在父母、妻子面前纵身跃下九楼自家阳台。此前两个月，魏东刚刚完成对国金证券股份有限公司（600109.SH，下称国金证券）的借壳上市，同时代的资本大鳄接连遭到摧毁，魏东的“涌金系”却越来越“成功”，其友人认为他的净资产已逾百亿元。

以魏东之死为拐点，这个高度依赖资本与人脉的系统，被迫走上另一条轨道：当年6月8日，时任国家开发银行（下称国开行）副行长、证监会原副主席王益被专案组带走调查；8月29日，“涌金系”干将、云南国际信托有限公司（下称云南国投）董事长刘刚在首都机场被控制；2009年4月29日，时任银河证券总裁、曾“两进两出”证监会的肖时庆被调查；5月13日，王益在证监会时期的秘书、国金证券董事长雷波被调查。

魏东自杀三年之后，2011年4月底，肖时庆因受贿和内幕交易两宗罪名，被河南省高级法院终审判处死缓。法院认定，肖受贿约1546万元，内幕交易获利约1亿元。而2010年4月底同判死缓的王益，被认定受贿约1190万元。

王益与肖时庆的成长历程并无二致，普通的家族身世、勤奋刻苦的青年时代、人到中年却利令智昏——王益39岁成为证监会副主席（正厅级），历时五年精心编织能量场，在1999年转任国开行副行长（副部级）；肖时庆早年在财政部下属的中央财政管理干部学院任教，1996年经王益之手作为重点人才调入证监会，先后在上市公司监管部、发行部、发行监管部、会计部工作。

司法材料所示，作为监管者的王益与肖时庆，寻租方式手段繁多。如青岛金王应用化学股份有限公司（002094.SZ，下称青岛金王）IPO、九芝堂股份有限公司（000989.SZ，下称九芝堂）重组、株洲千金药业股份有限公司（600479.SH，下称

①作者谭翊飞、张鹭，主笔并编辑罗昌平，原载《财经》杂志2011年第11期。

千金药业）并购、亿城集团股份有限公司（000616.SZ，下称亿城股份）增发、太平洋证券股份有限公司（601099.SH，下称太平洋证券）另类上市路径、云南信托理财产品、国金证券借壳上市等，不仅均有个人影响与行政之手强势介入，亦有特定关系人利益共沾。罪责细节涉及证券发行中的两重核心制度——保荐制和发审制。剖析该案，同时也是检视制度之弊。

肖时庆的“创举”，还在于通过内幕交易买卖国元证券股份有限公司（000728.SZ，下称国元证券）股票获利约1亿元，刷新了落马官员内幕交易的获利纪录。

一审判决书指出：“肖时庆作为证券监督管理人员，不仅不行监管职能，反而实施内幕交易犯罪，社会影响更为恶劣。”

追溯既往，自1995年鲁晓龙案起至2009年雷波被调查，任职或曾任职于证监会的，已逾十人涉案，监管者如何被监督的问题，再一次摆在决策者案头。

这是一群金融精英的高智商犯罪，其寻租的智能化、隐蔽性，不仅考验现有行政及资本市场监管体系，亦对刑事调查与司法认定提出前所未有的挑战。中纪委政策研究室原主任、中国纪检监察学院副院长李永忠撰文所述的现代“三权交易”（权钱、权色、权权交易），在这一系列案件中均有体现。

资本市场的贪腐行为已经叠加了特殊的金融手段，由此形成一种以虚拟交易为手段，以更隐秘、更长远、更巩固的期权利益为目的的无形腐败。

上篇：证监“双栖人”

中间人王磊

青岛金王的前身是外商独资企业青岛金海工艺制品有限公司，成立初期注册资本只有20万美元。为谋求上市，2001年4月10日，公司增资扩股后，以整体变更方式改制为青岛金王，注册资本变为3102.88万元。

该公司提供给青岛市发改委的一份材料称：“企业上市工作是一个复杂而艰辛的过程，公司必须要有坚定不移的信心。”

经过六年等待，2006年6月，因股改暂停的IPO重启。是年5月17日，青岛金王的母公司青岛金王集团有限公司（下称金王集团）与天津顺盈科技投资咨询有限公司（下称天津顺盈）签订财务顾问协议，委托后者助其运作上市。

当年10月23日，证监会发布发审委2006年第52次工作会议公告，宣布五天后审核青岛金王IPO事项。根据1999年颁布的《证券法》规定，发审委是中国股票发行核准制的法定审核机构。

但是，直到2003年底施行《中国证券监督管理委员会股票发行审核委员会暂行办法》，发审委委员的身份一直是保密的，且发审会实行无记名投票。

上述公告显示，参会的发审委委员包括：王立华、吴晓东、邱家赐、沈国权、鲍恩斯、马季华和谢卫。这七名委员有两名来自证监会，两名来自全国律协，另外三名分别来自中国证券业协会、中国资产评估协会和国家发改委。

按照证监会的相关规定，这些发审委委员一般先由各单位推荐，成为候选委员，候选委员须经证监会聘任成为正式委员，每届任期一年，行使投票表决权，表决设同意票和反对票，同意票数五票为通过。证监会对候选委员能否正式出任发审委委员掌握最终决定权。

司法材料显示，在发审会召开前一天，金王集团董事长陈索斌得知来自国家发改委的发审委委员马季华反对青岛金王上市，于是请天津顺盈负责人王磊想办法。

此处的王磊即王益的胞弟。天津顺盈成立于2001年6月28日，股东为王磊与其胞妹王薇等五名自然人，经营范围为技术开发、投资咨询服务、自有资金投资等。当时的注册资本为500万元，王磊和王薇分别占45%、5%。

王磊与王薇背靠胞兄王益，在商界身影活跃。1999年11月至2008年2月，王益利用其职务便利接受同乡商人周宏请托，为其在企业经营、融资等事项上牟取利益，并分12次收受周宏贿赂630万元左右，其部分赃款即是通过王磊收受。

而这家天津公司，2007年即现身公众视线，彼时太平洋证券通过与云大科技股份有限公司换股实现上市。上市前，天津顺盈成为太平洋证券的股东之一，占股1%。太平洋证券挂牌上市首日开盘涨幅达475%，天津顺盈的该笔投资获得巨额回报。

王益于1995年11月任证监会副主席，次年将中央财政管理干部学院教师肖时庆作为重点人才引入，两人此后共事三年。基于兄长王益与肖时庆的这层关系，王磊找到肖帮忙。虽然当时肖已在证监会旗下的券商任职，人脉关系网络仍在。

司法材料称，几个小时后，肖时庆即回电话告知事情已办妥。王磊随后通知陈索斌。陈索斌聘请天津顺盈为财务顾问，是否与这层关系有关，外界不得而知。

次日的公告显示，青岛金王IPO获得通过。

证词记载，曾是反对者的发审委委员马季华回忆，在青岛金王上市前一两天，曾有工作联系的肖时庆很可能给其打过电话，请求支持青岛金王上市。

2006年12月，青岛金王顺利在深交所挂牌上市。检方调查表明，出于酬谢，王磊于2006年12月的一天下午，在北京一会所停车场送给肖时庆现金20万元，但肖案判决书中并无进一步细节记载。

庭审现场，肖时庆进行了自辩，称未收到王磊现金20万元；辩护律师也对该项指控提出异议，认为事实不清，证据不足。但这些意见并未被法院采纳，该项指控成为肖时庆的受贿罪行之一，且认定马季华与肖时庆“二人长期存在着横向的工作联系”。

尽管法庭围绕交易的细节发生辩论，但在“需求方”青岛金王、“内部人”肖时庆、“中间人”王益之弟王磊构成的链条中，通过特殊通道试图影响发审委决策却是事实。其背后的症结，正是发审委委员的产生机制与表决程序。

承销增发

肖时庆面临的另一宗受贿罪指控，是2008年低价购房行为，房源涉及另一上市公司亿城股份。

该公司原名大连渤海饭店（集团）股份有限公司。由渤海饭店集团公司、中国工商银行大连信托投资公司及大连日兴实业公司三家发起，于1993年5月成立，彼时总股本为3430万股。亿城股份此后三次增发股票（包括配股），时间分别为：1998年7月、2000年1月和2007年11月。

肖时庆和亿城股份的往来即发生在该公司第三次增发之际。2006年9月，亿城股份召开股东大会决定，拟向不超过十家的特定对象，非公开发行不超过2亿股股票，全部发行对象均以现金方式认购，发行价格每股不低于4.94元，拟募集资金总额约12亿元。

按照2006年5月起实施的《上市公司证券发行管理办法》第四十五条，上市公司申请公开发行证券或者非公开发行新股，应当由保荐人保荐，并向证监会申报。保荐人应当按照证监会的有关规定编制和报送发行申请文件。

保荐制起源于英国，发展于香港地区。中国内地自2004年2月起建立企业上市保荐制度，创设初衷在于将证券发行仅仅由证监会“关口”审核，变为保荐机构的“管道”监管，形成持续监管的机制。然而，保荐制实施七年来，部分保荐机构并没有真正做好尽职调查、持续督导等工作，而是帮助保荐对象进行数字包装，甚至不乏协助造假。

亿城股份申请增发时，肖时庆已从证监会调任中国银河证券股份有限公司（下称银河证券），后者正是此次股份增发的保荐人和承销商。

湖南人肖时庆本来前途看涨

2007年1月23日，证监会发行部否决该项增发申请。4月5日，亿城股份召开当年第三次临时股东大会，通过新的增发方案，且将发行方式改为公开发行。10月30日，新方案获得证监会核准。

一般而言，定向增发比非定向增发更

为容易，而亿城股份初次被否，后来却获批，虽然新方案募集的总股数减少，但是发行价为每股20.29元，远高于前一方案的4.94元，最终募集资金数额仍然为12亿元。肖时庆的运作能力由此可见一斑。

此时，房地产行业已显现过热症状，当时市场传言证监会对房地产行业的IPO和增发已经“关门”，部分房地产企业申请上市融资迟迟不能获批。负责该笔增发项目承销的银河证券张涛在证词中称，2007年亿城股份增发时，难度主要来自承销方面风险控制，当时股市处于高点震荡，一旦销售不好风险就由承销商承担。

亿城股份当年三季报显示，其资产负债率已达到74.9%，此次增发对其尤为重要。该公司负责人在增发成功后曾对媒体称：“随着增发的成功，亿城的资产负债率压力将得到缓解。”

由亿城股份全资控股的北京亿城房地产开发有限公司（下称北京亿城），曾卷入北京市海淀区原区长周良洛案，周在北京亿城承接“竹园”项目过程中提供帮助，于2006年先后两次收受该公司副总经理李平给予的200万元。而此次增发募集的资金，亦有10亿元用于开发位于海淀区的地产项目。

据亿城股份公告，万城华府项目一期于2004年7月开工。判决书称，为感谢肖时庆在股票增发上的支持，亿城股份董事周海冰提出，让其低价购买一套商品房。2008年8月20日，肖时庆以妻儿的名义签订购房合同，购得万城华府小区海园7号楼8018室。此房合同价格为715.843万元，而司法鉴定该房价值1626.43万余元。

肖时庆当庭翻供称，低价购房是基于与周海冰的友情关系，辩护律师则提出承销亿城股份股票的行为与肖时庆国家工作人员身份无关。不过，法院仍认定：肖时庆为亿城股份的牟利行为与其受财行为之间具有因果关系，明显具有权钱交易性质，构成受贿犯罪。

内幕交易

在肖时庆面临的诸项指控中，内幕交易为最大一宗。

2006年，中石化启动了大规模的卖壳整合计划，其旗下七家上市公司中有四家拟定了初步卖壳对象，包括北京化二股份有限公司（下称北京化二）等。

据判决书，早在2004年担任证监会上市公司监管部副主任期间，肖时庆得知中石化拟对下属上市子公司进行整合试点，探索整体上市。

2006年，肖时庆利用银河证券担任中石化下属上市公司财务顾问的机会，获知其即将启动第二批下属上市公司的股改和重组工作。当年9月，证监会原工作人员申尔让肖时庆打听光大证券股份有限公司（下称光大证券）拟借壳北京化二上市信息的准确性。

判决书称，肖时庆给光大证券财务总监胡世明打电话，胡称光大证券正在与中石化接触。据申尔证词证实，肖时庆给他回复说："有这种可能性，光大和中石化在接触。"

当年9月21日至30日期间，肖时庆指使邹国庆及其妹肖爱英利用马志勇、欧阳春梅、苏晓英、肖爱英及刘花等多个账户，斥资约3529万元购入北京化二股票约430万股。邹国庆的证词显示，其为肖时庆管理刘花的股票账户，在北京化二停牌前几天，肖让其全仓买入北京化二股票。

因为有媒体此前一天报道光大证券欲借壳北京化二，2006年10月12日，北京化二停牌。

在停牌前该股票连续两次发生异动，即9月21日与22日，其中21日该股票换手率陡然从前一天的2.1%升至9.6%，涨跌幅由-0.48%变为10.05%。

2007年3月14日，北京化二刊登《重大资产出售、定向回购股份暨以新增股份吸收合并国元证券有限责任公司报告书》、《股权分置改革说明书》文件。至此，北京化二卖壳路径最终确定，重组方将光大证券更名为国元证券。

肖时庆在庭审中辩称，其从胡世明处获得的信息非内幕信息，而是虚假信息，买卖股票系根据其专业知识作出的判断。但法院认为："肖时庆获得的内幕信息，已经表明北京化二让壳重组进入实质阶段，势在必行，常人即可判断出投资北京化二将会获得非常的回报，肖并非利用自己的知识、智慧对证券市场作出的分析和预测。"

股改方案公布后，2007年3月19日，北京化二复牌，至3月27日再次停牌。短暂复牌期间，北京化二股价每日均涨停，收盘价涨至13.36元。是年9月29日，证监会发布《关于核准北京化二股份有限公司定向回购股份、重大资产出售暨以新增股份吸收合并国元证券有限责任公司的通知》。此时，肖时庆兼任证监会上市公司并购重组审核委员会委员。

10月30日，借壳上市的国元证券开始交易，当日开盘价即达到50元，收盘价47.53元，是停牌前收盘价的将近4倍。北京化二2006年年报显示，前10名流通股股东包括马志勇（1694790股）等七名自然人，马正是受肖时庆指使买卖股票人之一。

经司法鉴定确认，刘花、马志勇、欧阳春梅、苏晓英、肖爱英五人同时在2006年9月21日至30日期间总计买入北京化二股票约430万股，发生交易成本约3529万元，获利约1亿元。案发后，肖时庆亲属退回涉案赃款约7251万元。

肖时庆及其身边人借内幕交易的获益金额，为目前已知的官员内幕交易案之最。此前的纪录保持者为广东省中山市原市长李启红，其家属利用内幕信息买卖股票获利约1300万元。

2010年11月，国务院办公厅印发了五部委《关于依法打击和防控资本市场内幕交易意见的通知》，包括证监会、公安部、监察部、国资委、预防腐败局在内的机构就此统筹安排和全面部署。政策力度，前所未有。

对于肖时庆这类出自证监会的“两栖人”，“猫鼠”角色频繁变换，信息隔离又较普通证券从业者更为不易。

下篇：“涌金系”内应

“涌金系”朋友圈

“魏东死了，王益撂（交代）了。”在证监会前副主席王益被调查后，类似的传言在证券业界流传——他们认为这是肖时庆被带走调查的原因。

与湘西农家子弟肖时庆不同，同为湖南湘西人的魏东系世家子弟，其父魏振雄曾任中央财经大学会计系教授。作为会计界重量级人物，魏振雄曾任财政部高级会计师评委会委员，并担任有中央财经大学背景的中惠会计师事务所的董事长。

魏东毕业后曾在财政部短暂任科员，不久后“下海”加入财政部下属的中国经济开发信托投资公司（下称中经开），任证券部主管，1994年创业成立北京涌金财务顾问有限公司。1995年2月，在著名的“3·27国债”事件中，中经开背靠财政部的信息优势获利颇丰，此役令27岁的魏东名利双收。

以此为起点，魏东创立“涌金系”，其关联企业有九芝堂、千金药业、云南国投和国金证券等。“涌金系”操作手法初期以买卖法人股股权获利，后期则通过间接控制上市公司、信托公司及证券公司，直接进入二级市场。

生就一张娃娃脸的魏东为人随和、交游广泛，无论达官显贵、文艺名流、同事同学，乃至接触不多的下属，皆念其诚恳热心。其追悼会上，送花圈者包括湖南“成功系”控制人刘虹、原“鸿仪系”控制人鄢彩宏、国美集团董事局主席黄光裕等。

实际上，魏东生前编织了一个隐秘而封闭的圈子，王益、肖时庆、雷波等人皆名列其中。与王益一度谈婚论嫁的一名女主持人，即由魏东介绍。

此案的另一涉案人雷波，学医出身，20世纪90年代中期进入证监会后，在属于后勤部门的服务中心工作。1997年，在一次王益住院的机会中，其悉心照料令王颇为欣赏。同年底，小王益两岁的雷波担任王的秘书。两年后，并无专业基础的他被任命为证监会上市公司监管部副处长。2001年，雷波离开证监会出任刚成立的小券商华鑫证券总裁，后“投奔”魏东任涌金实业（集团）有限公司总裁。雷波虽比魏东大9岁，但对后者极为恭敬，平日以“老师”相称。

“两进两出”证监会的肖时庆何时结识魏东，目前尚不得而知。而来自司法渠道的信息显示，至少在肖担任发行部副主任期间的20世纪90年代末，一直想进入二级市场的魏东即有事相托。而这种特殊“照顾”，伴随着“涌金系”壮大的各个关节。随着肖时庆案情逐渐明朗，无形中为外界了解“涌金系”的财技开启了一条门缝。

护航九芝堂

在“涌金系”壮大的时间轴线上，2002年可谓分水岭。

当年1月，持有上市公司60.74%股权的九芝堂集团，被整体出售给湖南涌金投资（控股）有限公司（下称湖南涌金）、上海钱涌科技发展有限公司（下称上海钱涌）、杭州五环实业有限公司（下称杭州五环）三家“涌金系”关联公司，实现了国有资产的全面退出。湖南涌金获得九芝堂集团49%的股权，间接持有上市公司九芝堂29.76%的股份。此时距其上市仅一年。

上述转让价格至今未公之于众。内部调查获知，三家公司的收购价总额为9565万元左右。这被视为“明显低估”。

在控股九芝堂以前，“涌金系”虽在一级与一级半市场颇有“对政策判断精准，经常以最小的代价获得最大的利润”之名，但毕竟惯于跟随实力机构做小股东，且持股一段时间即套现离场。而此番不仅强势控股进入实业领域，而且间接跻身二级市场。

为了完成控股九芝堂，前期准备工作早在两年以前就已开始。有知情者指出，九芝堂上市之时，即有魏东团队参与。

1999年5月，以九芝堂集团为主发起单位，联合四家当地企业共同发起成立了国有控股的湖南九芝堂股份有限公司，并迈向上市征程。2000年6月28日，九芝堂上市成功，融资3.6亿元。在第一届董事会和监事会中，各有一名成员来自湖南涌金。

时任证监会发行部副主任肖时庆，手握“审核上市公司在境内发行股票的申报材料并监管其发行上市活动”大权，正如司法材料所言，在九芝堂上市的关键过程中，对其多有帮助。

值得注意的是，湖南涌金间接持有九芝堂29.76%的股份，刚刚低于30%的要约收购红线，以场外协议收购方式避免了在二级市场中进行要约收购，手续简单、成本更低。

完成实际控制后的几年，魏东作为自然人持有的集团股份增至26.93%，并与湖南涌金合并持有九芝堂集团86.43%的股份。凭借“两步走”战略，既绕过政策红线，又形成绝对控股，对于规避政策如此熟稔，难逃监管者点拨之嫌。

上市之后的2003年7月，肖时庆当时所在的东方证券作为主承销商，又帮助九芝堂成功增发了股份。

四两拨“千金”

事与愿违，市场并不看好“涌金系”控制下的九芝堂。2001年6月26日，九芝堂的股价从27元一路下滑，至2003年11月17日已跌至7.65元。

以医药制造为主业的九芝堂，主营业务并没有获得相应的提升。2004年九芝堂达到经营的顶点，其后经营数据下滑，其中2005年净利润达到六年来最低点，主要原因是费用出现了大幅增长和营业外收支净额的大幅下降。是年12月6日，九芝堂股价再创新低：4.02元。

在九芝堂陷入困境的“涌金系”，一直在谋求其他的湘股机会。2002年，其与湖南成功集团联手收购了上市公司湘酒鬼（000799.SZ）。同年，又一个巨大的机会摆在魏东面前。作为潜质颇佳的国有企业，千金药业从1993年改制起就开始筹划上市。1996年末实施送配股的年度扩股方案后，千金药业呈“全员持股”状态：内部职工股增至总股本46.7%，大大超过第一大股东株洲市财政局30%的控股比例，导致千金药业直至2001年仍无法通过核准关。

2002年，千金药业按要求对股本构成进行了重大调整，即说服部分员工减持公司股权，将753.3万股以每股4.8元的价格出售给湖南涌金，承接了这部分职工股的湖南涌金成为千金药业的第二大股东。

千金药业2004年3月12日获准上市后，上市当日以33.5元开盘，收盘于35.96元，远远高于4.8元的清退价。

而在千金药业并购与上市过程中，魏东再次找到刚从东方证券调任证监会上市公司监管部副主任、巡视员的老友肖时庆。

检察机关提起的证据是，证监会上市公司监管部就千金药业收购报告书的批文请示时间为2005年11月30日，显示承办部门负责人和拟稿人均为肖时庆，行政许可工作单上有肖的签名。

神奇信托与行贿通道

“涌金系”于2003年控股的云南国投，与九芝堂一起，成为魏东腾挪二级市场的两大伏笔。

此番卷入调查并成为重要证人的刘刚，是促成这个项目的核心人物。刘刚是王益的老部下，由他担任董事长的云南国投，堪称整个“涌金系”最私密的部分。作为云南人的王益，显然对这家故乡的公司关爱有加。

云南国投在资本市场上总能“先知先觉”，获得超级收购机会。如2005年12月19日招商银行（600036.SH）公布了股改方案，12月30日赶在股权登记日之前，云南国投与国金证券从邯郸钢铁（600001.SH）手中，以每股3.60元收购了1.08亿股招商银行国有法人股。其中，云南国投获得8000万股，国金证券获得2800万股。

同年，云南国投还收购了浦发银行（600000.SH）的法人股4000多万股，每股成本在4元以下。股权分置改革之后，这些法人股获得流通权，如以市价计算，价值连城。

这些精准的内幕信息，无疑源于魏东的“朋友圈”。司法信息显示，2006年下半年，魏东提前获得兴业银行股份有限公司（601166.SZ，下称兴业银行）即将上市的内部消息，指示云南国投，通过九芝堂代为收购富通集团有限公司持有的2000万股兴业银行法人股。

九芝堂的胃口不止这么大。早在2006年6月13日，神华集团国华能源投资有限公司持有的兴业银行1.7504%（合计7000万股）股权拍卖时，九芝堂就是十家符合条件的竞拍者之一，尽管落败，却未收手。2006年11月30日，九芝堂与兴业银行原股东深圳中冠纺织印染股份有限公司（下称深圳中冠）签署转让合同，将所持1500万股兴业银行股份，以每股7元、总计1.05亿元的价格转让。两个月后兴业银行上市，当天的股价超过浦发银行。

有关人士曾作过计算，该部分限售股流通日为2008年2月5日，当日收盘价为46.46元。若深圳中冠选择在流通的首日卖出，可多获益6.97亿元。而截至2006年6月30日，富通集团与深圳中冠分别位列兴业银行股东排名的第26位与第30位，九芝堂在上市前从这两家普通民营公司处，以超低价揽得3500万股法人股，在上市前的2007年1月位列股东排名第21位。

在收购上述兴业银行法人股后，云南国投以此设立了瑞兴财产信托产品。该信托收益权分为优先级收益权（稳健型）和次级收益权（进取型），其中后者的份额为1800万元，受益人为云南国投。2006年8月，云南国投作为财产受益人将全部收益权以私募推介的方式对外转让，该项目中1690万元进取型受让人由魏东决定。

此时的魏东，并未忘记老友肖时庆对千金药业、九芝堂提供的帮助。

判决书称，2006年初，魏东出于感谢，并欲借肖时庆上市公司并购重组审核委员会委员身份，为国金证券借壳成都城建投资发展股份有限公司（600109.SH，下称成都建投）上市提供帮助，为肖时庆提供了云南国投发行的瑞兴财产信托理财产品13.5万份。

法院审理查明，肖时庆收受雷波转交的15万元本金后，将相应资金交给“涌金系”元老、曾参与收购九芝堂集团的云南信托股东赵隽，并以肖家保姆刘花的名义签订资金委托协议，由赵妻谈悦园代为持有这些理财产品。2008年2月到期后，赵通过谈的银行账户将理财产品的本金及收益共约615万元转入肖妻周正清的账户。

判决书引述最高法院、最高检察院《关于办理受贿刑事案件适用法律若干问题的意见》的规定称，国家工作人员利用职务之便为请托人牟取利益，以委托请托人理财的名义，未实际出资而获取“收益”，以受贿论处，“收益”额即受贿数额。并且“肖时庆身为国家工作人员，利用职务便利为请托人牟取利益，以请托人提供的收益机会，获得了财产性利益的期待权，从而获得了财产性利益，其行为符合受贿罪的构成要件”。

国金证券导火索

种种迹象表明，“涌金系”在国金证券借壳成都建投的疯狂操作，引起了监管层的注意。这也是魏东被有关部门约谈的直接原因。

2004年，国金证券的前身成都证券是一家地方性券商，注册资本为1.28亿元。2003年底至次年初，刘刚从昆明转战成都，专门负责此次收购。到2006年10月“涌金系”已持有其53.32%的股份，此外，清华控股有限公司持有20%，上海鹏欣建筑安装工程有限公司、上海淳海投资管理有限公司各持13.48%和4.75%，其余五家股东均为四川本地公司，而成都国资委已经完全退出。

完成对国金证券的控股后，“涌金系”再次找到成都市国资委，计划借成都建投的壳资源上市。成都建投原名成都百货集团股份有限公司，自2002年起因巨亏开始重组。2006年10月，国金证券借壳上市方案确定：以“资产置换加定向增发”方式，由九芝堂集团收购成都市国资委持有的成都建投47.17%的股份，成都建投以全部资产负债并定向增发7101.2万股，置换九芝堂集团、湖南涌金投资和四川舒卡特种纤维股份有限公司（000584.SZ，下称舒卡股份）持有的国金证券51.76%股份。

魏东控制的“涌金系”公司获得了暴利。以当初入股成都证券的出资及支付成都市国资委的1000万元现金和后来持有国金证券股票的价值看，“涌金系”此次的账面获利至少90亿元。

在整个系列环节中，至少有两个关键处应得到证监会的批准：第一，成都建投与九芝堂集团、湖南涌金和舒卡股份的资产置换行为；第二，上市公司对这三家公司的定向增发行为。

判决书引述雷波的供述称，在按程序准备对借壳的资产进行评估，以及迎接相关政府部门和证券监管部门的审批验收工作的过程中，为了通过审核验收，魏东开始运作并找到肖时庆帮忙。当时肖为证监会上市公司并购重组审核委员会委员，在并购重组审核会议中具有表决权。因其帮助，国金证券借壳上市顺利通过审核。

2007年12月11日，肖时庆作为重组委委员，主持召开重组委第22次会议，审核并通过国金证券上市。

与审核环节对应，二级市场上成都建投的股东筹码在2006年初开始集中，股东户数从2005年下半年的9400多户，逐渐下降到国金证券借壳方案公布前夕的7300多户，彼时股价徘徊在5元至6元之间。到2007年9月底，其股东数已经接近3.7万户。股东数在短短一个季度内增加了3倍多，从“非常集中”转为“非常分散”。市场人士分析，从股价反应看，三年间二级市场的每股最高获利可达130元。

2008年4月28日，也就是自杀前一天，魏东在电话里告诉一位市场上的朋友：“老兄，我的股票不值那么多钱！”

2008年4月29日，魏东以这一激烈的死亡方式“阻扰”了调查机关，亦使自己的资产获得保全。在他身后，喜好热闹的王益已移居秦城监狱，而肖时庆亦离开郑州中牟县看守所，开始真正的牢狱生涯。

悬念：魏东的毒果子

这应该是迄今为止最隐蔽的行贿方式之一。

肖时庆案低调落幕，有关这种行贿方式的传闻，终于在司法材料中得到部分印证。

有消息称，“涌金系”魏东利用与证监高官的关系，掌握法人股全流通及新股上市的信息，以他掌握的云南国际信托投资有限公司（简称云南国投）为平台，低价购买法人股，装入云南国投所发行的信托计划中，以私募形式对外转让，受益率高达十至数十倍，受益人多为政商名流。魏东和“涌金系”，倚此强化了由王益等人铺设的政商网络。

判决书显示，肖时庆的“果子”是在一棵叫“瑞兴财产信托计划”的树上摘的，而不是坊间传闻的“汇浦集合资金信托计划”，后者的核心资产是上海浦发银行（600000.SH）3500万法人股。

“瑞兴财产信托计划”全称“瑞兴财产信托优先受益权转让项目”，资产系2000万股兴业银行法人股。信托计划2006年初发行，次年2月兴业银行（601166.SH）上市，两年到期时收益逾40倍。肖时庆得到的份额不足1%，仅为隐形受让人之一。

其他受益人是谁？有待解答。我的兄长兼同事杨海鹏试图逐一“验毒”，但无奈没有权威部门的配合调查。

已故去多年的魏东，在控制云南国投后栽下六棵这样的“树”，显然，肖时庆不是唯一在这些“毒树”上摘得果子的官员。在魏东自杀的第二天傍晚，即有一批隐形受益人包下东航的航班，由沪入京找魏妻陈金霞或其兄魏锋，唯恐家族内讧暴露出他们的真实身份。

围绕上述浦发银行法人股，六年间在上海发生十余场大小诉讼。2010年年中，上海高级法院及最高法院相继对此案批示，认可维权者要求重审的要求。目前案子还悬在最高法院。

抢筹“浦发行”

汇浦信托计划是魏东生前最受市场质疑的一个信托产品，一是得到3500万股浦发银行法人股存在疑点；二是云南国投在此转让收益中仅获2006万元，与受益人所获的近20亿元相比悬殊。

2004年后，上海市有关部门为避免外资冲击浦发银行的国资大股东地位，要求本地国企及区县财政以浦发银行的净资产价格，将其手中的法人股，向上海国际集团、上海国际信托投资有限公司等集中。

一位券商说，在魏东、陈金霞夫妇上海家中组织的"投资沙龙"上，这成为热门话题。得知上述国企及区县财政对此不满，2005年起魏东以云南国投为平台，收购散落于市场中的浦发银行法人股。

其时，在浦东注册的中国浦实电子有限公司作为发起股东之一，拥有1500万股浦发银行社会法人股。这家企业由原电子工业部和下属系统在20世纪90年代初成立，后经营不善，上海博联科技投资有限公司入股，至2005年拥有浦实电子58.74%的股权。

博联科技前三名股东是熊克力、上海职工帮困基金会及闽发证券。熊因此被博联科技派到浦发电子担任法人代表、总经理，而董事长为中国电子科技集团的赖伟德。

此前，有国资背景的上海国金投资发展有限公司通过博联科技买下浦发银行法人股，但因其隐瞒了外资入股的消息，"费了很大的劲，才在法院打赢官司，判决交易无效"，熊克力说。

2004年底，开开实业（600272.SH）总经理张晨案发，作为开开实业董事的熊克力被警方刑事侦查。次年8月3日，熊氏被释放，重新履职后发现：1500万股浦发银行法人股已被公司董事长赖伟德和总经理张黎明以低于净资产价格卖给了云南国投，每股价格仅3.55元，低于市价三成多。

而且，交易突击完成就在他释放前不到一周。

由于是一家非上市公司，浦实电子与云南国投之间的这笔买卖，当时并未引起关注。一个多月后的9月9日，云南国投又收购了上海外高桥（600648.SH）所持有的2000万股浦发银行社会法人股。而外高桥的大股东上海上投投资管理有限公司，乃上海国际集团有限公司的子公司。

上述两笔交易，均不符合证监会"低于1%的社会法人股一律不办理过户"的规定，但在上海证券交易所及中国证券登记结算有限责任公司上海分公司，皆完成了股权过户。

过户迷局

熊克力在发现问题后，即质问赖伟德及张黎明，后者答复是因为公司一笔民生银行的贷款到期，不得已变卖。但熊表示，这一说法被公司财务证伪。

因博联科技系国有资产占有单位，国有股占41.26%，按国有资产管理有关规定，其转移必须经过评估和国资监管机构批准，但事后熊发现并无这一程序。此外，这笔5550万元的交易有300万元中介费用，经中电集团纪委协助，他得知中介费的收款方系上海创博机电设备系统工程有限公司法人代表徐李，他与张黎明是安徽同乡和同学。

2008年底，熊克力以公司名义向浦东区检察院举报，中电集团纪委亦将有关资料移交检方。起初检方兴趣很大，多次找熊氏晤谈，“后来渐显疲态，最后不了了之”。

其间，纪检机关也曾向中国银监会申请调阅汇浦信托计划之受益人名单，未果。

熊克力最为关心的是，对方如何规避监管规则，完成过户？

这场交易之神速，令圈内人士惊诧：2005年7月27日，浦实电子向上交所递交申请函；7月28日，双方签署《股权转让合同》；7月29日完成全部手续。

按照有关规定：低于1%的法人股转让，当时已在明令禁止之列。即便可以转让，也需要公证书及股东大会决议。然而后来经法院调查，在有关交易档案中没有发现这些材料。上证所有关人士回答称是“工作疏忽”。

而上证所同意转让的确认书，曾在交易当日出具，但在法院调档案时，又不翼而飞。

2006年年中，浦发银行法人股解禁时每股已突破30元。云南国投抛售这些股票时，每股价位介于55—58元。换言之，以5000多万元从浦实电子获得的上述法人股，两年后总价值已近8亿元。加上从外高桥买得的2000万股，汇浦信托计划的受益额在20亿元左右。

据介绍，云南国投所得甚微，获利者应是那些“代持者”背后的人物。

控制权之争

2006年后，博联科技、浦实电子、中电集团与云南国投之间为此事多次兴讼。

第一起诉讼，是博联科技在上海第一中级法院要求确认浦实电子与云南国投之交易无效。

官司一直打到二审，上海高级法院的法官勉为其难，称：违反《国有资产评估管理办法》的合同未必无效；没有浦实电子的股东大会同意乃内部问题，云南国投是善意第三人。如不接受调解，即维持一审结果，判决博联科技败诉。

熊克力称，有关方面施压要他接受调解，并称云南国投愿意支付500万元补偿金，换其撤诉。未果。

此后，围绕博联科技的控制权之争，中电集团、浦实电子、博联科技之间又引发连环诉讼。各方势力争斗其间，司法程序亦有反复。

2009年，博联科技股权发生变化，原第三大股东闽发证券的股权由第二大股东上海职工帮困基金会接纳，后者一跃超越熊克力成为第一大股东。这一微妙的股权变化，亦引起连锁反应。

先是上海职工帮困基金会所属的上海总工会，向上海市人大法工委申诉，经有关方面协调，案件再审。

其后，最高法院也接受了博联科技的申诉，并正式立案。经两级法院商榷，该案由最高法院审理，至今尚未有终局。

如不转为刑事侦查，几乎无法了解这些案件幕后的错综复杂的交易。而相关参与这起舞弊交易的人，尚有能量对民事案件的审理产生影响。

“谁得到那20亿？”熊克力说，“我以前很想知道，现在觉得还是不知道为好！”

魏东种下了六株“毒树”，很多声名显赫的人士都吃了“果子”。倒下的，仅仅只是肖时庆？当司法过滤真相，贻害更大于这些“毒果子”。

第七章　李薇发迹史

48岁的李薇，也许是继李师师之后中国最具传奇色彩的风流名媛。仅将她当作香艳的八卦未免暴殄天物，此案的种种细节，既是30年来中国发展史的一个重要注疏，也拼凑出一张上层阶级的群像侧图。

权力资本的运行，需要润滑剂，更需要经纪人。李薇一人分饰两角：她既是高官们私密社交中的尤物，又是庞大资本的名义上的管理者与代管人。不同于桑巴特在《奢侈与资本主义》一书中对17世纪法国“情妇经济”的描述：它的依托是工业化大生产，能够创造财富增值，得到全社会的“帕累托改进”；“公共裙带”依托权力资本，一直寄生于渐进改革的体制缝隙中，轻而易举地攫取社会的新增财富，而不创造财富。

李薇案一角①

陈同海难过美人关

展开青岛地图，一片400平方公里的水域宛若一把舒展的蓝色折扇，勾连起一个“品”字形岛城。这片水域名曰胶州湾。

从青岛城区西行，乘40分钟轮渡越过胶州湾，便到达青岛市黄岛经济技术开发区。黄岛正是中国石化青岛大炼油项目所在地。这个原定于2007年下半年投产的项目，已经推迟，预计延期至少六个月。

2007年11月14日，笔者来到黄岛开发区薛家岛石雀滩，站在一块编号为HD2006-07的临海地块上，极目之处杂草丛生，开挖过半的几处基点积有雨水。该地块面积22.57万平方米，按政府规划，原计划建设高档住宅项目，并定向销售给大炼油项目的高层和专家。

大炼油项目的延期，建设地块的荒弃，种种迹象透出不寻常气氛。盖因当年大炼油项目的两名拍板者——山东省委原副书记兼青岛市委原书记杜世成、中国石化集团原总经理兼中石化股份有限公司（600028.SH，0386.HK）原董事长陈同海，在前后半年间，均因牵涉腐败先后黯然“落马”。

2007年10月15日，国务院国资委主任李荣融在中共十七大期间确认，陈同海目前处于被“双规”调查的阶段。中国石化则在此前的6月22日发布公告称：陈同海因“个人原因”辞去董事长和董事职务。

更早在2006年12月23日，杜世成因严重违纪被免职。据新华社2007年4月27日消息，杜世成利用职务之便为他人牟取利益，本人或伙同情妇收受他人财物达数百万元，生活腐化。杜因此被开除党籍和公职，涉嫌犯罪问题移送司法机关。

①作者罗昌平，编辑张进，原载《财经》杂志2007年第24期。

陈同海的“落马”，同杜世成的检举不无关系。

随着杜、陈两名省部级高官的案情渐次曝光，二人身后一个名叫李薇的女子也逐步浮出水面。

李薇，1963年9月24日生，籍贯显示为云南省昆明市，曾就读于深圳，后辗转入北京。曾与陈同海保持亲密私人关系，后经陈介绍认识杜世成，同杜之间亦建立亲密关系，并由此渗入青岛地产界。无论是大炼油项目生活基地还是奥运帆船赛事基地的商业开发，李薇均有染指。但其操控的多个项目向来低调，少为人知。

杜世成案发前后，李薇即被有关部门监视居住；后来因涉嫌犯罪，被移送司法机关。

大炼油项目“上下其手”

青岛大炼油项目乃中国石化的一个“巨无霸工程”，是中国批准的第一座一次建设规模达到1000万吨炼油能力的炼油企业。投产后可实现年加工进口原油1000万吨；生产汽油、煤油各100多万吨，柴油近500万吨，石脑油近100万吨，还有液化气等其他产品近80万吨。汽油、柴油质量均达到欧洲III类排放标准，年销售收入预期可达300多亿元。

早在2001年2月，中国石化、山东省和青岛市三方即签订《关于青岛大炼油项目合作意向书》。自此长达六年间，负责此项目议谈的，正是时任中国石化副董事长兼副总经理陈同海和时任山东省副省长、青岛市代市长杜世成。两人系山东同乡，其私人关系亦随着这一项目日渐密切。

57岁的杜世成系山东省烟台市龙口人，仕途起步于山东。2000年10月，杜世成以山东省副省长之职兼任青岛市代市长；2002年6月，兼任山东省委常委、青岛市委书记、市长。

年长杜世成两岁的陈同海，出生于山东省滨州市，浸淫石化系统40余年，1998年4月任中国石化集团副总经理，2000年2月起任中石化股份有限公司副董事长，2003年4月任中国石化集团总经理兼中石化股份有限公司董事长。

2004年6月，大炼油项目可行性报告获得国务院批复。次年6月22日，工程在胶州湾西的黄岛开发区奠基开工。距此不远，国家石油储备基地亦在黄岛兴建。

正是这样一个国家级重点工程，却在配套用地和资金管理方面出了问题。

2006年3月30日，黄岛开发区拍卖位于薛家岛石雀滩路侧、编号为HD2006-07的地块，楼面地价的挂牌起始价是2500元，总面积为22.57万平方米。此次拍卖有两个限定条件：一是竞买者必须是青岛公司，二是建成的房屋只能定向销售给大炼油等项目的高层和专家。

当年4月24日，青岛华诚石化置业发展有限公司（下称华诚石化）竞得该地块，成交价2633元／平方米，土地出让金为1.18亿元。但是，该地块所在的南营村村委会负责人称，同一地段当时的土地市场价每亩超过200万元，相当于2999元／平方米，成交价明显低于市场价。此外，据知情人士介绍，华诚石化实际并未足额上缴1.18亿元土地出让金，其中部分以各种项目通过隶属青岛市政府的青岛城建集团获得返还。

工商资料显示，华诚石化成立于2003年8月8日，注册资本为500万元，其中深圳市方远信通技术有限公司（下称深圳方远）出资400万元，占80%，原青岛城建集团出资100万元，占20%。

2006年3月，华诚石化增资扩股到1000万元，两股东控股比例不变。而次月即是竞拍上述大炼油项目生活用地之时。更有意思的是，竞得土地后半年，10月24日，青岛城建集团原价退出华诚石化，深圳方远实际完全揽下上述土地。

深圳方远的工商资料显示，其注册资本8000万元，股东为两个名为李娴和朱诚的自然人，持股比例为9∶1，李娴是绝对控股股东。

不过，现年40岁的李娴长期居于云南昆明，并不过问公司业务，也不涉足青岛。深圳方远的实际控制权掌握在其姐姐、公司监事李薇的手中；而通过深圳方远，李薇又实际完全控制着华诚石化。也正是李薇，与陈同海和杜世成构成了一个利益三角。

同在黄岛开发区，距大炼油项目不过5公里处，华诚石化还开发了一个名叫“江山苑”的小区，已建成19栋20多层的住宅。该楼盘同样是定向销售，对象是与小区仅一路之隔的中国石油大学青岛校区的教职工，以及青岛各级政府官员。中国石油大学青岛校区也是陈同海、杜世成重点推动的一个项目，旨在向青岛国家石油储备基地和大炼油项目定向输送人才。

权威部门的调查显示，陈同海涉案被查，包括大炼油项目极为混乱的资金管理问题，其中挪用资金和擅自增加名目等情况突出。

知情者透露，由于李薇控制的华诚石化并无足够的资金实力，其定向盖房带有集资性质，包括中国石化在内的数家国企及政府部门，在项目启动之初即向华诚石化预付了巨额工程款。

又据中国石化年报显示，截至2006年底，上市公司应收华诚石化往来款2.88亿元，但有关此笔资金的由来并无交代。

泰山地产股权变动的利益输送

在陈同海、杜世成和李薇的利益链中，一家名叫“泰山地产”的房地产公司隐现其间。

泰山地产成立于1992年7月，前身是青岛万山房地产开发有限公司，由香港鹏兆发展有限公司和香港万嘉置业有限公司合作注资1000万美元，共同开发青岛市东部开发区的滨海花园项目。

1993年6月，公司更名为青岛泰山房地产开发有限公司，“泰山地产”正式得名。同年，香港万嘉退出，山东泰山石油化工集团股份有限公司（同年上市定名为泰山石油，000554.SZ）进入泰山地产，在1000万美元注册资本中持股62%，香港鹏兆持股38%。在2003年12月香港鹏兆解散前，泰山石油共持有泰山地产的75%股权，由泰安籍的邹晶、岳姗姝组建的香港泰青投资有限公司持有25%股权。

在此期间，因国家政策调整，山东省国有资产管理局将持有泰山石油的国家股划转给中国石化。2000年6月起，公司变更为中国石化山东泰山石油股份有限公司，成为中国石化的子公司。

根据泰山石油2004年年报，泰山地产注册资本为8065万元，资产总额为34893.47万元。2004年6月14日，泰山石油退出泰山地产，首创投资（青岛）有限公司（下称首创青岛）以12335.99万元的转让价，接手泰山石油所持的全部75%股权。而另一股东香港泰青投资有限公司，则干脆将其所持有的25%股权无偿转让给NC国际有限公司，至今仍未变更。

蹊跷的是，仅一个多月后，2004年7月29日，首创青岛将所持泰山地产75%的股权转让给青岛黄金海岸大酒店有限公司（下称黄金海岸），转让价高达32550万元。首创青岛进退之间，净赚2亿余元。

需要注意的是，首创青岛，并非人们熟悉的北京首都创业集团有限公司所属子公司，而是一家混用其名的独立公司。工商资料显示，首创青岛的注册资本为5000万元，由深圳两家公司投资组建，而其中之一正是上文中已经介绍的为李薇实际控制的深圳方远公司。更有意思的是，参与组建首创青岛的另一家公司——深圳市兴盛源实业有限公司，注册资本1.39亿元，公司架构几乎与深圳方远完全一致，股东为两个自然人，李云梅与朱诚，持股比例9∶1，但二人均不是实际控制人，公司操控同样完全掌握在名为公司监事的李薇手中。42岁的李云梅，据称是李薇的表妹。

工商资料进一步显示，NC国际有限公司注册地在英属维尔京群岛罗德镇，其法定代表人兼董事局主席为李薇，香港地址设于香港中环干诺道中168—200号，李云梅是该公司财务经理。

泰山石油一位前高管介绍，该公司退出泰山地产，实际来自其母公司中国石化的高层领导授意。该高管清楚地记得，2004年3月，履新中国石化集团总经理才一年的陈同海，曾专程召集泰山石油高层开会讨论泰山地产的重组问题。

据泰山石油2005年年报，其转让泰山地产股份应得的12335.99万元，到2005年底仍未清收。

以溢价2亿元绝对控股泰山地产的黄金海岸公司，曾有过青岛当地国资背景。该公司唯一法人股东青岛颐中房地产开发有限公司（下称颐中地产）成立于1998年10月，由青岛颐中烟草集团和颐中（青岛）实业有限公司共同出资设立。到2005年4月，黄金海岸的股权发生变化，由颐中地产与青岛元诚信实业有限公司各持股51.02%和48.88%，此时的颐中地产已与国企脱钩，其中5%的股权由十余名自然人持有，95%的股权由青岛颐中星日投资股份有限公司持有。杜世成的亲属杜溪山担任青岛颐中星日投资股份有限公司法定代表人兼董事长。

2006年12月31日，也就是杜世成涉案被免职后第八天，杜溪山辞去了公司的所有职务。

染指奥帆基地商业开发

一系列令人眼花缭乱的股权变更与市场运作均显示，现年44岁的李薇在其间关系重大。但这个传说中的云南女子在青岛地产界却非常低调，甚至鲜有同行得以窥见其真容。

在极封闭的一个小圈子内，人称李薇为“李姐”。与其有过接触的人，对其印象颇好：长脸，大眼睛，中等个头，身材匀称，平时“谈吐举止有度，话语和缓”；若遇大事决策，亦可“拍案定调，雷厉风行”。

“李姐很少来公司，她经常是通过电话遥控公司的一些重大事项，具体执行的主要是她的表妹和石化系统的人。”泰山地产一位前高管说。

工商资料显示，李云梅曾经作为NC国际有限公司的财务经理被派往泰山地产，在2004年一段时间内曾经出任过泰山地产的法定代表人和董事长。李薇作为NC国际有限公司的法定代表人兼董事长，通过李云梅控制泰山地产的财务，并对董事会有绝对控制力。

危险的三角只是其中一环

在青岛地产界，李薇廉价拿地的能力惊人。甚至奥运帆船赛事基地（下称奥帆基地）的商业开发，对其来说也易如反掌。奥帆基地紧邻青岛市政府行政大楼，位于市南区浮山湾畔，为原北海船厂旧址，整个工程占地45公顷，其中奥帆赛时用地约30公顷。由于老厂搬迁及新址建设总投资达32.8亿元，青岛市政府决定拍卖赛事用地之外的15公顷土地。根据规划，奥帆基地被分为39个建筑用地，其中28号至31号作为开发用地。

2005年10月17日，青岛市国土资源局对上述土地拆合为三宗捆绑转让，其中，1号宗地由28A、29A和30号地块组成，规划建筑面积4.4856万平方米，挂牌起始价9040元人民币／平方米；2号宗地由28B、29B和31号西地块组成，规划建筑面积4.9855万平方米，挂牌起始价9130元／平方米；3号宗地是由28C、29C和31号东地块组成，规划建筑面积5.2349万平方米，挂牌起始价9360元／平方米。

上述土地出让信息在《国土资源报》、《中国房地产报》等全国媒体及《深圳特区报》、《浙江日报》等地方媒体发布。但青岛一位资深房产老总告诉记者，当年10月29日的现场拍卖并未公开，部分专程赶来竞拍的外地商家亦被拒之门外，事后成交结果从未公布。

2007年6月12日，青岛市市长夏耕在接受20多家晚报集体采访时称，财政未对奥帆基地32.8亿元总投资花费一分钱，目前拍卖出让的15公顷用地共融资16.7亿元，其他建设投资将通过赛后长期经营回收。据此可推知，三块地成交价最多为16.7亿元，略超出底价。而据事前地产界预期，此项交易的收入可望在20亿元以上。

据青岛市国土资源局资料，泰山地产正是这次拍卖的最大赢家，成功拿下了上述三宗土地中的第2号和第3号，即28号B、C地块，29号B、C地块，以及31号东、西地块。其所得土地的转让价，至今不为外界所知。

2007年10月18日，基于31号地块修建的百丽商业广场和基于28号和29号修建的柏丽澜庭住宅小区，已正式对外销售。其每平方米外销均价，商铺为6万元，住宅为3.5万元。

事实上，李薇在青岛地产市场游刃自如，正是得力于时任青岛市委书记杜世成的大力支持。权威部门内部通报揭示，杜世成案涉嫌土地违规交易、包庇身边工作人员和包养情妇等问题。此外，包括一位青岛市委原副书记在内的数名高层人士，曾向中纪委实名举报杜的严重违纪问题，其中一项举报即与奥帆基地的土地转让有关。

而消息人士透露，在杜世成被查处的数百万元受贿款中，部分即来自李薇所在公司。杜世成案发后，其儿子杜同源和秘书李大良相继涉案被查。32岁的杜同源，专职利用父亲权势为别人跑项目、批手续、批规划等，赚取中介费用。

由李薇控制的两家青岛房产公司，目前均已发生变化。华诚石化陷入停业状态，公司员工均已解职并自行择业。江苏南通二建集团有限公司曾是华诚石化的工程承包商，2007年8月24日，南通二建状告华诚石化拖欠工程款的合同纠纷案，在青岛市中院开庭审理，该案目前尚未宣判。

另一场影响泰山地产的并购正在悄然进行。10月28日，新近在港上市的远洋地产

（3377.HK）公告，以21.5亿元收购颐中地产100%的股份，后者正是泰山地产的间接股东。而李薇直接持有的泰山地产25%的股权，因案件未最终定性，尚无变动。

2007年11月21日，青岛政界再起风云：青岛市第十三届人大常委会第四十次会议决定撤销罗永明青岛市副市长的职务。这是继杜世成案发后，青岛市又一被正式免职的高官。

罗永明原分管青岛市的城建与规划，因涉及杜世成案从年初开始接受有关部门的调查。罗的免职，显然正是有关部门深查陈同海、杜世成和李薇腐败案的延续。

随着对陈、杜、李三人腐败链的进一步深挖，链条终端将指向何方，目前尚无定论。

杜世成无期①

由于在法定期限内未提起上诉，山东省委原副书记、青岛市委原书记杜世成一审判决于2008年2月16日生效。杜已被押解进京服刑，开始其漫长的无期徒刑生涯。

历时一年有余的杜世成案，随着被告的收监服刑画上句号。

杜世成的政治生涯止步于2006年12月23日，当日召开的山东省委常委扩大会议通报，鉴于杜世成的行为已构成严重违纪，中纪委决定对其问题立案检查，免去其山东省委副书记、常委、委员和青岛市委书记职务。

2007年4月27日，杜世成被开除党籍和公职，涉嫌犯罪问题移送司法机关。新华社报道称："杜世成利用职务之便为他人牟取利益，本人或伙同情妇收受他人财物达数百万元；生活腐化。"

经最高法院指定管辖，福建省厦门市中级法院受理此案。2008年1月10日，此案一审在厦门中院低调开庭，无一媒体参与旁听，事后亦无任何机构予以通报。

2月5日，春节前的最后一个工作日，厦门中院以受贿罪一审判处杜世成无期徒刑，剥夺政治权利终身，没收个人全部财产。法院经审理查明：2000年至2006年1月，杜世成利用其先后担任山东省副省长、青岛市市长、青岛市委书记的职务便利，非法收受单位和个人给予的财物共计折合人民币626万余元，其行为已构成受贿罪，受贿数额特别巨大。

杜世成是改革开放以来山东首名被查的省级官员，其主政青岛五年间可谓毁誉参半。杜在案发后检举了中国石油化工集团原总经理兼党组书记、中国石化原董事长陈同海，各界对此亦倍加关注。

青岛土地弊案

杜世成1950年3月生，山东黄县人，20岁时曾短暂担任教师。1972年步入仕途，历任黄县新加公社团委副书记、县委组织部干事、县委常委兼革委会副主任、县委书记。此间十年的升迁速度，在正常年代可谓奇迹。

---

①作者罗昌平，编辑张进，原载《财经》杂志2008年第5期。

杜世成人称"堵死城"

1985年杜世成获得两年进修后，仕途继续顺风顺水：1987年8月调任烟台市委副书记、副市长；1989年5月，39岁的杜升任烟台市市长，成为中国14个沿海开放城市最年轻的市长。

1995年6月，45岁的杜世成由烟台市市长升为山东省副省长，分管外经贸。2000年10月兼任青岛市代市长，并在次年2月转正为市长。2002年6月，杜世成出任山东省委常委、青岛市委书记、市长，自此执掌中国经济第二大省最重要的经济城市。至2004年4月，又集山东省委副书记、青岛市委书记两职于一身。

判决书载明，法院认定杜世成犯罪时间由2000年持续至2006年1月，贯穿其担任山东省副省长、青岛市市长和市委书记期间。其中，杜通过其情妇梁巧云之手受贿448万元，占全部贿款七成，"生活腐化"正源于此。

现年约40岁的梁巧云，系福建人，自称是《人民日报》华南记者站记者，实际仅为受聘的编外经营人员。2002年，梁巧云经山东某前任官员介绍认识杜世成，她还曾以记者身份专访过时任青岛市委书记的杜，两人自此保持非正当男女关系。

据悉，梁巧云早在杜世成免职前，就在2006年10月被相关部门羁押调查，原因之一是她代杜世成收受来自黄岛电厂的250万元现金贿款，该款项是黄岛电厂答谢杜世成助其追缴青岛港口拖欠的3000万元旧账；其二是代杜世成接受青岛永盛集团董事长张永赠送的一套价值198万元的高档住宅，该房由梁巧云在厦门选定，由张永支付费用。

张永是震惊全国的"崂山违法批租土地大案"的行贿主角之一。此案曾被国土资源部列为"2003年度五大违法土地案之一"，牵涉该案落马的官员包括青岛市原市长助理、崂山区委原书记王雁，崂山区国土资源局原局长于志军和青岛市规划局原局长张志光。

据知情人士称，中央专案组针对杜世成案，专程向已服刑的王雁、于志军、张志光问讯，这三人的证词亦出现在杜案卷宗中。而永盛集团张永的行贿，正是杜世成案发的直接导火索之一。

"崂山土地案"所涉的土地位于崂山区高科技园区，山东头、石老人一带，依山傍海，在当地有"黄金海岸"之称。青岛永盛集团开发的"蔚蓝海岸"项目，即占尽这片怡人的海水浴场。

杜世成的妻子曹树芳、儿子杜同源，亦曾涉案被调查。曹树芳曾任职于一家医疗器械公司，杜同源则创办一家咨询公司。但知情者介绍，杜世成案发后主动坦白并有重大检举表现，使其家庭成员避免了被审查起诉。判决书中唯一涉及的，只有其远房亲戚杜修胜行贿1万美金一节。

杜修胜1972年出生于黑龙江省牡丹江市，初中毕业后即以开设赌场发家，后巨款租下牡丹江市政府的北山宾馆东楼，以“外商俱乐部”之名义四处网罗人脉。杜修胜的核心平台为牡丹江市众程科技产业有限公司，并由此设立北京胜江众程科技发展有限公司、青岛胜江众程商贸有限公司等。借力于杜世成的权势，杜修胜在青岛崂山风景区圈地数百亩修建“东北虎生态园”。1万美金的行贿款正是为了答谢杜世成在“东北虎生态园”批地问题上的帮忙。

“行贿者”李薇

杜世成受贿案还牵涉一个女商人李薇，她以行贿者身份出现在判决书中。

知情者介绍，2006年底杜世成案发不久，李薇即因涉嫌偷税漏税和行贿被山东警方监视居住。在杜世成被法院认定的626万余元贿款中，有170万元来自于李薇及其控制的公司。

李薇，1963年9月24日生，籍贯地为云南。其早年居住的昆明市青年路12号，已在城市拆迁中被新盖的商铺占据。一些早年的邻居介绍，李薇长相周正，为人开朗，交际能力强。

知情人士称，李薇曾是云南某知名卷烟厂厂长前妻，离异后辗转至深圳，后经人介绍进入北京，并结识中国石化原董事长陈同海，二人由此建立亲密关系。后经陈同海引见，李薇与杜世成相识。李与杜关系亦非同一般。

相关司法资料显示，自2003年至2006年间，经时任青岛市市长、市委书记杜世成帮助，李薇控制的公司在青岛的房地产开发、重大工程招投标等领域斩获颇丰。杜本人亦因此获得170万元回报。

判决书显示，李薇通过杜世成帮助获得的最大一个项目，为青岛大炼油项目的1000亩配套生活用地，共有四个地块，分布于青岛市经济技术开发区城区及海岸沿线。其中两块已开发，另两块因案发搁浅。

青岛大炼油项目是中国批准的首座一次建设规模达到1000万吨炼油能力的炼油企业，是由山东省政府、青岛市政府与中国石化合作而建的一个“巨无霸”工程。自2001年2月洽谈至2005年6月开工，合作三方的主导者正是陈同海与杜世成。而商家必争的工程配套生活用地项目，无一例外地落入李薇口袋。

上述四项大炼油配套用地中，其中两块已盖成“江山苑”小区，位于青岛经济技术开发区江山南路及富春江路交界处，分A、B两区，占地面积80302平方米。开发商为青岛华诚石化置业发展有限公司（下称华诚石化），由李薇绝对控股。

在“江山苑”现场可见，19栋20多层的住宅已完成最后装修。销售处相关人员介绍，该楼盘主要定向销售，对象包括大炼油项目职工、青岛与黄岛各级政府官员，以及与小区仅一路之隔的中国石油大学青岛校区的教职工。

另两处土地位于黄岛海岸沿线，仅地面完成修整，此后即荒废至今。早在2006年3月30日，黄岛开发区拍卖位于薛家岛石雀滩路侧、编号为HD2006-07的地块，楼面地价的挂牌起始价是2500元，总面积为22.57万平方米，限定销售给大炼油等项目的高层和专家。

就在同年4月24日，李薇控制的华诚石化以2633元／平方米的成交价竞得该块土地，土地出让金为1.18亿元。这一转让价不仅低过同地段约3000元／平方米的市场价，而且其1.18亿元土地出让金并未缴足。

杜世成送给李薇的第二份大礼，即为2008奥帆赛重点配套项目——李村河污水处理厂二期扩建工程。

1998年投产运营的李村河污水处理厂，设计能力仅8万吨／天。2001年北京申奥成功后，青岛将此厂的扩建定为奥运配套项目，并纳入青岛“十一五”规划，以减轻李村河对奥帆基地所在的胶州湾的污染。

2002年12月27日，青岛市排水管理处、北京首创股份有限公司、青岛开发投资有限公司签署20年合营协议，按照4∶4∶2的比例出资设立青岛首创瑞海水务有限公司，以1.83亿元总投资收购并扩建李村河污水处理厂。

判决书称，青岛首创瑞海水务有限公司几经股权转让落入李薇之手。该项目原计划2006年开工，次年7月建成运行。但由于杜世成、李薇相继案发，项目推迟到2007年9月才获开工。

法院认定的另外两项交易分别是，杜世成助李薇获得崂山太阳能亮化工程，后者从中渔利100多万元；在2003年底至2004年初，李薇依托杜世成帮助，购置青岛八大关的两幢别墅，仅差价获利即数千万元。

属于山东省级文物保护单位的八大关别墅群，自1903年起保留了24个国家和地不同区风格的建筑。李薇所购的别墅单幢建筑面积达1000平方米（含建筑面积与庭院），若以成交当年2万元／平方米的市场价计，其成交价动辄数千万元。但判决书称，经杜世成亲自干预，李薇最终仅以7900元／平方米购得两幢别墅。

串联陈同海案

知情人士介绍，杜世成案发后检举了陈同海，李薇对此颇有微词。李还在接受调查时坚称，自己不是杜世成的情妇。

据悉，以行贿者而非情妇的身份认定李薇的涉案性质，直接影响杜世成量刑的轻重。

厦门中院在杜世成案判决中称："鉴于杜世成在被审查期间，如实交代了有关部门尚未掌握的部分犯罪事实，具有坦白情节；检举揭发他人违法行为，为侦破有关重大案件起到了积极作用；认罪悔罪并主动退赃款，遂依法作出上述判决。"

据悉，一审庭审中，杜世成的辩护律师主要提出了三点辩护意见：一是张永的行贿并非杜世成索贿；二是杜世成案后有自首情节，能主动交代侦查机关并不掌握的内容；三是杜世成检举陈同海，有重大立功表现。不过，一审法院仅支持第一点辩护意见，对杜的自首情节及重大立功均未予以认定。

因杜世成检举而案发的中国石化原"掌门人"陈同海，早在2007年6月即经中共中央批准，由中纪委、监察部对其腐败问题实施立案检查。

2008年1月25日，陈同海涉嫌受贿被依法逮捕。新华社当日报道称，经中纪委审议并报中共中央批准，决定给予陈同海"双开"（开除党籍和开除公职），其主要罪状为："利用职务便利，为他人牟取利益，收受钱款数额巨大；利用职权为情妇牟取巨额不正当利益；生活腐化。"

据悉，有关方面针对陈同海的调查主要指向两点。一是大炼油项目的配套用地项目，涉及资金管理混乱，其中挪用资金和职务侵占等情况突出。事实上，由于李薇控制的华诚石化并无足够的资金实力，其定向盖房带有集资性质，包括中国石化在内的数家国企及政府部门，在项目启动之初即向华诚石化预付了巨额工程款。中国石化年报显示，截至2006年底，上市公司应收华诚石化往来款2.88亿元，此笔资金疑点重重。

另一事件则是青岛泰山房地产有限公司（下称泰山地产）的股权转让。泰山地产由泰山石油（000554.SZ）绝对控股，而泰山石油正是陈同海主政的中国石化的控股公司。2004年6月14日，泰山石油退出泰山地产，上市公司当时的公告称泰山地产资产总额为34893.47万元，而李薇控制的首创投资有限公司（下称首创投资）以12335.99万元的转让价接手泰山石油所持的全部75%股权，李薇名下的NC国际有限公司无偿接收另25%的股权。仅一个多月后的2004年7月29日，首创投资将所持泰山地产75%的股权转让给青岛黄金海岸大酒店有限公司，转让价高达32550万元。进退之间，净赚2亿余元。

女商人李薇目前仍处于山东警方侦查当中，其涉案缘由包括行贿、偷税漏税等，多数内容与陈同海案相关情节吻合。

公共裙带①

在李薇的财富曲线上，青岛八大关是迄今为止的顶点。

她曾在此拥有两栋省级文物别墅，“面朝大海，春暖花开”。一栋位于山海关路1号，是建于1933年的法式乡村别墅；另一栋隔湾相望，是地处湛山三路2号的私邸。

李薇身陷囹圄前，两栋别墅曾转至其名下，价差数千万元；如今她重拾自由，别墅收归国有。进退之间，是山东省委原副书记、青岛市委原书记杜世成的公权私用。

仅以法院认定的数据，杜世成向李薇输送利益“至少1亿元”，作为不对等交易，李薇回报170万元现金，这正是杜氏获刑的罪证之一。

与李薇存在人脉交集并与杜世成同在秦城监狱服刑者，还有云南省原省长李嘉廷、中国石化原董事长陈同海、北京市原副市长刘志华、最高法院原副院长黄松有、国家开发银行原副行长王益、公安部原部长助理郑少东等。此外，另有多名省部级官员泥足深陷，因“交友不慎”、“严重违纪”而等卸甲身退。

这是怎样一个女子，她以何等资本与能量游刃于权贵之间？其财富版图所剩几何？

拆解上述诸案的司法材料和庭外资讯，一个多重利益交汇的政商联盟依稀可辨。居于网络之中的李薇，身世坎坷，财路充满传奇色彩：这名越南出生的法越混血儿以难民身份进入云南红河，借凭过人的逢迎手段渐次接近本地高层，在脱身险案后，经财经大员引入北京，开始编织一张下联资本作手、上达官场显贵的伞状网络。

调查显示，其在北京、青岛、深圳、香港及海外成立了近20家公司，涉足烟草、地产、广告、石油、证券等多个行业，关联资产近百亿元。

回望其途，一介难民富姐的沉浮，俨然一个“中国梦”的样板，一幕权力寻租与资本托庇的活剧，最终因双重规训匮乏落得满盘皆输。其案颇具裙带资本主义（Cronycapitalism，或称权贵资本主义，最初指某人因自己妻子或其他女性亲属的关系而获得官职；后又泛指因血亲、姻亲和密友关系而获得政治、经济上的利益，以及政治领导人对效忠者、追随者给予特别的庇护、提拔和奖赏）特征。学者庄礼伟曾论述，亚洲裙带资本主义除了“商界和政界不道德的结合”的共性，还具

---

①作者罗昌平，编辑丁补之，原载《财经》杂志2011年第4期。

有前现代性、体制性、家族性与全社会性等特征。而李薇一案，则丰富了该定义的内涵：

——以血统与姿色为本钱，涉足烟草、地产、石油等垄断暴利领域；

——作为权力代理人，租金与佣金积成其第一桶金，穷尽经济商机的漏洞；

——由于缺乏安全感，在地方一隅的线性人脉倾覆后，迅速组建横跨央地、政商的网状关系，权贵资本的连横已现；

——拥有银行贷款、央企“现金奶牛”双重融资渠道，不乏空手套白狼之术，并辅之以操纵证券市场，获利倍增；

——与其同业竞争的民企，纷纷铩羽而归。

“给薇姐的标签太负面了，这对她不公平。”李薇的一名亲属如是辩解。

所谓“不公平”，是指李薇承受了一场空前的道德审判，如今，她未经刑事审判重获自由，在2010年岁末留下一个模糊而神秘的背影。这名属兔的奇女子，已迎来自己的第四个本命年。

收拾残局是体制的使命和本能，而对资本和权力进行双重规训、营造平等与公正的条件，已是体制改革之急务，亦为还原李薇案之真义。

上篇：李薇前传

别墅里的交易

八大关位于青岛汇泉湾与太平湾交集处，因主要道路以八大著名关隘命名，故有此称。解放前，此处为官僚资本家云集之所，现为领导人重要的疗养区之一。这里有上百幢造型迥异的西式别墅，主人更迭，故事却在延续，每栋别墅以不同的装修风格彰显其对待财富的态度。

位于八大关首条开通的道路山海关路1号的别墅可谓“天字一号”。这栋掩蔽在浓密树木背后的白色建筑，很难被一个镜头完整囊括。穿过临街拱门，拾阶入内，便见红瓦黄墙；袭袭花香与习习海风，浸入700余平方米的每个角落。举目百米，海景尽收。

由此往东，不过五分钟车程，即抵湛山三路2号，这亦是旧时官僚资本家的私邸。此楼侧海，主楼与花房近400平方米，空旷草坪可供百人聚会。李薇的数家公司，即在此办公。

陈同海曾是这两处别墅的常客，他经常还带来一些权贵商贾；另一常客杜世成，不仅在此四次收受贿赂，还曾以哮喘病之名在此及厦门博士山庄33号别墅办公；屡次密访的一名外交官，还将此“国际化”。李薇躬逢其会，录得“薇姐”之名。

细心者注意到，若是晴日，李薇姐妹喜好酒会迎宾，吟咏作乐。

据已生效的杜世成判决书，其被认定的626万余元贿赂主要牵涉两个女人：一是替他收钱的福建情妇梁巧云，二是给他送钱的李薇。

李薇的证言称："为感谢杜世成对自己在青岛经营活动给予的帮助，也为了杜世成能继续帮助自己在青岛发展，于2003年底至2006年春节前在湛山三路2号别墅、山海关路1号别墅，分别送给杜世成人民币30万元、20万元、20万元、100万元，共计170万元。"

上述所送之钱款，均由李薇的弟弟妹妹李岑华、李兴昌、李云梅准备并打包。杜世成的儿子杜同源亦旁证，其父亲分四次交给他170万元，并说是李薇送的。李薇出入境记录证明，这四次给杜世成送钱都在境内。

两栋文物别墅既是行贿之地，亦是李薇请托项目之一。早在2001年，刚任青岛市市长的杜世成指示市政府秘书长姜俊山协调别墅转让一事，参考价是1993年青岛市东部指挥部出售八大关15幢别墅的平均价。

东部指挥部成立于1992年，彼时青岛市委、市政府东迁并开发崂山——这与杜世成主政期间往西发展相反。上述别墅1993年均价为1.1万元/平方米，八年无差价，这受到姜俊山的质疑。实际上，随着八大关风景区保护范围的圈定，这些文物别墅均不可做产权转让。

杜世成随即指定时任城建副市长罗永明经办此事。罗的证言称，杜多次提出"可以比东部指挥部销售别墅的平均售价还低的价格"让他执行。

两套别墅属于山东省第二批省级重点文物保护单位，系青岛直管疗养用房屋，持有其产权的青岛房产置业集团有限公司，由青岛市机关事务管理局局长姜岱积兼任总经理。杜世成的秘书李大良证言，姜岱积曾对交易价格存在异议，托其找杜世成当面汇报，被杜拒绝，并表示已要求罗永明取个中间价。

2003年1月，杜世成升任山东省委常委、青岛市委书记，威权之下，本地监督环节逐一脱落。

若以今日之市价，这两栋别墅资产或逾亿元，而2002年的最低测算价亦达人民币2470万元。在谈判过程中，李薇多次因为价格、交房等问题与姜岱积方面发生争执；负责将别墅腾空的李昌玉证言证实，他两次被杜世成叫到办公室责问、训斥工作效率慢，影响市委、市政府的信誉。

成交在即，李薇不肯按规定补办土地出让手续、缴纳土地出让金，杜世成向青岛市国土资源局局长张敬吉批示："那就办划拨吧，划拨好啊，没有年限。"最终，两栋别墅以人民币750万元卖给李薇，并以"划拨"方式为李薇办理了产权证。

在威权治下，多数官员丧失独立性，唯上是从。不过，当年这些经办官员，其中仅罗永明紧随杜世成落马，并因受贿312万余元领刑14年。

当年的那两栋文物别墅，现被注销产权。2011年元月的一天，它们的新租客分别向《财经》记者敞开了大门，此时树木凋零，光环褪尽。

难民入华

与用于办公的湛山三路别墅不同，2003年，在案发前三年，山海关路1号别墅被李薇改成家居。这里住着她年迈的父母，偶尔来往的弟妹李娴、李岑华、李兴昌、李云梅、李少林（别名朱诚）等。

“老爷（指李薇父亲）很喜欢这套房子，近海，有法国风味。”一名亲属说，这源于他特殊的血统与爱好。

李薇出身异邦，入世离奇。

据其户籍档案：“李薇，汉族，身高165厘米，户籍地为深圳市罗湖区桂园路红围坊6号，出生地是广东省惠来县，籍贯为云南省昆明市，已婚，高中文化。待业。”

如此混乱的户籍，正是源于国家安全大员的细心安排。

司法材料显示，李薇至少拥有两个合法的身份证件，一是“440301”开头的身份证，籍地深圳罗湖区，出生日期是1963年9月24日；一是“P284”开头的香港居住证。

据其亲属介绍，李薇本为越南居民，因避战乱，七岁左右随父迁入云南省红河州。

在李薇入华六七年之后，越南大量难民因军事冲突涌入中国境内。国家民政部原部长李学举主编的《民政30年》一书称，仅1978年4月至1979年6月，通过云南河口、广西东兴及凭祥口岸涌入的越南难民即达25万多人。

与中国西南边陲毗邻的越南，1884年起全面沦为法国殖民地，1945年9月独立，此后陷入长达34年的越南战争（1945—1979年）。依时间推算，李薇入华应在1970年前后，彼时正是越南战争中后段，当地武装两次恐怖袭击美军均以失败告终。

李薇的父亲系法裔越南人，其早年经商，因避战火，遂将家人与家产移至中国云南。一米六五的李薇颇具混血之姿——脸庞修长、弯眉大眼、鼻梁端正、肤色白皙。

李姓本是越南一个大姓，与公元1010年李公蕴王朝有关；因法国殖民统治，越南无论从建筑、饮食还是人文传承，均有法式烙印，那些法裔血统的越南人尤其强烈认同这一身份。亦非巧合，法式风格的山海关路1号别墅应合了李薇及其父亲的乡愁，临街拱门有一对法式直立狮身浮雕；父女俩甚至专门改造地下储藏室以安放名贵的波尔多AOC级别的葡萄酒。

与大多数沉于底层的难民不同，商人起家的李薇之父，自移居云南之初即先掘官道，为其子嗣疏通津要。

1996年12月25日，33岁的李薇拿到了第一个合法的身份证件——不是在云南红

“公共情妇”李薇

河，而是广东深圳。“在云南必须受到严格的审查，但广东一些县市已有相对宽松的政策和户籍造假系统了。”有关调查人士说。

她的胞妹李娴1967年9月22日生，出生地和籍贯均标注为广东省陆丰县，而身份证号在深圳罗湖区；李薇的妹妹李云梅，身份证号与籍贯地址吻合，系云南省晋宁县。

在旁人眼里，李薇长相标致，善于交际，其商业头脑在青年时代即有展现——在早年的“倒爷”大军中，李薇专做烟草转卖等，成为有名的“倒姐”。当竞争对手感叹她的呼风唤雨时，鲜有人想到，这个踩着高跟鞋在物质城池奔波的女子，早年也曾拎着箱包挤火车、住招待所，或顶着安全帽出入泥泞工地。只是到了后来，这些工作大都由她的妹妹李云梅等完成。

她在拥有合法身份后，很快与一名处于离异状态的时任红河州烟草厂主要领导结婚。

红河哈尼族彝族自治州是云南省重要的工业基地之一，河口、金平、绿春三县与越南接壤，其中河口即是难民重点安置点。在“烟草王国”云南，作为烟草系统的官员，其在政商体系中自然有着较重位置。得益于丈夫的引见，以及烟草这一线性的人脉关系，李薇迅速接近本地高层，其中包括被其视为“家门”的时任云南省省长李嘉廷。

涉险李嘉廷案

温润而亮丽的红河，将哀牢山脉切割成南北两部。这片以哈尼族彝族为主的滇南自治州是李嘉廷的故乡——他生于红河州石屏县龙朋镇一个叫鲁土格的村子。

李嘉廷19岁进入清华大学，在黑龙江结束约20年的任职后，于1995年出任云南省委副书记，并在三年后兼任省长。

知情者介绍，大约自1993年起，李薇与偶有返乡的李嘉廷相熟。彼时她走的是身边人路线，即与李嘉廷的情妇徐福英及李的儿子李勃亲近。

早在1995年，徐福英耗资700万元在阳宗海建造“海王号”游船，从政要到大款，都乐于上船游玩，作为顾主之一的李嘉廷曾动用300万元公款助徐。那时的李薇，仅是“海王号”上不甚知名的小帮手。

据与之接近的人士透露，李薇喜留直发，并通过亮丽的色彩与飘逸的布料来表现她的身体曲线。衣着于她更像是武器，在性别意识仍然森严的权力体系里，她借此展现另一种优势。

据有关材料，曾行贿李嘉廷580万元的香港焕德有限公司董事长杨荣，经徐福英、李薇等人帮助，通过李嘉廷获得香烟出品配额，与云南省石油总公司合资销售石油制品，斩获近4000万元。李薇日后供述，迎来送往间她掌握了两点：一是烟草、石油这等垄断资源的暴利；二是户籍办理的捷径——杨荣1994年向广东茂名警方捐款50万元，帮李嘉廷之子李勃办得一个假户籍，再以“李博”之名获得香港居住证。

不同的是，李薇乃获得一名安全部门的高官帮助，托广东省公安厅刑侦局局长郑少东在广东惠来落定户口。得此两人帮助，李薇日后常以特殊身份往来港澳、内地之间。此外，李薇还与郑少东的同乡兼密友——香港“公海赌王”连卓钊搭上线。

1996年，李薇拿下深圳的居民身份证，两年后利用香港回归的特殊政策期，成功办理投资移民——1998年在香港注册东方联合实业有限公司，公司总发行股本为1000股，Oriental Union Industrial Company Limited（QUICL）持750股，李薇持250股。

随后，李薇又注册香港豪逸国际有限公司（Holly International Limited），总发行股本10000股，其中李薇持9999股，杨晓燕持1股。这家公司在北京、青岛均有投资，同时也是上述两栋文物别墅的产权拥有者，其办公地址与东方联合实业地址一致。

李嘉廷于2001年被查，两年后因受贿1810余万元终审判处死缓，其子李勃与情妇徐福英亦双双获刑。有关权威人士称，李薇曾与徐福英一起出现在专案组面前，幸运的是她涉案不深，侥幸脱险。

此案提供的教训，如李薇日后对身边人所说：“不能将所有的资源与机会寄托在一个人身上，要组成一个巨大的关系网，伞一样的网。”

2003年李嘉廷服刑之际，李薇已获得陈同海专业财务团队的支持，她的“企业群”布点相当成熟——

海外平台，如NC国际有限公司注册地在英属维尔京群岛罗德镇，李薇自任董事局主席，成为内地核心资产的直接控制者；香港平台，如东方联合实业有限公司、香港豪逸国际有限公司，李薇直接持股；深圳中转站，用于资金转移与内地其他企业控股，如方远信通技术有限公司、兴盛源实业有限公司、禾瑞祥投资有限公司等；青岛基地，多为实业公司，如华诚石化置业有限公司、毅创房地产开发公司、泰山房地产开发有限公司、首创投资（青岛）有限公司等；京、沪、鄂、闽等地，设有巴纳斯传媒广告有限公司等及上述公司的分公司。

布局即成，一场李薇“自己也没想到的”大富贵正在等着她。

中篇：青岛基地

首创分子

文物别墅入囊，李薇志不在此。据有关资料，2002年春节，杜世成前往湛山三路2号私邸，李薇指着远方一块绿地说：“给我开发吧！”

窗外是太平角，青岛最美的海岬之一。李薇为此提供了良好的包装——以引进世界五百强名义由首创集团申办太平角房地产项目。

李薇与首创的渊源始于李嘉廷案发前，后者曾将她介绍给一名在云南任职的京官。李薇在协助调查后避居北京，一度销声匿迹，这名财经大员将李薇介绍给中石化总经理陈同海和北京市副市长刘志华等，在首创集团获得一份闲职。

若非刘志华情妇王建瑞的阻挠与北京城建市场的复杂局面，李薇的财富轨迹或有另一番景象，事后她转向青岛，获得杜世成的主动关照。

太平角项目处于八大关保护区，青岛市人大并不同意将这块绿地调整为房地产开发。杜世成点名批评说：“人大也要考虑经济发展，要引进世界五百强，增加青岛市的税收。”

2002年4月8日下午，青岛市政府秘书长姜俊山受托与李薇洽谈，并于同年5月签订合作框架协议。项目原本以首创股份（600008.SH）之名义开发，但最终落到了李薇名下的毅创房地产有限公司，且未经过“招拍挂”取得用地。“首创、毅创无所谓，关键是要动起来。”杜世成批示说。

“办事不力”的国土局长张敬吉，再次受到杜世成的责难和批评。2003年，李薇成功揽得太平角61800平方米的土地开发权，但她并未开发，而是转让给首创集团和青岛城建集团，从中获利人民币8400万元。

举手之间，8400万元如探囊取物。

同期运作的还有李村河污水处理厂项目。按照杜世成指示，这个总投资超过3亿元的青岛最大污水处理工程，最终采取TOT运作模式（Transfer-Operate-Transfer，即“移交—经营—移交”方式），由首创股份、青岛开发投资有限公司等成立合资公司，注册资本8400万元，其中首创股份持股40%。公司于2004年10月1日运营。

首创股份有关人士证言，2002年李薇联系杜世成支持、帮助首创股份在青岛投资建成李村河污水处理厂，获得首创股份支付的咨询费100.8万元。

该人士同时证言，2002年11月首创集团以引进世界五百强名义申办太平角项目的请示，以及2003年5月首创公司出具的证明青岛毅创公司系首创战略合作伙伴的函件，均是按照李薇、杜世成的意思办理的。

杜世成并不忌讳公开表明与李薇的关系，2002年6月在一次登崂山的过程中，他把李介绍给崂山风景区管委会主任王玉华。不久，李薇的公司无资质且未经招投标，直接获得青岛风景区崂山的亮化工程等，至少获利439万元。

这一时期的李薇，无资金实力，亦无专业能力介入实业投资，而是依托权力获得稀缺资源并迅速变现，符合裙带资本的初始发迹模式。

陈同海的大礼包

李薇与首创的关系若即若离，而她的第二步，是“零成本”参股或控股优质资产以长期合法地坐享红利。

自2002年起，李薇的核心关系网有一个明显的标签——要么出生、成长于山东，要么曾任职于山东。当陈同海、杜世成交会于李薇这个利益通道时，他们的礼包石破天惊。

据中国石化控股的泰山石油（000554.SZ）2004年年报，泰山房地产有限公司（下称泰山地产）注册资本为8065万元，资产总额为3.48亿元。当年6月14日，泰山石油将所持泰山地产的75%股权以1.23亿元转让给首创投资（青岛）有限公司（下称首创青岛），NC国际有限公司另无偿获得余下的25%股权。接盘的两公司均由李薇实际控制。

仅一个半月后，7月29日，青岛黄金海岸大酒店有限公司以3.25亿元受让首创青岛所持泰山地产75%的股权，李薇净赚2亿余元。黄金海岸有国资背景，杜世成的亲属杜溪山是其主要负责人。2006年12月31日，也就是杜世成涉案免职第八天，杜溪山辞去了公司所有职务。

泰山石油有关人士称，该公司退出泰山地产，实际由陈同海一手操纵。2004年3月，履新中国石化集团总经理才一年的陈同海，曾专程召集泰山石油高层开会，讨论泰山地产重组问题。

另据泰山石油2005年年报，其转让泰山地产股份应得的1.23亿元，到2005年底仍未清收。直至今日，李薇通过NC国际有限公司仍坐享泰山地产25%的股权红利。

在青岛地产界，泰山地产拿地的能力惊人，甚至连奥运帆船赛事基地的商业开发，亦易如反掌。

这个紧邻青岛市府行政大楼的奥运工程，位于市南区浮山湾畔，为原北海船厂旧址，占地45公顷，因老厂搬迁及新址建设达32.8亿元，青岛市政府决定拍卖其中

15公顷土地以填补资金缺口。

2005年10月17日，青岛市国土资源局对其三宗土地捆绑转让，在与海信、海尔等巨型国企同台竞价中，泰山地产仍是最大赢家，成功拿下了最好的两宗地块。其9360元／平方米的起拍价和13.5亿元总起拍价，双双创下纪录，成为“青岛地王”。

基于31号地块修建的百丽商业广场和基于28号和29号的柏丽澜庭住宅小区，目前均已销售完，每平方米外销均价为商铺6万元、住宅3.5万元。

2010年4月16日，总建筑面积20万平方米的百丽商业广场开业。这个占尽天时地利的项目，与相邻的五四广场成为青岛地标建筑。

“大炼油”蛀虫

获得陈同海帮助的李薇，在2004年迎来了大规模的扩张。这一年6月，青岛大炼油项目可行性报告获得国务院批复。奠基在即，李薇的寄生买卖也已开始。

青岛大炼油项目乃中国石化的一个“巨无霸工程”，是中国批准的第一座一次建设规模达到1000万吨炼油能力的炼油企业，投产后年销售收入可达300多亿元。

2001年2月，中国石化、山东省和青岛市三方签订《关于青岛大炼油项目合作意向书》。自此长达六年间，负责此项目议谈的正是陈同海和杜世成。陈同海生于山东，与本地人杜世成的关系亦随着这一项目开展而日渐密切。

跟杜世成的草根出身不同，陈同海生于革命世家，父亲陈伟达曾任中共天津市委书记、中央政法委员会党委副书记等职。其早岁入仕，后掌国企，政企“两栖”路径令其出手阔绰、禁忌趋少，且人脉通达。

有人士称，以杜世成、陈同海这等身份，并不缺美乏艳，有特殊标签且可利润共沾的特殊通道者更适当其会。

司法材料称，2004年8月31日，杜世成主持青岛市委专题会议，达成中国石化高层专家、中等专家、职工住宅的建设用地分别采取协议用地、议标用地、挂牌用地不同方式出让的意见。经副市长罗永明协调，在青岛经济开发区、黄岛区、胶南市共落实1000亩地。经两公司“陪标”，李薇的青岛华诚石化置业公司（下称华诚石化）以人民币3.6亿元拍得上述土地。及至案发，尚欠1.3亿余元土地出让金及有关税费。

判决书记载：“在办理土地出让过程中，杜世成多次打电话过问，要求抓紧办理，加快推进，做好服务。”

其中黄岛开发区的土地位于薛家岛石雀滩路侧，编号为HD2006-07，2006年3月30日挂牌的楼面起始价是2500元／平方米，总面积为22.57万平方米。当年4月24日，华诚石化竞得该地块，成交价2633元／平方米，土地出让金为1.18亿元。但是，该地块所在的南营村村委会负责人称，同一地段当时的土地市场价达3000元/平方米，成交价明显低于市场价。

上述地产的开发，李薇还获得更保险的定向销售方案，包括中国石化在内的数家国企及政府部门，在项目启动之初即向华诚石化预付了巨额工程款。中国石化年报显示，截至2006年底，上市公司应收华诚石化往来款2.88亿元。但有关此笔资金的由来并无交代。

除此，李薇借力于中国石化，在包括河南、福建等地都以“华诚”之名大肆发展房地产业。这些合资公司因高负债，已相继于2010年剥离中国石化，部分甚至以1元象征性价格转让。

下篇：石油梦想

183座加油站

李薇在李嘉廷时期种下的石油梦想，直到陈同海予以援手才获机会。

2004年7月，李薇及其妹妹在京注册巴纳斯传媒广告有限公司，独家获得中国石化的形象代理与全部加油站广告投放。

在中国油气版图中，中国石油集团在上游开采业务占优势，中国石化集团的炼油业务占优势，后者又因对进口原油的过重依赖而受国际市场波动较大。而在销售环节，原来南北分治的格局，实已逐步打破。

截至2006年底，中国石化拥有的加油站数量达到28801座，这比同期中国石油拥有的加油站多出上万座。巴纳斯传媒广告有限公司认为，近3万座加油站网络和2万余块标准广告灯箱、挂画等，是其公司的核心竞争力。

但与183家加油站的股权相比，这无疑是蝇头微利。

同在2004年7月，中国石化北京分公司与北京首创石油投资有限公司合作成立北京中石化首创石油投资经营有限公司，注册资本10亿元，前者以北京七城区123家全资加油站实物资产7亿元投资，后者出现金3亿元，计划新建60座加油站。

根据合资公司章程，这60座新建加油站必须在一年内完成：在北京五环、六环、京承、京开、京沈、第二京津塘、第二机场等高速路段新建；买断首都高速公路发展公司及公路联络线公司在京公路上的加油站股权；买断北京市新建路网、新建大型停车场、物流中心、新建小区规划加油站；等等。

陈同海为这份协议的签署者，在之前的申报材料中，多份可见由陈批示的“加急”字样。

须提及的是，北京首创石油投资有限公司成立于2004年3月5日，首创集团与李薇名下深圳市方远信通技术有限公司各持股80%与20%。公司2007年财报显示，其总资产3.98亿元，税后利润4109万元，净资产亦达1.36亿元。而李薇方一直资金不到位。

携垄断之势而强强联手的首创与中国石化这一“巨无霸”，不仅打破了中国石油在北方市场的独大局面，也进一步挤压了民营加油站的生存空间。

中国自1992年放开石油市场，民营加油站迎来六年黄金期。1998年成品油实行特许经营，中国石油、中国石化等借机大举收购，加之高速公路建设进入高峰期，加油站网点几乎被两巨头垄断。根据中国加入WTO的承诺，外资在2004年12月11日后可进入中国成品油零售市场，2006年底全面开放成品油批发市场，上述公司的成立正逢其时。

陈同海曾公开表示：“有人问我：如果成品油定价放开，由市场决定，会由谁决定？我回答说：由我来定！”

除了北京，李薇还以类似方式在广东、福建等地入股数众加油站。其所持股权按现金折算，保守估值应在10亿元以上，这是一只无可比拟的现金奶牛。

不过，重获自由的李薇，如今被迫签署了相关文件，将所持首创石油投资有限公司的20%股权转让给首创集团。目前中国石化、首创集团的合作已中止，相关公司亦被注销。

陪庄末路

早在2002年，中国石化顺势一改集团管理模式，在总部决策中心下设采油、炼油、化工、销售四个事业部，从原料采购到产品销售统一调度。是年，其名下上市公司湖北兴化（600886.SH）重组，大股东由中国石化转为国家开发投资公司，以解决母子公司同业竞争、关联交易金额大、比重高等问题。

据有关调查，其实早在李薇去留湖北之际，即与湖北本地及石化领域的势力存在交集，并自此重仓中国石化旗下的多只股票。

与同期的资本玩家们相比，李薇辅以证券之手，旨在曲线介入鲜向民营资本开放的采油、炼油、化工等领域。“一旦政策松动，可以先知先觉，占得先机。”一位知情人士说。

继湖北兴化之后，陈同海主政的中国石化自2006年起推出了大规模的卖壳整合计划，其旗下七家A股上市公司中有四家拟定了初步卖壳对象。如S*ST化二（000728.SZ）、石炼化（000783.SZ）分别卖壳给两家证券公司，“隐庄”早已提前布局。

其实自1999年开始，李薇即已通过李嘉廷结识云南老乡、时任证监会副主席王益，以备日后深度介入证券市场。通过关联信息提前埋伏以获取暴利，即是利润之源。据有关方面调查，在得到陈同海帮助后，李薇调集数亿元资金，通过上百个资金账户提前布局上述股票。

利益方所涉之深令人瞠目，陈同海一名至交在银行贷款1000万元，用于投资上述两股票，其疯狂程度可见一斑。

通过控制主要领导身边的商人或情妇，进而牵出庞大贪腐网络，是近年来党内肃贪的方式之一，上海社保案等大抵如此。权威部门通报称，2006年10月，李薇因涉嫌逃避缴纳税款被警方控制。在情妇李薇被采取强制措施后，陈同海曾进行了一些干扰调查的活动。不久杜世成被立案审查，其因争取立功而举报陈同海。2007年3月，陈同海涉嫌严重违纪问题线索被呈报高层。

但在2007年2月26日，石炼化股东大会以96％的高票通过借壳方案；同年3月13日，化二的重组方案亦已成行。

“头发真在一晚上白了。”一名目睹庄家失态的市场人士说。显然，若借壳化二、石炼化的方案因陈同海案中止，有关方面将血本无归。

上述市场人士介绍，这个利益共同体动用了一切资源进行了最大限度的游说，其中最成功之处在于陈同海案由2007年3月的初查拖至6月主动辞职，再到10月在中共十七大上通报被“双规”。前后近八个月的时间差，为上述股票的腾挪提供了足够的时间。此后，腾壳、瘦身、注资、股改四步一气贯通，业内评价为“手法流畅，堪称经典”，但鲜有人体会庄家们的惊心动魄。

以石炼化变身后为例，上市公司市盈率一度冲高到100倍，股东获得了超过13倍的市值回报；其后仍长期保持在30倍以上的市盈率水平。这样的高收益，得益于卖壳方的“慷慨大方”——让上市公司回购所持股份并注销。

只可惜，李薇未能享受到这一暴利，她卷入的资产多数被扣押。其间的诸多细节亦成了一笔糊涂账。

洗钱路径

权威消息称，在2007年6月，陈同海首次接受组织谈话，被要求作出经济、金融方面的交代。此时的陈却大规模转移财产，自当年5月中旬到6月20日，通过北京、天津、深圳等地12个账户提取、转移并套购外币超过1.7亿元。

由于陈同海上述资金均在监视之内，这些资金对其源头的追溯及最终的定罪，都有直接影响。

2009年7月15日，61岁的陈同海因受贿1.9573亿余元一审判处死缓。此时的陈氏头发斑白，神情落寞，难睹往昔之风采。

实际上，陈同海转移资产的渠道与李薇由外入内的资金通道略有交集——资金来自于深圳关联公司的划拨，前端是香港中转站，再追查已方向不明。结合李薇的说明，这些资金大体由三块构成：一是其实业投资所得，二是项目介绍的佣金，三是他人的权力租金。

案发之前的2006年，李薇大规模从境外调钱入境已有迹可循。彼时，她卷入的“广州第一烂尾楼”中诚广场案即是明证。

作为当地地标，中诚广场位于广州最繁华的商业圈天河北路与体育西路交界处。高51层的A、B双塔，正面呈100度左右的钝角状，如同两扇翅膀张开。项目由钟华的广州鹏城房产有限公司与广州城建集团合作开发，1993年8月8日开工，引入当时流行香港的销售方式——卖“楼花”，一度炒出每平方米3万港元的天价，涉及购房业主90户左右。

1996年封顶的中诚广场因债务问题突遭查封，此后执行过程被一个潮汕乡党操控——包括最高法院前副院长黄松有、广东省高级法院执行局原局长杨贤才、律师许俊宏和陈卓伦，以及中诚广场的两个接盘者范骏业、郭成。

“李薇想买中诚广场，价钱开得高，很诱人，但前提是要帮她将80亿元资金洗白。”钟华说。

从时间上推算，这与其同期在内地的扩张相吻合。钟华介绍，其中一次北京谈判，李薇穿着睡袍在套房接见他，一再暗示自己在政界的关系，并称已成功打动黄松有。但由于身陷中诚广场多年，钟华以不愿承担洗钱风险为由拒绝了李薇。

尽管如此，李薇还是通过黄松有与杨贤才，绕开钟华，以中国石化的名义于2006年5月与郭成名下的公司签订协议，以13亿余元买下中诚广场北塔。蹊跷的是，郭成2004年获得中诚广场上述产权时，为9.24亿元收购款提供担保的实为中国石化广东分公司。

据知情者介绍，范骏业、郭成与陈同海相识，全因李薇引荐。陈同海自述介入中诚广场，是中国石化在广州缺乏标志性建筑。

似有先兆，案发前的李薇时常会跟身边人分享自己的艰辛与磨难。但她唯独不谈感情。

时至今日，李薇多数资产仍然得以保全，尤其是在内地司法无法触及的海外。甚至被调查的四年间，部分资产仍有增值。

遍历显要，几番浮沉，青山尚在，虽然其间缺乏明晰的产权保护，但在信息不透明的大环境下，李薇卷土重来亦未可知。

在北京朝阳区，李薇及妹妹李娴在2005年6月、2009年8月两次办理暂住证，前一次购置资产，后一次变卖资产；在香港，李薇自2008年4月起已卸任东方联合实业有限公司、豪逸国际有限公司的董事职务，由陈丹霞接替；至于NC国际有限公司，其不仅仍是泰山地产25%股权的持有者，还在广东、福建留有大量实业投资。即使她们移民大洋彼岸，仍可继续过着“寄生”生活。

按吴敬琏、钱颖一等经济学家的理解，裙带资本是一种畸形的或坏的市场经济，其中一些人通过权势和关系网寻租致富，在成为既得利益者后，对种种合理的市场化改革以各种方式大加阻挠。杜世成、陈同海的命运趋同，以权力深度入市的当年，在石油、地产等市场，他们是一级市场的垄断者；在杠杆率畸形的证券市场，他们可能影响政策并动用国资。遗憾的是，这些背后的交易多数被司法过滤。

环境局限了选择，制度提供了导向。法治不立，就会有更多才貌双全的女性，怀揣着梦想走上和李薇相同的路。当阳光仅是偶尔破门而入，暗室中的权贵与裙带，仍有可供生存与膨胀的时间与空间。

史记：秦城过客

霜冷长安客又东，岛城黄绿映晴空。

坐观云海兴千浪，笑对斜阳尽晚盅。

世事多随潮起落，身心不共草枯荣。

秦城卷尺添新贵，尽是南柯一梦中！

围绕李薇案三访青岛后，我留下了这首七律，它浓缩了我对《公共裙带》的所有感慨。

娱乐新闻关心那些温床，谁上谁下；政治新闻关注那张宝椅，谁进谁退。故而从交易的本质来看，两者并无本质差别，只是主角不同，脏度有别。何况在长凳、高椅问世之前，古典中国将床与椅的功能混合为“榻”。于是，名利场中的桃色花边与政治新闻的趋娱乐化，都可以在博大精深的文化传统中找到注脚。

“公共情妇”李薇甫一亮相，横扫千年艳史，刷新国人想象。这名号称维系着13名高级官员特殊关系的混血女子，是众星捧月的权场宝贝，在不透阳光的私密空间里，集万千宠爱于一身，合“床”、“椅”于一体。她的多数床运恩主，不仅是党校的往届校友，如今又成了秦城监狱的隔壁比邻。

于是，秦城既是诗里的词汇，又是现实中的场景，充满了喜剧色彩而又极端蹊跷：不同年代的威权冒犯者浓缩于尺幅之内，彼此相邻而互为隔绝；时间上的重叠与空间上的禁闭，又让他们抵消了案由、时代的差异。

前观后望，每一个极端权力体系似乎都对应一座特殊监狱。这座监狱的历代住户总与政治纠葛，要么身陷权力纷争，要么被强加政治标签，于是，翻阅这类监狱史，就如同浓缩了的一部国史。我的兄长袁凌在他的专题研究中说：“在法国，是巴士底狱；在英国，是伦敦塔；在苏联，是苏哈诺夫卡。旧时的中国是提篮桥监狱，建国后则是秦城。”

秦城监狱的前身是民国时期的功德林监狱，位于德胜门外，1955年移址燕山东麓的昌平区秦城村。这个由苏联援建的项目有四幢带审讯室的楼房，排号为甲、乙、丙、丁。十二年后加盖六幢监舍，排号顺延为戊、己、庚、辛、壬、癸。正好凑足“十天干”。

秦城的第一批住客是清廷要员、民国战俘。当战事远去，和平时代的内部平衡亦以程度不一的震荡体现。于是，秦城的自赎以一种近乎佛说的轮回模式实现：它的主持建造者、北京市公安局原局长冯基平走进了自己的监狱。读者从这名正统的马克思主义者口中，获得一句卡夫卡式的名言："要是知道我建的这座监狱是关押自己的话，我一定会把它建得更好一些。"

雨果说："多建一所学校，就少建一座监狱。"马克·吐温说："你每关闭一所学校，你就必须开设一座监狱。"两个相近的表述，却在如今演绎成一个政治段子：常委会上，关于财政资金到底用来改善学校还是监狱，分歧很大，一名老常委最后说："这辈子你们还有机会进学校吗？"沉默之后，意见统一。

冯基平在秦城的自我救赎的那九年时间里，还先后关押了现政权的两名第一夫人、三名中共中央政治局委员、五百多名高级干部，见证了一个政权创立以来最重要的劫数。于是，这个北京郊外的禁闭之地，在中国当代政治史中树立了不可替代的地位。这种地位的建立，由无数显要人物的悲惨碎片拼接而成，放大开去，是彭真成为其中的一个号码，是陆定一模仿京剧大花脸狂笑以保持面部活动能力，是王光美点数自己的头发消磨时间，并等来丈夫"刘卫黄"火化的消息。

当改革开放成为最近30年来的主线，秦城的重要性一如既往，而重心也由政治转身反腐。自然，所有政治的命题也随之以经济数据来量化。于是，人们关心的话题也转向了高墙后面的待遇，如宿者伙食、室内装修、减刑通道等。

当年的"走资派"换成了现在的贪腐高官，如流水过客，在铁打的狱方看来并无本质差别，只是时代的主题发生了移位。不变的，就是秦城的门槛。即使是李薇、薄谷开来这等风云人物，也未必能进此高墙。这使得那些红色后代或封疆大吏初来的第一反应是："这辈子哪儿没去过？就差这个有名的地方了"。一些所谓明星如刘晓庆，本来仅是短暂关押于秦城监狱所属的看守所，却以此攀附无非想借秦城之名抬高身价。

当主角换了，墙内的细节自然也有了区别。比如陈同海、杜世成之流，多以手捧党报或眼观央视，来继续自己的红色记忆和权力回味；而早年的那些思想犯能从肉体的禁锢中另辟他径，如胡风会在脑海中编织旧体诗以保持思维能力，他的友人和同案犯绿原则在不远的监舍中以一本德文词典编撰德文文法。

即使是"四人帮"这种千夫指，也仅决不认罪的张春桥最后死在秦城，其他都获保外就医。所以，当历史修建一间间禁锢的囚室，也必然会暗含着不为外人道的隐秘出道。大多数走出秦城的人，用各种回忆还原这个"历史的保险柜"的内情。这些事后追忆和那些产生于高墙内的思维和文字一起，保存了一座监狱的细节和象征。迄今，它们并未进入正史，却已在描画它的肌理。

耐人寻味的是，这些回忆录和处于自由中的芸芸众生一样，对这座著名监狱的具体方位语焉不详。袁凌一一查证那些回忆，发现大都提到了一个词：郁郁葱葱。

当拆迁无处不在的当下，谁也不会想到当代中国历史上会有这样一处葱郁的图景。对于每一个匆匆过客而言，这种郁郁葱葱中的慢生活，于高速运转的权力又是何等的难得！

第八章　重庆红与黑

青色的嘉陵江与黄色的长江，在朝天门脚下融汇一起，清不清，浊不浊。朝天门的方向便是海的方向，“海上，上海”，上海就是被重庆用来追赶的。

千里为重，广大同庆——重庆，浓缩了整个中国的想象和问题，有关这座城市追赶的故事，正是权力与资本的自我膨胀。薄王之后，重庆森林仍不得全貌，在翻过的史书中留下浑浊不清的一页。

过了重庆就以为出了三峡？非也。重庆事件仅是历史三峡的一个险滩，入海之路迢迢，还不知有多少暗礁和急湾。不设障碍的反思方为当下要务。

穹顶效应①

2012年初的两大热点均由微博而起，先是以韩寒是否代笔为主题的方韩之战，持续两月如同反复咀嚼过的口香糖，已索然无味；随之强势覆盖并成垄断之势的王立军事件，最大限度地摄取了大众视线与公共资源。

53岁的重庆副市长兼市公安局局长王立军，曾以“打黑英雄”立身。2012年2月2日脱离工作28年的警界，以副市长分管联系重庆经济工作；6日，王进入美国驻成都总领事馆滞留1天；8日飞抵北京，重庆官方称其“正在接受休假式的治疗”；9日新华社通报称“有关部门正在对此进行调查”。

这是国人最近距离的一次集体围观高层政治，韩寒也感叹“重庆美剧”一出，“自己这样的民间闹剧就相形见绌。”显然，这得益于新媒体的崛起与扩张，重新建构了传统的阅读方式与传播可能。

这一举世瞩目的公共事件的第一季，可以分解为如下步骤：人际传播—隐喻式网络流言—微博现场报道—重庆官方回应—美国国务院问答—新华社通报。期间传统纸媒虽未完全缺席，但已大大失去了主动权与垄断地位。

在此演进过程中，微博的即时更新可谓24小时滚动进行，网民在政治新闻高度娱乐化的饥渴状态下，对与此相关的每一个细节都给予了高度关注：既有事实最新的进展，又有当事人过往的细节追忆；间以历史隐喻如“来俊臣”之类，或“钓鱼式”流言传布，也不乏对未来的多版本猜测和排序。而官方每一次或主动或被动的回应，都会引起围观热潮并提供指引。

王立军事件所带来的信息采集、传播、聚合、论证等，已完全不同于传统的新闻模式，并在不断突破既有的言论限度。笔者将此称为“穹顶效应”：如同阿科桑蒂（Arcosanti）一样——这个以生态建筑的概念为理论基础，于1970年在沙漠开始创建的城市实验，从广场拱顶、住宅门洞到剧场看台大量采用圆形，任何一个角度都可以望见地平线。

在信息荒漠中支撑穹顶效应的要件，不是单个或数个专业媒体所能够完成，它

①作者罗昌平，编辑丁补之，参见《财经》2012年第5期。

聚合了开阔的视野、微观的细节、海量的线索与分散的专业智慧，去完成一件敏感事件的碎片拼图，从中亦可洞知民间掘密潜能、微博传播特点、舆情风向和公众意识等。

显然，官方的例外默许与民众的群起围观，促成了阶段性结果的相对能见度。这不可谓不是一大进步。

剥离事件的话语狂欢与臆测泡沫，从新闻学与传播学的角度系统分析这一事件，对政府舆情危机处理的意义重大，亦可为类似事件殷鉴。

鲜活的现场碎片

“重庆出大事了！”2月2日，网民“孙大泡”的先兆信息获得众多转发，但多被当做调侃一笑而过。

当日，重庆市政府新闻办官方微博称：“近日重庆市委决定，王立军同志不再兼任重庆市公安局局长、党委书记，以副市长身份分管联系经济工作。”王立军作为重庆打黑的“英雄人物”，此番调整获得冷藏或重用两种截然不同的判断，种种猜测因缺乏更多信息而无法延展。

2月7日晚上，四川成都，许多警员被紧急召回，一些特殊警种直接受令赶往位于城南的美国驻成都总领事馆。大面积的人员调动打开了信息缺口，封锁闹市街区也引起路人反应。

实际上，正是依赖于对上述街区的现场爆料和猜测，使得之前的碎片细节被重新放大。

当晚微博上传出王立军非正常进入美国驻成都总领事馆。不断更新的零星微博，包括现场警戒、工作组下榻的宾馆等。这不仅体现出移动互联的随手街拍，也体现了新媒体共享的自由信息市场特征。

在“孙大泡”发布微博之前，重庆如同一片孤岛，只见森林难辨树木；但微博将重庆与外地连成一张交织着意见、爱憎的智能网络，个体仅是其中一个结点，当此结点向周围的其他结点传递能量，总能找到基于爱好、兴趣和价值观的另一些与之共振的结点。而领事馆的介入，又将这张网全球化。

纷繁复杂的解读主体越界明显，这不仅利于事件以多层次进入民众视野，也在历史感十足的情况下快速地形成参与记忆，如同一个开放的要案现场，每个人都是刑事侦查员，以不同的渠道获得现场碎片与关键证据，并在第一时间分享。

第一份被曝光的证据材料是王立军和国家安全部副部长邱进邻座的入京机票，为2012年2月8日8时成都飞往北京的国航CA4113航班。这随后获得确认。而披露机票信息的某航空公司职员王某及其朋友毛×，后因违反《国家安全法》第28条规定，前者“予以警告”，后者刑拘一周。

第二份材料是第三军医大学大坪三院的病情诊断书，但已被证伪。钓鱼式流言也在支撑大穹顶效应，但前提是获得官方回应。

此外，还有网民展示了王立军的名片，三个手机号尾数均为7777，中英文双语印刷，开列的九个头衔中国际占五个，唯独没有他的官方头衔，“王立军”三字则竖排手写。

2月10日23时38分，战略咨询专家王志纲在首都机场贵宾厅遇到重庆市长后发微博称：“握手、寒暄、匆匆分手。看样子，表情凝重的黄市长是来京办事的，急着回去。”这种无处不在的随手拍与随手贴，不仅回避雷区，而且提供了丰富细节与珍贵素材，成为穹顶极点。

江湖与庙堂两种语系

留意网络话语，可以鲜活地感知真实活动中的街头男女。话语狂欢的背后，形成了庙堂与江湖两种语系的对立。重庆官方微博的回应值得肯定，但接连失误值得深思。

按照航班信息，在王立军刚刚被送达北京的当日，2月8日11时06分，重庆市政府新闻办称：“据悉，王立军副市长因长期超负荷工作，精神高度紧张，身体严重不适，经同意，现正在接受休假式的治疗。”这一微博发表不久一度被删。13时09分，内容一致的另一条微博发表，两条累计转发约8万多次。在随后的13时38分，致歉微博发表：“因工作人员操作失误，造成微友不便，敬请谅解！”

政务微博“双胞胎”引来批判，到底是出于舆论监管的需要，还是发布决策的反复，尚难知晓。而行文遣词上的争议亦焦聚于两点：一是使用“据悉”；二是“休假式治疗”的表述，网民们从历次公共事件中找来“上联”映照——维护性拆除、轻度型追尾、钓鱼式执法等。

外媒亦对“休假式治疗”这一新鲜的词汇给予极高关注，并采取了不同的翻译，如路透社、彭博社和英国《卫报》选用vacation-style treatment，BBC是holiday-style medical treatment，合众社则为vacation-style therapy，日本媒体直接写成“休暇式治疗”。他们亦试图通过这个新词获得更多线索。

显然，在复杂事件中保持官方通报语言的灵活性，可使后续可控机会增加。“休假式治疗”为事件演进留有足够空间，但不是最优选择。这考验每一个正在运作的危机应对体系。

由于高级领导干部的健康被视为秘密，“休假式治疗”的表述及微博发布过程的非正常失误，叠加重庆打黑由来以久的程序正义争议，引起了公众对王立军状态的担忧。当即已有法学界人士呼吁提高调查程序的能见度。在重庆打黑中被判刑并剥夺律师资格的李庄亦表示："我愿意，为休假式治疗中的一切'病人'，提供免费法律咨询，如果真有那一天，我愿意只身前往重庆出庭，为'病人'免费辩护。"

当法律不能成为挡箭牌，每个人都在射程之内，就不可能有绝对安全。在众口难调的路径选择上，法治显然已是体制内外期待的最大公约数。

信息的出口与内销

尽管美国驻华大使馆、驻成都总领事馆均有微博，但均未表态。美国国务院的通报于2月9日即时转入中国：王立军以重庆市副市长的身份前往美国驻成都总领馆，会面为提前预约好；事后王离开领事馆，"出于他的自愿"（of his own volition），且离开后双方再也没有联系。

当日，中国外交部副部长崔天凯接受路透社采访时回应，王立军造访美国领事馆是一次"孤立事件"，而且"这个问题已经平静地获得解决"。

通过直接转贴或编译海外报道，是扩大穹顶的方式之一。基于网络工具的便利，外文阅读已不存在障碍，这对于内容审查却多增了一道难题。但在今次事件中，一向敏锐的外媒也并未抢得先机，反倒是大规模援引中国微博中的信息。利用新媒体，中国网民居然能依靠自己的力量，改变了敏感事件信息"出口转内销"惯例，亦可谓进步之势。

实际上，一直以来，官方"主动放话"被认为是存在的，而且"放话"往往是境外媒体（包括网络媒体和传统媒体，如香港报刊），这次也有"放话"的种种迹象，且破天荒地转移到境内媒体，尤其是新浪微博——这一中国自媒体时代的一个关键性转折。

王立军在领事馆究竟见了哪些人，谈论了哪些话题，至今未获披露。按中美官方的回应，大致可以断定王立军应该是在2月6日下午或者晚间抵达领事馆。重庆到成都有两条高速路，最快车程三个小时左右，且好于航班的不确定性。

不过，当英国公民尼尔·伍德（Neil Heywood）之死出现在外媒笔下之时，王立军事件第二季已悄然而至。而社交媒体的覆盖范围，即使网络长城四起，在信息交换上已无太多障碍。

在穹顶边缘，网民们对照重庆、云南、广东等地的官媒信息披露，以获得更多微妙的动静。当官媒与外媒的信息合集，即可甄别小道消息，通过穹顶望过去，正是均等开放的地平线。

抢食热点红利

2月9日晚间的微博故事，或可在新闻史上留下一笔。网民分秒必争地刷屏，只为三个字：王立军。据监控数据，新浪微博2月9日的PV峰值为220000000，超过2011年的最高峰值190000000（10月中下旬的小悦悦事件），并将2012年以来的PV均值拉升至201038400。

这也是中央级官方媒体，第一次通过新闻预告的方式参与微博热点红利的抢食。

是夜20时55分，新浪网总编辑陈彤提醒关注头条新闻，“谁不关注谁后悔”，多条评论点明官方将回应王立军事件。21时14分，人民网通过新浪微博佐证：“今晚人民网将有王立军最新动态，请时刻关注人民网滚动新闻或人民网官方微博。”华龙网、新华聚焦等微博紧随其后，做出类似预告，但已失去先机。

尽管人民网保持了对网民的零关注，但因此预告它一举收获了超过10万的粉丝。是日22时58分，新华社通稿发布：“外交部发言人办公室9日应询答问时表示，重庆市副市长王立军于2月6日进入美国驻成都总领事馆，滞留1天后离开。有关部门正在对此进行调查。”

由于预热不同，新华网即使占据首发优势，却逊于人民网的传播意识——提早预告，吊足胃口；此事的另一特征是重大新闻的“微博体”化。

一种新的阅读模式业已形成，刷屏＋搜索＋截屏，可获得更多细微的资讯。比如新华网当夜关于此事的通稿标题，按时间顺序分别调整为《王立军私自到美驻成都领馆滞留有关部门正在调查》、《王立军到美驻成都总领事馆滞留有关部门正在调查》、《外交部发言人办公室就王立军事件答问》。若非第一时间截屏并分享，这些细节很难察觉。

热点红利并不仅仅针对个人或官方媒体，也应包括任何权力部门、社会组织、企业单位等。

从旁观者来说，当舆论场域高度聚焦时，发表有价值的事实或观点即可获得广泛关注；而当事者本身，则可进行及时、准确与高效的舆论引导，以扭转自身所处的被动状态。

传统媒体有限入席

客观存在于现实生活中的三个舆论场，目前已在发生微妙变化。

一是人际互动，如饭局或言谈传播，相对零碎平和；二是报刊、广电等传统媒体，是经过核实及审查的权威消息；三是移动互联与社交网络，具有人际互动的碎片化特征，但声势大、透明、高且转移快。三者不能同步，且风格各异，这个场域中的“周润发”，转至另一场域则可能成为“周星驰”。

王立军事件中，第三个网络已完全覆盖了前两个场域。这类似于美国“占领华尔街”运动，即主流媒体缺乏报道热情，而在Twitter和Facebook等社交媒体上则热闹非凡。

实际上，除非当事人、领事馆或新华社这样的信息垄断者，否则即使是最优秀的媒体，亦很难在这样特殊的事件中获得完整的一手材料。微博正好成为信息的集散地与炼丹炉，一个穹顶所在。一条敏感新闻的出现，正是一个网络式的群体建构的拼图过程。与之相匹配的阅读模式业已解构了传统记者的报道模式，甚至出现了网民感慨传统媒体报道不够专业的现象。

北京各主要媒体如《新京报》、《京华时报》、《北京晚报》等，2月10日都在头条刊登王立军正在接受调查，大都是直接引述新华社“微博体”通稿。《重庆日报》则将这一通稿放在了二版。

在此前后，云南《都市时报》给予了王立军三个整版，《经济观察报》以一个整版还原《重庆病人》，《中国经营报》已在考虑《重庆进入后打黑时代》，《新世纪》周刊则称《再无英雄王立军》，《博客天下》、《看天下》杂志为之提供封面待遇。

不过，纸媒的调查空间之小与风险性之高，一些仅有的“干货”被认为失实。

更有批评者认为，以历数倒霉者之过往劣迹来消解“英雄”光环，这凸显了媒体的无良和卑怯，实在是可悲可耻。“谁能够否认，还有众多王立军式的高大全人物，依然在各式媒体的包装下闪耀着灼人的光芒呢？若不能深挖王立军之所以栽倒的制度根源，并切实提出改进制度的良方，这样的报道纯属一堆垃圾。”

在类似事件中，言说权仍然是可放可收的特权，倘或审查仍然是不可舍弃的制度，那么传统媒体尤其是官办纸媒，其权威性正在消解，舆论制高点的地位亦在丧失，而要在重大公共事件中起到引导与辟谣的实效，不能回避微博、社交网络这类既经济又及时的传播工具。

在社会转型中，互联网工具将再次推波助澜，社交媒体的组织功能亦将凸显，商业力量已先于政府部门通过资本（投资社交媒体）和营销（传播价值观）走出一步。这种趋势不可逆转。

避免递罪，呼吁透明

构建更合理的政治参与机制，应该是民间与官方共同所望。故而，对于阶段性标志人物既不宜落井下石，也不应谄媚过度。

经过十多年的发展，网络上的意见市场已在悄然转变。专业透彻的分析、理性的公民行动开始取代尖刻的批评调侃，为越来越多的参与者追捧效仿。在这背后，是社会对理性与自由的诉求升温。

从类似事件观之，社交媒体虽然不足以影响或改变事件的发展，但是民心向背，民意向趋，一目了然。把握并能运用这种信息传播规律，即是舆论优势。官方在应对之时，应避免“递罪”现象的出现。

所谓递罪，是指存在多个、连环的错综行政行为，一旦第一个环节存在违法违规行政的错误或犯罪，由此之后的任何一个环节将自动采取制度性护短的决策和行动，于是公权力针对公民权的侵权劣举将在连环谎言的包装与护卫下得以顺利实施，由此忽视公共利益甚至侵害弱者。

社交媒体的出现，削弱了宣传部门的控制能力并提出新挑战：一、微博等社交网络的速度、不可预见性、丰富程度，都在挑战官僚系统的能力和反应速度；二、党政部门甚至政府官员直接开办的网络ID，实际上在改变宣传部门的内部工作结构。当党政部门直接在网络上发言后，其内设的宣传部门工作方式发生变化，宣传部门不再是唯一的信息渠道，后者应当积极引导、配合社交网络，通过及时有效的回应来加强信息透明，才能继续维护稳定。

当下，党政部门在应用社交媒体上，至少可以作如下调整：

——建立应对突发事件的主平台。据相关观察者研究，目前，一个总数不超过300人的意见群体，已成为热点事件消息传播与观点定型的核心轴。官方亦应形成微博矩阵，重视流言传播，及时消除不确定性因素；

——成为民生问题互动的新渠道。如广东省政法委的官方微博，已实现了与意见主导者的良性互动，值得借鉴；

——破除官话与本位思维的大课堂。整齐划一的官话套话与自我陶醉的政绩观，与社交媒体格格不入，应在现有编制中培育专业人员。

回到王立军事件本身，正如经济学家茅于轼所呼吁的，希望信息透明、程序公开，让公众监督。

《环球时报》总编辑胡锡进亦表达了相似的观点：官方做了极简单发布后，已不再提，显然想淡化这件事，但是做不到。“为什么不用正音，一定要用弦外之音？改改这个习惯吧。爱这个国家，就帮它变得坦然些。”

薄王案来龙①

随着薄谷开来、王立军一审信息的详细披露，英国公民尼尔·伍德（Neil Heywood）之死、王立军判逃所引起的重庆“地震”，脉络渐晰。

2012年8月20日，安徽省合肥市中级法院对薄谷开来（薄熙来之妻）、张晓军（薄家勤务人员）故意杀人案作出一审判决，认定薄谷开来、张晓军在英国公民尼尔·伍德死亡案中犯故意杀人罪，分别判处死缓和有期徒刑九年。

同一天，合肥市中级法院对重庆市公安局原副局长郭维国，市公安局刑警总队原总队长李阳，市公安局技术侦查总队原总队长、渝北区公安分局原局长王鹏飞，沙坪坝区公安分局原常务副局长王智案作出一审判决，以徇私枉法罪分别判处郭维国有期徒刑十一年，李阳有期徒刑七年，王鹏飞、王智有期徒刑各五年。

一个“共罪”体系由此现形，而其中一环——王立军的突然转向，成为寡权分崩离析的关键。

2012年9月17日至18日，重庆市原副市长王立军涉嫌徇私枉法、叛逃、滥用职权、受贿案在四川省成都市中级法院第一法庭开审。9月24日，王立军一审领刑15年，其中徇私枉法罪7年，叛逃罪2年，滥用职权罪2年，受贿罪9年，数罪并罚决定执行有期徒刑15年，剥夺政治权利1年。

因所有被告均放弃上诉，上述判决已生效执行。在两轮审判分别告一段落之际，官方通过新华社多次发布长篇报道，英国公民尼尔·伍德之死与王立军出走始得以还原，事态未来发展及更多细节仍待官方进一步披露。

回溯十年，若以两条指数曲线演示中国内地的反腐格局：第一条是官方反腐曲线，虽有陈良宇的位高及郑筱英的刑极，但尚无一例之政经影响可与重庆事件相提并论；第二条是民间期待曲线，其与前一条呈背离走向——当重庆事件达到最高点，民间的心理底线反而急遽下沉，甚至一再突破原来底线。

还能有什么，是他们干不出来的？

---

①作者罗昌平，参见《财经》2012年第24期。

英籍商人之死

在连环递进的故事中，尼尔·伍德之死为起点。

庭审信息显示，2011年11月12日，经与薄谷开来等人商议，王立军以尼尔·伍德涉嫌毒品犯罪为由对其进行监控，张晓军则受命将尼尔·伍德接到重庆。“我给他打了电话，并说薄谷开来想在重庆见他。尼尔·伍德说他也想见薄谷开来。”张晓军说。

机票及住宿登记等书证显示，11月13日，张晓军陪同尼尔·伍德从北京来到重庆，并安排其住在南山丽景度假酒店16栋1605室。这是一家位于重庆南山风景区的三星级酒店，其中有多栋别墅。

判决书称，在自己的住处，薄谷开来准备了装有含氰化物的毒药的玻璃瓶和装有毒品胶囊的药瓶，并交给张晓军。当晚21时许，两人携带毒药以及酒、茶等来到尼尔·伍德入住的酒店，“薄谷开来进入房间与尼尔·伍德一起饮酒、喝茶，张晓军在外等候。后尼尔·伍德因醉酒倒在卫生间，薄谷开来叫张晓军进入房间并要去他随身携带的毒药”。

此后，张晓军将尼尔·伍德扶到床上，薄谷开来趁其呕吐后要喝水之机，将毒药倒入其口中，又将事先准备的毒品胶囊等物倒在房间地面上伪造现场，造成尼尔·伍德吸毒的假象。

张晓军供述称，薄谷开来把小瓶里的毒药倒进事先带来的小酱油壶中，然后把水倒入小酱油壶，走到床的左侧，一边和尼尔·伍德说话，一边拿着小酱油壶往他嘴里倒。

酒店录像资料与服务员的证词均表示，薄、张两人案发当晚去了尼尔·伍德房间。公安部物证检验报告称，现场提取的瓶盖、茶杯盖等物证检出了薄谷开来和张晓军的DNA分型。而王立军案庭审披露，当晚12时许，王立军与薄谷开来通电话谈及此事。

薄谷开来在证词中说：“11月14日中午，王立军来到‘三号楼’（薄谷开来住处），当天见到王立军以后，我详细告诉了他13号晚上我去见尼尔及实施投毒的过程。他让我不要再去想这件事，今后这事和我无关了，还让我把案件的记忆抹去。我讲我有点担心，他讲过一两个星期就好了。”

上述两人对话被王立军秘密录音，并成为呈堂证供。

不过，用于杀人的氰化物具有“闪电式”死亡的致命效应，一旦毒物接触口腔及消化道粘膜，受害者即刻就会出现明显的致命性中毒表现。然而，无论王立军提交的秘密录音，还是薄谷开来、张晓军的归案供述，两名“毒杀者”均未提供亲眼见证的一系列中毒表现，如呼吸系统闪电式窒息的尖叫反应，或来自中枢神经系统

薄谷开来与王立军关系非同一般

闪电式痉挛的躯体动作，而法庭轻易采信了氰化物中毒致死的结论。

根据法医常识，死于氰化物毒杀的尸体，其尸斑及血液必然会呈现出明显异常的鲜红色。如此重要的涉外命案，必然有相当级别的法医参与现场勘查及尸表检验，为何四名涉案警官均被判刑，而也应承担案件定性错误即“酒后猝死”之责的法医却榜上无名？以上事实，悬成谜团。

谁是尼尔·伍德?

尼尔·伍德何许人也？

事实上，在王立军2012年2月6日判逃一个多月后，伍德才第一次现身公众视线。此时，距离他非正常死亡已近半年后。

位于伦敦的英国外交部发言人称，英国政府曾于2012年3月向中国政府提出重启调查伍德死因的要求。“我们向中方提出希望重新调查，是因为收到了在重庆的英国人圈子的反映，他们认为此前公布的对其死因的调查结果存在疑点。”这位发言人说。

伍德死讯发布之初，重庆方面随后宣布他死于酒精摄入过量，并将遗体火化。但此后伍德的友人向英国驻华使馆提出疑虑，指出他是一个滴酒不沾的人。而他生前在华的工作经历亦存诸多疑点——经常使用“独立咨询顾问”的身份，在中国毛遂自荐充当中英商贸和经济活动的顾问角色，但目前并未有可供查证的突出业绩。

胡润（Rupert Hoogewerf）与尼尔·伍德同处在华英籍商人的圈子，因1999年起编制中国富豪榜而被广为所知，他与伍德最后一次接触恰好就在其死亡前不久。2011年11月1日，尼尔·伍德参加了由胡润公司所组织的“生活奥斯卡”活动——由音乐、美酒、价值连城的拍卖会所组成。更早的6月9日，伍德出席了胡润百富在北京举办的“中国高端人群洞察系列交流会”，两人还有合影。彼时，伍德是以“阿斯顿·马丁北京非执行董事”的身份出席，但这一头衔或被夸大，“我知道他跟阿斯顿·马丁公司是有关系的，但不是他们的员工。”

伍德生前在华高调驾驶一台阿斯顿·马丁跑车，这曾是007电影中的标配座驾。“据我所知，车的所有权并不属于他，而是阿斯顿·马丁公司的公务用车。”接近伍德的人士说，伍德的另一层身份，也与这一形象吻合——他还在伦敦Hakluyt公司担任顾问（consultant）。

这是“一家战略情报（strategic intelligence）公司”，总部在伦敦对冲基金云集的Mayfair一带，与美国大使馆一街之隔。Hakluyt由曾任英国军情六处（MI6）主管与英国企业联络的退休官员Christopher James于1995年创办。英国的军情六处相当于美国的中央情报局。Christopher James已经于2006年退休，公司现任首席执行官Keith Craig曾在英国军方和外交部都任过职，也从事过商业银行和投资银行业。

伍德死时41岁，在1984年至1988年就读于哈罗公学，与薄熙来之子薄瓜瓜为校友，并且两人在英国和中国都经常碰面。伍德有一个大连籍的妻子王露露，并与薄家很早就有密切往来。英国外交部发言人确认：“他（伍德）是住在中国，不是只去中国短期旅游。”

新华社引述薄谷开来的供述称：“大约在2005年前后，我的儿子（薄瓜瓜）在英国读书时，尼尔·伍德写了一封自我介绍信表示要认识我们。”

据官方调查，薄谷开来母子同尼尔·伍德过去关系良好，后因经济利益问题产生矛盾并不断激化——因参与一土地项目的前期策划（实际未开发）和一家公司的中介代理，尼尔·伍德向介绍人薄谷开来索要报酬，后产生矛盾，“对薄瓜瓜进行人身威胁”。

尼尔·伍德与薄瓜瓜往来的多封电子邮件被公诉人当庭出示。依其所示，利益纠纷正是双方矛盾之源。薄谷开来供述称：“在我看来，这已经不仅仅是威胁了，而是正在发生的事实，我必须拼死制止尼尔·伍德的疯狂。”

薄谷开来在最后陈述中，着力强调杀人动机是因为“确知儿子生命危在旦夕”。但公开的消息以及控辩双方的证据，对此均见漏洞。比如，双方既然是经济纠纷，应可通过经济方式或民事法律途径得到解决；纵使双方矛盾升级，伍德甚至表达了威胁之意，但既然他仍应邀单身前往重庆，与薄谷开来饮酒喝茶，直至大醉，足见加害薄子之心并非“疯狂”，冲突亦不至于白热化，而庭上辩解在逻辑上也无法自洽。

疑问还有，薄谷开来曾用名谷开来，北京户籍。既然姓名加了夫姓，她此时究竟是哪国人？此外，作为执行律师，薄谷可谓通晓法律，深知剥夺他人生命权的严重后果，何况所杀是一名英国公民，涉外影响不可小视。

在2010年全国“两会”上，薄熙来曾盛赞自己的夫人：“我的夫人谷开来是中国第一批律师。不仅法律知识，国际文化的知识也很丰富。她的知识，特别是法律知识在‘打黑’中给了我很大帮助。”

而在2011年11月案发之时，薄谷开来之子薄瓜瓜正在美国哈佛大学读书，利益双方的冲突真相，因为缺乏足够的材料尚难知晓，或是一个必须埋葬的真相。专家组已鉴定，薄谷具有完全刑事责任能力，依此将谋杀凶案描述为慈母舍身救子的故事，很难说服世人。

群体包庇者

受王立军指派，重庆市公安局原副局长郭维国于11月15日介入尼尔·伍德死亡案调查，已到案发现场的刑事副局长黄某被临时召回。王立军没有向郭维国等人告知其所掌握的薄谷开来涉嫌杀害尼尔·伍德并有录音证据的事实。

11月16日上午，郭维国带领市公安局刑警总队原总队长李阳，市公安局技术侦查总队原总队长、渝北区公安分局原局长王鹏飞，沙坪坝区公安分局原常务副局长王智赶到现场。这正是重庆多名警官身陷其中的由来。

王立军长期从警，由辽宁省铁法市（县级）公安局的一名普通警员干起，2008年6月，49岁的王立军由辽宁省锦州市公安局局长调任重庆，旋即出任重庆市公安局党委书记、局长。2011年5月27日获任重庆市副市长兼市公安局局长。

在2009年6月重庆掀起的“打黑”行动中，重庆警方共抓获3000余人，以2010年4月14日重庆市司法局原局长文强被执行死刑为标志，王立军因此成为警界明星与“打黑英雄”。此次涉案的郭维国、王鹏，均为辽宁人。郭维国年过四旬，曾任辽宁省锦州海关走私犯罪侦查支局局长、沈阳海关缉私局副局长，在重庆“打黑”中由沙坪坝区公安分局局长被提为市公安局副局长；王鹏飞历任铁岭市公安局副局长、盘锦市公安局副局长，与王立军共事多年。

在“11·15”案侦查过程中，郭维国等人发现薄谷开来有作案的重大嫌疑，遂通过制作虚假走访笔录、隐匿物证等手段掩盖其到过现场的真相，并商定将尼尔·伍德的死因确定为酒后猝死，不作刑事案件立案。

11月17日，郭维国等人现场提取的记录薄谷开来到过现场的酒店监控录像硬盘，被王立军转交薄谷开来。“王立军对我说这是南山丽景酒店的监控录像硬盘，录像显示我去见过尼尔·伍德以后，再也没有其他人去过。他的意思是为了保护我。”薄谷开来说。

上述人员通过做工作，使尼尔·伍德在大连的中国家属认可了酒后猝死的结论，不做尸体解剖，并于18日就地火化。当晚，王立军将该情况电话告知薄谷开来，并说了八个字——“化作青烟，驾鹤西去”。

这是一个闻之毛骨悚然的作案过程，没有谁能感觉自己安全。

郭维国等人身为国家高级警务人员，所作所为无异于薄氏家丁。谁能想象，这些身居要害部门的大人物——局长、副局长、刑警总队长、技术侦查总队长们一应俱全，此间利害关系究竟密切到何等程度，出于何种动力，才能够如此胆大妄为，联手徇私枉法？

检方认为，王立军明知薄谷开来涉嫌故意杀人却故意包庇，不去追究犯罪嫌疑人的刑事责任。王立军自述："到重庆以后，我就经常去薄谷开来家。我觉得薄谷开来对我挺不错的。我明知该案如果他杀成立，会是重大案件，但为了不得罪薄谷开来，我回避了这个案件。"

"打了耳光"

起诉书称，2007年底，时任锦州市公安局局长王立军与薄谷开来结识。后王立军被调往重庆市，一直与薄谷开来一家来往密切。但双方矛盾在"11·15"案之前已有伏笔。

薄谷开来回忆，2011年8月12日其子薄瓜瓜有事想见王立军，后者身在重庆市区拒绝见面，就让司机说自己在万州，结果薄瓜瓜夜赴万州途中险遭车祸。这招致薄谷开来不快。

2011年12月14日，薄谷开设宴邀请李阳、王鹏飞、王智等人，以安抚参与"11·15"案件办理、替自己掩盖杀人行为的警员。王立军对薄谷开来不断折腾、使知情面不断扩大产生不满。

王立军在供述中称，第二天，郭维国带着王智和王鹏飞来到北京。"我当着郭维国的面把王智和王鹏飞骂了一顿。我认为应该是我骂他们的话传回了重庆。从去年12月14日以后，薄谷开来就跟我变脸了，接触的时候就不一样了，没有以前热情了，开始对我防备。"这一情节亦获得郭维国、王鹏飞、王智等证言的佐证。

2011年12月底，王立军身边四名工作人员被非法审查。王立军和薄谷开来的矛盾越来越大。相关证人证言显示，2012年1月28日，王立军向当时的重庆市委主要负责人反映薄谷开来在"11·15"案件中有重大作案嫌疑，29日上午受到其怒斥，并被打了耳光。

当时在场的郭维国在讯问笔录中称："打了王立军，这个矛盾就公开化了。"

当日，王立军安排李阳等人重新调取证人证言，妥善保管尼尔·伍德的心血等关键物证，重新整理薄谷开来涉嫌故意杀害尼尔·伍德的证据材料，并提供了其秘密录音资料，后又将整理的卷宗交由李阳等人转移、保管。

王智在讯问笔录中称："1月29日，王立军把我和王鹏飞、李阳喊到他办公室，让我们重新整理案件卷宗。我们花了好几天时间制作了卷宗。王立军让我、王鹏飞和李阳分开保管，要放在安全的地方。"

2012年2月2日，王立军的重庆市副市长工作分工被调整，不再兼任重庆市公安局局长职务。2月初，王立军身边另外三名工作人员又被非法审查。深感自身处境危险的王产生叛逃想法。王立军以洽谈工作为由，借故取消2月6日原定的公务安排，于当日14时31分私自进入美国驻成都总领事馆。

起诉书显示，在美领馆内，王立军与美领馆官员就环境保护、教育、科技等事项作了短暂交谈后，即称因查办案件人身安全受到威胁，请求美方提供庇护，并书写了政治避难申请。

经重庆市和中央有关部门劝导，王立军于2月7日23时35分自动离开美领馆，愿意接受调查。根据其举报，公安部启动对尼尔·伍德死亡案件的复查。

滥用职权与受贿

在王立军案侦查过程中，有关方面陆续接到对其涉嫌滥用职权、受贿的反映和检举。

起诉书显示，2010年以来，王立军身为重庆市公安局局长，违反国家有关法律规定，未经批准或者伪造批准手续，先后对多人使用技术侦查措施。

所谓技术侦查措施，通常包括电子侦听、电话监听、电子监控、秘密拍照、录像、进行邮件检查等秘密的专门技术手段。《刑事诉讼法》第一百四十八条规定：公安机关在立案后，对于危害国家安全犯罪、恐怖活动犯罪、黑社会性质的组织犯罪、重大毒品犯罪或者其他严重危害社会的犯罪案件，根据侦查犯罪的需要，经过严格的批准手续，可以采取技术侦查措施。

除此，王立军还涉嫌收受两人贿赂共计305万元。其一，2009年4月，王立军在担任重庆市公安局局长期间，大连实德集团有限公司董事长徐明出资285万余元为其亲属在北京购置两套住房，王立军后帮徐明释放已在案羁押的潘某、王某、张某。其二，2008年9月至2009年11月间，大连世源贸易有限公司法定代表人于俊世两次为王立军支付别墅租金20万元，王帮于俊世释放羁押中的杨某某。

徐明与于俊世均为大连人。徐明1990年从沈阳航空工业学院大专毕业，后下海创业成立“实德系”，靠基建施工赚得第一桶金，涉足建材、石化、足球、金融等领域。2012年3月14日，徐明“失踪”。

大连市中山区延安路9号，一方大厦。在建起一个庞大的工业集团之后，徐明将他的大连实德集团有限公司（下称实德集团）总部从早年起家的高尔基路38号搬至此地。年前，实德集团还以121亿元营业收入位列2011年中国民营企业500强第66位。

2012年3月14日，实德集团与董事长徐明失踪的消息传开后，担心借款无着的债权人接二连三地赶来。

3月中下旬，朱姓女士曾分三次向实德集团借款1.4亿元，现在她每天派员前往该集团办公室催款。这批贷款的期限为一个月，月息约定为4.5%。4月中下旬到期后，利息即需支付630万元。出于同样的担心，其他债权人也纷纷采取行动，一些债权人发出律师函要求到期后归还借款。从3月15日起，各银行债权人则启动了对实德集团债务状况的摸底排查工作。

实德集团目前正面临资金链断裂的危险。据不完全统计，实德系的负债总额不小于120亿元，而集团所有者权益为37.38亿元，已低于40亿元的注册资本。最能反映其资金链真实状况的信号当属民间借贷部分。其民间借贷月息为4.5%，按年化利率计算，已高达50%以上。以如此高的利息通过民间渠道融资，显然其资金已经极度紧张，且缺乏其他融资渠道。从其民间借贷信息统计表中可以看出，除一笔4800万元的借款没有显示时间外，其他借贷均发生在2月下旬以后。在徐明和实德集团失去联系的3月14日以前，共有8笔借贷，总金额为3.375亿元，最早到期的一笔为3月23日，最晚的一笔到期日期为4月12日。3月14日以来（含当天）又发生9笔借贷，总金额为4亿元。

另一涉案者于俊世系大连世源贸易有限公司法定代表人，早年在部队担任情报人员，与薄家关系颇深，亦为薄王之间的重要牵线人。他在重庆曾住渝北新区鸳鸯奥林匹克花园小区59号别墅，养有4只烈性犬。2011年7月30日，其中一只烈犬将一名55岁男子咬死，尽管社会反响恶劣，但因王立军出面摆平，恶犬及主人一直“逍遥法外”。

悲剧“延伸到几个家庭”

“我知罪、认罪、悔罪。”王立军在最后陈述时表示：“我的行为是犯罪行为，希望通过审判挽回和消除在国际国内所造成的严重影响，同时希望通过审判警示社会，让更多人从我身上吸取教训。面对培养和关心我的组织、社会各界和亲人，我要在这里真诚地说：对不起，真的对不起，让你们失望了。”

薄谷开来在最后陈述中也有类似表述，她说：“对起诉书指控的案件事实我表示接受。这个案子像一块巨石一样压了我半年多，现在回想起来，真是噩梦一场。”她还表示：“一个悲剧因为我而发生，不仅对尼尔，而且延伸到几个家庭。这个案子的发生给党和国家带来了很大损失，我应当承担责任，我将永远难以心安。感谢办案人员对我的人道主义关怀，我向法庭郑重表示，为了维护法律尊严，我愿接受并坦然面对任何判决，我也期待法庭公平公正的判决。”

辩护人为王立军做了罪轻辩护，提出其叛逃行为应认定为犯罪中止，应减轻或免除处罚；王立军在徇私枉法中有自首行为，不应认定为“情节特别严重”，而应认定为“情节严重”，请法庭予以充分考虑。

公诉人也指出，王立军犯叛逃罪后自动投案，并如实供述其叛逃的主要犯罪事实，属自首；揭发了他人重大违法犯罪线索，为有关案件的查办发挥了重要作用，有重大立功表现。两者依法可以减轻处罚。

2012年5月在哈佛大学肯尼迪学院硕士毕业的薄瓜瓜，在其母亲案件开庭之际，向中方递交了一份证供，“希望妈妈有机会看到这份证供。”这份证供内容并未被披露，他对审判的态度是：“有信心，事实会自己说话。”

他父亲薄熙来的命运，在2012年10月26日新华社的简短电文中有了交代：“因涉嫌犯罪，最高人民检察院经审查决定，依法对其立案侦查并采取强制措施，案件侦查工作正在依法进行中。”

大事记

▲交往

2005年前后，薄谷开来称，其子薄瓜瓜在英国读书时，尼尔·伍德写自我介绍信表示要与其相识

2007年底，时任辽宁省锦州市公安局局长王立军与薄谷开来结识

2008年6月，王立军被调往重庆，出任重庆市公安局常务副局长，此后，一直与薄谷开来一家来往密切，王自陈经常去薄家，“觉得薄谷开来对我挺不错的”

2008年9月，王立军首次接受大连世源贸易有限公司法定代表人于俊世为其支付在重庆租住的别墅租金

2009年3月，王立军出任重庆市公安局局长、党委书记，平安重庆建设启动

2009年4月，王立军收受大连实德集团有限公司董事长徐明出资人民币285万余元在北京购置的两套住房①

2009年6月3日，爱丁堡小区发生枪击案，警方拉开全市打黑除恶专项斗争序幕②

2009年7月，王立军接受徐明的请托，指令重庆办案部门将已羁押的潘某、王某、张某予以释放

2009年10月，王立军接受于俊世请托，指令重庆办案部门将已羁押的杨某某予以释放

2009年10月12日，打黑除恶专项斗争进入审判阶段③

---

①作者徐凯、丁补之、谭翊飞，参见《实德系断流》http://magazine.caijing.com.cn/2012-04-23/111823684.html.

②作者童之伟，参见《“社会管控型打黑”教训》http://magazine.caijing.com.cn/2012/cj317/.

③作者陈晓舒，参见《重庆打黑“死刑名单”》http://magazine.caijing.com.cn/2010-04-25/110424209.html.

2009年11月，王立军第二次收受于俊世先为其支付在重庆租住的别墅租金，加上2008年9月首次收受，两次收受共计20万元

2009年12月12日，48岁的北京律师李庄被控涉嫌伪证罪和妨害作证罪被重庆警方刑拘，次日被捕

2009年12月30日，重庆市江北区法院一审开庭审理李庄案

2010年1月8日，李庄因犯辩护人伪造证据、妨害作证罪，判处有期徒刑二年六个月①

2010年以来，王立军身为重庆市公安局局长，违反国家有关法律规定，未经批准或者伪造批准手续，先后对多人使用技术侦察措施②

2010年2月9日，重庆市一中院终审改判李庄有期徒刑一年半

2011年3月29日，就在李庄即将刑满释放之时，又被追究“遗漏罪行”，但该案最终以检方撤诉告终

2011年5月，王立军出任重庆市副市长、公安局局长、党委书记

2010年7月7日，经最高法院核准，文强被执行死刑，成为重庆打黑结束的标志③

2011年8月12日，薄谷开来之子薄瓜瓜有事想见王立军未果并差点出车祸，薄谷开来因此对王立军很生气

▲枉法

2011年下半年，薄谷开来及其子薄瓜瓜与尼尔·伍德因经济利益发生矛盾，薄谷开来认为尼尔·伍德已威胁到薄瓜瓜的人身安全，决意将其杀害

2011年11月12日，薄谷开来让重庆市委办公厅原工作人员、薄谷开来家中勤务人员张晓军联系尼尔·伍德，说要见他。两人议定13日一起飞往重庆与薄谷开来见面。当天，经与薄谷开来等人商议，王立军以尼尔·伍德涉嫌毒品犯罪为由，安排对其实施监控

2011年11月13日，张晓军陪同尼尔·伍德从北京来到重庆，入住南山丽景酒店。当晚21时后，薄谷开来与张晓军到酒店见他，并将其毒杀；当晚24时许，王立军与薄谷开来通电话，得知其在酒店与尼尔·伍德见面、喝酒等情况

2011年11月14日中午，薄谷开来在自己住处当面向王立军讲述了其投毒杀害尼

---

①作者饶智、陈晓舒，参见《李庄“罪罚交易”玄机》http://magazine.caijing.com.cn/2010-02-12/110377179.html.

②作者陈晓舒、杨佳秋，参见《朱明勇的恐惧》http://magazine.caijing.com.cn/2010-08-29/110508145.html.

③作者陈晓舒、张有义，参见《文强“黑市”权谱》http://magazine.caijing.com.cn/2010-02-12/110377212.html.

尔·伍德的具体经过，王立军进行了秘密录音

2011年11月15日上午，尼尔·伍德被发现死亡后，王立军指派与薄谷开来关系较近的时任重庆市公安局副局长郭维国负责办理该案，但没有向郭维国等办案人员告知其所掌握的薄谷开来涉嫌杀害尼尔·伍德并有录音证据的事实。尔后，王立军又打电话给已到案发现场的分管刑事侦查工作的副局长黄某，要求其返回单位，不再负责该案办理工作

郭维国接获指示后，安排关系密切的李阳（时任重庆市公安局刑警总队总队长）、王鹏飞（时任重庆市公安局技术侦查总队总队长兼渝北区公安分局局长）、王智（时任重庆市公安局沙坪坝区公安分局常务副局长），到现场参与处置，发现薄谷开来有作案的重大嫌疑

2011年11月16日上午，郭维国、李阳、王鹏飞、王智通过制作虚假走访笔录、隐匿物证等手段掩盖薄谷开来到过现场的真相，并商定将尼尔·伍德的死因确定为酒后猝死，不作刑事案件立案。王立军未提出异议

2011年11月17日，王立军主动将郭维国等人现场提取的记录薄谷开来到过现场的酒店监控录像硬盘交给薄谷开来。薄谓："他的意思是为了保护我"

2011年11月18日，尼尔·伍德尸体在当地火化。王立军当晚将该情况电话告知薄谷开来，称"化作青烟，驾鹤西去"

▲**事发**

2011年11月15日案发后，薄谷开来担心案情暴露、采取了毁证等一系列行动，王立军对其不断折腾、知情面不断扩大产生不满

2011年12月14日，薄谷开来专门设宴，请参与"11·15"案件办理、替自己掩盖杀人行为的李阳、王鹏飞、王智等人吃饭

2011年12月15日，郭维国带王智和王鹏飞来到北京，当着郭维国的面，王立军骂了王智、王鹏飞一顿，消息传回重庆薄谷开来处，此后，薄谷开来就跟王立军变了脸，开始对王立军防备

2011年12月底，王立军身边四名工作人员被非法审查

2012年1月28日，王立军向当时的重庆市委主要负责人反映薄谷开来在"11·15"案件中有重大作案嫌疑

2012年1月29日上午，王立军受到当时的重庆市委主要负责人怒斥，并被打了耳光，郭维国在场；当天，王立军把王智、王鹏飞、李阳喊到办公室，让其把"11·15"案件重新整理卷宗、分开保管，放在安全的地方

2012年2月2日，王立军的重庆市副市长工作分工被调整，不再兼任重庆市公安

局局长职务；2月初，其身边另外三名工作人员又被非法审查

2012年2月6日，王立军以洽谈工作为由，于14时31分私自进入美国驻成都总领事馆

2012年2月7日23时35分，经重庆市和中央有关部门劝导，王立军自动离开美领馆，愿意接受调查

▲获罪

2012年3月15日，薄谷开来和张晓军因涉嫌故意杀人罪被公安机关监视居住；同日，中共中央决定：张德江同志兼任重庆市委委员、常委、书记；薄熙来同志不再兼任重庆市委书记、常委、委员职务

2012年4月10日，新华社公布，公安机关对尼尔·伍德死亡案依法进行复查；同时公布，鉴于薄熙来同志涉嫌严重违纪，中央决定停止其担任的中央政治局委员、中央委员职务，由中央纪委对其立案调查

2012年6月30日，王立军被终止第十一届全国人大代表资格

2012年7月6日，检察机关以涉嫌故意杀人罪批准逮捕薄谷开来和张晓军

2012年7月10日，公安机关侦查终结后，以薄谷开来、张晓军涉嫌故意杀人罪将案件移送检察机关审查起诉

2012年7月22日，经成都市人民检察院批准，王立军因涉嫌叛逃罪由成都市国家安全局执行逮捕

2012年7月26日，合肥市人民检察院就薄谷开来、张晓军涉嫌故意杀人罪，依法向合肥市中级人民法院提起公诉

2012年7月30日，郭维国、李阳、王鹏飞、王智因涉嫌在办理尼尔·伍德死亡案件中包庇薄谷开来，使其不被刑事追究，被合肥市人民检察院以徇私枉法罪提起公诉

2012年8月2日，王立军所涉叛逃罪侦查终结后移送成都市人民检察院审查起诉；王立军涉嫌徇私枉法案经最高人民检察院指定安徽省合肥市人民检察院侦查终结后，也于当天移送成都市人民检察院审查起诉

2012年8月8日，王立军涉嫌受贿案经最高人民检察院指定四川省人民检察院侦查终结后，移送成都市人民检察院审查起诉

2012年8月9日，薄谷开来、张晓军涉嫌故意杀人案在安徽合肥依法公开开庭审理

2012年8月10日，合肥市中级人民法院开庭审理郭维国、李阳、王鹏飞、王智徇私枉法案

2012年8月20日，安徽省合肥市中级人民法院对薄谷开来、张晓军故意杀人案作出一审判决，认定薄谷开来犯故意杀人罪，判处死刑，缓期二年执行，剥夺政治权利终身；张晓军犯故意杀人罪，判处有期徒刑九年。二人当庭表示不上诉；同日，合肥市中级人民法院还对郭维国、李阳、王鹏飞、王智徇私枉法案作出一审判决，判处郭维国有期徒刑十一年，李阳有期徒刑七年，王鹏飞、王智各有期徒刑五年。四人当庭表示不上诉

2012年9月1日，王立军涉嫌滥用职权案经最高人民检察院指定四川省人民检察院侦查终结后，移送成都市人民检察院审查起诉①

2012年9月5日，成都市人民检察院依法对王立军涉嫌犯罪提起公诉，成都市中级人民法院依法受理

2012年9月17日，王立军涉嫌叛逃、滥用职权案因涉及国家秘密依法不公开开庭审理

2012年9月18日，王立军涉嫌受贿、徇私枉法案依法公开开庭审理

2012年10月26日，新华社发布电文称："薄熙来因涉嫌犯罪，最高人民检察院经审查决定，依法对其立案侦查并采取强制措施，案件侦查工作正在依法进行中"

2012年11月19日，重庆市劳教委撤销一系列劳教决定②，大学生村官任建宇等重获自由，重庆翻案潮初起③

2012年11月23日，最高检察院约谈李庄，就其控告重庆专案组成员涉嫌徇私枉法一事了解情况④

---

①作者陈晓舒、徐凯，参见《重庆"涉黑资产"灰账》。http://magazine.caijing.com.cn/2010-12-07/110585895.html.

②作者徐凯、张有义、秦夕雅，参见《劳教废立之间》。http://magazine.caijing.com.cn/2012-08-26/112081975.html.

③作者徐凯，参见《二次劳教》。http://misc.caijing.com.cn/chargeFullNews.jsp?id=112081974&time=2012-08-26&cl=106.

④作者陈晓舒、饶智、欧阳洪亮，主笔罗昌平，《李庄案检讨》。http://magazine.caijing.com.cn/2010-01-18/110360509.html.

提案：共罪破局

尽管现代传媒如此发达，薄王之事仍未到最佳记录时机，重庆森林也未竟反思之效。我在跟踪观察这一时局拐点的过程中，仅留下一首《七律·围观重庆丛林》——

日薄西山欲乱之？接盘处处伏雷池。

红歌指鹿强为马，黑打名公亦利私。

新贵频登黄榜日，寡头又到洗牌时。

棋敲进退谁当子，话叙沉浮史可师。

然而，重庆事件背后所展现的一个“共罪结构”，往小里说是以百人计，形成一张圈子小网；往大里说，60多年来已由无数张小网合拼成一张数以千万计的共罪结构，一个要往前走再难负重的包袱。

权力天然具有隐匿性，恒具威胁力，因而恒具悲剧性。寡权一方既凌驾于社会，动用公共资源，必定喜好桌底行事；而另一方躲匿于权力，深层里怀疑并对立于权力，遂成心理定势。故而以薄王之事论之，“公开的权力”与“隐匿的权力”并存，统为权力整体，却又俨然分际，一种危乎殆哉的游戏，让万民战栗。如此，“阳光法案”何等重要！

让权力在阳光下运行，说的是今后，但之前的腐烂呆账怎么办？粗略估计，如果“共罪”结构中的贪污腐败总量是100万亿元，设定可以依法判处1000万人死刑。有识者建议将腐败呆账转为悬赏，即设立政改特区，若能完成政改，就可以特赦，把赦免变成政改的动力。综合起来，可分步向前走——

第一步，通过全国人大立法，设立政改特区，设置统一的账户与规定的时间，除已经在查的重大案件，如数退清赃款本金者全部予以特赦，且职务待遇不变；

第二步，通过全国人大立法，对其不能说明来源的规定数额财产，比如1000万元以内，给予特赦，以此减少阻力和换取对政改的支持；

第三步，新人新办法，老人老办法。由中央委员会委员、候补委员牵头，全部公职人员及直系亲属公示个人财产，除上述特赦条件，自此均接受纪检、司法、媒体及公众的监督，凡有违法令必查。

后　记

一年处理14万干部！这是一个怎样的数字？这是一个宽容的数字。

来自中纪委的通报，2011年各级纪检监察机关接受信访举报1345814件次，立案137859件，结案136679件，处分142893名公职人员，为国家挽回经济损失84.4亿元。

北京大学教授周其仁认为，中国面临腐败和改革赛跑的挑战，“腐败跑得比改革快”。在其看来，政治体制改革远为复杂和困难，最主要症结是，经济改革触犯的经济既得利益可以经济手段补偿，但政治改革触犯的既得利益何以补偿？

从词源学的意义上讲，“腐败”与“改革”看似风马牛不相及，前者代表的是腐朽没落的社会思潮和社会意识，而后者则是革命、革新、进取、奋斗的同义语。有识者认为，重要的改革都是自下而上推进的，因此具备“非法”的天然特征，而众多高官的贪腐都是自上而下的，有着“合法”的外衣。近年来，一些质疑改革者认为，某些腐败正是打着改革的名号实施的。信手百度就能看到这种标题——“黑龙江省价值千亿铁矿被以3.1亿元的价格贱卖”、“个人万元买下价值三亿的集体煤矿”，如此等等，不一而足。而意见的另一方认为，那些被定性为腐败者并获刑的落马官员，本身却是富有改革精神的冒险者或探路人。如上海社保案中的祝均一及其支持者，是对社保资金保值难题的一种冒险尝试，后在强权干预下的超级权贵面前迷航。

腐败已成为公共机构的特征，改革则是不容动摇的国策，有关两者的制度性联系，直到近来才成为持续的科学分析对象。德国帕骚大学经济学理论讲席教授约翰纳·伯爵·兰斯多夫在他的《腐败与改革的制度经济学：理论、证据与政策》中有过深入的探讨。他的研究显示，深入研究制度经济学有助于更好地认识进行腐败交易所必需的制度以及那些有助于抑制腐败的制度。

与事后惩治相比，从源头预防腐败显然更为长效。而认识与理解中国问题的复杂性，务实并超越，何其重要！

一

我想说说“腐败恐怖主义”。

将腐败与恐怖主义关联，我能查到的最早文字是2004年12月。印度尼西亚总统苏西洛为兑现上任之初的诺言，做出了具有开创性的动作：制定法律，将腐败问题视同恐怖主义，“谁腐败谁就像恐怖分子一样罪不可赦”。

“腐败或恐怖主义，哪个是印度在2011年更急需应对的问题？”印度的一份网络调查在这一年元月如此设问。超过九成的参访者认为，在印度，腐败猛于恐怖主义。

2011年7月23日，温州动车追尾事故发生。次日，网络意见领袖“十年砍柴”发表微博称：“腐败恐怖主义初期，中产者似乎不用担心。你不用下井挖矿也不用去流水线上打工，因此不需要担心矿难和生产事故。腐败恐怖主义发展到中期，多数人就无法置身于外了，因为你得坐火车坐地铁你得开车经过大桥，你住的房子质量无保证，你得去超市购买食物。发展到晚期特权者也不能远离‘恐怖袭击’了。”

在同年最后一天，这条微博获得59632条转发、9831条评价，而读者或以百万计。十年砍柴表示，自己是从“华杉2009”的微博中看到这一词语。我找出了原话——“为温州的死难者献花，哀悼！你们是体制的牺牲者，我们也随时可能被抽中。中国是一个高速运转的轮盘赌，无论官民，每个人都不安全。腐败已超越利益争夺，而是规模性的制造夺命机器，成为腐败恐怖主义。逝者已去，活着的我们，依然相信未来！”

“恐怖主义”一词来源于法国大革命，牛津英语词典的引述是：“如同法国1789—1797年大革命当权的政党实行的威胁一样”。这个定义主要是指国家恐怖主义，即权力本身的震慑，但在后来，恐怖主义被逐步适用于个人的和团体的各种暴力行为，即政府权力的对立面。现在来看，腐败恐怖主义的本义更接近于其早年定义。

这实际是腐败的次生人祸，或是李永忠先生所说的“权力事故”。在一个国家机器化的时代，每个人都成为这个巨型权力机器的一个齿轮或螺丝钉，腐败使机器的每一个部分都在锈蚀腐烂。正如温州动车追尾，它实际上是一次系统性追尾：不仅仅是两列动车“不可能”的追尾，也是高速发展与改革死角的一次追尾，是信息屏蔽与传播规律的一次追尾，是冷血善后与灾难悲痛的一次追尾，是官僚惯习与民间期待的一次追尾！

由于腐败恐怖主义是由公权力腐败而起，且公共安全涉及本国几乎所有居民的切身利益，公共秩序的恶化造成国内每个人都有可能是受害者，事实上具有恐怖主义“引起公众恐慌”的属性。

迄今为止，有两起重大窝案可归类为腐败恐怖主义。一是国家药监局原局长郑筱萸窝案，二是铁道部原部长刘志军串案。前者关乎医疗命线与食品安全，后者事涉数以亿计的出行安全。每一个人，无论是否位高权重，都在射程之内，无安全可言。

避免“腐败恐怖主义”的晋级式发展，最佳方法无疑是引入立体的监督模式，包括党内、行政、司法、社会及媒体的全方位监管，让反腐脱离“密室”状态。此等改革取决于顶层是否敢于放权，引入社会力量进行自我治疗。中国的政治体制改革，已到了必须临门一脚的时候。

二

在我职业生涯中，反腐调查成了一个无法褪去的标签。其实这并不意味着我只能做这个，只会做这个，也不能说明我是一个极端反腐者而深陷不能自拔。

这更多是源于一种路径依赖。在2004年以前，我对选题操作非常广泛，时政、法治、公共政策、社会、公司调查等，无所不包。在《新京报》做完女公安局长安惠君案后，多数同类题材都压到了我头上，以至于2006年7月加盟《财经》，这种趋势而为不仅没有减弱，甚至得以加强。即使我再做一个其他领域的报道，也因难有类似的影响而被读者忽略。于是“反腐记者”的标签不断被强化。

如何避免在反腐调查中沦为枪手，是一个必须严肃面对的问题。独立是第一要义，而法学、经济学与大历史观的立体分析工具，又是有效规避政治漩涡的主要法宝。如今，我不再简单聚焦于个案，而是基于系统性分析并给出建议性意见，以获得更理性和客观的实效。

本书汇集了我十年来新闻工作的主要精华，它正好对应一个十年政治周期。史不断书，当未来的史家重估这十年的历史，此书或可提供一些已经反复核实的真相碎片。书中每一篇稿子要么是我自己采访写就，要么逐字逐句重写编辑，读者可以从中看到一脉相承的文风与论调。

法满、丽萍、晓群及老板们为我的不断踩线耗费了不少精力，难以用言语表达；曾为本书付出智力支持的包括张进、李列、段宏庆、凌华薇等师友。他们的指引使我遇到了新闻生涯中最快乐的时光。

于宁是我最佩服的记者，这源于她的敬业、无私、严谨与勤快；王和岩与我相识十年，曾两次同事，我们情同姐弟；陈中小路睿智、灵巧、八卦并执著，她是我新闻苦旅中的邻家小妹。能与她们共事，是我的幸运。

我的名字还曾与欧阳洪亮长久地并列，《再问央视大火》、《通钢改制之殇》、《新疆考验》等篇章，都可谓重墨之笔。期待未来还能有更大的合作。

这十年来，我身边太多的人已离开了这个行业。还当庆幸，在我转入管理岗位后，有更年轻的记者成长起来，他们既有我当年的闯劲，又有更广阔的视野与专业素养，如本书中的部分作者谭翊飞、陈晓舒、徐凯、张鹭、李湘宁，等等。当然还有我现在的搭档丁补之，他的文字为许多报道添色不少，给人启发。

感谢李永忠院长与戴玉忠教授为本书作序，他们分别在中纪委及最高检察院反贪总局的经历，是实务与理论的完满结合。再次感谢南方日报出版社，感谢刘志一老师的斧正。

罗昌平

2011年11月11日于北京